Mit Kapital die Schöpfung retten

Michael Schäfer · Joachim Ludwig

Mit Kapital die Schöpfung retten

Es gibt nur Eine zweite Chance: Erneuerte soziale Markt- und Kreislaufwirtschaft

Michael Schäfer
Berlin, Deutschland

Joachim Ludwig
Berlin, Deutschland

ISBN 978-3-658-36549-3   ISBN 978-3-658-36550-9 (eBook)
https://doi.org/10.1007/978-3-658-36550-9

Die Deutsche Nationalbibliothek verzeichnet diese Publikation in der Deutschen Nationalbibliografie; detaillierte bibliografische Daten sind im Internet über http://dnb.d-nb.de abrufbar.

Springer Gabler
© Der/die Herausgeber bzw. der/die Autor(en), exklusiv lizenziert an Springer Fachmedien Wiesbaden GmbH, ein Teil von Springer Nature 2022
Das Werk einschließlich aller seiner Teile ist urheberrechtlich geschützt. Jede Verwertung, die nicht ausdrücklich vom Urheberrechtsgesetz zugelassen ist, bedarf der vorherigen Zustimmung des Verlags. Das gilt insbesondere für Vervielfältigungen, Bearbeitungen, Übersetzungen, Mikroverfilmungen und die Einspeicherung und Verarbeitung in elektronischen Systemen.
Die Wiedergabe von allgemein beschreibenden Bezeichnungen, Marken, Unternehmensnamen etc. in diesem Werk bedeutet nicht, dass diese frei durch jedermann benutzt werden dürfen. Die Berechtigung zur Benutzung unterliegt, auch ohne gesonderten Hinweis hierzu, den Regeln des Markenrechts. Die Rechte des jeweiligen Zeicheninhabers sind zu beachten.
Der Verlag, die Autoren und die Herausgeber gehen davon aus, dass die Angaben und Informationen in diesem Werk zum Zeitpunkt der Veröffentlichung vollständig und korrekt sind. Weder der Verlag, noch die Autoren oder die Herausgeber übernehmen, ausdrücklich oder implizit, Gewähr für den Inhalt des Werkes, etwaige Fehler oder Äußerungen. Der Verlag bleibt im Hinblick auf geografische Zuordnungen und Gebietsbezeichnungen in veröffentlichten Karten und Institutionsadressen neutral.

Planung/Lektorat: Carina Reibold
Springer Gabler ist ein Imprint der eingetragenen Gesellschaft Springer Fachmedien Wiesbaden GmbH und ist ein Teil von Springer Nature.
Die Anschrift der Gesellschaft ist: Abraham-Lincoln-Str. 46, 65189 Wiesbaden, Germany

Widmung
Die Vernichtung der Schöpfung im irdischen Maßstab begann vor 200 Jahren. Sieben Generationen tragen dafür mit sehr unterschiedlichem Gewicht Verantwortung. Unsere heutige entscheidet final über Ende oder Fortbestehen des Lebens. Deshalb haben wir dieses Buch geschrieben und widmen es unseren Enkeln:

Marie, Mina, Soana, Bela und Leander.

Vorwort

Auf dem Gründungsparteitag der KPD am 31. Dezember 1918 hielt Rosa Luxemburg ihre letzte öffentliche Rede und formulierte den historischen Satz: „Heute erleben wir den Moment, wo wir sagen können: Wir sind wieder bei Marx, unter seinem Banner."[1]

Dieses Wir-Erlebnis hatten auch die Autoren bei den Recherchen zu ihrem Buch. Auf dem Cover ist es visualisiert. Diese Botschaft lautet aber *auch*: Wir sind wieder beim Christentum. Franziskus steht dafür als Person, aber noch mehr als Symbol – genauso wie Karl Marx und Friedrich Engels.

Diese Bezüge sind keine rückwärtige Sicht. Sie sind eine historische Bestandsaufnahme für die Bewältigung der heutigen und morgigen Herausforderungen. Den Satz, dass man aus Geschichte *nichts* lernen kann, halten wir für falsch. Das mag für die Ereignisse in ihrer *konkreten* Gestalt gelten. Aber nicht für die großen Weltenläufe und auch nicht dafür, dass sich Menschen zu allen Zeiten mit dem Fokus nur auf den eigenen Nutzen verantwortungslos verhalten.

Welchen Wert haben Werte? Für unseren Titel *Mit Kapital die Schöpfung retten* ist das die entscheidende Frage. Es geht wie noch nie zuvor in der menschengeprägten Geschichte unseres Planeten um „Sein oder Nichtsein". Wohin sich die Waage neigt, entscheidet sich daran, ob wir es zum ersten Mal schaffen, die seit Jahrtausenden gültigen humanistischen Kodizes – wir finden sie als Postulate nahezu gleichlautend in allen Weltreligionen – auch zu *leben*. Die Frage wird im Diskurs oft als wertekonservativ kritisiert. Zu Unrecht! Sie entscheidet über unser Überleben.

Die Autoren dieses Buches haben zusammen fünf Kinder und fünf Enkel. Unsere Gedanken und Konzepte zur Rettung der Schöpfung gelten denen, die auf uns folgen. Deshalb sind sie kein abstraktes Palaver. Es geht um konkrete Verantwortung und um das *Machbare*. Das ist unser Antrieb für dieses Buch.

Phosphor. Ein Lebenselement. Die Vorräte neigen sich dem Ende zu. Ohne ihn gäbe es nicht unser wichtigstes Düngemittel. Die Welternährung bräche zusammen. Der Stoff muss zurück in den Kreislauf des Lebens.

---

[1] Brie, Michael: Unter Marx' Banner, Luxemburg – Gesellschaftsanalyse und linke Praxis, Januar 2019, https://zeitschrift-luxemburg.de/artikel/ungeloeste-probleme/, Internetrecherche am 31.01.2022.

Wie schnell wir ihn aus den kommunalen Klärschlämmen zurückgewinnen, verwandelt sich mit Blick auf *unsere* Kinder und Kindeskinder von der biologisch-technologischen in eine Überlebensfrage. Gelingt es uns, den Kapitalismus und unsere Ewigkeitswerte zu vereinen, werden wir sie positiv beantworten. Dass es beim Phosphor funktioniert, zeigen wir in diesem Buch. Dieses Element mit der Ordnungszahl 15 im Periodensystem ist real – und es ist ein Gleichnis. Wie die Sintflut. In diesem Sinne können und müssen wir aus der Geschichte lernen: Es gibt nur *Eine* zweite Chance: die erneuerte soziale Markt- und Kreislaufwirtschaft.

Berlin, Deutschland

Michael Schäfer
Joachim Ludwig

Inhaltsverzeichnis

1 „Durch die Menschen ist die Erde voller Gewalttat." So sprach ER und beschloss: „Nun will ich sie zugleich mit der Erde verderben."............ 1
  Literatur... 9

2 Die profitgetriebene Verwüstung unseres Planeten und ob die Apokalypse noch verhindert werden kann. Ein Interview mit Karl Marx, Friedrich Engels und Papst Franziskus.................... 11
  2.1 Prolog: Wie Marx, Engels und Franziskus im September 2018 im Vatikan symbolisch „zusammenkamen" und die Idee für das gemeinsame Interview geboren wurde 11
  2.2 Partiell fiktiv, komplett authentisch 12
  2.3 Sieben Fragen zu „Gott und die Welt" – Das Gespräch im Wortlaut...... 15
  2.4 Epilog: Es gibt sie, die zweite Chance. Aber nur noch *einmal!*.......... 23
  Literatur... 26

3 Es ist nicht „nur" das Klima: Die Umweltkatastrophe hat viele Facetten. Diese Welt ist nicht zu retten 27
  3.1 Prolog: Die verpestete Londoner Luft um 1800 und die vergifteten Elektronikschrottdeponien im Afrika des 21. Jahrhunderts. Die Zerstörung der Erde hat eine weltweite Dimension bekommen...... 27
  3.2 Die Weltmeere voll Plastikmüll, die Vernichtung der Regenwälder, das Artensterben – unser Planet ist am Limit........................ 28
  3.3 Industrielle Revolution = Beginn des Kapitalismus = Beginn der globalen Vernichtung der Schöpfung............................ 47
  3.4 Keine Hoffnung: Diese Welt ist nicht zu retten. Ein Exkurs mit Jonathan Franzen 49
  3.5 Epilog: Diese Welt ist nicht zu retten............................ 50
  Literatur... 52

4 Gegen die beklemmende Logik scheinbarer Ausweglosigkeit formiert sich eine weltweite Bewegung. Aber nur mit Utopien und abstrakten Zielvorgaben ist die Trendwende nicht zu schaffen ... 53

4.1 Prolog: Am Montag, dem 2. Dezember 2019 begann in Madrid die 25. UN-Klimakonferenz. Am Freitag davor, am 29. November, gingen Millionen weltweit gegen das kollektive Nichtstun beim Kampf gegen die Erderwärmung auf die Straße ... 53

4.2 Wer nichtstaatlich weltweit unterwegs ist. Dokumentation der wichtigsten nichtstaatlichen Organisationen und Initiativen ... 54

4.3 Epilog: Komplexe Katastrophen fordern komplexe Gegenwehr. Ein Plädoyer *für* Pragmatismus, neues basisdemokratisch fundiertes Handeln. *Gegen* den Rückfall in alte Verhaltensmuster. *Kooperation statt Konfrontation!* Das ist auch die Schlussfolgerung aus einem neuen Krieg im Jahr 2022 ... 63

Literatur ... 69

5 Kreislaufwirtschaft, erneuerte soziale Marktwirtschaft, erweitertes Verursacherprinzip und fast grenzenlose technische Fähigkeiten – die Rettung der Schöpfung ist möglich ... 71

5.1 Prolog: TRANSFORMATIONEN oder „Sperrmüll zu Kunst". Ein Ausflug in den Tiroler Kaiserwinkl ... 71

5.2 Die Vernichtung der irdischen Lebensräume ist realistisch. Aber die Menschheit setzt ihren Weg in den Abgrund fort. Nur ein klein wenig langsamer ... 74

5.3 Diese Welt ist doch zu retten! Unser Plan: die realistische Revolution im Kapitalismus ... 85

5.4 Neues Verständnis – neue Definition: Was wir unter Kreislaufwirtschaft verstehen und wie ein erweitertes Verursacherprinzip ihre schnelle Implementierung befördern wird ... 91

5.5 Komplette Stoffkreisläufe? Machbar ist (fast) alles, technisch und auch ökonomisch ... 127

5.5.1 Die Rückgewinnungswirtschaft muss Recyclingimpulse für die Produzenten setzen ... 127

5.5.2 Wie Kreislaufwirtschaft Gestank mindert, unsere Gesundheit fördert und Tiere artgerecht leben lässt ... 145

5.5.3 Stroh zu Gold??? Exkremente zu Phosphor!!! ... 155

5.5.4 Wer heute etwas erfindet, muss das komplette Recycling ganz vorn in sein Pflichtenheft schreiben. Beim revolutionären Carbonbetonprojekt wurde das in Dresden erfolgreich umgesetzt ... 167

5.5.5 „NochMall" für ein erfülltes zweites Leben ... 174

5.6 Epilog: Mit eindeutiger Semantik gegen Ankündigungsrituale und leere Versprechungen 180
Literatur... 182

6 Etikettenschwindel: Wenn Recycling und Kreislaufwirtschaft in grellen Buchstaben auf Hochglanzpapier stehen, ist Vorsicht angesagt. 185
6.1 Prolog: Wohin gehört eine sogar doppelte „Mogelpackung" auf der nach oben offenen Tetzel-Sündenskala? 185
6.2 E-Mobilität für einen weltweiten Individualverkehr mit westlicher PKW-Ausstattung – eine Weltrettungslüge 188
6.3 Der Stopp der Erderwärmung durch die Reduktion klimaschädigender Emissionen ist für uns „nur" ein Teil des Projekts Kreislaufwirtschaft. Das ist in der Politik noch nicht angekommen. Dafür steht das rückwärtsgewandte Vorhaben, Verbrennerautos durch „Stromer" zu ersetzen, wie kein zweites 192
6.4 Mogelpackungen, Greenwashing: Von symbolischen Absichtserklärungen über das Schönreden von Kleinigkeiten bis zur unverschämten Lüge. 198
6.5 Epilog: Zum Verbot der Lüge gehört auch der Selbstbetrug 200

7 Die Strategie ist klar. Jetzt zählt „nur" noch das politische Wollen zur Umsetzung 203
7.1 Prolog: Die sieben Plagen der Apokalypse und der „heilige" deutsche Wald 203
7.2 Die Weltrettung gibt es nur mit einem kooperativen Ansatz 204
7.3 Versus die sieben apokalyptischen Plagen: Sieben Prämissen für einen Plan zur Rettung der Schöpfung. 211
7.4 Ein titanisches Projekt. Ob wir dafür in Deutschland über das geeignete politische Führungspersonal verfügen?................... 246
7.5 Die neue Ampel in Berlin: Hat sie bei Machtantritt schon auf grün als Synonym für „Fortschritt wagen" geschaltet? Welche Sofortmaßnahmen sie für die schnelle Transformation in die Kreislaufwirtschaft treffen sollte 257
7.6 Das Fazit zum Buch: Mit *Kapital* die Schöpfung retten? Ob wir aus dem Frage- ein Ausrufezeichen machen können........... 268
Literatur... 271

1 „Durch die Menschen ist die Erde voller Gewalttat." So sprach ER und beschloss: „Nun will ich sie zugleich mit der Erde verderben."

Ähnliche Symbolkraft wie die Sintflut hatte der Beginn der sozialistischen Bewegung mit dem Kommunistischen Manifest im Jahr 1848. Dessen Verheißung, ein Paradies auf Erden, hat sich nicht erfüllt. Deshalb braucht der Kampf um die Bewahrung der Schöpfung keine neuen „Ismen". Nötig sind ebenso pragmatische wie radikale Konzepte, die sich an den bestehenden gesellschaftlichen Verhältnissen orientieren. Unser Buch versteht sich als Plädoyer für das Primat des Machbaren.

Nur anderthalb Zeilen aus der fast zweieinhalb Jahrtausende alten Bibel. Aber was für eine heutige Sprengkraft! Auch die Mehrheit der Nichtkirchgänger kennt die schaurige Geschichte von der strafenden Sintflut. Erzählt wird, dass Gott nur Noah verschonte – ein frommer Mann und ohne Tadel –, der auf dessen Geheiß die Arche baute. In der überlebte Noah mit seiner Familie und den von IHM, dem Herrn, ausgewählten Tieren als einzige die apokalyptische Überschwemmung der Erde. Vierzig Tage und vierzig Nächte ergossen sich die Regengüsse. „Und das Gewässer nahm überhand, und wuchs so sehr, dass alle hohen Berge bedeckt wurden. Alles, was einen lebendigen Odem hatte, das starb. Und das Gewässer stund auf Erden hundertfünfzig Tage."[1]

Dann gehen die Fluten zurück, und die biblische Geschichte erzählt von der Taube mit dem Olivenzweig. Dass sich dieses Bild bis heute ins kollektive Gedächtnis der Menschheit einprägte, ist der Kraft der Geschichte zu verdanken, aber auch Picassos genialer Zeichnung. Entstanden im 20. Jahrhundert mit seinen furchtbaren Kriegen. Seine Friedenstaube drückt die Sehnsucht der Menschen nach Frieden aus. Sie sagt ja nicht nur: „Die Flut ist vorbei, Ihr könnt wieder aufatmen!" Sie sagt auch: „Gott ist bei Dir, fürchte Dich nicht!"

„In der Geschichte ist der Regenbogen das Zeichen Gottes, dass die Flut vorbei ist und nicht wiederkommt. Wenn es regnet und dann der Regenbogen erscheint, wissen die Men-

---

[1] Bibel, Altes Testament, Buch Mose, Kap. 6, 13, zitiert nach: Die Revidierte Einheitsübersetzung 2016 – Jetzt online lesen (bibelwerk.at), Internetrecherche am 24. Juli 2021.

schen: Okay, es war nur ein Regen. Es ist nicht die Sintflut. Die wird es nicht mehr geben. Der Regenbogen ist das Zeichen dieses Bundes, den Gott mit der Erde geschlossen hat. *Nach* der Sintflut. Eine Bestandsgarantie für die Welt.

Die alte Sintflutgeschichte steht auch für unsere aktuelle Erfahrung: menschliches Fehlverhalten kann katastrophale Auswirkungen haben: auf das Gleichgewicht der Natur und die Stabilität der Welt. Mit der biblischen Interpretation könnte man sich aber auch im Heute an die Hoffnung klammern, dass die Erde das aushält, weil Gott diese Weltordnung behütet. Das kann eine Illusion sein. Auch wenn der christliche Glaube mit der Sintflut-Erzählung an der Hoffnung festhält, dass Gott seiner Schöpfung treu bleibt und sie nicht preisgibt, weil er sie geschaffen hat."[2]

Noah, die Arche und die Taube stehen für den **Glauben**, dass ein guter Ausgang möglich ist. Wir müssen sie aber auch als Spender von Mut und Kraft verstehen. Beides brauchen wir, um das Leben so umzugestalten, dass die lebendige Schöpfung bewahrt wird. Denn die Bibel erzählt: Das Überleben ist durch die Gnade des Herrn *einmal* gelungen. Jetzt aber liegt das Schicksal allein in der Menschen Hand. Die Taube, die mit einem Olivenzweig davon kündet, dass die Welt bis 2050 die Erderwärmung bei 1,5 Grad Celsius stoppen wird, ist an meinem Fenster noch nicht vorbeigeflogen. Das ist auch eine starke Warnung. Denn es gibt sie nicht, die *zweite* Chance. Nur so ist die Geschichte aus dem Alten Testament zu verstehen. Aber noch vielmehr ist sie auch der Blick auf die heutige irdische *Realität*.

Ein Gespenst geht um in Europa – das Gespenst des Kommunismus.[3]
Mit diesem Satz beginnt das 1848 erschienene Kommunistische Manifest. Dieser von Karl Marx und Friedrich Engels formulierte Aufruf zum Kampf gegen die kapitalistische Ausbeutung und für eine gerechte Welt hat unseren Globus in ähnlicher Weise erschüttert wie das 500 vor Christus entstandene Alte Testament mit der Sintflut als Akt der Bestrafung für die Gewalttätigkeit der Menschen.

Das Manifest „ersetzt" den martialischen Warnschuss Gottes durch die Botschaft, dass das Proletariat als erste Klasse in der Menschheitsgeschichte die Kraft habe, den biblischen Glauben an eine gerechte Welt zur Realität zu machen. „Wenn das Proletariat im Kampfe gegen die Bourgeoisie sich notwendig zur Klasse vereint, durch eine Revolution sich zur herrschenden Klasse macht und als herrschende Klasse gewaltsam die alten Produktionsverhältnisse aufhebt, so hebt es mit diesen Produktionsverhältnissen die Existenzbedingungen des Klassengegensatzes, die Klassen überhaupt, und damit seine eigene Herrschaft als Klasse auf. An die Stelle der alten bürgerlichen Gesellschaft mit

---

[2] Vgl. Andreas Main im Gespräch mit dem Theologen Prof. Dr. Thomas Naumann, Universität Siegen, Deutschlandfunk, „Tag für Tag", 23. Juli 2021.
[3] Marx, Karl: Manifest der Kommunistischen Partei, in: Marx/Engels Werke (MEW), Band 4, Dietz Verlag, Berlin, 1974, S. 461.

ihren Klassen und Klassengegensätzen tritt eine Assoziation, worin die freie Entwicklung eines jeden die Bedingung für die freie Entwicklung aller ist.[4]

Das liest sich verheißungsvoll. Aber die Hoffnung auf eine ideale Welt von Freiheit und Gleichheit für jedermann in einer von Ausbeutung befreiten Welt haben die Autoren nach ihrem „Erlebnis" des realen Sozialismus verloren.

Das klingt nach Ohnmacht. Die wird in den Tagen, in denen dieses einleitende Kapitel in Worte gefasst wird, durch reale Ereignisse vielfach bestätigt.

Die Resignation lesen wir im aktuellen Monatsblatt des *Aufbau Literatur Kalender 2021*: „Was mich von Brecht trennt: Er glaubt an eine Welt, die veränderbar ist, nach dem Motto: richtige Wissenschaft – richtige Politik – richtige Menschen. Nun ist weder der Mensch **richtig**, noch die Wissenschaft, noch die Politik. Die Welt verändert sich durch den Menschen, aber der Mensch verändert sich nicht und fällt der durch ihn veränderten Welt zum Opfer."

Wir sind in der Endzeit der lebendigen Schöpfung und haben Gottes Warnschuss nicht verstanden. Anders kann man diese Sätze von Friedrich Dürrenmatt aus dem Jahr 1985 nicht verstehen.[5]

36 Jahre nach der deprimierenden Prognose des weltberühmten Schweizer Dichters, im Juli 2021, nährt auch Heribert Prantl, der renommierte Autor der *Süddeutschen Zeitung*, diesen Pessimismus. Mit seiner Gänsehautbeschreibung, wie der Mensch – nachdem er bei der Zerstörung unseres Planeten an seine Grenzen gekommen ist – sein unheilvolles Werk im Kosmos fortsetzt:

„Es hat sehr lange gedauert, bis Justiz und Gesellschaft gelernt haben, dass rasende Prahlsucht ein Verbrechen sein kann. Diese Erkenntnis ist aber noch nicht sehr weit gediehen, sie beschränkt sich auf den Straßenverkehr. Diese Erkenntnis gilt noch nicht für Wirtschaft und Politik; im Gegenteil – dort wird sie gepriesen. Wenn alte Männer, weil sie unendlich viel Geld haben, sich im Weltraum ein Raketenrennen liefern, werden sie gefeiert. Wenn junge Männer, weil sie unendlich viel Testosteron haben, sich auf dem Ku'-damm ein Autorennen liefern, werden sie bestraft.

Bei allen Unterschieden dieser Fälle: Die einen gelten als Visionäre, die anderen als Deppen. Letztere werden zu Recht als Mörder bestraft. Die anderen werden als Wirtschaftsgenies belobigt – obwohl (oder gerade weil) sie einen destruktiven Kapitalismus in den Weltraum tragen. Wenn sich Jeff Bezos und Richard Branson (und im September auch Elon Musk) ins All schießen lassen, weil sie sich das als Milliardäre leisten können und sie auf diese Weise Werbung machen für galaktische Geschäftsideen aller Art, dann kann man in Wirtschaftsmagazinen lesen: Das sei nicht nur ein Kräftemessen der Milliardäre, das sei nicht nur ein Kick für Hochprivilegierte, das sei die „Zukunft" der Ökonomie. Solche Lobhudeleien sind Beihilfe zum Irrsinn.

---

[4] Marx, Karl: Manifest der Kommunistischen Partei, in: Marx/Engels Werke (MEW), Band 4, Dietz Verlag, Berlin, 1974, S. 482.
[5] Aufbau Literatur Kalender, Ausgabe 2021, Blatt 12/1, Aufbau Verlage, Berlin, 2021.

Es gilt auch hier und hier erst recht der Satz von Papst Franziskus: Diese Wirtschaft tötet. Sie macht den Weltraum zum Kolonisationsgebiet von Kommerzinteressen, sie bemächtigt sich des Himmels als Ressource. Der Großkapitalist Bezos will mit seinem Raumfahrtunternehmen Blue Origin den Mars kolonisieren und in weniger als zehn Jahren eine Million Menschen dorthin befördern. Die Menschheit solle dort, sagt er, eine gute Zukunft haben. Wäre es nicht gut, wenn die Menschheit erst einmal auf ihrem Planeten eine gute Zukunft hätte?[6]

Gut wäre es, aber auch die Historikerin Annette Kehnel hat große Zweifel. Von ihr lese ich bei meiner altmodisch analogen Frühlektüre der *Berliner Zeitung* am 3. August 2021 folgende Sätze: „Der Wille zu Veränderungen oder zu einem Systemwechsel war nur leider noch nie so gering wie heute. Wir kleben am Ist-Zustand wie ein Kaugummi unter der Schulbank. Wir wollen da nicht weg."[7]

Auf dem Cover unseres Buches haben wir die katholische Trinität in einer Weise neu personalisiert, die die allermeisten auf den ersten Blick in Erstaunen versetzt haben wird. Wie kommen Karl Marx, Friedrich Engels und Papst Franziskus gleichberechtigt in ein solches Tableau? Weil sie innerhalb von mehr als 250 Jahren übereinstimmende Befunde zum Raubbau an unserer Natur und zur existenziellen Bedrohung allen Lebens auf der Erde treffen. Und zwar im direkten kausalen Kontext zur kapitalistischen Wirtschaftsweise.

Es war also nicht – wie oft vermutet – der Club of Rome mit seinem 1972 unter dem Titel „Die Grenzen des Wachstums" veröffentlichten „Bericht zur Lage der Menschheit", der uns zum ersten Mal zu einer grundlegenden Veränderung unserer Wirtschaftsordnung aufforderte.

Die Welt: „Es kömmet drauf an, sie zu verändern"
Rund 500 Jahre vor Christus: Das Alte Testament mit dem Gleichnis der Sintflut. **Mitte des 19. Jahrhunderts**: Die Analysen von Marx und Engels zur Zerstörungskraft eines ungezügelten Kapitalismus. **1972:** Der elitäre Club of Rome über die Grenzen des Wachstums. **2010:** Das in alle wichtigen Sprachen übersetzte „Empört Euch" von Stéphane Hessel. **2015:** Papst Franziskus „Über die Sorge für das gemeinsame Haus" in seiner weltweit verbreiteten „Laudato si".

9. August 2021: Der neueste Bericht des Weltklimarates. Harte Fakten dokumentieren, dass die Klimakatastrophe in ihrem Tempo alle Prognosen übertrifft und von Menschen gemacht ist.

Zweieinhalbtausend Jahre Menschheitsgeschichte – das sind auch zweieinhalbtausend Jahre immer wiederkehrender Mahnungen. Aber erst seit Beginn der industriellen Revolution, also mit der „Geburt" des Kapitalismus, hat die Usurpation unseres Planeten und seiner Ressourcen eine globale und existenzielle Dimension bekommen. Diese letzte

---

[6] Prantls Blick: Der Weltraum gehört allen – Politik – SZ.de (sueddeutsche.de), Internetrecherche am 25. Juli 2021.
[7] Kehnel, Annette, „Der Wille zu Veränderungen war noch nie so gering", Berliner Zeitung, 03. August 2021, S. 22.

historische kurze Epoche symbolisieren und visualisieren wir mit der Trinität von Marx, Engels und Franziskus. Aus deren Weltsichten leiten wir ein eigenes Konzept ab, dessen Umsetzung die zweieinhalbtausend Jahre alte Ära ungehörter Weckrufe beenden könnte.

Die gerade skizzierte Resignation und Ohnmacht basieren auf ignorierten Mahnungen. Aber wie kommt man zum verändernden Handeln? Zum Beispiel mit Marx und seiner elften These über Feuerbach: „Die Philosophen haben die Welt nur verschieden interpretiert, es kömmt drauf an, sie zu verändern."[8] So ähnlich klingt aktuell auch Papst Franziskus: „Die Wirklichkeit steht über der Idee."[9] Was wir folgern: Wenn wir die Welt tatsächlich zum Guten ändern wollen, müssen wir das *Machbare* tun. Wie das gehen kann? Diese Frage wollen wir auf den folgenden Seiten versuchen zu beantworten.

Aber ganz ohne Träumereien wird es nicht gehen. Radikale Veränderungen der Wirklichkeit – und nur so ist die Schöpfung vor dem alsbald drohenden Ende zu bewahren – sind die Einheit von gründlicher Analyse und daraus abgeleiteten kühn-pragmatischen Konzepten. Deren Umsetzung verlangt neben Überzeugungskraft, Mut, Talent zur Organisation allerdings auch den *Glauben* an den Erfolg.

Für den roten Faden unseres Buches stehen real und auch symbolisch Papst Franziskus auf der einen, Karl Marx und Friedrich Engels auf der anderen Seite. Philosophisch sind das – hier Idealismus, da Materialismus – zwei grundverschiedene Welten. Zugleich aber sitzen die drei Männer von gestern und heute in einem Boot. Und das schwimmt in der Wirklichkeit des 21. Jahrhunderts. Die Frage, wer die Welt erschaffen hat, wird angesichts der unfassbaren Bedrohung des lebendigen Seins zweitrangig.

Das möchten wir mit einem sensationellen Interview beweisen. Wir befragten keine Geringeren als Karl Marx und Friedrich Engels. Die Begründer des historischen Materialismus und die profundesten Analytiker des Kapitalismus, der seit über zweihundert Jahren prägenden Welt- und Wirtschaftsordnung. Aber wir bekommen ebenso brillante Antworten vom heutigen Papst Franziskus. Sie werden, wie wir, darüber staunen, wie einig sich Religion und Materialismus sind, wenn es um die akute Bedrohung unserer Schöpfung geht. Sie bezweifeln, dass religiöse Botschaften noch relevant und repräsentativ sind? Dann nehmen Sie bitte zur Kenntnis, dass sich von der rund 7,8 Mrd. zählenden Weltbevölkerung etwa 5,4 Mrd., rund 68 Prozent, zu den fünf großen Weltreligionen bekennen. Davon sind 2,3 Mrd. Christen. Und hier wiederum dominiert noch immer der katholische Glaube mit 1,2 Mrd.

Dabei sind die grundlegenden Kernbotschaften dieser Weltreligionen weitgehend identisch. Alle wollen eine gerechte, friedliche, die Schöpfung bewahrende Welt. Für den längst überfälligen Schritt vom Wollen zum Machen müssten wir 68 Prozent der Weltbevölkerung „nur" aktivieren, ihren Glauben auch zu leben. Unsere „alte" abendländische Welt ist schon lange nicht mehr das Maß aller Dinge. Auch deshalb dürfen wir die

---

[8] Marx, Karl: Thesen über Feuerbach, in: Marx/Engels Werke (MEW), Band 3, Dietz Verlag, Berlin, 1974, S. 7.
[9] Papst Franziskus: Evangelii gaudium. Die Freude des Evangeliums, Adlerstein Verlag, Wiesmoor, 1. Auflage, 2015, S. 106.

Möglichkeiten zur Abwendung einer globalen Katastrophe nicht nur mit unseren zunehmend säkularen, atheistischen Maßstäben bewerten.

Reformierter Kapitalismus oder Revolution
Materialismus und Glauben. Wieder unser roter Faden, und wieder Marx. Diesmal mit dem Vornamen Reinhard und im Gegensatz zum berühmten Atheisten katholisch. Mit Karl hat er mehr gemeinsam als nur den Nachnamen. In Trier, wo der große Ökonom und Philosoph Karl Marx 1818 das Licht der Welt erblickte, wurde Kardinal Reinhard Marx im Jahr 2001 zum Bischof ernannt. Seinem bemerkenswerten, 2008 erschienenen Buch, aus dem wir gleich zitieren, gab er den Titel *Kapital*. Diese Parallelen „beweisen", so der Autor, „dass Gott durchaus Sinn für hintergründigen Humor hat".

Das *Kapital* anno 2008 beweist aber auch, dass man Marxismus und Religion bei der Suche nach einem praktikablen Ausweg aus der zerstörerischen Krise unserer Welt in dialektischer Manier zusammendenken muss. In seinem einleitenden Brief an Karl Marx schreibt der Kardinal Marx folgendes:

„Insofern bleibe ich – trotz allen Respekts für Ihre scharfsinnigen Beobachtungen und Gedanken – ein entschiedener Gegner Ihrer Theorien. Ich bleibe der Tradition meines Mitbruders Bischoff Ketteler treu, der sich wie Sie gegen einen primitiven und grenzenlosen Kapitalismus gewendet hat, der [schon 1869 – Anm. d. Autors] das marktwirtschaftliche System aber nicht abschaffen, sondern sozial weiterentwickeln wollte. Dass es im 20. Jahrhundert in den frühindustrialisierten Staaten tatsächlich gelungen ist, diese Forderung umzusetzen, war keineswegs die Abkehr von dem „Königsweg" eines absolut freien Marktes. Dieser „Königsweg" war schon damals eine Sackgasse, und er ist es auch heute noch. Der sozialreformerische Ansatz, den Kapitalismus zu „zähmen" und ihn durch ordnungspolitische Rahmensetzungen zur Sozialen Marktwirtschaft hin weiterzuentwickeln, war der einzig richtige Weg, und dieser Weg ist auch heute ohne vernünftige Alternative. Das ist keine christliche Sozialromantik. Für diesen Weg stehen auch die Namen von großen liberalen Ökonomen wie Ludwig Erhard, Walter Eucken, Franz Böhm, Alexander Rüstow, Wilhelm Röpke und Alfred Müller-Armack, um nur einige zu nennen. Ihnen war nach der menschlichen Katastrophe des Nationalsozialismus und des Zweiten Weltkriegs klar, dass die Marktwirtschaft nicht als bloß ökonomische, sondern nur als auch dezidiert moralische Alternative zum Marxismus eine Zukunft haben wird. Ich halte an der damit begründeten Differenz zwischen einer Sozialen Marktwirtschaft und einem ungebremsten Kapitalismus fest. Ich tue das vor allem aus einer tiefen Überzeugung heraus, dass wir die sozialen Beziehungen in unserer Welt nicht nur effizient, sondern auch gerecht gestalten sollten. Wirtschaft ist kein Selbstzweck sondern hat, wie Alexander Rüstow einmal treffend gesagt hat, „Dienerin der Menschlichkeit" zu sein."[10]

Die Idee, gravierende soziale und ökonomische Disparitäten des Kapitalismus durch Reformen innerhalb dieses Systems zu beseitigen, galt im real „deformierten" Sozialis-

---

[10] Marx, Reinhard: Das Kapital. Plädoyer für den Menschen, Pattloch, München, 2008, S. 30 f.

mus der DDR als Teufelszeug. Als dort „Sozialisierte" haben beide Autoren den Zerfall dieses undemokratischen Systems erlebt und auch verarbeitet. Unser Fazit lautet, dass ein Kapitalismus, wie ihn Reinhard Marx sich wünscht und in Grundzügen beschreibt, die *einzige realistische Wirtschaftsweise* ist, mit der wir unseren Kindern, Enkeln und den Generationen danach nicht nur die Existenz, sondern ein erfülltes freudvolles Leben sichern können.

Klar ist für uns auch, dass wir den heutigen Kapitalismus nicht irgendwie, sondern *radikal* reformieren müssen. Das wird kaum jemand ernsthaft bestreiten. Diese Einigkeit im Ziel allein reicht nicht aus. Zuvorderst geht es um das *Wie*. Bei Bertold Brecht fanden wir den methodischen und dialektischen Ansatz: „Der Kapitalismus entwickelt Gebräuche, die von seiner Produktionsweise bzw. von seiner Gesellschaftsordnung herkommen, dieselben zu unterstützen oder auszunutzen bestimmt sind, aber teilweise auch revolutionär sind, wo sie nämlich auf Produktionsweisen beruhen, die zwar kapitalistisch sind, aber Vorstufen zu anderen höheren Produktionsweisen darstellen. Deshalb müssen wir solche durch den Kapitalismus entwickelte Gebräuche genau auf ihren revolutionären Gebrauchswert hin untersuchen."[11]

Bei einem Dichter, der mit seiner Kunst nicht in erster Linie erfreuen, sondern die Welt verändern wollte (auch er kannte die marxsche Feuerbachthese), wurden wir fündig. Und wir haben seine Worte mit dem Wissen, dass ein Kommunismus mit freien und gleichen Menschen ebenso wie das Paradies in der irdischen Realität Utopien bleiben werden, ins praktische Heute übersetzt. Brecht sah die revolutionären Entwicklungen im Kapitalismus als Vorboten der neuen, kommunistischen Gesellschaft. Für uns bedeuten sie etwas qualitativ anderes. Solche, aus dem tradierten System herausbrechende Phänomene beweisen nämlich allen Unkenrufen zum Trotz, dass der Kapitalismus auch in seiner globalen Ausprägung nicht nur reformfähig, sondern partiell auch reformwillig ist.

Durchaus wichtige Protagonisten der westlichen Wirtschaft bekennen sich schon jetzt dazu, dass unsere heute dominierende Wirtschaftsweise nur dann eine Zukunft hat, wenn alle in die Wertschöpfung einfließenden Stoffe weitestgehend im Kreislauf gehalten werden. Deshalb Schluss mit der massenhaften Vernutzung und Vernichtung natürlicher Ressourcen. Deren Ge- und Verbrauch erfolgt selbst im 21. Jahrhundert noch sehr häufig zum Nulltarif. Wir müssen nur an unser Grundwasser, die Luft, die Flüsse, Seen und Meere denken und uns dabei schämen, dass dieser Raubbau bevorzugt in der Dritten Welt stattfindet. „In jedem Ende liegt ein neuer Anfang", so der spanische Philosoph Miguel de Unamuno (1864–1936), der damit auch die Kreislaufwirtschaft weltanschaulich begründet.

Von der Bestandsaufnahme der Weltzerstörung zu einem Konzept zur Rettung der Schöpfung
Dieser neuen Qualität der Wertschöpfung widmen wir in unserem Buch das Kap. 5. Dort zeigen wir, wie die Kreislaufwirtschaft in untrennbarer Gemeinschaft mit dem Verursacherprinzip homogen in das kapitalistische Modell integriert werden kann.

---

[11] Brecht, Bertold: Kapital. Auf alle Fälle, Band 6, Suhrkamp Taschenbuch Verlag, Frankfurt am Main, 2009, S. 61.

Parkbänke aus Plastikmüll. Diese als Beispiel dienende Verwertungsvariante steht für den alten Kapitalismus, der mit Recycling auf niedrigem Niveau auch seine Zerstörungskraft und -wut mit Feigenblättern verhüllt. Selbst wenn sich alle knapp acht Milliarden Erdenbürger auf einmal auf solchen Bänken niederlassen wollten, gäbe es angesichts der gewaltigen Überproduktion von Plastikerzeugnissen – das Symbol unserer Wegwerfgesellschaft schlechthin – ein riesiges Überangebot an Sitzplätzen.

Es geht also längst nicht mehr um Verwertung von Abfall auf derart niedrigem Niveau. Die *Stoffe* müssen wir zurückgewinnen. Sie sind im Periodensystem der Elemente zu finden. Wie das richtig und ohne Mogelpackungen geht, zeigen uns schon heute kapitalistische Unternehmen mit verblüffenden, ja atemberaubenden Innovationen. Phosphor – die Nr. 15 in der Matrix der Elemente – wird es als irdisches Vorkommen am Ende dieses Jahrhunderts nicht mehr geben. Ohne Phosphor würde die gesamte Pflanzenproduktion zusammenbrechen. Eine globale Hungerkatastrophe ohne Beispiel wäre die Folge. Aber auch das Leben selbst wäre ohne diesen Stoff nicht möglich. Was wären Mensch und Tier ohne Knochen?

In Hamburg wird dieses lebenswichtige Element schon heute aus der Asche verbrannter Klärschlämme gewonnen. Dabei erzeugte Energie wird für die Extraktion des Phosphors genutzt. Der Schlamm kommt aus den kommunalen Kläranlagen der zweitgrößten deutschen Stadt und deren Umland. Sie wissen noch, womit sich die mittelalterliche Alchimie erfolglos befasste. Heute gelingt's. „Stroh zu Gold" – „Exkremente zu Phosphor". So wird in Hamburg aus einem Märchen Wirklichkeit.

Ob solche Revolutionen der Einsicht geschuldet sind, dass auch Milliardäre betroffen wären, wenn alles Leben zugrunde geht? Wir wissen es nicht. Wir können uns aber auch nicht vorstellen, dass es für die übergroße Mehrheit der Eigentümer von Produktivvermögen eine realistische und vor allem wünschenswerte Option ist, dass die Großkapitalisten Bezos und Musk, mit ihresgleichen den Mars bevölkern wollen, wenn auf der Erde das Licht verlöscht.

Klimaschutz ist in aller Munde. Mit unserer Bestandsaufnahme in Kap. 3 wollen wir zeigen, dass uns viel mehr bedroht als die schon für sich apokalyptische Klimakatastrophe. Erneuerbare Energien als Rettung? Ja, aber doch nur als Teil einer übergreifenden Kreislaufwirtschaft. Das ist die einzig mögliche Schlussfolgerung aus unserer Dokumentation aller Bedrohungsszenarien.

Im Kap. 4 lesen Sie, was wir über „Fridays for Future" denken und dass solche Bewegungen allein die Welt nicht retten können. Im schon erwähnten Kap. 5 zeigen wir auch konkret, **wie** wir das Leben auf unserem Globus vor der Vernichtung bewahren könnten. Die Rückgewinnung von Stoffen ist nämlich nicht nur technologisch, sondern auch wirtschaftlich in vielen Fällen schon machbar. Ein neuer reformierter Kapitalismus, in dem der Verursacher die Zeche zahlt, kann damit schwarze Zahlen schreiben. Und mit einem neuen Verständnis von Wachstum und Fortschritt würde auch der Spaß am Leben für uns alle nicht auf der Strecke bleiben. Die **„erneuerte soziale Marktwirtschaft"** – so lautet der von uns geprägte Begriff – ist per se auch ökologisch und nachhaltig. Wir brauchen keine Inflation immer neuer Attribute. Gefragt ist (endlich) die Umsetzung.

Im Kap. 6 erklären wir an vielen Beispielen, dass die vielen engagierten, zu radikalen Veränderungen bereiten Menschen ihre positiven Energien im wahrsten Wortsinn verplempern, wenn sie auf die unfassbar vielen Mogelpackungen des alten Kapitalismus hereinfallen und so ungewollt sogar zu Mittätern werden.

Im finalen Kap. 7 gibt's für uns alle, aber zuvorderst für jene, die politische Verantwortung in kommunalen Gremien, den Parlamenten und Ministerien tragen, eine Art Pflichtenheft. Wir formulieren sieben Prämissen für die Entwicklung der konkreten Konzepte zur Etablierung der Kreislaufwirtschaft. Wenn unsere Vorgaben strikt beachtet werden, sollte die Umsetzung gelingen. Dafür brauchen wir an der Spitze kluge, durchsetzungsfähige und unbestechliche Menschen. Daran mangelt's. Von Friedrich Engels zitieren wir mit einigem Optimismus, dass eine Zeit, die Riesen braucht, auch Riesen zeugt.

Die Riesen allein werden es nicht richten. Ebenso wichtig ist es, dass sich zu einem neuen Denken und Handeln die Mehrheit der Menschen unserer bedrohten Erde versammelt. Sonst behält der große schwarze Schriftsteller James Baldwin Recht. Als er 1963 seinen weltberühmten Essay „The fire next time" als Bekenntnis zu einem radikalen Humanismus schrieb, war er voller Optimismus. Nur 15 Jahre später war er komplett desillusioniert. In einem Interview mit der *Zeit* sagte er sarkastisch: „Ich lebe eine Hoffnung wider besseres Wissen." (Aufbau Literatur Kalender 2021, Blatt 2.–8. August).

Denken Sie jetzt noch einmal an Noah, die Arche und die Sintflut. Wir haben ihn noch, den letzten Versuch. Der muss aber *jetzt* gewagt werden und gelingen. Wenn's wieder schiefgeht, verlischt für alles Leben auf unserer schönen Erde das Licht. Für immer. Jedenfalls in unseren menschlichen Maßstäben.

Denken allein aber reicht nicht. „Am Ende gilt doch nur, was getan und gelebt – und nicht, was wir gewünscht oder ersehnt haben."[12]

Literatur

Aufbau Literatur Kalender, Ausgabe 2021, Blatt 12/1, Aufbau Verlage, GmbH & Co. KG, Berlin 2021

Brecht, Berthold: Kapital. Auf alle Fälle, Band 6, Suhrkamp Taschenbuch Verlag, Frankfurt am Main, 2009

Marx, Karl: Manifest der Kommunistischen Partei, In. Marx/Engels Werke (MEW), Band 4, Dietz Verlag, Berlin 1974

Marx, Karl: Thesen über Feuerbach, In: Marx/Engels Werke (MEW), Band 3, Dietz Verlag, Berlin 1974

Marx, Reinhard: Das Kapital: Plädoyer für den Menschen, Pattloch, München, 2008

Papst Franziskus: Evangelii gaudium. Die Freude des Evangeliums, Adlerstein Verlag, Wiesmoor, 1. Auflage 2015

---

[12]Arthur Schnitzler, www.aphorismen.de/Zitat 22220, Komödie der Worte, 1915, Internetrecherche am 03. Januar 2021.

2. Die profitgetriebene Verwüstung unseres Planeten und ob die Apokalypse noch verhindert werden kann. Ein Interview mit Karl Marx, Friedrich Engels und Papst Franziskus

2.1 Prolog: Wie Marx, Engels und Franziskus im September 2018 im Vatikan symbolisch „zusammenkamen" und die Idee für das gemeinsame Interview geboren wurde

Am 31. August 2018 reiste ich[1] zum „Römischen Forum 2018" in den Vatikan. Die in Italiens Metropole herrschende Gluthitze war mir vertraut aus den zurückliegenden Sommermonaten in Berlin und Brandenburg. Laut Wikipedia war diese Dürre und Hitze in ganz Europa „nur" eine Wetteranomalie. Sie begann im Frühjahr und endete in den Adventswochen.

Was wir damals vermuteten, haben die folgenden Sommer bestätigt. Hitzetote und Übersterblichkeit in Mittel- und Nordeuropa wurden uns „Nordlichtern" vertraute Begriffe. Es begann aber keine erdgeschichtliche neue Heißzeit! Und es war auch nicht der wetteranomale „Jahrhundertsommer". Die menschengemachte Klimakatastrophe war im Herzen der Alten Welt einfach „nur" angekommen.

Es klingt zynisch. Aber es „passte" zur Reise ins Zentrum der katholischen Weltkirche. Dorthin eingeladen hatten der BDE Bundesverband der Deutschen Entsorgungs-, Wasser- und Rohstoffwirtschaft e.V., unterstützt vom internationalen Netzwerk der Familienunternehmen (FBN Family Business Network) und dem Malteser Hilfsdienst e.V.

Der Einladung gefolgt waren mehr als 60 Persönlichkeiten, fast durchweg die Inhaber renommierter deutscher Familienunternehmen. Dazu einige Experten, die bis zum 2. September 2018 in der Päpstlichen Akademie über die Umweltenzyklika von Franziskus – sie

---

[1] Michael Schäfer, einer der Autoren des vorliegenden Buches, der als Professor für Kommunalwirtschaft mit dem Schwerpunkt Daseinsvorsorge zu den eingeladenen Teilnehmern gehörte.

wurde am 24. Mai 2015 unter dem Titel „Laudato si. Über die Sorge für das gemeinsame Haus"[2] veröffentlicht – und die Folgerungen für das Unternehmertum diskutierten.

Am 1. September, dem Weltgebetstag für die Bewahrung der Schöpfung, empfing Papst Franziskus die Teilnehmer zu einer fast zweistündigen Sonderaudienz und adressierte unter anderem die folgende Botschaft: „Jeder von uns trägt eine Verantwortung für die anderen wie auch für die Zukunft unseres Planeten. In ähnlicher Weise hat die Wirtschaft dem Menschen zu dienen, sie soll den Nächsten nicht ausbeuten und seiner Ressourcen berauben. Heute sind wir aufgerufen, die Möglichkeiten zu nutzen, die uns die Technik bei einer guten Verwendung der Ressourcen zur Verfügung stellt, und helfen wir besonders auch den Ländern, die von Armut und Niedergang betroffen sind, diese Wege der Erneuerung zu ihrem eigenen Wohl zu beschreiten."[3]

Die Worte des Papstes in Rom, die Texte seiner „Laudato si" und auch des Apostelbriefes, den er gleich zu Beginn seiner Amtszeit im Jahr 2013 unter dem Titel „Evangelii Gaudium" (Die Freude des Evangeliums) veröffentlichte, klangen dem von Karl Marx und Friedrich Engels geprägten Wissenschaftler mit dem Gegenstand irdische, existenzielle Daseinsvorsorge seltsam vertraut.

Der dafür vermutete Grund bestätigte sich nach Rückkehr in die einige tausend Bände umfassende Bibliothek des heimischen Arbeitszimmers. Durchaus ähnliche Bestandsaufnahmen und Analysen zur brutalen Geiselnahme der Schöpfung mit einem erlogenen ökonomischen Mandat hatte ich in der Tat schon in einigen Bänden meiner Marx-Engels-Gesamtausgabe aus dem Jahr 1974 gelesen.

Die auf den ersten Blick abenteuerlich-waghalsige Idee, aus dieser Ähnlichkeit ein gemeinsames Interview mit dem Papst, Karl Marx und Friedrich Engels zu versuchen, kann nicht allein auf die Anwesenheit eines guten Tropfens reduziert werden. Der hat „nur" den Mut befördert, es einfach zu wagen. Getragen wird das Werk von der Substanz und der unfassbaren Einsicht, dass uns schon Marx und Engels in der zweiten Hälfte des 19. Jahrhunderts davor gewarnt haben, dass ein ungezügelter Kapitalismus unser aller Verderben bringen kann. Was wir daraus gelernt haben? Scheinbar nichts. Denn die heutigen Warnungen von Papst Franziskus klingen nicht nur ähnlich. Sie klingen sogar noch bedrohlicher.

2.2 Partiell fiktiv, komplett authentisch

Seit jeher war das Verhältnis der Menschen zu ihrer natürlichen Umwelt eine Frage der Existenz und des Überlebens.

---

[2] Papst Franziskus: Laudato si. Über die Sorge für das gemeinsame Haus, Verlag Katholisches Bibelwerk, Stuttgart, 3. Auflage, 2015.
[3] Quelle: Fotokopiertes Redemanuskript des Papstes, ausgereicht an die Teilnehmer der Privataudienz, S. 3 f.

Noch vor den ersten uns überlieferten schriftlichen Zeugnissen wurden aus verschiedenen Regionen der Erde Erzählungen über furchtbare Umweltkatastrophen mündlich weitergegeben. Die Menschen schufen sich eine Götterwelt, mit deren Hilfe sie auch versuchten, verheerende Naturereignisse zu erklären, denen sie hilflos gegenüberstanden.

Später finden sich im Schrifttum des Christentums, aber auch der anderen Weltreligionen, Berichte über Naturkatastrophen, die ganze Regionen verwüsteten, Zivilisationen verschwinden ließen. Diese Ereignisse wurden göttlichem Wirken zugeschrieben. Die wissenschaftliche Auswertung dieser religiösen Zeugnisse, aber auch der Sagen und Märchen aus aller Welt, lassen erkennen, dass die Entwicklung der Zivilisation, ihre Ausbreitung über die ganze Erde und der Kampf um das Überleben der Menschen mit gravierenden Eingriffen in die Natur verbunden waren. In der Vergangenheit lokal und regional begrenzt.

Aber erst mit der industriellen Revolution und der weltweiten Ausbreitung der kapitalistischen Produktionsweise bekam die Einbindung der Umwelt in die Wertschöpfung eine globale, zerstörerische Dimension. Das Wasser, die Luft, die Wälder, die Meere – die Usurpation zum Nulltarif bescherte märchenhafte Profite und führte und führt zu irreversiblen Schäden. Heute ist die Menschheit vor die Entscheidung gestellt, diese Prozesse zu stoppen oder das eigene Ende billigend in Kauf zu nehmen. Was über Jahrhunderte verdrängt und in das Reich der Fantasie verbannt wurde, ist in der Jetztzeit zu einer realen Option geworden. Diese lässt sich nicht allein auf den Klimawandel reduzieren, der ein zentraler, aber eben nur ein Teil einer verstörenden, weil weltweiten, Bedrohung ist.

Dieser Untergang der Welt ist Gegenstand vieler überlieferter Szenarien. Das wohl bekannteste ist die „Offenbarung des Johannes", bekannt auch als die Apokalypse, im letzten Buch des Neuen Testaments. Wegen der herausragenden Bedeutung dieser biblischen Verkündigung ist es legitim zu hinterfragen, wie sich die christlichen Kirchen zur katastrophalen und eben auch existenziellen Zerstörung unserer natürlichen Umwelt positionieren. Das deren Positionen in den Mittelpunkt gerückt werden, hat neben der biblischen Prophezeiung und ihrem herausgehobenen weltanschaulichen Rang zwei weitere Gründe.

Erstens ist das Christentum im weltweiten Maßstab noch immer auch eine faktische Macht.[4] Zweitens ist es die wichtigste Religion in jenem Teil der Welt, den man gemeinhin als die Erste Welt oder das Abendland bezeichnet und der mit seiner Produktionsweise den mit Abstand größten Anteil an der Zerstörung unseres Planeten hat.[5]

---

[4] Die weltweite Bedeutung der katholischen Kirche manifestiert sich auch an der noch immer beeindruckenden Zahl ihrer Mitglieder. Aktuell sind es knapp 1,3 Mrd. Sie ist die mit Abstand größte unter den christlichen Kirchen, die insgesamt rund 2,2 Mrd. Gläubige unter ihren Dächern vereinen. Nach dem Islam mit 1,8 Mrd. Gläubigen ist die katholische Kirche die zweitgrößte Glaubensgemeinschaft in der Welt.

[5] Diese sowohl quantitative als auch qualitative Bewertung negiert keinesfalls die Tatsache, dass zunehmend auch einige Entwicklungsländer im Kontext mit ihrer industriellen Expansion erheblich an der Umweltzerstörung beteiligt sind. Ein wichtiger Indikator dafür sind die Kohlendioxidemissionen. Weltweit mehr als die Hälfte gehen aktuell auf das Konto von China, USA, Indien und Russland.

Es ist mithin gut begründet, dass wir die Positionen der christlichen Kirchen am Beispiel der katholischen Kirche und ihres seit 2013 amtierenden Oberhauptes, Papst Franziskus, darstellen. Dabei stützen wir uns auf zwei Schriften: Zum einen auf sein apostolisches Schreiben unter dem Titel „Evangelii gaudium" vom 24. November 2015, zum anderen auf die am 24. Mai 2015 erschienene Enzyklika „Laudato si".[6]

Außerordentlich wichtig an der Enzyklika sei, so der weltweit renommierte Klimaforscher Hans Joachim Schellnhuber, dass hier die Welt der Religion und die Welt der Wissenschaft zusammengebracht würden. Diese widersprächen sich nicht und könnten nur zusammen der Komplexität der Schöpfung gerecht werden. Die Enzyklika gäbe den Stand der Klimaforschung vollständig korrekt wieder.[7]

Ebenso unstrittig wie die weltanschaulich prägende Rolle des Christentums ist der historische und auch aktuelle Einfluss von Karl Marx und Friedrich Engels auf die Bewertung des modernen industriellen Kapitalismus. Ihre philosophischen und ökonomischen Analysen haben maßgeblich zum Verständnis dieser Produktionsweise beigetragen. Und sie sind genauso Gegenstand von Simplifizierung, Verfälschung und demagogischem Missbrauch geworden wie das Alte und das Neue Testament.

Parallel zur intensiven Kenntnisnahme der Aussagen des Papstes haben wir folgerichtig auch Arbeiten von Karl Marx und Friedrich Engels zu Themen wie Umwelt und Naturschutz im Kontext der kapitalistischen Produktionsweise ausgewertet.[8] Dabei entdeckten wir im inhaltlichen wie methodischen Herangehen bemerkenswerte Ähnlichkeiten in den Argumentationen von Marx und Engels einerseits und von Papst Franziskus andererseits.

Diese Analogien haben wir in einem (fiktiven) Interview dokumentiert. Unsere gleichlautenden Fragen richteten wir an Papst Franziskus, an Karl Marx und an Friedrich Engels. Die Antworten des Papstes entnahmen wir den schon genannten Quellen – dem Apostelbrief „Evangelii gaudium" und der Enzyklika „Laudato si". Bei den Antworten von Marx und Engels zitieren wir aus der seit 1957 vom Dietz Verlag Berlin verlegten

---

Aus historischer Perspektive liegen die größten Mengen bei den sogenannten Industriestaaten und auch bei einer Betrachtung pro Kopf rangieren diese Länder weit vor Entwicklungs- und Schwellenländern wie China und Indien.

[6] Papst Franziskus: Evangelii gaudium. Die Freude des Evangeliums, Adlerstein Verlag, Wiesmoor, 1. Auflage, 2015; Papst Franziskus: Laudato si. Über die Sorge für das gemeinsame Haus, Verlag Katholisches Bibelwerk GmbH, Stuttgart, 3. Auflage, 2015.

[7] Schellnhuber, Joachim: Enzyklika auf der Höhe der Zeit, Radio Vatikan am 18. Juni 2015, http://www.archivioradiovaticana.va/storico/2015/06/18/schellnhuber_enzyklika_auf_der_h%C3%B6he_der_zeit/de-1152366, Internetrecherche am 29.01.2019.

[8] Die Kenntnisnahme des Schrifttums von Marx und Engels ist für dieses Buch von herausragender Bedeutung. Für die umfassende Unterstützung danken wir an dieser Stelle vor allem Dr. Gerald Hubmann, der an der Berlin-Brandenburgischen Akademie der Wissenschaften das wissenschaftliche und editorische Jahrhundertprojekt der Marx-Engels-Gesamtausgabe (MEGA) leitet und die Mitwirkung der international renommiertesten Forscher auf diesem Gebiet koordiniert. Wichtige Hinweise erhielten wir auch von Prof. Dr. Thomas Kuczynsky, mit dem wir im Herbst 2018 mehrfach ausführlich sprachen. Auch ihm danken wir für seine Anregungen.

Werkausgabe, MEW: Karl Marx/Friedrich Engels, Werke, Berlin, 1957, und weiteren unveränderte Nachauflagen.

Alle Aussagen sind zusammenhängende Textblöcke aus den jeweiligen Werken; wir haben an keiner Stelle Aussagen aus mehreren Fundstellen „montiert", man könnte auch sagen „passend gemacht", eine leider beim Zitieren gern geübte, aber höchst unseriöse Praxis.

Die Fundstellen sind jeweils am Ende der ausgewählten Zitate bibliografisch dokumentiert.[9]

Das fiktive Interview mit Marx, Engels und Papst Franziskus ist ein zuvor noch nie praktizierter wissenschaftlicher und publizistischer Ansatz, zentrale weltanschauliche Positionen des Marxismus und des Christentums bezogen auf die existenzielle Bedrohung der Menschheit zu vergleichen. Das Ergebnis darf auch als Aufforderung zum gemeinsamen Handeln wider diese Bedrohung verstanden werden, und zwar ohne ideologische Schranken oder gar Scheuklappen. Denn letztlich sitzen wir hier alle in dem berühmten einen Boot.

2.3 Sieben Fragen zu „Gott und die Welt" – Das Gespräch im Wortlaut

Frage 1: Wie wird die Rolle des Menschen bei der Zerstörung von Natur und Umwelt beschrieben?

Marx: Große Industrie und industriell betriebene große Agrikultur wirken zusammen. Wenn sie sich ursprünglich dadurch scheiden, dass die erste mehr die Arbeitskraft des Menschen, letztere mehr direkt die Naturkraft des Bodens verwüstet und ruiniert, so reichen sich später im Fortgang beide die Hand, indem das industrielle System auf dem Land auch die Arbeiter entkräftet, und Industrie und Handel ihrerseits der Agrikultur die Mittel zur Erschöpfung des Bodens verschaffen.[10]

Papst Franziskus: Der heilige Johannes Paul II. widmete sich diesem Thema mit zunehmendem Interesse. In seiner ersten Enzyklika bemerkte er: „Der Mensch scheint oft keine andere Bedeutung seiner natürlichen Umwelt wahrzunehmen als allein jene, die den Zwecken eines unmittelbaren Gebrauchs und Verbrauchs dient." Die Zerstörung der

---

[9] Die Auswertung des Schrifttums von Marx und Engels in den bereits genannten inhaltlichen Richtungen lag federführend bei Dr. Joachim Ludwig, Co-Autor dieses Buches, Michael Schäfer hat das Schrifttum von Papst Franziskus für das Interview gesichtet. Gemeinschaftlich erfolgte auf dieser Grundlage die Formulierung der Interviewfragen und die Zuordnung der Antworten.

[10] Marx, Karl: Das Kapital, Band 3, in: Marx-Engels-Werke, Dietz Verlag, Berlin, 1975, Band 25, S. 821 (Wir verwenden bei den weiteren Zitierungen für die Marx-Engels-Werke die zulässige Abkürzung MEW – Marx-Engels-Werke – Anmerkung der Autoren).

menschlichen Umwelt ist etwas sehr Ernstes, denn Gott vertraute dem Menschen nicht nur die Welt an, sondern sein Leben selbst ist ein Geschenk, das vor verschiedenen Formen des Niedergangs geschützt werden muss. Alle Bestrebungen, die Welt zu hüten und zu verbessern, setzen vor allem voraus, „dass sich die Lebensweisen, die Modelle von Produktion und Konsum und die verfestigten Machtstrukturen [von Grund auf] ändern, die heute die Gesellschaften beherrschen". Die echte menschliche Entwicklung ist moralischer Art und setzt die vollkommene Achtung gegenüber der menschlichen Person voraus, muss aber auch auf die Welt der Natur achten und „der Natur eines jeden Wesens und seiner Wechselbeziehung in einem geordneten System [...] Rechnung tragen".[11]

Dass Menschen die biologische Vielfalt in der göttlichen Schöpfung zerstören; dass Menschen die Unversehrtheit der Erde zerstören, indem sie Klimawandel verursachen, indem sie die Erde von ihren natürlichen Wäldern entblößen oder ihre Feuchtgebiete zerstören; dass Menschen anderen Menschen Schaden zufügen und sie krank machen, indem sie die Gewässer der Erde, ihren Boden und ihre Luft mit giftigen Substanzen verschmutzen – all das sind Sünden.[12]

„Unsere Erde verwandelt sich immer mehr in eine unermessliche Müllhalde"

> **Frage 2: Wie würden Sie den Prozess der Umweltzerstörung im Zusammenhang mit der Entwicklung der Industrie- und Agrarproduktion charakterisieren?**

Papst Franziskus: Wir müssen auch die Verschmutzung in Betracht ziehen, die durch Müll verursacht wird, einschließlich der gefährlichen Abfälle, die in verschiedenen Gegenden vorhanden sind. Pro Jahr werden hunderte Millionen Tonnen Müll produziert, von denen viele nicht biologisch abbaubar sind: Hausmüll und Gewerbeabfälle, Abbruchabfälle, klinische Abfälle, Elektronikschrott und Industrieabfälle, hochgradig toxische Abfälle und Atommüll. Die Erde, unser Haus, scheint sich immer mehr in eine unermessliche Mülldeponie zu verwandeln. An vielen Orten des Planeten trauern die alten Menschen den Landschaften anderer Zeiten nach, die jetzt von Abfällen überschwemmt werden. Sowohl die Industrieabfälle als auch die in den Städten und in der Landwirtschaft verwendeten chemischen Produkte können im Organismus der Bewohner der angrenzenden Gebiete den Effekt einer Bioakkumulation bewirken, der auch dann eintritt, wenn sich an einem Ort das Vorkommen eines toxischen Elements auf niedrigem Niveau hält. Häufig werden Maßnahmen erst dann ergriffen, wenn die Auswirkungen auf die Gesundheit der Menschen bereits irreversibel sind.[13]

---

[11] Laudato si, a. a. O. These 5, S. 23.
[12] Laudato si, a. a. O., These 8, S. 26.
[13] Laudato si, a. a. O., These 21, S. 36 ff.

Marx: In der Agrikultur wie in der Manufaktur erscheint die kapitalistische Umwandlung des Produktionsprozesses zugleich als Martyrologie der Produzenten. Das Arbeitsmittel als Unterjochungsmittel, Exploitationsmittel und Verarmungsmittel des Arbeiters. Die gesellschaftliche Kombination der Arbeitsprozesse als organisierte Unterdrückung seiner individuellen Lebendigkeit, Freiheit und Selbständigkeit.

Die Zerstreuung der Landarbeiter über größre Flächen bricht zugleich ihre Widerstandskraft, während Konzentration die der städtischen Arbeiter steigert. Wie in der städtischen Industrie wird in der modernen Agrikultur die gesteigerte Produktivkraft und größre Flüssigmachung der Arbeit erkauft durch Verwüstung und Versiechung der Arbeitskraft selbst. Und jeder Fortschritt der kapitalistischen Agrikultur ist nicht nur ein Fortschritt in der Kunst, den Arbeiter, sondern zugleich in der Kunst, den Boden zu berauben, jeder Fortschritt in Steigerung seiner Fruchtbarkeit für eine gegebne Zeitfrist ist zugleich ein Fortschritt im Ruin der dauernden Quellen dieser Fruchtbarkeit. Je mehr ein Land, wie die Vereinigten Staaten von Nordamerika z. B., von der großen Industrie als dem Hintergrund seiner Entwicklung ausgeht, desto rascher dieser Zerstörungsproceß. Die kapitalistische Produktion entwickelt daher nur die Technik und Kombination des gesellschaftlichen Produktionsprozesses, indem sie zugleich die Springquellen allen Reichtums untergräbt: die Erde und den Arbeiter.[14]

„In London haben die Exkremente der Konsumtion die Themse verpestet"

Frage 3: Wie unterscheiden Sie nach den Symptomen und den Ursachen der Umweltprobleme?

Papst Franziskus: Es stimmt, dass es noch andere Faktoren gibt (z. B. der Vulkanismus, die Änderungen der Erdumlaufbahn und der Erdrotationsachse, der Solarzyklus), doch zahlreiche wissenschaftliche Studien zeigen, dass der größte Teil der globalen Erwärmung der letzten Jahrzehnte auf die starke Konzentration von Treibhausgasen (Kohlendioxid, Methan, Stickstoffoxide und andere) zurückzuführen ist, die vor allem aufgrund des menschlichen Handelns ausgestoßen werden. Wenn sie sich in der Atmosphäre intensivieren, verhindern sie, dass die von der Erde reflektierte Wärme der Sonnenstrahlen sich im Weltraum verliert. Das wird besonders durch das Entwicklungsmodell gesteigert, das auf dem intensiven Gebrauch fossiler Kraftstoffe basiert, auf den das weltweite Energiesystem ausgerichtet ist. Auch die zunehmende Praxis einer veränderten Bodennutzung hat sich ausgewirkt, hauptsächlich die Abholzung der Wälder zugunsten der Landwirtschaft.[15]

Es wird uns nicht nützen, die Symptome zu beschreiben, wenn wir nicht die menschliche Wurzel der ökologischen Krise erkennen. Es gibt ein Verständnis des menschlichen

---

[14] Marx, Karl: Das Kapital, Band 1, MEW, Berlin 1975, Band 23, S. 529 f.
[15] Laudato si, a. a. O., These 21, S. 36 ff.

Lebens und Handelns, das fehlgeleitet ist und der Wirklichkeit widerspricht bis zu dem Punkt, ihr zu schaden. Warum sollen wir nicht innehalten, um darüber nachzudenken? Bei dieser Überlegung schlage ich vor, dass wir uns auf das vorherrschende technokratische Paradigma konzentrieren und auf die Stellung des Menschen und seines Handelns in der Welt.[16]

Marx: Mit der kapitalistischen Produktionsweise erweitert sich die Benutzung der Exkremente der Produktion und Konsumtion. Unter erstem verstehn wir die Abfälle der Industrie und Agrikultur, unter letztem teils die Exkremente, die aus dem natürlichen Stoffwechsel des Menschen hervorgehn, teils die Form, worin die Verbrauchsgegenstände nach ihrem Verbrauch übrigbleiben. Exkremente der Produktion sind also in der chemischen Industrie die Nebenprodukte, die bei kleiner Produktionsstufe verlorengehn; die Eisenspäne, die bei der Maschinenfabrikation abfallen und wieder als Rohstoff in die Eisenproduktion eingehn etc. Exkremente der Konsumtion sind die natürlichen Ausscheidungsstoffe der Menschen, Kleiderreste in Form von Lumpen usw. Die Exkremente der Konsumtion sind am wichtigsten für die Agrikultur. In Beziehung auf ihre Verwendung findet in der kapitalistischen Wirtschaft eine kolossale Verschwendung statt; in London z. B. weiß sie mit dem Dünger von $4^1/_2$ Millionen Menschen nichts Beßres anzufangen, als ihn mit ungeheuren Kosten zur Verpestung der Themse zu gebrauchen.[17]

„Der menschliche Stoffwechsel mit der Natur muss unter gemeinschaftliche Kontrolle"

> **Frage 4: Gibt es überhaupt die Möglichkeit, der Zerstörung der Umwelt radikal entgegenzusteuern, und wenn ja, wie müsste das geschehen?**

Papst Franziskus: Das Klima ist ein gemeinschaftliches Gut von allen und für alle. Es ist auf globaler Ebene ein kompliziertes System, das mit vielen wesentlichen Bedingungen für das menschliche Leben verbunden ist. Es besteht eine sehr starke wissenschaftliche Übereinstimmung darüber, dass wir uns in einer besorgniserregenden Erwärmung des Klimasystems befinden. In den letzten Jahrzehnten war diese Erwärmung von dem ständigen Anstieg des Meeresspiegels begleitet, und außerdem dürfte es schwierig sein, sie nicht mit der Zunahme extremer meteorologischer Ereignisse in Verbindung zu bringen, abgesehen davon, dass man nicht jedem besonderen Phänomen eine wissenschaftlich bestimmbare Ursache zuschreiben kann. Die Menschheit ist aufgerufen, sich der Notwendigkeit bewusst zu werden, Änderungen im Leben, in der Produktion und im Konsum

---

[16] Laudato si, a. a. O., These 101, S. 95.
[17] Marx, Karl: Das Kapital, Band 3, MEW, Dietz Verlag, Berlin, 1975, Band 25, S. 110.

vorzunehmen, um diese Erwärmung oder zumindest die menschlichen Ursachen, die sie hervorrufen und verschärfen, zu bekämpfen.[18]

Marx: Mit seiner [gemeint ist der Mensch – Anm. d. Autoren] Entwicklung erweitert sich dies Reich der Naturnotwendigkeit, weil die Bedürfnisse sich erweitern; aber zugleich erweitern sich die Produktivkräfte, die diese befriedigen. Die Freiheit in diesem Gebiet kann nur darin bestehen, dass der vergesellschaftete Mensch, die assoziierten (frei und bewusst vereinten) Produzenten, diesen ihren Stoffwechsel mit der Natur rational regeln, unter ihre gemeinschaftliche Kontrolle bringen, statt von ihm als von einer blinden Macht beherrscht zu werden; ihn mit dem geringsten Kraftaufwand und unter den ihrer menschlichen Natur würdigsten und passendsten Bedingungen vollziehen.[19]

„Das Buch der Natur ist eines und unteilbar"

> **Frage 5: Marx hat gerade argumentiert, dass der Erhalt unserer natürlichen Lebensgrundlagen unter den Bedingungen einer kapitalistischen Produktionsweise nicht möglich sei. Teilen Sie, Papst Franziskus, diese Auffassung?**

Papst Franziskus: Mein Vorgänger Benedikt XVI. erneuerte die Aufforderung, „die strukturellen Ursachen der Fehlfunktionen der Weltwirtschaft zu beseitigen und die Wachstumsmodelle zu korrigieren, die allem Anschein nach ungeeignet sind, den Respekt vor der Umwelt zu garantieren". Er erinnerte daran, dass die Welt nicht analysiert werden kann, indem man nur einen ihrer Aspekte isoliert betrachtet, denn „das Buch der Natur ist eines und unteilbar" und schließt unter anderem die Umwelt, das Leben, die Sexualität, die Familie und die sozialen Beziehungen ein. Folglich hängt „die Beschädigung der Natur […] eng mit der Kultur zusammen, die das menschliche Zusammenleben gestaltet".[20]

Heute sind wir uns unter Gläubigen und Nichtgläubigen darüber einig, dass die Erde im Wesentlichen ein gemeinsames Erbe ist, dessen Früchte allen zugutekommen müssen. Für die Gläubigen verwandelt sich das in eine Frage der Treue gegenüber dem Schöpfer, denn Gott hat die Welt für alle erschaffen. Folglich muss der gesamte ökologische Ansatz eine soziale Perspektive einbeziehen, welche die Grundrechte derer berücksichtigt, die am meisten übergangen werden. Das Prinzip der Unterordnung des Privatbesitzes unter die allgemeine Bestimmung der Güter und daher das allgemeine Anrecht auf seinen Gebrauch ist eine „goldene Regel" des sozialen Verhaltens und das „Grundprinzip der ganzen sozialethischen Ordnung". Die christliche Tradition hat das Recht auf Privatbesitz niemals als absolut und unveräußerlich anerkannt und die soziale Funktion jeder Form von Privatbesitz betont. Der heilige Johannes Paul II. hat mit großem Nachdruck an diese Lehre er-

---

[18] Laudato si, a. a. O., These 23, S. 37.
[19] Marx, Karl: Das Kapital, Band 3, MEW, Dietz Verlag, Berlin, 1975, Band 25, S. 828.
[20] Laudato si, a. a. O., These 6, S. 24.

innert und gesagt: „Gott hat die Erde dem ganzen Menschengeschlecht geschenkt, ohne jemanden auszuschließen oder zu bevorzugen, auf dass sie alle seine Mitglieder ernähre."[21]

Ebenso wie das Gebot „du sollst nicht töten" eine deutliche Grenze setzt, um den Wert des menschlichen Lebens zu sichern, müssen wir heute ein „Nein zu einer Wirtschaft der Ausschließung und der Disparität der Einkommen" sagen. Diese Wirtschaft tötet. Es ist unglaublich, dass es kein Aufsehen erregt, wenn ein alter Mann, der gezwungen ist, auf der Straße zu leben, erfriert, während eine Baisse um zwei Punkte in der Börse Schlagzeilen macht. Heute spielt sich alles nach den Kriterien der Konkurrenzfähigkeit und nach dem Gesetz des Stärkeren ab, wo der Mächtigere den Schwächeren zunichte macht. Als Folge dieser Situation sehen sich große Massen der Bevölkerung ausgeschlossen und an den Rand gedrängt: ohne Arbeit, ohne Aussichten, ohne Ausweg. Der Mensch an sich wird wie ein Konsumgut betrachtet, das man gebrauchen und dann wegwerfen kann.[22]

Surplusprofite durch Naturschändung zum Nulltarif

> **Frage 6: Eine Frage jetzt nur an Sie, Herr Marx: Sie betonen immer wieder die zentrale Rolle von Gewinn- und Profitmehrung als größte Triebkraft der kapitalistischen Wirtschaftsordnung. Welchen Stellenwert hat hier die kostenlose oder sehr billige Nutzung von natürlichen Ressourcen?**

Marx: Welchem Umstand verdankt der Fabrikant (im vorliegenden Fall) seinen Surplusprofit, den Überschuß, den der durch die allgemeine Profitrate regulierte Produktionspreis ihm persönlich abwirft? In erster Instanz einer Naturkraft, der Triebkraft des Wasserfalls, der von Natur sich vorfindet und der nicht wie die Kohle, welche Wasser in Dampf verwandelt, selbst Produkt der Arbeit ist, daher Wert hat, durch ein Äquivalent bezahlt werden muß, kostet. Es ist ein natürlicher Produktionsagent, in dessen Erzeugung keine Arbeit eingeht.[23]

> **Eine Zusatzfrage an Friedrich Engels. Sie haben die Entwicklung der kapitalistischen Großindustrie in England untersucht und sind dabei auf das interessante Phänomen gestoßen, dass jedenfalls in den Anfängen des Kapitalismus das Prinzip „verbrannte Erde" praktiziert wurde: Wenn die Ressourcen vernutzt waren, wanderte die Industrie einfach zum nächsten Standort. Können Sie uns das konkret beschreiben?**

---

[21] Laudato si, a. a. O., These 93, S. 88 ff.
[22] Papst Franziskus: Evangelii gaudium. Die Freude des Evangeliums, Adlerstein Verlag, Wiesmoor, 1. Auflage, 2015, These 53, S. 33.
[23] Marx, Karl: MEW, Dietz Verlag, Berlin, 1975, Band 25, S. 656.

Engels: Erstes Erfordernis der Dampfmaschine und Haupterfordernis fast aller Betriebszweige der großen Industrie ist verhältnismäßig reines Wasser. Die Fabrikstadt aber verwandelt alles Wasser in stinkende Jauche. Sosehr also die städtische Konzentration Grundbedingung der kapitalistischen Produktion ist, sosehr strebt jeder einzelne industrielle Kapitalist stets von den durch sie notwendig erzeugten Städten weg und dem ländlichen Betrieb zu. Dieser Prozeß kann in den Bezirken der Textilindustrie von Lancashire und Yorkshire im Einzelnen studiert werden; die kapitalistische Großindustrie erzeugt dort stets neue Großstädte dadurch, dass sie fortwährend von der Stadt aufs Land flieht.[24]

Der Norden hat sich auch ökologisch gegenüber dem Süden verschuldet

Dazu auch an Sie, Heiliger Vater, eine Nachfrage: Friedrich Engels beschreibt die „Wanderung" der Industrie, die nach der Vernutzung der natürlichen Ressourcen immer neue Regionen für die ungehemmte Fortsetzung des Raubbaus erschließt. Das passiert im 19. Jahrhundert auf regionaler und nationaler Ebene. Sehen Sie in der Jetztzeit Parallelen für dieses Vorgehen im globalen Maßstab?

Papst Franziskus: Es gibt eine wirkliche „ökologische Schuld" – besonders zwischen dem Norden und dem Süden – im Zusammenhang mit Ungleichgewichten im Handel und deren Konsequenzen im ökologischen Bereich wie auch mit dem im Laufe der Geschichte von einigen Ländern praktizierten unproportionierten Verbrauch der natürlichen Ressourcen. Der Export einiger Rohstoffe, um die Märkte im industrialisierten Norden zu befriedigen, hat örtliche Schäden verursacht wie die Quecksilbervergiftung in den Goldminen oder die Vergiftung mit Schwefeldioxid im Bergbau zur Kupfergewinnung. Besonders muss man der Tatsache Rechnung tragen, dass der Umweltbereich des gesamten Planeten zur „Entsorgung" gasförmiger Abfälle gebraucht wird, die sich im Laufe von zwei Jahrhunderten angesammelt und eine Situation geschaffen haben, die nunmehr alle Länder der Welt in Mitleidenschaft zieht. Die Erwärmung, die durch den enormen Konsum einiger reicher Länder verursacht wird, hat Auswirkungen in den ärmsten Zonen der Erde, besonders in Afrika, wo der Temperaturanstieg vereint mit der Dürre verheerende Folgen für den Ertrag des Ackerbaus hat. Dazu kommen die Schäden, die durch die Exportierung fester und flüssiger toxischer Abfälle in die Entwicklungsländer und durch die umweltschädigende Aktivität von Unternehmen verursacht werden, die in den weniger entwickelten Ländern tun, was sie in den Ländern, die ihnen das Kapital bringen, nicht tun können: „Wir stellen fest, dass es häufig multinationale Unternehmen sind, die so handeln und hier tun, was ihnen in den entwickelten Ländern bzw. in der sogenannten Ersten Welt nicht erlaubt ist. Im Allgemeinen bleiben bei der Einstellung ihrer Aktivitäten und ihrem

---

[24] Engels, Friedrich: Anti-Dühring, in: MEW, Band 20, Dietz Verlag, Berlin, 1975, S. 275 f.

Rückzug große Schulden gegenüber Mensch und Umwelt zurück wie Arbeitslosigkeit, Dörfer ohne Leben, Erschöpfung einiger natürlicher Reserven, Entwaldung, Verarmung der örtlichen Landwirtschaft und Viehzucht, Krater, eingeebnete Hügel, verseuchte Flüsse und einige wenige soziale Werke, die nicht mehr unterhalten werden können".[25]

„Wir sind mit Fleisch und Blut Teil der Natur"

> **Frage 7: Kritiker der Bibel verweisen unter Bezug auf die Rolle des Menschen bei der Zerstörung der Natur auf Gottes Wort, wonach der Mensch sich die Erde unterwerfen solle. Wird damit nicht der zerstörerische Umgang des Menschen mit der Schöpfung gerechtfertigt?**

Papst Franziskus: Wir sind nicht Gott. Die Erde war schon vor uns da und ist uns gegeben worden. Das gestattet, auf eine Beschuldigung gegenüber dem jüdisch-christlichen Denken zu antworten: Man hat gesagt, seit dem Bericht der Genesis, der einlädt, sich die Erde zu „unterwerfen" (vgl. *Gen* 1,28), werde die wilde Ausbeutung der Natur begünstigt durch die Darstellung des Menschen als herrschend und destruktiv. Das ist keine korrekte Interpretation der Bibel, wie die Kirche sie versteht. Wenn es stimmt, dass wir Christen die Schriften manchmal falsch interpretiert haben, müssen wir heute mit Nachdruck zurückweisen, dass aus der Tatsache, als Abbild Gottes erschaffen zu sein, und dem Auftrag, die Erde zu beherrschen, eine absolute Herrschaft über die anderen Geschöpfe gefolgt wird.

Denn „dem Herrn gehört die Erde" (*Ps* 24,1), ihm gehört letztlich „die Erde und alles, was auf ihr lebt" (*Dtn* 10,14). Darum lehnt Gott jeden Anspruch auf absolutes Eigentum ab: „Das Land darf nicht endgültig verkauft werden; denn das Land gehört mir, und ihr seid nur Fremde und Halbbürger bei mir" (*Lev* 25,23).

Auf diese Weise bemerken wir, dass die Bibel keinen Anlass gibt für einen despotischen Anthropozentrismus, der sich nicht um die anderen Geschöpfe kümmert.[26]

Marx: Selbst eine ganze Gesellschaft, eine Nation, ja alle gleichzeitigen Gesellschaften zusammengenommen, sind nicht Eigentümer der Erde. Sie sind nur ihre Besitzer, ihre Nutznießer, und haben sie als boni patres familias den nachfolgenden Generationen verbessert zu hinterlassen.[27]

Engels: Schmeicheln wir uns indes nicht zu sehr mit unsern menschlichen Siegen über die Natur. Für jeden solchen Sieg rächt sie sich an uns. Jeder hat in erster Linie zwar die Folgen, auf die wir gerechnet, aber in zweiter und dritter Linie hat er ganz andre, unvorhergesehene Wirkungen, die nur zu oft jene ersten Folgen wieder aufheben. Die Leute, die in Mesopotamien, Griechenland, Kleinasien und anderswo die Wälder ausrotteten, um

---

[25] Laudato si, a. a. O., These 51, S. 56 f.
[26] Laudato si, a. a. O., These 67, S. 69 f.
[27] Marx, Karl: Kapital, Band 3, MEW, Dietz Verlag, Berlin, 1975, Band 25, S. 784.

urbares Land zu gewinnen, träumten nicht, daß sie damit den Grund zur jetzigen Verödung jener Länder legten, indem sie ihnen mit den Wäldern die Ansammlungszentren und Behälter der Feuchtigkeit entzogen. Die Italiener der Alpen, als sie die am Nordabhang des Gebirgs so sorgsam gehegten Tannenwälder am Südabhang vernutzten, ahnten nicht, daß sie damit der Sennwirtschaft auf ihrem Gebiet die Wurzel abgruben; sie ahnten noch weniger, daß sie dadurch ihren Bergquellen für den größten Teil des Jahrs das Wasser entzogen [...]. Und so werden wir bei jedem Schritt daran erinnert, daß wir keineswegs die Natur beherrschen, wie ein Eroberer ein fremdes Volk beherrscht, wie jemand, der außer der Natur steht – sondern daß wir mit Fleisch und Blut und Hirn ihr angehören und mitten in ihr stehn, und daß unsre ganze Herrschaft über sie darin besteht, im Vorzug vor allen andern Geschöpfen ihre Gesetze erkennen und richtig anwenden zu können.[28]

2.4 Epilog: Es gibt sie, die zweite Chance. Aber nur noch *einmal!*

Zum folgenden Epilog eine Anmerkung
Mit Ausnahme der Einleitung (Kap. 1) und des siebenten, Kapitels, das mit einem ausführlichen Gesamtfazit zu unserem Buch endet, beginnen wir jeden dieser großen Abschnitte mit einem Prolog – hier stimmen wir mit einer Momentaufnahme oder einer kleinen Geschichte auf den inhaltlichen Schwerpunkt des Kapitels ein – und beenden ihn mit einem Epilog.

Prolog und Epilog kommen aus dem Griechischen und Lateinischen (prologus, prologos, epilogos) und haben in jeder Art von Literatur und Dramatik die Funktion, auf ein Thema einzustimmen bzw. es mit einem Fazit oder einer Nachbetrachtung ausklingen zu lassen. Das halten wir bei unserem Thema für sehr wichtig. Der Gegenstand ist hochkomplex, es gibt nur ganz wenige einfachen Antworten. Einerseits und anderseits kommen häufiger vor als ja und nein oder schwarz und weiß.

Unsere Epiloge sind ein Mix aus Zusammenfassung, Nachbetrachtung und Einordnung. Wir halten es für wichtig, immer wieder die großen gesellschaftspolitischen Kontexte zu zeigen. Wir schreiben über die Rückgewinnung von Stoffen und sagen, dass wir nur mit konsequentem Recycling – von den erneuerbaren Energien bis zum Phosphor – die Vernichtung des Lebens verhindern können. Während wir das beschreiben, beginnt mitten in Europa ein brutaler Angriffskrieg. Dieses furchtbare Geschehen hängt mit unserem Thema nicht nur universell, sondern auch ganz konkret zusammen. Diese Sicht ist der rote Faden durch unser Buch. Ein roter Faden ist auch die Zahl Sieben. Die sieben mageren und die sieben fetten Jahre sind in der Bibel eine wichtige Metapher. Dieses Symbol greifen wir in unserem Buch, das ja auch einen weltanschaulichen Bogen vom Christentum zum Marxismus schlägt, auf. Wir haben sieben Kapitel, jeder Epilog hat sieben Punkte, und im letzten Kapitel schreiben wir über die sieben apokalyptischen Plagen und definieren sieben Prämissen für einen Plan zur Rettung der Schöpfung.

Unser Planet befindet sich in den sieben mageren Jahren. Wir hoffen auf eine **Epoche** der sieben fetten Jahre und wollen mit unserem Buch einen Beitrag leisten, dass sich diese Sehnsucht erfüllt.

1. 1848 erschien das Kommunistische Manifest, 1867 der erste Band des *Kapital*. Profunde Analysen, noch nie gehörte Visionen. Karl Marx und Friedrich Engels zeigen wissenschaftlich den Zusammenhang zwischen der Entwicklung des Kapitalismus

---

[28] Engels, Friedrich: Dialektik der Natur, in: MEW, Dietz Verlag, Berlin, 1975, Band 20, S. 452 f.

zur vorherrschenden Wirtschafts- und Gesellschaftsordnung mit technischen und Produktionsfortschritten in nie gekannten Dimensionen und der damit einhergehenden Zerstörung der Natur durch den rücksichtslosen Verbrauch ihrer Ressourcen.

2. Marx und Engels zeigen, dass der Drang zur Profitmaximierung der Hauptgrund für den rücksichtslosen Umgang mit der Natur ist. Sie zeigen aber auch die Möglichkeit, durch Wiedernutzung von Abfällen der Produktion in Industrie und Landwirtschaft Geld zu sparen, Gewinne zu erzielen und natürliche Ressourcen zu schonen. Damit beweisen sie, dass ein respektvoller Umgang mit der Natur nicht **generell** Verzicht auf Profit bedeuten muss. Etwas weniger würde es schon. Mit diesen Aussagen zeigen wir, dass die Fähigkeit zur Regulierung (Ludwig Ehrhard, der „Vater der sozialen Marktwirtschaft"), prägte dafür den Begriff des „Maßhaltens". Die Älteren werden sich daran erinnern. Dieser Appell und die damit verbundenen Warnungen – das bestätigt die Gegenwart – wurden samt und sonders vergessen oder „in den Wind geschlagen". Die Ausplünderung der Natur, die Schändung des gesamten Globus hat unfassbare Ausmaße angenommen. Kann das Hoffnung wecken für eine Umkehr?

3. Wir glauben, das ist auch das Fazit aus unserem Interview mit drei großen Geistern – zwei aus den Anfängen des Kapitalismus, einer aus dem Heute – daran, dass wir aus dem in großen Teilen pervertierten Kapitalismus einen mit menschlichem Antlitz reformieren können. Wenn wir überleben wollen, ist das ein Muss! Das ist keine Utopie. Teile der Wirtschaft, vor allem kleine und mittlere Betriebe, und viele Familienunternehmen (darunter auch große) beweisen schon heute, wie die Herstellung nützlicher Produkte, Effizienz, Gewinn und Bewahrung der Schöpfung Tag für Tag zueinander gebracht werden können. Die konsequente stoffliche Wiederaufbereitung als zentrales Element der Kreislaufwirtschaft zusammen mit der strikten Anwendung des Verursacherprinzips könnte den Gleichklang von unternehmerischen Interessen und dem schonenden Umgang mit der Natur dauerhaft sicherstellen.

4. Papst Franziskus setzt mit seiner Kritik am rücksichtslosen Gewinnstreben von Unternehmen und seinen Appellen zur Rettung der natürlichen Umwelt bedeutsame Impulse zur Bewahrung der Schöpfung. Wir verfügen über das Wissen und die technologischen Kompetenzen, diese Appelle in praktisches Handeln umzusetzen. Dies aber muss, so die nachdrückliche Forderung des Papstes, endlich und weltweit ins Werk gesetzt werden.

5. Der Papst wird mit seinem „diese Wirtschaft tötet" immer verkürzt zitiert. Er hat in unserem Interview ebenso differenziert, wie es ein Herr namens Marx in einer Wortmeldung aus dem Jahr 2008 tut: „Ein Kapitalismus ohne Menschlichkeit, Solidarität und Gerechtigkeit hat keine Moral und auch keine Zukunft." Dieses Votum kam nicht aus dem Jenseits, sondern aus dem Mund eines katholischen Kardinals. Er teilt mit dem wichtigsten Ökonomen der Neuzeit den Nachnamen und auch den Bezug zu Trier: Reinhard Marx, Erzbischof von München und Freising, war zuvor auch Bischof von Trier, der Stadt, in der Karl Marx 1818 geboren wurde. Gemeinsam haben beide Denker auch den Gegenstand. Es ist der Kapitalismus.

2.4 Epilog: Es gibt sie, die zweite Chance. Aber nur noch *einmal!*

Für den katholischen Bischof sind diese Gemeinsamkeiten Anlass, sein *Kapital* aus dem Jahr 2008 statt eines Vorwortes mit einem Brief zu beginnen: Marx schreibt an Marx, und unter anderem Folgendes: „Ich schreibe Ihnen ... weil mir in letzter Zeit die Frage keine Ruhe lässt, ob es am Ende des 20. Jahrhunderts, als der kapitalistische Westen im Kampf der Systeme den Sieg über den kommunistischen Osten errungen hatte, nicht doch zu früh war, endgültig den Stab über Sie und Ihre ökonomischen Theorien zu brechen."[29] Und weiter: „Ich habe überrascht festgestellt, dass Sie, Herr Marx, bereits vor 150 Jahren vorhergesagt haben, uns stehe die „Verschlingung aller Völker in das Netz des Weltmarktes und damit der internationale Charakter des kapitalistischen Regimes" bevor. „Sie scheinen ferner mit der Prognose Recht gehabt zu haben, dass von dieser Entwicklung vor allem der Kapitalist profitiert, in dessen Händen sich immer mehr Kapital anhäuft... Das Gefälle zwischen Reich und Arm steigt in den armen wie in den reichen Ländern."[30]

6. Diese Fehlentwicklungen müssen korrigiert werden. Dafür plädiert Reinhard Marx leidenschaftlich. Aber sein Weg ist um 100 Prozent verschieden von jenem, den Karl Marx in seinem *Kapital* beschrieb. Reinhard Marx bekennt sich rückhaltlos zur katholischen Soziallehre. Er fordert, dass die Globalisierung der Märkte durch eine Globalisierung von Solidarität und Gerechtigkeit ergänzt werden muss.

„Die ausschließliche Ausrichtung des individuellen Handelns am eigenen Vorteil ist keineswegs, wie von Adam Smith vermutet, immer gemeinwohldienlich, sondern häufig schlicht gemeinschaftsschädigend."[31]

In ähnlicher Diktion geißelt Reinhard Marx die Auffassung, dass das Mögliche immer auch das Machbare sein solle, und formuliert: „Dem technologischen Imperativ entspricht dann der ökonomische Imperativ: was Gewinne bringt, darf nicht verhindert werden."[32]

Der Theologe setzt – anders als Karl Marx – auf die Lebenskraft der sozialen Marktwirtschaft. Für ihn ist die moralische Forderung nach globaler Solidarität auch ein Gebot der politischen Klugheit.

7. Dass Kapitalismus reformfähig ist, das ist die zentrale Prämisse unseres Buches. Mit Papst Franziskus und Reinhard Marx sind wir der Meinung, dass der Mensch in der Lage ist – wenn er nur will –, dafür zu sorgen, dass das Kapital dem Gemeinwohl dient. Deshalb werden sie Reinhard Marx im Kap. 5 noch einmal begegnen. Dort werden wir darlegen, wie man auch in einem kapitalistisch geprägten Wirtschaftssystem zugleich schwarze Zahlen schreiben und die Schöpfung mit ihren schönsten, lebensbejahenden Seiten bewahren kann.

---

[29] Marx, Reinhard: Das Kapital: Plädoyer für den Menschen, Pattloch, München, 2008, S. 16.
[30] Ebenda, S. 20 f.
[31] Ebenda, S. 75.
[32] Ebenda, S. 50.

Literatur

Engels, Friedrich: Anti-Dühring, in: MEW, Band 20, Dietz Verlag Berlin, 1975
Engels, Friedrich: Dialektik der Natur, In: MEW, Dietz Verlag Berlin 1975, Band 20
Marx, Karl: Das Kapital, Band 1, MEW, Berlin 1975, Band 23
Marx, Karl: Das Kapital, Band 3, MEW, Dietz Verlag Berlin 1975, Band 25
Marx, Karl: MEW, Dietz Verlag Berlin 1975, Band 25
Marx, Reinhard: Das Kapital: Plädoyer für den Menschen, Pattloch, München, 2008
Papst Franziskus: Evangelii gaudium. Die Freude des Evangeliums, , Adlerstein Verlag, Wiesmoor, 1. Auflage 2015
Papst Franziskus: Laudato si. Über die Sorge für das gemeinsame Haus, Verlag Katholisches Bibelwerk GmbH, Stuttgart, 3. Auflage, 2015

3 Es ist nicht „nur" das Klima: Die Umweltkatastrophe hat viele Facetten. Diese Welt ist nicht zu retten

3.1 Prolog: Die verpestete Londoner Luft um 1800 und die vergifteten Elektronikschrottdeponien im Afrika des 21. Jahrhunderts. Die Zerstörung der Erde hat eine weltweite Dimension bekommen.

Karl Marx und Friedrich Engels haben in unserem Interview beschrieben, wie sich London mit der industriellen Revolution im 18./19. Jahrhundert veränderte: Die toten Fische in der Themse, die von hunderten Fabrikschornsteinen verpestete Luft.

Ähnliche Bilder findet man heute in der Dritten Welt. Der industrialisierte Westen hat die schlimmsten Auswüchse der von ihm verursachten Umweltzerstörung dorthin „exportiert": giftige Dämpfe aus der Verbrennung von Technikschrott in den afrikanischen Slums, tote Flüsse voller ungereinigter Industrieabwässer in Indien, Kinder, die aus riesigen Müllbergen Plastikabfälle aus Europa sortieren, anstatt in die Schule zu gehen. Es ist wie ein Bild aus der Hölle: in Sichtweite moderner Hochhäuser der Hauptstadt Ghanas liegt eine 1600 ha große Deponie. Dort lagern Schwermetalle und andere Schadstoffe ohne Schutzvorkehrungen und verpesten die Umgebung. Hier leben Kinder auf der Müllhalde und verdienen im besten Fall einen Dollar pro Tag für ihre Familie. Sie versuchen, wertvolle Metalle aus kaputten Fernsehern, Monitoren und Handys zu extrahieren. Auf die Wertstoffe warten Zwischenhändler, die an der hochgefährlichen Kinderarbeit gut verdienen.

Die Müllsammler, teilweise sogar noch im Vorschulalter, stehen regelrecht im Müll und atmen die giftigen Dämpfe ein. Ihre Lebenserwartung beträgt nach Aussagen eines Journalisten 20 Jahre.[1]

---

[1] Vgl. https://www.untergrund-blättle.ch/politik/ausland/afrika_ghana_elektroschrott_giftmuell_3321.html, Internetrecherche am 15.12.2021.

Der Schrott kommt teils legal – deklariert als gebrauchte Elektrogeräte – aus Europa, unter anderem auch aus Deutschland ins Land. All die Konzerne, Firmen und kleinen Händler, die an diesem menschenverachtenden Geschäft verdienen, werden sich vielleicht noch rühmen, für die Ärmsten der Armen, ohne jede Überlebensperspektiven im Dschungel der Großstadtslums, Arbeitsplätze geschaffen zu haben. Das ist das Gesicht von Kapitalismus, der sich uneingeschränkt „entfalten" kann.

Es begann mit der von Marx und Engels beschriebenen Industrialisierung in Europa. Dass sich daran im Grundsatz nichts geändert hat, geißelt heute Papst Franziskus in seiner „Laudato si": die rücksichtslose Ausbeutung von Menschen und Naturschätzen, die irreparablen Umweltschäden und die Zerstörung lebenswichtiger Ökosysteme.

3.2 Die Weltmeere voll Plastikmüll, die Vernichtung der Regenwälder, das Artensterben – unser Planet ist am Limit

Wie ist der Zustand der Erde? Was hat der Mensch auf dem einzigen Platz, auf dem er existieren kann, angerichtet? Sind die Schäden noch zu heilen? Das sind die Fragen, die wir in diesem Kapitel beantworten wollen. Wir untersuchen u. a. die Zerstörung gewaltiger Naturräume, die Vermüllung der Weltmeere oder die Folgen des Klimawandels. Diese und viele weiteren Gefährdungen haben allein für sich das Potenzial, unseren Planeten unbewohnbar zu machen. Aber diese Entwicklungen interagieren. Das Resultat ist oft nicht die einfache Addition von gewaltigen Zerstörungskräften – es sind exponentielle Dimensionen. Zur Demonstration: Der Zustand der Ozeane ist eine Gefahr für die Welternährung, das Schmelzen des Polareises bedeutet für ganze Inselgruppen im Pazifik den Untergang – im wörtlichen wie im übertragenen Sinne.

Wir sprechen von natürlichen Ressourcen, bei denen der Umfang der Nutzung und Zerstörung so weit fortgeschritten ist, dass eine Regeneration nicht mehr möglich ist. Kritische Punkte sind in vielen Fällen schon überschritten. Befürchtet werden interaktive Prozesse, die schneller als der Klimawandel das Leben auf unserem Planeten unmöglich machen. Unsere komplexe Betrachtung soll auch dafür sensibilisieren, dass unsere solitäre Sicht auf die Erderwärmung sehr gefährlich ist. Denn damit bleiben andere ähnlich bedrohliche Szenarien im Dunkeln, vom unheilvollen „Miteinander" ganz zu schweigen.

Es gilt die Frage zu beantworten, ob es einen Ausweg aus dieser Situation gibt und welche Wege beschritten werden müssen. Einer ist der schonende Umgang mit den Gütern der Natur, ein weiterer ihre nachhaltige Nutzung und die Wiedergewinnung der Stoffe in einer Kreislaufwirtschaft. Ein dritter ist der Einsatz alternativer Materialien oder der Verzicht auf nicht mehr zeitgemäße Produkte und Technologien. Das ist nicht ein, das sind viele Quantensprünge. Mehr dazu im Kap. 5.

Menschengemachte Erderwärmung
Beginnen wir mit der **Klimakatastrophe**. Die einen sagen den Untergang der Welt voraus … für die anderen ist es Alarmismus … Zwischen der Zerstörung der Schöpfung und

der Klimakatastrophe mit ihren weltweiten Folgen besteht tatsächlich ein Zusammenhang. Allerdings kam der Wandel des Klimas nicht einfach so über die Menschheit. Über Jahrtausende entwickelten sich grundlegende Transformationen im Klimageschehen – natürliche Phänomene wie Eiszeiten und Warmzeiten als Auslöser. Diese waren auch mit einer dramatischen Erhöhung von CO_2-Emissionen in die Atmosphäre verbunden. Ursache waren zumeist vulkanische Prozesse oder auch kosmische Ereignisse.

Die gravierende Beschleunigung, die wir in den letzten Jahrzehnten beobachten, begann erst, als der Mensch in globalem Maße die Natur zu verbrauchen und zu zerstören begann. Das führte zu einer deutlichen Beschleunigung der im natürlichen Status langsam verlaufenden Prozesse des Klimawandels. Beginnend mit dem industriellen Zeitalter, insbesondere aber in den letzten Jahrzehnten wurden durch die wirtschaftlichen Aktivitäten des Menschen und durch Klimaereignisse gewaltige materielle Schäden sowie dramatische Zerstörungen von Naturräumen und Ökosystemen verursacht, die ein existenzbedrohendes Ausmaß erreicht haben.

Die zunehmende Erderwärmung ist in allererster Linie vom Menschen verschuldet. Hauptursache sind die in den letzten Jahrzehnten stark ansteigenden CO_2-Emissionen, die zu 50 Prozent von drei Staaten ausgehen (vgl. Tab. 3.1).

Die Erderwärmung führt nach Meinung von Wissenschaftlern zu einer Abschwächung die Jetstreams, der für den Wechsel von Hoch- und Tiefdrucklagen sorgt. Auslöser sind die abnehmenden Temperaturunterschiede zwischen der Arktis und den Äquatorialregionen.

Relevant ist auch die weltweit ungewöhnliche Häufung von Extremwetterlagen, die für Überschwemmungen, Dürren, Hurrikans, Tornados und vernichtende Waldbrände verantwortlich ist und viele Menschenleben kostet. Allein in den letzten fünf Jahren verursachten diese Extreme in den USA, der Karibik, Asien und Europa große materielle Schäden und gigantische Wiederaufbaukosten. Nach den Überschwemmungen in Süddeutschland in diesem Jahr wird mit Ausgaben von 30 Mrd. Euro gerechnet. Seit 1980 entstanden nach Angaben der Münchner Rückversicherung Schäden durch wetterbedingte Katastrophen in Höhe von 4,2 Billionen US-Dollar.[2]

Tab. 3.1 CO_2-Emissionen im Jahr 2019 nach ausgewählten Ländern[a]

Ranking	CO_2-Emissionen in Mio. t	Globaler Anteil in Prozent
1. China	11.256	29,7
2. USA	5275	13,9
3. Indien	2622	6,9
4. Russland	1748	4,6
5. Japan	1199	3,2
6. Deutschland	753	2,0

[a]Quelle: EU-Kommission: Fossil CO_2 and GHG emissions of all world countries, 2019 report, Internetrecherche am 10.07.2021

[2] www.munichre.com/de/risiken/extremwetter.html, Internetrecherche am 08.10.2021.

Alle haben die Bilder von sterbenden Babys vor Augen, die Opfer von Dürreereignissen in Ostafrika wurden. Seit 1900 wurden 300 solcher extremen Trockenzeiten registriert. Sie zerstörten die Nahrungsgrundlagen der Bevölkerung und lösten Hungersnöte für Millionen Menschen aus. Wenn humanitäre Hilfe ausbleibt, unter anderem wegen militärischer Konflikte, fliehen die Menschen aus ihrer Heimat. Das ist bereits Realität. Aber in Europa konnte man sich auch nach 20 Jahren Diskussion nicht über eine gemeinsame Flüchtlingspolitik einigen.

Die humanitäre Katastrophe hat derweil über Kontinente hinweg ihren Lauf genommen. Gegenwärtig sollen mehr als 80 Mio. Menschen als Flüchtlinge in der Welt unterwegs sein. Die Internationale Organisation für Migration (IOM) hält bis 2050 ein Anwachsen deren Zahl bis auf 150 Mio. für möglich.

Schon im Weltrisikobericht des World Economic Forum von 2018 wurde auf die wachsende Bedeutung von Umweltrisiken wie Klimawandel, Wetterextreme, Naturkatastrophen, Artensterben und der Kollaps von Ökosystemen hingewiesen. Nach Aussage von Klimaforschern ist die globale Durchschnittstemperatur in den letzten 50 Jahren um durchschnittlich 0,2 Grad pro Jahr gestiegen, das ist vierzigmal schneller als nach der letzten Eiszeit. Im Bericht des Weltklimarates vom August 2021 werden die vom Menschen verursachten Treibhausgase eindeutig als Ursache für die weitere Erwärmung des Klimasystems benannt. Alle Emissionsszenarien zeigen, dass bereits im Jahr 2030 der Wert von 1,5 Grad Erwärmung im Vergleich zum vorindustriellen Niveau erreicht werde. Wie ernst die Situation ist, verdeutlicht die Feststellung des IPCC Weltklimaberichts von 2021, dass ab sofort die Treibhausgasemissionen sinken müssen und im Jahr 2050 ein Netto-Null-Ausstoß erreicht sein muss, um die Klimaziele einzuhalten.[3]

Bisher wurden alle politischen Versprechen der Regierungen gebrochen. Das wird durch die weitere Erhöhung der Emissionen vor allem in den Industriestaaten im Jahr 2021 deutlich. UN-Generalsekretär António Guterres ordnet den neuen Report so ein: „Dieser Bericht muss die Totenglocke für Kohle und fossile Treibstoffe läuten, bevor sie unseren Planeten zerstören."

Menschenrechts- und Entwicklungshilfeorganisationen sowie die nationalen Umweltbehörden fordern Sofortprogramme für schnell wirkende und sozial gerechte Klimaschutzmaßnahmen sowie eine Erhöhung der Klimafinanzierung, um die zerstörerischen Auswirkungen des verfehlten Klimaziels doch noch zu beherrschen. Deshalb muss die Ankündigung Chinas, erst für 2060 den Ausstieg aus den fossilen Brennstoffen vorzusehen, sehr kritisch hinterfragt und möglichst schnell korrigiert werden.

Es wird aber auch festgestellt, dass klimawandelbedingte Änderungen – wie der Zusammenbruch von Eisschilden, abrupte Veränderungen der Ozeanzirkulation, zusammengesetzte Extremereignisse und eine wesentlich über prognostizierte Werte hinausgehende künftige Erwärmung – immer wahrscheinlicher werden. Das impliziert einen chaotischen Verlauf, den Klimamodelle gar nicht mehr abbilden können. Eine besondere Gefahr sehen

---

[3] www.bmu.de/pressemitteilung/weltklimarat-den-klimawandel-bekaempfen-und-fuer-die-folgen-vorsorge-betreiben, Internetrecherche am 12.08.2021.

Wissenschaftler in der nichtlinearen Entwicklung von Klimaereignissen, zu denen die Erderwärmung beitragen könnte. Es gebe sich selbst verstärkende Prozesse, die zu sogenannten Kippunkten mit unvorhersagbaren dramatischen Veränderungen führen, auf die der Mensch keinen Einfluss mehr habe. Das betrifft vor allem das Abschmelzen des Grönlandeisschildes, die Vernichtung des Amazonasregenwaldes sowie das Auftauen des sibirischen Permafrostbodens.[4] Diese Prozesse kann der Mensch nicht mehr stoppen.

Prognose für 2050: Drei Milliarden Menschen ohne Zugang zu sauberem Wasser
Eine der bedrohten Ressourcen unseres Planeten ist das **Wasser**, welches dem Menschen über den Kreislauf der Natur zugänglich ist. Es verdunstet über dem Meer und fällt als Regen auf die Böden, Flüsse und Seen beziehungsweise als Schnee auf die Gletscher, wo es als Schmelzwasser der menschlichen Nutzung zugutekommt. Es ist lebenswichtig und kaum einem ist die Bedrohung bewusst. Der Mensch nutzt das Wasser seit Jahrtausenden und die Vorräte scheinen unerschöpflich, da ja zwei Drittel der Erdoberfläche mit Wasser bedeckt sind. Kann der Mensch angesichts dieser gigantischen Wassermengen irreparable Schäden anrichten? Er ist kräftig dabei.

Einem Viertel der Weltbevölkerung droht bereits akuter Wassermangel. Denn sie leben in einem der 17 Länder, die selbst bei normalen Wetterverläufen 80 Prozent ihres Grund- und Oberflächenwassers ausschöpfen. Lange Dürren und Hitzeperioden führen unweigerlich zur akuten Katastrophe. Dazu gehören vor allem Länder des Nahen Ostens und Nordafrikas, aber auch Indien und Pakistan. Doch die europäischen Mittelmeerländer und in den letzten Jahren auch Länder wie Deutschland stehen ebenfalls unter erheblichem Trockenstress. Der weltweite Wasserverbrauch hat sich seit den 1960er-Jahren mehr als verdoppelt. Die Ressourcen jedoch sind nicht mitgewachsen oder nicht zugänglich.

Schon heute haben über eine Milliarde Menschen keinen Zugang zu sauberem Wasser, 2050 werden es über drei Milliarden sein, schätzt die UNO. Ohne eine globale Wasserwende mit nachhaltigen Wassermanagementmethoden drohen weitere Kriege um Wasser. Einer der größten Konfliktherde ist Zentral- und Ostasien. Viele dieser Länder hängen vom Himalajawasser ab, das aber immer knapper wird, weil dort wegen des Klimawandels das Eis dramatisch schmilzt. Da 70 Prozent des Wassers für die Nahrungsmittelherstellung verbraucht werden und die Weltbevölkerung weiter wächst, wird die Wasserknappheit gerade in diesen Regionen immer bedrohlicher.

In Nordchina herrscht bereits seit Jahrzehnten ein dramatischer Wassernotstand für über 300 Mio. Menschen. In China soll es Überlegungen geben, mithilfe von 200 kleinen Atombomben notfalls Teile des Himalajas zu sprengen, um Wasser, das heute nach Indien und Bangladesch fließt, nach China umzuleiten.[5]

---

[4] Vgl. Turner, Stefan: Die Zerbrechlichkeit der Welt, Kollaps oder Wende. Wir haben es in der Hand, edition a, Wien, 2020.
[5] www.klimareporter.de/gesellschaft/gibt-es-kriege-um-wasser, Internetrecherche am 28.08.2021.

Bis in die Gegenwart agieren die Menschen so, als ob Wasser unbegrenzt und kostenlos zur Verfügung steht. Wie wertvoll es ist, zeigen die verfügbaren Mengen: von den 1,4 Mrd. km^3 Wasser auf unserem Planeten sind nur 35 Mio. km^3 Süßwasser, von dem nur 0,3 Prozent für den Menschen in Flüssen, Seen, in 45.000 weltweiten Großtalsperren und im Grundwasser zugänglich sind. 97 Prozent des gesamten Wassers der Erde ist Salzwasser. Zwei Drittel des Süßwassers wiederum befindet sich als Eis an den Polen und sind daher für uns als Trinkwasser nicht nutzbar. Ausgelöst durch die vom Menschen beschleunigte Erderwärmung gehen dem Süßwasserkreislauf allein durch das Abschmelzen der Gletscher in den Gebirgen und an den Polen jedes Jahr bedeutende Nutzwassermengen verloren.

Es sind aber hauptsächlich die menschlichen Aktivitäten, die neben den Klimaveränderungen den Verbrauch und auch den Kreislauf des Wassers negativ beeinflussen. Da sich im letzten Jahrzehnt der Wasserverbrauch versechsfacht hat und jährlich um ein Prozent wächst, wird der Kampf ums Wasser zunehmend von einer politischen zu einer militärischen Kategorie. In Nigeria kam es zwischen Nomaden und Bauern zu blutigen Kämpfen um Weide- und Ackerland. Am Nil stehen die Zeichen auf Sturm. Ägypten lebt seit Jahrtausenden vom Nilwasser, aber Äthiopien hat einen so großen Staudamm gebaut, dass die Ägypter fürchten, ihre Nachbarn würden ihnen das Wasser abgraben. Im April dieses Jahrs kündigte der Ministerpräsident Äthiopiens an, in kommenden Regenzeiten den Nil wieder aufzustauen, um den Stausee des großen äthiopischen Damms zu füllen. Darauf drohte der ägyptische Präsident, dass Ägyptens Wasser eine rote Linie sei, die niemand berühren sollte. Flussabwärts im Sudan kommt bereits weniger Nilwasser an als bisher. Den Ernst der Lage kann man auch daran erkennen, dass Deutschland im Juli 2020 eine Resolution im UN-Sicherheitsrat einbrachte, die einen Mechanismus zur frühzeitigen Erkennung klimabedingter potenzieller Konflikte etablieren sollte.[6]

Im Zeitraum von 2010 bis 2019 wurden weltweit insgesamt 466 Konflikte um Wasser registriert, bei denen Wasserressourcen oder Wassersysteme Auslöser oder Ziele von Konflikten waren beziehungsweise als Waffe benutzt wurden.[7]

Unsere Weltmeere. So riesig, so fragil!
Unsere Meere sind ernsthaft gefährdet. Einerseits durch die Aktivitäten des Menschen: Die Verschmutzung durch Plastik, Abwässer aus Industrie und Landwirtschaft, Ölförderung, Tiefseebohrungen und Unterwasserlärm sowie die Überfischung lösen bereits heute irreversible Folgen aus. Pro Sekunde wird eine Müllwagenladung Plastikmüll ins Meer gekippt, über Flüsse werden hochgiftige Chemikalien und ungereinigte Abwässer eingeleitet. Nährstoffreiche Abwässer aus Weidewirtschaft und Düngemitteleinsatz lösen an den Flussmündungen ein Algenwachstum aus, das fischreiche Gewässer zerstört.

---

[6] www.tagesspiegel.de/politik/der-globale-mangel-waechst-welche-konflikte-um-wasser-drohen, 20.10.2020, Internetrecherche am 25.08.2021.

[7] de.statista.com/statistik/daten/studie/1090244/umfrage/wasserkonflikte-weltweit-nach-konfliktart, Internetrecherche am 28.08.2021.

Die Förderung von fossilen Brennstoffen in küstennahen Regionen und die Windparks stellen eine ernste Bedrohung sowohl für die Tierwelt der Meere als auch für deren Funktion als ökologisches System dar. Havarien von Öl- und Gasplattformen, unterseeischen Leitungen verschmutzen die Meere. Bohrlärm schadet den Lebewesen im Meer, zwingt sie zum Verlassen traditioneller Lebensräume. Die Bestände gehen zurück. Damit werden nachhaltig ganze Ökosysteme zerstört.

Insbesondere der Plastikmüll wird zu einer Gefahr. Jährlich gelangen etwa 8 Mio. t dieses Abfalls in die Meere, die größten Mengen entfallen auf China, Indonesien und Vietnam. Riesige schwimmende Müllteppiche gefährden die Lebensräume der Meerestiere, die für viele Hundert Millionen Menschen Ernährung und Lebensunterhalt sichern. Etwa 99 Prozent des Mülls sinkt auf den Meeresboden und bedroht als Mikroplastik in den Fischen die Gesundheit der Menschen.[8] Ein Teil des Mülls gelangt via „Export" aus entwickelten Ländern nach Asien. Die „alte Welt" senkt ihre Umweltbelastung vor der Haustür und schönt Statistiken. Eine fatale Fehleinschätzung. Die katastrophalen Folgen treffen uns alle.

Auch die globale Erderwärmung bedroht die Ozeane. Der **Kreislauf des Wassers** als Voraussetzung für jegliches Leben auf unserem Planeten könnte nach Meinung vieler Experten ernsthaft beeinträchtigt werden. Während sich die globale Temperatur im letzten Jahrhundert um 0,6 Grad erhöhte, stieg sie im Meer „nur" um 0,1 Grad an. Auch wenn die Meere langsamer auf den Klimawandel reagieren, sind die Auswirkungen dennoch schon deutlich zu spüren.

Wärmeres Wasser – das bedeutet: Mehr Wasserdampf, der tropische Stürme verstärkt auftreten lässt, Unterspülung der Pole und dadurch schmelzendes Polareis. Ein abnehmender Salzgehalt des Wassers, der über einen längeren Zeitraum zur Verlangsamung oder zum Kippen des Golfstroms mit gravierenden Klimafolgen führen kann. Ein Ansteigen des Meeresspiegels mit Überschwemmungen küstennaher Landflächen und Ansiedlungen. Eine Verringerung des temperaturabhängigen Nahrungsangebotes für viele Meerestiere, was zu deren Abwanderung und Aussterben führen kann.[9]

Gefährdet ist auch der **Golfstrom**, der im Klimasystem der Erde eine bestimmende Größe ist. Er bewegt mehr als hundertmal so viel Wasser wie alle Flüsse der Welt zusammengenommen. Wissenschaftler haben eine Verlangsamung der Fließgeschwindigkeit, Veränderungen im Salzgehalt und eine Erhöhung der Wassertemperatur festgestellt, die zu einem Abreißen des Golfstroms führen könnten. Als Hauptursache sehen einige Experten die Erwärmung der Erde infolge des immensen Anstiegs der CO_2-Emissionen in den letzten Jahrzehnten. Eine weitere Abschwächung des Golfstromes könnte schon in 100 Jahren zu einschneidenden Klimaveränderungen in Europa, aber auch global führen. Ein Abreißen des Golfstroms würde die miteinander interagierenden Strömungssysteme in allen Weltmeeren beeinflussen und das globale Wetter verändern.

---

[8] www.nabu.de/natur-undlandschaft/meere/fischerei, Internetrecherche am 01.06.2021.
[9] www.pik-potsdam.de/de/produkte/infothek/kippelemente, Internetrecherche am 10.06.2021.

Ähnlich bedrohlich ist auch das in den letzten 10 Jahren beschleunigte **Abschmelzen des Eises an den Polkappen**. Es lässt nicht nur den Meeresspiegel schneller ansteigen, sondern trägt zur weiteren Erderwärmung bei, weil die Reflexion des Sonnenlichts durch das Polareis entfällt und das dunkle Wasser sich erwärmt und diese Wärme an die Umgebung abgibt. Ähnlich wirkt sich das Auftauen der Permafrostböden aus. Eine Folge ist die Freisetzung von Methangas aus dem darunterliegenden gefrorenen Methaneis.

Angesichts der unter dem schwindenden Eis der Antarktis frei werdenden gewaltigen Lagerstätten von Bodenschätzen reiben sich die Rohstoffkonzerne die Hände. Vor laufenden Kameras aber vergießen sie Krokodilstränen über das Aussterben der Eisbären.

Eine weitere ernste Folge der globalen Erwärmung ist die Versauerung der Ozeane, die wiederum mit den steigenden Schadstoffemissionen durch die Menschen zusammenhängt. Die Meere binden im Jahr etwa 80,6 $GtCO_2$ und emittieren gleichzeitig 78,4 Gt, was einer Nettobindung von jährlich 2,3 Gt entspricht. Dies entlastet zwar die Atmosphäre an Land, belastet aber das Leben unter Wasser. Andererseits führt die Aufnahme des CO_2 zur Versauerung des Wassers. Das bedroht die Grundlage der ozeanischen Nahrungskette.[10]

Die Rolle der Meere als wichtiger Nahrungsmittellieferant ist aber auch durch die Überfischung gefährdet. Viele Fischarten sind bereits in ihren Beständen bedroht. Gegenwärtig sind neben etwa einer Million großen Fischfangschiffen noch drei Millionen kleine Fischerboote im Einsatz. Die „Großen" orten mit modernsten Methoden die Fischschwärme. Mit ihren Tiefseenetzen zerstören sie den Meeresboden und Korallenriffe. Die Erträge gehen trotzdem zurück, weil sich die Bestände wegen der Überfischung nicht mehr erholen. Während in den Meeren um Europa Fangquoten gelten (oft nicht ausreichend, und es mangelt an Kontrolle), weichen riesige Fangflotten in die Meere um Asien und Afrika aus. Dort gibt es schon lange keine nachhaltige Nutzung der Ozeane. Auch hier gilt, was wir zum „Export" von Plastikmüll nach Asien gesagt haben. Die Verlagerung der Probleme ist sowieso keine Lösung; aber im 21. Jahrhundert kommt der Bumerang viel schneller zurück als zur Kolonialzeit, in der mit solchen fragwürdigen „Exporten" begonnen wurde.

Mit der langsamen Erwärmung der Meere infolge des Klimawandels droht eine weitere Gefahr: die Abwanderung der Fische in Richtung Norden und damit weitere Verluste wichtiger Nahrungsquellen für die afrikanischen Küstenfischer, deren Fanggründe ohnehin schon von ausländischen Fangflotten leergefischt werden. Zu ihrer weit verbreiteten Armut kommt dann auch noch der Hunger, der schon in anderen Regionen Afrikas erst eine innere Migration und dann eine Flucht in Richtung Mittelmeer auslöste.

Rund 3 Mrd. Menschen gerade in den ärmeren Regionen der Welt versorgen sich heute zu wesentlichen Teilen mit Eiweiß aus dem Meer und die Zahl nimmt mit dem Bevölkerungswachstum zu. Während in den 60er-Jahren pro Kopf und Jahr etwa 10 kg Fisch verzehrt wurden, waren es 2019 bereits über 20 kg. Die weltweit kommerziell genutzten Fischbestände sind bereits zu 90 Prozent überfischt. Wurden 1950 etwa 17 Mio. t Fisch gefangen, wird die Menge aus dem freien Fischfang 2021 auf 93 Mio. t und 85 Mio. t aus

---

[10] www.nationalgeographic.de/umwelt/was-unsere-meere-bedroht, Internetrecherche am 21.06.2021.

Aquakultur geschätzt. Letztere ist aber auch keine ungefährliche Alternative zum Meeresfisch; sie ist begleitet von Überdüngung, Verschmutzung, Einsatz von Antibiotika.[11]

Unsere Böden: Katastrophale Schäden auf und unter der Erde
Bedroht ist auch unser Boden und dies gleich in mehrfacher Hinsicht: durch die Zerstörung und Übernutzung landwirtschaftlicher Flächen sowie die Ausbeutung aller irdischen Ressourcen.

Bei der Landwirtschaft sind sich alle einig, dass ein Überleben ohne deren Erzeugnisse nicht möglich ist. Dafür sind die wichtigsten Ressourcen die Böden und das Wasser. Mit der weiter wachsenden Weltbevölkerung steigt die Nachfrage nach Lebensmitteln sprunghaft an. Der immer größere Flächenverbrauch und die Umwandlung von Naturböden in Acker- und Weidefläche sind verbunden mit tiefgreifenden Veränderungen im globalen Ökosystem.

Mit der weltweiten Ausbreitung landwirtschaftlicher Großproduktion kommt es vor allem in den Entwicklungsländern zu Zerstörungen von Ökosystemen durch Flächenerweiterung zulasten von Naturräumen für billige, umweltschädliche Produktion. Dürren und Hunger von Millionen Menschen in Afrika sind nicht nur eine Folge des Klimawandels, sondern auch der extensiven kapitalistischen Wirtschaftsweise und der Globalisierung. Deshalb verlassen viele Menschen ihre angestammten Siedlungsgebiete. Ähnlich schädlich sind die Folgen der Politik zur Verringerung des Einsatzes fossiler Treibstoffe durch Biodiesel. Diese wachsende Nachfrage nach pflanzlichen Ölen führt zur Abholzung von Regenwäldern und zur Ausweitung von Monokulturen mit industriellen Methoden in schwach entwickelten Ländern. Damit wird der Schadstoffausstoß in reichen Ländern partiell sogar reduziert, aber um den Preis von Naturzerstörung und Lebensmittelmangel in den armen Regionen der Welt.

Gibt es Anzeichen für eine Änderung? Keineswegs. Nicht einmal im schönen Europa. Mit Worthülsen verpflichtete sich die Europäische Union 2021 bei der Vergabe der Landwirtschaftsfördermittel zu einer klimaschonenden Politik und stärkt im gleichen Atemzug die industriellen Agrarkonzerne, die ohne jegliche Klimaauflagen fast die Hälfte der Flächenprämien erhalten. Kleine und mittlere Betriebe mit umweltschonenden und biologischen Ansätzen werden für weitere sieben Jahre benachteiligt. Die Hälfte der gigantischen Fördersumme von 375 Mrd. Euro Steuermitteln finanziert nicht den ökologischen Umbau der Landwirtschaft, sondern stärkt die industrielle landwirtschaftliche Großproduktion.

In der ganzen Welt führen die Ausweitung der Futter- und Monokulturen sowie die künstliche Düngung zur Störung des Phosphor- und Stickstoffkreislaufs, zur Versalzung und Bodenaustrocknung und zur dramatischen Verringerung der landwirtschaftlich nutzbaren Flächen. Weideland für Exportrinder vernichtet Wälder und Flächen für

---

[11] de.statista.com/statistik/daten/studie/36922/umfrage/gesamte-weltfischproduktion-seit-2002, Internetrecherche am 18.06.2021.

Nahrungsmittelkulturen. Gülle und der große Wasserverbrauch der Tiere sind ebenfalls umweltschädlich.

Der unverhältnismäßige Fleischkonsum in den entwickelten Ländern ist ein Hauptgrund für die Massentierhaltung. Tiertransporte und Exporte um die ganze Welt erhöhen die CO_2-Emissionen. Über 40 Prozent der in den EU-Ländern erzeugten Getreideernte wird nicht zu pflanzlicher Nahrung verarbeitet, sondern wandert in die Futtertröge der Nutztiere. Im Jahr 2019 wurden in Deutschland 60 Prozent der landwirtschaftlichen Flächen für den Anbau von Futtermitteln genutzt, also für die Ernährung der Nutztiere, zur Erzeugung von Fleisch, Milch und Eiern. Und die Tierproduktion wächst weiter. Jeder Deutsche verbrauchte 2020 im Durchschnitt über 57 Kilogramm reines Fleisch. Weltweit liegt der Durchschnitt bei 33 Kilogramm. Seit 1850 hat sich der Fleischkonsum in Deutschland pro Kopf vervierfacht, seit 1950 ungefähr verdoppelt. Tiere werden mit Kraftfutter wie Mais, Weizen oder Soja gefüttert. Dabei ist das Umwandlungsverhältnis von Futter zu angesetztem Fleisch energetisch ein Desaster. Ein Schwein muss mit mindestens 2,5 kg gefüttert werden, um ein Kilogramm zuzulegen. Bei Rindern ist die Relation noch schlechter. Die Fleischproduktion verursacht große Schäden. Sie verbraucht Unmengen an Wasser, für ein Kilogramm Rindfleisch 15.400 l;[12] der Einsatz von Antibiotika in der Massentierhaltung gefährdet die Gesundheit der Menschen; der Futteranbau von Sojabohnen hat sich in Brasilien seit 1990 versechsfacht, und er zerstört die Böden durch den Einsatz von Pestiziden. Eine kritische Betrachtung des Verbrauchs und des realen Bedarfs des Menschen an Fleisch und anderen mit industriellen Methoden hergestellten Nahrungsmitteln zeigt, dass weit über den Bedarf produziert wird und unverhältnismäßig viele, nicht wiederherstellbare Ressourcen verbraucht werden. Die Verteilung von lebenswichtigen Gütern zwischen armen und reichen Ländern ist ungerecht und inakzeptabel.

Dass auch andere Wege eingeschlagen werden können, zeigt China, wo der mittlere Jahresverbrauch an Fleisch pro Person 2018 mit 62 Kilogramm angegeben wird. Dort hat die Führung 2016 verkündet, den Fleischkonsum halbieren zu wollen.[13] Auch in Europa werden Stimmen laut, den Fleischkonsum deutlich zu reduzieren. Neben den Umweltschäden ist auch die Ablehnung der brutalen Methoden der Massentierhaltung ein Auslöser für diese Haltung.

Folgende Zahlen machen anschaulich, welchen Schaden die extensive Viehwirtschaft anrichtet: Die weltweit fünf größten Fleisch- und Molkereikonzerne stoßen mehr klimaschädigende Emissionen aus als der größte Ölkonzern Exxon Mobile.[14]

Allein die zunehmende Nutzung von Land und Meer hat einen dramatischen Artenverlust zur Folge. Das stellt der Bericht des Weltbiodiversitätsrates (IPBES) von 2019 fest. Die Geschwindigkeit, in der Arten aussterben, hat sich in den letzten Jahren immer weiter erhöht. Als Ursache für den verheerenden Verlust an biologischer Vielfalt wird an erster

---

[12] https://albert-schweitzer-stiftung.de/aktuell/1-kg-rindfleisch, 2017, Internetrecherche am 1.06.2021.
[13] www.topagrar.com/managment/-und-politk/news/china-will-den-fleischkonsum-seiner-bevölkerung-halbieren, Internetrecherche am 22.08.2021.
[14] Vgl. Stengel, Oliver: Vom Ende der Landwirtschaft, oekom verlag, München, 2021, S. 71.

Stelle der Mensch genannt. Es gibt Stimmen, die vor einem Umkippen des globalen Ökosystems als Folge der Entwicklung der Land- und Viehwirtschaft warnen. Diese treiben den Klimawandel voran. Der wiederum reduziert die landwirtschaftlichen Erträge. Damit wird die Versorgung der wachsenden Erdbevölkerung gefährdet.

Immer mehr Wachstum und immer weniger Ressourcen. Diese Gleichung kann nicht aufgehen.
Die hemmungslose Ausbeutung aller irdischen Ressourcen in einer nur auf quantitatives Wachstum ausgerichteten Wirtschaft unter Nutzung existenzieller natürlicher Güter (Luft, Grundwasser, Flüsse, Seen, Meere) zum Nulltarif führt zu irreparablen Schäden. Die Menschheit hat die Ressourcen, welche die Natur in einem Jahr wiederherstellen kann, 2021 in knapp acht Monaten verbraucht. Wir stoßen beispielsweise mehr CO_2 aus, als Wälder und Ozeane absorbieren können, fischen schneller, als sich die Bestände erholen, oder fällen mehr Bäume, als nachwachsen.

Seit 1970 hat sich der Abbau von Rohstoffen mehr als verdreifacht. Geht es so weiter, wird sich der Ressourcenverbrauch bis 2060 auf 190 Mrd. t pro Jahr verdoppelt haben. Damit würden die Treibhausgasemissionen um 43 Prozent steigen. Denn Abbau und Verarbeitung von Materialien, Brennstoffen und Nahrungsmitteln verursachen die Hälfte der globalen Treibhausgasemissionen und über 90 Prozent des Verlusts an biologischer Vielfalt und Belastung der Gewässer.

Die Endlichkeit wichtiger Bodenschätze ist nachgewiesen und damit auch die Grenzen des menschlichen Spielraumes für die Zukunft (vgl. Tab. 3.2).

Tab. 3.2 Fördermengen und Prognose zur Erschöpfung der Vorräte[a]

Rohstoff	Förderung/Jahr 2020	Bekannte Vorräte	Restzeit Jahre
Eisenerz	2,4 Mrd. t	170 Mrd. t	100
Kupfer	20 Mio. t	870 Mio. t	35
Aluminium	371 Mio. t	30 Mrd. t	250
Zink	12 Mio. t	250 Mio. t	30
Nickel	2,5 Mio. t	89 Mio. t	37
Blei	11,7 Mio. t	90 Mio. t	20
Braunkohle[b]	1,017 Mrd. t	324 Gt	270
Steinkohle[c]	6982 Mrd. t	754 Gt	133
Erdöl	90,6 Mio. t/Tag	244 Mrd. t	50–200
Erdgas	192 Mrd. m^3	3200 Mrd. m^3	60
Uran	53.656 t	1,6 Mio. t	65–200

[a]Vgl. https://de.statista.com/statistik/daten/studie/153890/umfrage/reserven-an-eisenerz-nach-laendern, div. andere Rohstoffe, Internetrecherche am 18.01.2022
[b]https://de.wikipedia.org/wiki/Kohle/Tabellen_und_Grafiken, Tabelle Braunkohleförderung, im Jahr 2018, Internetrecherche am 18.01.2022
[c]Vgl. Ebenda: Tabelle Steinkohleförderung, im Jahr 2018, Internetrecherche am 18.01.2022

Tab. 3.3 Anteil Energiequellen am Energieverbrauch 2019

Rohstoff	Anteil am Energieverbrauch 2019
Erdöl	30,9 %
Kohle/Torf	26,8 %
Erdgas	23,2 %
Biokraftstoff/Abfall	9,4 %
Kernenergie	5,0 %
Wasserkraft	2,5 %

Tab. 3.4 Anzahl Kohlekraftwerke 2020[a]

Land	Anzahl Kohlekraftwerke 2020
China	1077
Indien	281
USA	263
Deutschland	74

[a]https://de.statista.com/infografik/22439/anzahl-der-aktiven-kohlekraftwerke-weltweit/ Internetrecherche am 18.07.2021

Im Jahr 2020 belief sich die globale Kohleförderung auf rund 7,74 Mrd. t. Sieht man sich den Anteil billiger **fossiler Brennstoffe** wie Kohle und Erdöl an der weltweiten Energieerzeugung im Jahr 2018 und die Planungen für deren weitere Nutzung an, zeigt sich, dass von einer Wende zu erneuerbaren Energien keine Rede sein kann. Diese Tendenz steht im eklatanten Widerspruch zu den Festlegungen des Klimagipfels von 2020 zur Einhaltung des 1,5-Grad-Ziels bei der Erderwärmung (vgl. Tab. 3.3).[15]

Beunruhigend ist dabei die Konzentration von zwei Dritteln aller Kohlekraftwerke in China, Indien und den USA. Diese Länder haben einen Anteil von etwa 50 Prozent an den globalen CO_2-Emissionen (vgl. Tab. 3.4).

„Fast die Hälfte der auf der GCEL 2020 (Global Coal Exit List) gelisteten Unternehmen befindet sich noch im Expansionsmodus".[16] 437 der 935 in der Datenbank aufgeführten Unternehmen planten entweder neue Kohlekraftwerke, neue Kohleminen oder neue Kohletransportinfrastruktur, die Hälfte davon in China. Dort wurden 2018 entgegen dem globalen Trend die Kapazitäten erweitert. Der Ausbau mache in diesem Jahr bisher 90 Prozent der geplanten Kapazität, 86 Prozent der Baubeginne und 62 Prozent der Inbetriebnahmen aus. Abgesehen von China schrumpfe weltweit die Zahl der Kohlekraftwerke bereits seit dem Jahr 2018.

Seit der Unterzeichnung des Pariser Klimaabkommens vor fünf Jahren habe sich die weltweit installierte Kohlekraftwerkskapazität noch um 137 Gigawatt erhöht. Das ent-

---

[15] https://de.statista.com/statistik/daten/studie/167998/umfrage/weltweiter-energiemix-nach-energietraeger. Internetrecherche am 18.07.2021.

[16] https://www.energiezukunft.eu/wirtschaft/935-kohle-unternehmen-weltweit-feuern-die-klimakrise-weiterhin-an/. Internetrecherche am 18.07.2021.

3.2 Die Weltmeere voll Plastikmüll, die Vernichtung der Regenwälder, das …

spreche der Kapazität aller in Betrieb befindlichen Kohlekraftwerke in Deutschland, Russland und Japan zusammen. Über 500 Gigawatt an neuer Kohlekraftwerkskapazität seien noch in Vorbereitung. Dabei müsse die Kohleverbrennung eigentlich um 11 Prozent pro Jahr schrumpfen, um das im Pariser Klimaabkommen festgehaltene Ziel, die Klimaerwärmung auf 1,5 Grad Celsius zu begrenzen, zu erreichen. Weniger als 25 Unternehmen aus der GCEL hätten ein Ausstiegsdatum für Kohle festgelegt.

Der Ausstieg aus der Kohle als wichtigstem fossilem Brennstoff ist in erster Linie für die Hauptexportländer wie Australien, Indonesien und Russland ein großer wirtschaftlicher Verlust. Im Jahr 2020 betrug der Anteil Australiens am Gesamtexport 36,9 Prozent gefolgt von Indonesien (17,6 Prozent) und Russland (15 Prozent), und ihre Produktion wächst weiter.

Sieht man sich die weltweite Kohleförderung an, ergeben sich allerdings berechtigte Zweifel und kritische Fragen hinsichtlich einer rechtzeitigen Abkehr von den fossilen Brennstoffen. China hat 2020 mit 3,8 Mrd. t einen Anteil von 54,3 Prozent, Indien (10,4 Prozent), Indonesien (7 Prozent) und die USA (6,8 Prozent) folgen mit weitem Abstand.[17] Weder bei der Förderung der Kohle noch der Nutzung für die Energiegewinnung ist bei diesen Großproduzenten ein substanzieller Rückgang erkennbar. In Deutschland hingegen verringerte sich der Verbrauch von Steinkohle um 18 Prozent und der Import ging um 24 Prozent zurück. Der Anteil der Braunkohle am Energiemix lag 2019 bei 18,9 Prozent.

Gegenwärtig ist ein exponentiell wachsender Bedarf an Rohstoffen und deren Abbau zu verzeichnen. Eine Trendwende ist nicht in Sicht.

Industrienationen in Nordamerika, Europa und Japan verbrauchen rund 80 Prozent der weltweiten Ressourcen, obwohl dort nur 20 Prozent der Weltbevölkerung leben. Aufstrebende Länder wie Indien und China beanspruchen mit ihrer riesigen Bevölkerung einen immer größeren Teil der natürlichen Ressourcen für sich. China und die Anrainer des Chinesischen Meeres erheben Anspruch auf die fossilen Brennstoffe in ihren Küstenmeeren und scheuen keine militärischen Auseinandersetzungen und Besetzungen einzelner Inseln im Südchinesischen Meer. Schätzungen für das Südchinesische Meer reichen von 4 bis zu 30 Mrd. t Öl. Das entspricht den gesamten Ölreserven Saudi-Arabiens.[18]

Ein großer Anteil der weltweiten strategischen Ressourcen konzentriert sich auf wenige Länder. 90 Prozent des weltweiten Angebots kritischer Rohstoffe werden außerhalb der EU produziert, China hat hier den größten Marktanteil.[19] Ein typisches Beispiel sind die seltenen Erden. Diese Rohstoffe werden in wachsendem Maße für Technologien benötigt, mit denen der Übergang von fossilen zu erneuerbaren Energien ermöglicht werden soll. Auch der Übergang zur Elektromobilität als angeblich umweltschonender Technologie wird die weltweite Nachfrage dramatisch erhöhen. Bei einigen dieser Rohstoffe sind die Vorkommen aber in absehbarer Zeit erschöpft. Dazu zählt Lithium, dessen weltweite

---

[17] www.handelsblatt.com/unternehmen/energie/energiewirtschaft-von-wegen-klimaschutz-weltweit-sind-noch-viele-kohlekraftwerke-in-planung, Internetrecherche am 18.07.2021.

[18] www.sueddeutsche.de/politik/suedchinesisches-meer-sanktionen-gegen-sanktionen-1.4966808, 14. Juli 2020, Internetrecherche am 18.05.2021.

[19] https://eur-lex.europa.eu/legal-content/EN/TXT/?uri=CELEX:52020DC0474, Internetrecherche am 18.05.2021.

Förderung von 32.500 t im Jahr 2015 auf 95.000 t im Jahr 2018 gestiegen ist. Und es ist China, das 60 Prozent der Herstellungskapazitäten für Lithiumbatterien kontrolliert.

Ein weiteres Beispiel für die Förderung billiger Rohstoffe, die gerade in der Dritten Welt unter geringen Umweltauflagen oder der korruptionsgestützten Missachtung strengerer, aber nur auf dem Papier stehender Regelungen erfolgt, ist der Kongo. Dieser liefert 60 Prozent des weltweit abgebauten Kobalts. Auch hier ist China der größte Investor.

Da die Ausbeutung der bestehenden Vorkommen an strategischen Rohstoffen in den meisten Fällen deutlich billiger ist als die Wiedergewinnung der Rohstoffe, setzt sich die Etablierung der „Wegwerfgesellschaft" weiter fort, Tendenz steigend.

Sand ist zum Goldstaub des 21. Jahrhunderts geworden. Er war lange Zeit eine billige und fast überall auf der Welt verfügbare Ressource. Spätestens seit den Sechzigerjahren ist der Verbrauch gewaltig gestiegen, ebenso sein Preis. Mittlerweile kann der Bedarf gerade in Ländern mit großen Bauaktivitäten nicht mehr aus einheimischen Quellen gedeckt werden, weil die Vorräte erschöpft bzw. nicht wirtschaftlich abbaubar sind. Wie kann Sand, dessen Vorräte nach Aussagen von Geologen noch Jahrhunderte reichen, zu einer seltenen natürlichen Ressource werden? Einerseits sind die abbaubaren Vorräte regional sehr unterschiedlich verteilt und zweitens ist die Nachfrage gerade in Asien, Afrika und Südamerika (vor allem in China und Indien) für die schnell voranschreitende Urbanisierung und für Infrastrukturvorhaben gewaltig gestiegen. Geht man davon aus, dass die Erdbevölkerung bis 2100 um 20 Prozent wachsen soll und immer mehr Menschen in Städte ziehen, wird der Bedarf an Beton und somit auch Sand weiter anwachsen.

Nachdem die traditionellen Sandvorkommen vielfach abgebaut sind, werden über 20 Prozent des Sands schon an Flussmündungen entnommen. Überall auf der Welt werden an Küsten Strände abgetragen und Schwimmbagger eingesetzt, die den Sand bis aus 150 Meter Tiefe heraufholen. Neben legalen Sandexporten, wie von Australien nach Dubai zur Aufschüttung künstlicher Inseln, ist auch die Mafia in das Geschäft eingestiegen. In Marokko soll sie 45 Prozent des Sandhandels kontrollieren. Singapur hat mit importiertem Sand sein Territorium seit den Sechzigerjahren um 20 Prozent vergrößert und will bis 2030 weitere 10 Prozent Fläche dazugewinnen. Nachdem die Nachbarstaaten Indonesien, Kambodscha und Singapur den Sandexport verboten haben, blüht der Schmuggel. Im indonesischen Archipel sind schon ganze unbewohnte Inseln verschwunden. Die Folgen dieses Raubbaus an Küsten, Stränden und Flussmündungen sind Umweltschäden, Verlust von Nahrungsgrundlagen für die Fischer, Zerstörung maritimer Ökosysteme. Mit dem Strandabbau verschwinden die natürlichen Sandbarrieren, sodass Salzwasser in den Boden eindringen kann und das Land für landwirtschaftliche Zwecke unbrauchbar macht.

Nachdem Europa und die USA im 20. Jahrhundert ohne Rücksicht wichtige Rohstoffe im eigenen Land und aus internationalen Quellen verbraucht haben, trat mit Beginn der Siebzigerjahre China als neuer Verbraucher mit einem schnell wachsenden Bedarf an strategischen Ressourcen auf, der 2021 fast zur führenden Wirtschaftsmacht, den USA, aufschloss.

Damit erleben wir eine neue Etappe im Kampf um die Erlangung von Kontrolle über fossile Brenn- und strategische Rohstoffe. Regionale Konflikte und militärische Invasionen der USA und ihrer Verbündeten in verschiedenen Teilen der Welt kosteten hunderttausende Menschenleben, zerstörten Infrastruktur und Lebensgrundlagen und lösten gigantische Flüchtlingsströme aus. Eine Abkehr von dieser Politik ist bei keinem der genannten Akteure zu erkennen. Im Gegenteil: Gerade in der Politik der USA und China zeichnet sich gegenwärtig ein Konfrontationskurs mit dem Ziel der Erringung globaler wirtschaftlicher, politischer und militärischer Vorherrschaft ab. Diese Situation impliziert eine Erhöhung des Bedarfs an allen strategischen Naturressourcen und eine Fortsetzung der Zerstörung von Natur und Umwelt und kann jegliche Bemühungen um eine Trendwende ernsthaft gefährden.

Heute ist China Spitzenverbraucher bei allen strategischen sowie auch bei den kritischen Ressourcen und trägt mit 30 Prozent Anteil zu den weltweiten Schadstoffemissionen bei. Im Ergebnis entstanden nicht nur in China gravierende Umwelt- und Gesundheitsschäden, sondern auch in den Ländern, aus denen China seinen Ressourcenbedarf deckt. Allein zwischen 2011 und 2015 wurden in China über 32 Mio. Gebäude errichtet und ein Viertel des weltweit geförderten Sands sowie 60 Prozent der Weltproduktion von Zement verbraucht. Das Land benötigte in 3 Jahren mit 6,4 Mrd. t Sand mehr als die USA mit 4,4 Mrd. t im gesamten 20. Jahrhundert.[20] Seit 2006 wurden 60 neue Flughäfen gebaut und bis 2025 sollen weitere 125 fertiggestellt werden.[21] China hat als Produzent von etwa 50 Prozent des Stahls der Welt einen gewaltigen Eisenerzverbrauch, der zum größten Teil aus Importen gedeckt wird. Es ist der weltgrößte Verbraucher von fossilen Brennstoffen.

Wegen dieser Fakten *muss* China in die globale Bewegung zur Rettung der Schöpfung zentral eingebunden werden. Wie das geschehen sollte, lesen Sie im Kap. 7.

Nicht nur am Amazonas – Das Sterben der tropischen Regenwälder
Das Sterben der tropischen Regenwälder durch Menschenhand war außerhalb der betroffenen Regionen bis vor Kurzem nur für engagierte Umweltschützer ein Grund für Besorgnis. Erst als die Erkenntnis von den globalen Folgen dieses Prozesses auch in der Politik Gehör fand, wurde sie plötzlich relevant. Man musste anerkennen, dass Lebensräume und Biotope ganzer Völkergruppen unwiederbringlich zerstört werden. Die Einheimischen werden gerade in Südamerika brutal vertrieben und die gerodeten Flächen mit industriellen Monokulturen bebaut, die hauptsächlich in entwickelte Länder exportiert werden.

Vor mehr als 500 Jahren begann die Geschichte der Regenwaldzerstörung mit Kolumbus, doch erst mit der Industrialisierung hatte sie massive Folgen. Vor 200 Jahren gab es ungefähr 16 Mio. km² Regenwald auf der Erde. 50 Prozent davon sind verschwunden, das

---

[20] Washington Post, March 24, 2015.
[21] Sommer, Theo: China First. Die Welt auf dem Weg ins chinesische Jahrhundert, Verlag C.H. Beck, München, 2019, S. 70.

meiste davon in den letzten 30 Jahren. Bei diesem Tempo werden geschätzt jede Minute 6000 Bäume gefällt.[22] Die Verluste beim Primärwald ausgewählter Länder zeigt Tab. 3.5.

Da die Dezimierung der Regenwaldflächen nicht mit adäquaten Aufforstungen einhergeht, gehen die Folgen weit über die Beschleunigung des Klimawandels hinaus, es werden unwiederbringlich Ressourcen vernichtet und Ökosysteme zerstört. 29,4 Mio. ha Wald wurden 2017 weltweit abgeholzt. Das entspricht fast der Fläche von Großbritannien und Irland. Grund ist die Schaffung von Flächen für Tierfutterproduktion und die Förderung billiger Rohstoffe wie Holz und die Förderung von Bodenschätzen wie Aluminium, Eisen, Gold und Coltan.

Eine Auswertung von Satellitendaten durch Global Forest Watch zeigte für das Jahr 2020 einen Verlust von 12 Mio. ha Tropenwald, davon 4,2 Mio. ha Primärwald.[23]

Die Zerstörung der Wälder hat einschneidende Folgen für den CO_2-Haushalt der Erde. Die Wälder speichern 438 Mio. Gt, das sind ca. 50 Prozent der Gesamtmenge in der Erdatmosphäre. Zwei Drittel dieser Speicherkapazität haben die tropischen Wälder. Von denen werden jedoch jährlich rund 13 Mio. ha vernichtet, ohne dass Aufforstungen erfolgen.[24]

80 Prozent der Flächenverluste bei Regenwäldern werden durch einheimische Großagrarier und ausländische Konzerne verursacht. Sie fördern dort Bodenschätze wie Aluminium, Eisen, Gold und Coltan. Weideland wird für die Rindfleischproduktion genutzt. Palmöl, Kakao- und Sojabohnen für den Export. Der Holzeinschlag bei wertvollen Exporthölzern ist für 10 Prozent der Entwaldung verantwortlich. 36 Prozent der global gehandelten Rohstoffe, für die Tropenwälder vernichtet wurden, gehen in die EU. Auslöser für diese Vernichtung sind also gerade jene Länder, die die Notwendigkeit von Umweltschutz und Ressourcenschonung predigen und zum Kampf gegen den Klimawandel aufrufen.

Auch die industrielle Massentierhaltung verdeutlicht, dass die EU beim Klimaschutz Wasser predigt und Wein trinkt. Eigene Emissionen werden einfach an andere weit ent-

Tab. 3.5 Übersicht der Waldflächenverluste („nur" bei Primärwald) im Jahr 2020[a]

Land	Waldflächenverluste
Brasilien	1.704.090 ha
Kongo	490.613 ha
Bolivien	267.883 ha
Indonesien	270.057 ha
Peru	190.199 ha

[a]www.regenwald-schuetzen.org/ueber-uns/erfolge-und-news/regenwald-retten/detail/globale-zahlen-zum-waldverlust-2020, Internetrecherche am 17.09.2021

---

[22] www.planet-wissen.de/natur/umwelt/artensterben/pwiebiowunderregenwald100.html, Internetrecherche am 18.07.2021.

[23] www.regenwald-schuetzen.org/ueber-uns/erfolge-und-news/regenwald-retten, Internetrecherche am 17.09.2021.

[24] research.wri.org/gfr/forest-pulse, Internetrecherche am 17.09.2021.

fernte Orte verlagert. Die EU ist der Hauptimporteur von Sojabohnen. Allein in Deutschland werden mehr als 80 Prozent davon für die intensive Tierproduktion verwendet. Die Rodung des Regenwaldes zugunsten des Anbaus von Futterpflanzen wie Sojabohnen in intensiv betriebenen Monokulturen und von Weideflächen verursacht so indirekt und über große Distanzen Treibhausgasemissionen und vermindert langfristig die CO_2-Aufnahmefähigkeit dieser umgewandelten Flächen.[25]

Aber nicht nur der Regenwald ist akut gefährdet. **Weltweit ist ein Waldsterben** zu verzeichnen, an dem auch China als eines der Länder mit dem größten Holzverbrauch, der bis Ende der Neunzigerjahre auch aus eigenen Quellen gedeckt wurde, beiträgt. China geriert sich einerseits als Umweltschützer und richtet andererseits umfangreiche Umweltschäden in anderen Ländern an. Nach einer verheerenden Flutkatastrophe Ende der Neunzigerjahre, in der tausende Menschen starben und Milliardenschäden entstanden, stoppte das Land aber 2017 den Eigenholzabbau und wurde zum führenden Holzimporteur der Welt. Ohne Rücksicht auf die Folgen für Klima und Umwelt wird in großem Umfang Holz aus den Regenwäldern in Malaysia, Indonesien und Papua-Neuguinea sowie aus Westafrika nach China verschifft. Aber auch in Ländern wie Neuseeland und Brasilien wurde schon investiert.

Eine große und stark wachsende Bedeutung haben Holzlieferungen aus Sibirien, was auch zu illegalen Aktivitäten russischer Holzlieferanten führte. Deshalb hat die russische Regierung ab 2022 ein Holzexportverbot verhängt. Russland hat die größten Waldflächen der Welt und war bisher auch einer der großen Holzlieferanten. Ein Hauptabnehmer ist China. Der größte Einschlag von Holz wird im Norden und Nordosten Russlands, oft in direkter Nähe zu China vermeldet, wobei mehr als die offiziellen Mengen das Land in Richtung China verlassen. Fehlende Kontrolle und Korruption in den Regionen werden als Ursache genannt. Nach Regierungsangaben sollen sich aber Holzeinschlag und Wiederaufforstung in Russland künftig ausgleichen. Die aufgeforsteten Flächen brauchen jedoch Jahrzehnte, bis sie einen Beitrag zur Bindung von CO_2 leisten können.

Ein weiteres ernstes Problem für die russischen Waldbestände sind die Verluste durch unkontrollierte Waldbrände, denen im letzten Jahrzehnt jährlich Millionen von Hektar zum Opfer fielen. Die Hauptschuld an diesem Ausmaß der Schäden tragen sowohl die zentralen als auch die regionalen Behörden mit ihrer schlechten Verwaltung und Korruption. Dabei sind es gerade die Wälder in der Taiga, die eine wichtige Rolle bei der Bindung von CO_2 spielen. Die unter diesen Wäldern liegenden Permafrostböden, die etwa zwei Drittel der gesamten Bodenfläche Russlands ausmachen, tauen tiefer als gewöhnlich auf und frieren auch im Winter nicht mehr richtig zu. Hier lauert eine große Gefahr in Form des austretenden Methangases, das im gefrorenen Boden gebunden war und dessen Emissionen in die Atmosphäre gefährlicher als die des CO_2 sind. Welche Folgeschäden durch das Abtauen von Permafrostböden für die Wälder noch entstehen können, zeigt ein Beispiel aus dem Norden Russlands, wo bei einem Unfall im Mai 2020 Berichten zufolge rund 21.000 t Diesel in die umliegenden Seen und Flüsse liefen. Es wird angenommen,

---

[25] www.regenwald.org/themen/der-regenwald, Internetrecherche am 17.09.2021.

dass das Öl aus dem rostigen Lagertank im Kraftwerk des sibirischen Unternehmens stammt, dessen Stützen durch Permafrost geschwächt waren, was zur Absenkung des Behälters geführt habe. In den Wochen zuvor sei es in der arktischen Region ungewöhnlich warm gewesen.

Aber auch in der **Alten Welt** verringert sich der Waldbestand seit Jahrhunderten. Allein in Deutschland soll nach Angaben aus 2010 nur noch ein Drittel der ursprünglichen Waldflächen im 14. Jahrhundert vorhanden sein.[26]

Der Wald war über Jahrhunderte wichtigster Baustoff- und Brennstofflieferant. Mit der Ausbreitung menschlicher Siedlungen gingen Rodungen einher, deren Kahlschläge vom Irak über Kleinasien, Griechenland und Italien bis nach Nordeuropa noch heute die Landschaft prägen. Das hatte auch damals schon Auswirkungen auf die CO_2-Bilanz; nach Feststellung von Wissenschaftlern sei es den europäischen Wäldern schon um 1750 nicht mehr gelungen, mehr CO_2 aus der Atmosphäre aufzunehmen, als sie selbst freisetzten.[27] Mit der Industrialisierung schritt die Entwaldung rasend schnell voran. Mit allen bekannten Folgen für Mensch und Umwelt. Interessant ist, dass in Europa nach der Ablösung von Holz als Brennstoff durch Erdöl eine Aufforstung vieler Waldflächen einsetzte, jedoch mit Fichten und Kiefern und das auch noch in Monokultur anstelle einer nachhaltigen Mischwaldkultur. In Europa begann eine intensive Forstwirtschaft. Dieser Kurs ist eine der Ursachen für die anhaltende Verschlechterung der Qualität der Wälder auch in Deutschland, was diese auch anfälliger macht für die zunehmenden Trockenperioden und Sturmschäden. Es wird mehr Holz geschlagen, als für die Ökosysteme gut ist. Dabei war der Holzeinschlag in Deutschland 2020 auf Rekordniveau, wovon die Hälfte nach China exportiert wurde. Der Ansatz einer forstwirtschaftlichen Nachhaltigkeit wird dem Streben nach schnellem Profit untergeordnet. Selten sieht man ressourcenschonende Maßnahmen zum Ersatz des Holzes in der Bauwirtschaft, Verpackungs- und Papierindustrie durch andere Materialien.

Weitgehend unbeachtet blieb bisher ein Prozess, der nicht auf der Erde stattfindet, die Ausbeutung des Weltraums für kommerzielle Interessen. Eine ernste Bedrohung für den erdnahen Raum ist die starke Zunahme von sogenanntem Weltraumschrott. Diese Gefahr wird bisher stark unterschätzt.

Seit Beginn der Achtzigerjahre hat sich die Menge des um die Erde kreisenden Weltraummülls um das Achtfache erhöht und nach Einschätzung von Experten ein kritisches Maß erreicht. Wenige Zahlen illustrieren die Dimension des Problems: Im Orbit fliegen derzeit ungefähr 6250 Satelliten, 3900 davon funktionieren noch. Beinahe die Hälfte von ihnen sind außer Betrieb. Bereits jetzt kreisen über 128 Mio. kleine Schrottteile, die zwischen einem Millimeter und einem Zentimeter groß sind, um die Erde. 900.000 Schrottteile sind zwischen einem und zehn Zentimeter groß und 34.000 Teile sind über zehn Zentimeter groß. Diese können das Kessler-Syndrom auslösen: Sie treffen andere Satelli-

---

[26] https://www.zeit.de/wissen/umwelt/2011-11/entwicklung-waldbestaende-europa, Internetrecherche am 09.09.2021.

[27] www.nzz.ch/wissenschaft/anthropozaen-mensch-beeinflusste-umwelt-schon-vor-3000-jahren, Internetrecherche am 21.07.2021.

ten und beschädigen sie. Dadurch würden unzählige neue Schrottteile entstehen, die wiederum andere Satelliten treffen.[28]

Die weltraumbasierte Forschung ist zunehmend notwendig für die Erbringung von Leistungen für lebenswichtige Wirtschaftsbereiche, Transportwesen und Navigation. Sie ist aber auch ein Wirtschaftszweig, der strategische Ressourcen der Erde verbraucht, die Umwelt belastet und sich primär am Profit orientiert. Das zeigen jüngste Beispiele, wie das geplante Satellitensystem des Multimilliardärs Elon Musk und die Pläne für einen regelmäßigen Weltraumtourismus. Die negativen Auswirkungen auf die Umlaufbahnen um die Erde und im erdnahen Raum liegen auf der Hand. Allein SpaceX hat für sein Starlink-Projekt „Internet aus dem Weltall" bis April 2021 über 1300 Satelliten in einen Orbit von 550 km Höhe gebracht. Genehmigt sind bereits 12.000 für die kommenden 6 Jahre. Und es liegen Anträge von SpaceX für weitere 30.000 Satelliten vor.[29] Mit der wachsenden Zahl von Raketenstarts für die kommerzielle Nutzung des Orbits nimmt durch die um die Erde kreisenden abgesprengten Raketenstufen und andere Bauteile das Risiko von Kollisionen mit Weltraumschrott und damit von Störungen der Funktion der Wissenschafts- und Kommunikationssatelliten sowie von Weltraumstationen zu. Mittlerweile gibt es sogar schon eine Richtlinie des „Inter Agency Space Debris Coordination Committee" zur Vermeidung weiteren Abfalls der Raumfahrtindustrie im All.

Die globale Zerstörung der Naturräume hat noch eine weitere dunkle Seite. Indem der Mensch auch noch die letzten unberührten Refugien usurpiert, löst er auch tödliche Epidemien aus. Und im Jahr 2019 die bisher größte Pandemie. Es bestätigte sich, dass zwischen den ungebremsten Eingriffen der Menschen in bisher unberührte Lebensräume und Ökosysteme bei der Ausbeutung immer neuer Rohstoffquellen in Asien, Afrika und Lateinamerika und Pandemien ein direkter Zusammenhang besteht: „Durch die immer massivere Abholzung der Wälder und die wachsende Urbanisierung haben wir diesen Mikroben Wege eröffnet, den menschlichen Körper zu erreichen und sich entsprechend anzupassen."[30] Im Falle von Ebolaepidemien waren es Armut und Hunger, die eine Fledermausart zur wichtigsten Proteinquelle für die Bevölkerung in Afrika werden ließen. Auf diesem Wege konnte das Ebolavirus vom Tier auf den Menschen übertragen werden. Nach einem UN-Bericht aus 2019 verschwindet die Natur in einer noch nie da gewesenen Geschwindigkeit von der Erdoberfläche; rund eine Million Tier- und Pflanzenarten sind vom Aussterben bedroht. Und für die „Überlebenden" wird der Platz immer kleiner. Dadurch erhöht sich die Wahrscheinlichkeit, dass sie in engen Kontakt mit Menschen kommen. So wurde in der südchinesischen Provinz Yunnan und Gebieten in Myanmar und Laos tropisches Buschland durch Savannen und Laubwald verdrängt. Das hat die Ausbreitung zahl-

---

[28] www.esa.int/Space_in_Member_States/Germany/Weltraummuell_die_aktuelle_Lage, Internetrecherche am 21.08.2021.

[29] www.mdr.de/wissen/umwelt/weltraumschrott-esa-konferenz-weltraummuell-raumfahrt, Internetrecherche am 21.08.2021.

[30] www.pharma-fakten.de/news/details/913-pandemien-umweltzerstoerung-faellt-auf-den-menschen-zurueck, Internetrecherche am 20.08.2021.

reicher Fledermausarten ermöglicht, durch die rund 100 neue Arten von Coronaviren in die Region kamen. Weltweit tragen Fledermäuse schätzungsweise über 3000 verschiedene Coronaviren in sich. Die meisten davon können nicht ohne Weiteres auf Menschen überspringen. Andere hingegen schon – neben SARS-CoV-2 etwa auch SARS-CoV-1 und MERS, die ebenfalls große Epidemien auslösten.[31]

Eine Ausbreitung von tödlich verlaufenden Krankheiten, die sich örtlich begrenzt zu Epidemien entwickelten und dann über Ländergrenzen hinaus verbreiteten, gab es auch schon früher. Aber erst mit der kapitalistischen Erschließung immer neuer Rohstoffvorkommen in Gebieten, die fern der Zivilisation den dort lebenden Menschen Lebensraum und Nahrung sicherten, wurde die Büchse der Pandora geöffnet. Während Sojafelder auf den abgebrannten Urwaldflächen den unersättlichen Fleischhunger in den entwickelten Ländern stillten, verloren die Einheimischen ihre Nahrungsquellen und mussten ihren Fleischbedarf mit Wildtieren decken, die als Virenwirte eine Übertragung auf den Menschen möglich machten.

Neu ist in der Gegenwart auch, dass Krankheitserreger, gegen die es keine wirksamen Medikamente gibt, schneller von Tieren, die bisher selten direkten Kontakt mit Menschen hatten, auf diese überspringen. Durch massenhafte Bewegungen bei Flugreisen und Gütertransporten erfolgt die globale Verbreitung. Konnten bisher durch die Schließung von Infektionsregionen die Vorfälle eingedämmt werden, halfen im Falle von Covid-19 nicht einmal die Isolierung von Millionenstädten in China und die Schließung von Landesgrenzen in der ganzen Welt. Dieses hochansteckende und häufig tödliche Virus erreichte fast jedes Land der Welt, infizierte 395 Mio. Menschen und tötete 5,7 Mio. von ihnen bis Anfang 2022.[32]

Das Besondere an dieser Pandemie ist sowohl der Zeitpunkt ihres Ausbruchs als auch ihre Auswirkungen auf Wirtschaft, Politik, internationale Beziehungen, soziale Systeme und die Menschen. Die gesamte Welt kam zu einem Stillstand, das wirtschaftliche und soziale Leben zum Erliegen, die Länder schotteten sich ab, der weltweite Reise- und Güterverkehr wurde unterbrochen, soziale Beziehungen wurden faktisch gekappt, die Menschen wurden isoliert und gerieten vielfach in Notsituationen bis hin zum Existenzverlust. Am schlimmsten betroffen waren die ärmsten Länder, in denen die Mehrzahl der Erdbevölkerung lebt.

Diese Pandemie hat das Potenzial, ein Systemsprenger im Sinne eines grundlegend neuen Herangehens an den Sinn und die Folgen der Globalisierung zu werden. Erstmals dürfte es Milliarden von Menschen weltweit zu Bewusstsein gekommen sein, dass unsere Welt verletzlicher und angreifbarer ist, als man sich bisher eingestehen wollte. Die Unfähigkeit politischer Führer, das Versagen nationaler und globaler Mechanismen waren die Ursachen, dass dieser weltweiten Katastrophe nicht wirksam entgegengetreten werden konnte. Das Verharren in den Stereotypen der Vergangenheit wurde zum Weckruf für

---

[31] https://www.regenwald.org/news/10056/klimakatastrophe-und-covid-19-haengen-zusammen, Internetrecherche am 05.05.2021.

[32] https://de.statista.com/themen/6018/corona/#dossierKeyfigures, Internetrecherche am 07.02.2022.

viele. Der Zwang, einen globalen Konsens zu fundamentalen Fragen des Überlebens der Menschheit finden zu müssen, könnte Ausgangspunkt für völlig neue Denkansätzen und Handlungsoptionen werden.

3.3 Industrielle Revolution = Beginn des Kapitalismus = Beginn der globalen Vernichtung der Schöpfung

Der mit der industriellen Revolution einsetzende Raubbau löste Umweltkatastrophen ungekannten Ausmaßes und die Vernichtung ganzer Kulturräume aus, von denen die komplette Abholzung der englischen Wälder ab dem 18. Jahrhundert nur ein Beispiel ist.

Das war der Beginn gewaltiger Umweltzerstörungen überall in der Welt, wo sich Industrien entwickelten; charakterisiert durch Fällen der Wälder zur Holzgewinnung für den Bergbau, Vergiftung des Bodens durch „sauren Regen" und Abwässer, Luftverschmutzung durch den Rauch der Fabriken, Wasserverschmutzung durch Fabrikabwässer. Die erhöhte Produktion von Eisen und Stahl sowie der Bau von Maschinen erforderten enorme Mengen an Kohle, deren Verbrennung die Luft stark belastete. Vor allem in den Ballungszentren war die Luft voller Rauch, giftige Schwefeldioxidverbindungen führten zu einem Waldsterben größeren Ausmaßes.

Mit der Ausbreitung der industriellen Revolution um 1750 wurden die meisten Bauern in England gewaltsam von ihrer Produktions- und Wohnstätte getrennt; in der Folge wurden große Teile der Landbevölkerung von ihrem Boden vertrieben und als Arbeitskräfte in den entstehenden industriellen Zentren angesiedelt. Ergebnis waren eine Bevölkerungsexplosion ab Mitte des 18. Jahrhunderts bis weit ins 19. Jahrhundert und die Entstehung großer Städte mit unmenschlichen Lebensbedingungen. Gleichzeitig fand eine Agrarrevolution statt, die Umstellung von der Dreifelderwirtschaft auf die produktivere Fruchtwechselwirtschaft, um die wachsende Bevölkerung versorgen zu können. Es begann die Mechanisierung und Industrialisierung der Landwirtschaft. Zweitens erlaubten neue Verkehrsmittel, Eisenbahn und Dampfschiff, sowie neue Techniken wie die 1806 erfundene Konservendose in den industrialisierten Ländern den Transport von Lebensmitteln durch ganz Europa und bald auch zu den europäischen Überseekolonien. Damit wurde eine bis dahin bestehende objektive Begrenzung der Bevölkerung in einer Region aufgehoben: die Menge der Nahrung, die hier erzeugt werden konnte.

Die industrielle Revolution hatte aber schon damals globale Auswirkungen. Aus fernen Ländern wurden Rohstoffe importiert für Treibriemen aus Leder, Palmöl und Walöl als Schmiermittel, Wolle, Baumwolle und Blei, aber auch der Quebrachobaum aus dem Norden Argentiniens, aus dem natürliche Färbemittel gewonnen wurden. Die besten Treibriemen waren aus Bisonleder. Der industrielle Bedarf führte zur fast völligen Auslöschung der Bisonherden. Der explodierende Verbrauch an Schmiermitteln trug zur Auslöschung von zwei Arten von Walen bei. Fast überall war die Entwaldung der Regionen bis hin zu ihrer Verwüstung das sichtbarste Resultat, etwa die Abholzung der neuseeländischen Wälder für die Errichtung von Schaffarmen.[33]

Mit der Industrialisierung entfaltete sich die kapitalistische Produktionsweise, deren Triebkraft die Maximierung des Profits ist. Eine wichtige Prämisse ist bis heute eine rücksichtslose Nutzung und Zerstörung der kostenlosen Ressourcen der Natur und der Umwelt. Der kapitalistische Unternehmer kann nur existieren und sich gegen seine Konkurrenten, die die gleichen Ziele verfolgen, durchsetzen, wenn er maximale Profite erzielt. Und das setzt die Sicherung der günstigsten Bedingungen für sein Unternehmen voraus, unter anderem billige Rohstoffe und Rahmenbedingungen. Und so er hat die Probleme geschaffen, mit denen wir heute konfrontiert sind.

Wenn Minderheiten sich auf Kosten der Mehrheit bereichern, dann sind Gier und Eigennutz die Geister, die der Kapitalismus hervorbrachte. Gerechtfertigt wird das mit der Notwendigkeit des quantitativen Wachstums als existenzielles Erfordernis. Ein Beispiel: Anstelle moderner Konzepte zur Überwindung der Finanzkrise 2007 entschied die deutsche Regierung, Konjunkturpakete sollten dem Sinken der Produktion entgegenwirken, Kurzarbeit und Abwrackprämien weiteres Wachstum und Arbeitsplätze sichern. Der Kapitalismus könne angeblich nicht auf das zerstörerische Wachstum verzichten, weil dann Firmen nicht mehr investieren würden. Gesamtwirtschaftlich werden Gewinne mit quantitativem Wachstum gleichgesetzt. Damit wird die ungebremste Ausbeutung natürlicher Ressourcen mit allen negativen Auswirkungen auf Menschen und Umwelt gerechtfertigt. Dass das falsch ist, zeigen viele Untersuchungen zur ökonomischen Relevanz **qualitativer Wachstumsszenarien.**

In der „alten Ökonomie" ist das noch nicht angekommen. Der Volkswagen-Konzern rühmt sich, dass er trotz Corona im ersten Halbjahr 2021 mit 5 Mio. Fahrzeugen 28 Prozent mehr als im Vorjahreszeitraum verkauft und ein operatives Rekordergebnis von 11,4 Mrd. Euro erzielt habe. Airbus will bis zum Jahresende 600 Flugzeuge ausliefern, 100 mehr als im Vorjahr. So wird ungehemmter Ressourcenverschwendung und umweltschädlichen Technologien weiterhin der Vorrang gegeben, obwohl der Verzicht auf fossile Energien und Dekarbonisierung erklärte Regierungspolitik sind.

Seit wenigen Jahren gibt es durch nationale Gesetze und internationale Verträge einige, aber eher marginale Einschränkungen der ungezügelten Ausbeutung und Zerstörung von Natur und Lebensräumen. Mit diesen lobbygetriebenen „Selbstbeschränkungen" kann der Prozess der globalen Zerstörung keinesfalls gestoppt werden. Wie es aber gehen könnte, zeigen wir im Kap. 5. Dort illustrieren wir mit dem Stichwort **Gier** auch die ethischen Dimensionen des kapitalistischen „Höher, schneller stärker" und beantworten die Frage, ob wir es mit einem ewigen Naturgesetz zu tun haben, das mit menschlicher Vernunft nicht zu überwinden ist.

---

[33] boell.de/de/2016/02/26/umwelt-geschichte-industrielle-revolution, Internetrecherche am 20.08.2021.

3.4 Keine Hoffnung: Diese Welt ist nicht zu retten. Ein Exkurs mit Jonathan Franzen

Jonathan Franzen, ein weltberühmter amerikanischer Schriftsteller, ist ein prominenter Vertreter der Zweifler an der Möglichkeit, den Klimawandel aufzuhalten. Franzen stellt in seinem Essay mit dem Titel „Wann hören wir auf, uns etwas vorzumachen?" [34] fest, dass die Aufrufe aus den Neunzigerjahren zum kollektiven Handeln gegen den Klimawandel ergebnislos waren. Dieser Ansatz sei gescheitert und würde auch zukünftig scheitern.

Die Fixierung auf den Klimawandel hindere die Menschheit daran, das eigentlich Entscheidende zu erkennen: die Notwendigkeit einer grundlegenden Umgestaltung ihrer Lebensweise – weg von quantitativem Wachstumswahn und Konsumfetisch mit zügellosem Verbrauch und der Vernichtung der endlichen Ressourcen der Erde.

Franzen sieht im Gegensatz zu anderen Pessimisten jedoch weiter, wenn er die europäischen Klimaaktivisten und den amerikanischen Präsidenten für ihre Plattitüden kritisiert, wonach noch zehn Jahre Zeit wären, wenn wir uns an die Arbeit machen, den Planeten zu retten. Er zweifelt am Green New Deal als letzter Chance, die Katastrophe durch gigantische, auf den Ausbau erneuerbarer Energien bauende Projekte abzuwenden. Franzen verweist darauf, dass in den letzten 30 Jahren so viel atmosphärisches CO_2 produziert wurde wie in den gesamten vorangegangenen zwei Jahrhunderten der Industrialisierung.

Franzen sagt, dass das Unheil eintreten wird. Aber die wichtigste Aufgabe sei es jetzt, die Hoffnung neu zu definieren, wie die Menschen mit dieser Realität umgehen könnten. Das ist nicht nur pessimistisch. Auch wenn er an der rechtzeitigen Umsetzung zweifelt, nennt er doch Kernaufgaben, die weit über eine bloße Bekämpfung des Klimawandels hinausgehen, und liefert zwingende Argumente für deren sofortige Inangriffnahme. So verweist er darauf, dass die durch erneuerbare Energien entstandenen CO_2-Einsparungen durch die Verbrauchernachfrage mehr als aufgehoben wurden.

Franzen fordert von den wesentlichen umweltverschmutzenden Ländern, einen Großteil ihrer Energie- und Transportinfrastruktur stillzulegen und ihre Wirtschaft völlig umzurüsten. Sieht man sich deren aktuellen politischen Erklärungen und Entscheidungen dazu an, muss man allerdings Franzen mit seinen Bewertungen recht geben. So ist Im dritten Teil des IPCC-Weltklimaberichts von 2021 festgelegt, dass zur Erreichung der Klimaziele nur noch neun Jahre lang Kohlekraftwerke betrieben werden dürften. Dort sind aber die neuen oder bereits im Bau befindlichen nicht eingerechnet. Positiv könnte sich die Ankündigung Chinas auswirken, dass es keine neuen Kohlekraftwerke mehr im Ausland bauen wird.

Franzens Skepsis spielt den Gegnern von Klimaschutzmaßnahmen in die Hände. Das sind hauptsächlich jene Unternehmen, die mit dem Ende fossiler Brennstoffe am meisten verlieren. Das sind die Verursacher von 70 Prozent aller weltweiten CO_2-Emissionen, die etwa hundert großen Kohle-, Öl- und Gaskonzerne. Diese versuchen mit Scheinaktivitäten

---

[34] Vgl. Franzen, Jonathan: Wann hören wir auf, uns etwas vorzumachen? Rowohlt Taschenbuchverlag, Hamburg, 2020.

und konstruierten Vorwänden, einschneidende Maßnahmen zu verhindern. Das wiederum bestätigt die Zweifel von Franzen daran, dass die erforderlichen und rechtzeitigen Schritte zum Klimaschutz vor allem in den entwickelten Ländern überhaupt und rechtzeitig realisiert werden.

3.5 Epilog: Diese Welt ist nicht zu retten

(1) Mit dem Kapitalismus und der industriellen Revolution ab Mitte des 18. Jahrhunderts und der nie gekannten Ausweitung der Produktion begann die Zerstörung der **Welt.**
(2) Existenzielle Ressourcen – Wasser, Boden, Luft, Wälder usw. – sind im ursprünglichen Wortsinne **Lebensgrundlage.** Für die Kapitalisten/den Kapitalismus sind sie im ökonomischen Sinn **elementar.** Als Grundlage der kapitalistischen Produktionsweise: unbegrenzte Entwicklung der Produktivkräfte (Maschinen, Anlagen, Technologien usw.) = freie Verfügbarkeit von Arbeitskräften (der doppelt freie Lohnarbeiter ohne außerökonomische Limitierungen wie Versklavung, Leibeigenschaft) = unbegrenztes Wachstum = unlimitierte Profitmaximierung.
(3) Aus dieser Gleichung ergibt sich folgende **Conclusio:**
Für unbegrenztes Wachstum von Produktion und Profit ist der ebensolche Zugriff auf die elementaren Ressourcen eine zentrale Voraussetzung für die kapitalistische Wertschöpfung.
(4) Kostenloser Zugriff schließt ausdrücklich ein, dass diese irdischen Güter ökonomisch natürlich einen bezifferbaren Wert haben. Wenn sie, um einen marxschen Terminus zu verwenden, aber **wohlfeil,** d. h. zum Nulltarif, in das Produkt eingehen, erzeugen sie einen **Extraprofit.** In der „besten" Form sogar in doppelter Form: a.) Null Kosten für Erwerb und Nutzung z. B. von Wasser, Luft, Boden; b.) Null Kosten für Rückgewinnung in den natürlichen Urzustand oder geordnetes Recycling. Das war das Bild, das Marx und Engels vom Beginn des Kapitalismus in England zeichnen.

Diese „Null-Paradiese" gibt es heute nicht mehr zu 100 Prozent. Aber schon noch ähnliche Zustände in der Dritten Welt. In unseren westlichen Gefilden unterscheidet sich die Situation allerdings recht deutlich vom sogenannten Manchesterkapitalismus des Anfangs. Gleichwohl werden die ökonomischen und gesellschaftlichen Kosten für die Nutzung der genannten Ressourcen im Produkt oder der Leistung auch heute zumeist nur unvollständig abgebildet. Deshalb ist die Umwelt in Deutschland, England oder den USA wahrlich nicht in einem Zustand, der uns eitel Freude macht. Er ist nur nicht so schlimm wie in vielen Ländern Asiens und Afrikas. Aber die sind weit weg. Auch die Müllkippen in den afrikanischen Metropolen – siehe Prolog – haben einen großen Abstand zu den Tourismusdomizilen an den idyllischen Stränden.

3.5 Epilog: Diese Welt ist nicht zu retten

(5) Wir erleben mit dem Beginn des Kapitalismus im 18. Jahrhundert eine **dreifache Weltrevolution.** Erstens: wohlfeile Usurpation der Natur durch die Besitzer der Produktionsmittel; zweitens: grenzenloses Wachstum in technologischer und räumlicher Hinsicht; drittens: technologische Fähigkeit zu globaler Produktionsausbreitung, damit auch zu globaler Zerstörung. In allen Epochen zuvor gab es wegen der territorialen und technologischen Limite und der geringen Anzahl von Menschen diese Potenziale zur Zerstörung der Lebensgrundlagen nicht. Zudem folgte aus der lokalen Allokation der Menschen in solitären Siedlungen das Erfordernis zum schonenden Umgang mit den Ressourcen, die immer **auch die eigene** Lebensgrundlage waren (den Ast auf dem man sitzt, schneidet man nicht ab).

(6) Aus dem Wesen der kapitalistischen Produktionsweise folgt in zwingender Logik der Raubbau. Der Kapitalist *muss* bei Strafe seines Untergangs so handeln. Da für seine Konkurrenten ebenfalls keine Regeln gelten, geht derjenige, der sich an andere als ökonomische Zwänge hält, unter. In den rund zweihundert Jahren seit Beginn des Kapitalismus sind die Zerstörungs-„Kapazitäten" exponentiell gewachsen. Was daraus folgte, wurde in einer Zusammenschau hier in bisher noch nicht realisierter Dichte und Komplexität dokumentiert.

Neben dem schon zitierten Jonathan Franzen lassen wir zur Vielfalt der Bedrohungen den weltberühmten, 2018 verstorbenen Physiker Stephen Hawking zu Wort kommen: Die Erde sei in vielerlei Hinsicht bedroht. Deshalb falle es ihm schwer, optimistisch zu sein. „Die Bedrohungen sind zu gewaltig, und es sind zu viele. Die Erde wird zu klein für uns. Unsere Ressourcen wie beispielsweise die Bodenschätze erschöpfen sich mit rasanter Geschwindigkeit. Wir haben unserem Planeten das katastrophale Geschenk des Klimawandels beschert. Steigende Temperaturen, Rückgang der Polkappen, Waldsterben, Überbevölkerung, Krankheiten, Krieg, Hungersnot, Wassermangel und die Dezimierung der Tierarten – eigentlich alles lösbare Probleme, die aber sämtlich bis heute nicht gemeistert sind".[35]

(7) Dass es so schlimm wurde, hat folgende Hauptursache: Es gibt zwar inzwischen einschränkende Gesetze. Aber diese Regeln (nicht von der **Menschheit** diktiert, sondern von den Interessen der **Besitzenden** geprägt) konnten bis dato lediglich bewirken, dass der Vernichtungsprozess des Lebens marginal verlangsamt wurde. Was wir brauchen, das sind strenge Regeln und deren schnelle Durchsetzung. Und zwar im **Kapitalismus.** Gelingt das nicht, funktionieren die in unserem Epilog dargestellten Automatismen weiter und bewirken ebenso automatisch den Untergang. Dann behalten Jonathan Franzen und Stephen Hawking recht:

„Diese Welt ist nicht zu retten!"

---

[35] Hawking, Stephen: Kurze Antworten auf große Fragen, Cotta'sche Buchhandlung, Stuttgart, 2018, S. 171 f.

Literatur

Franzen, Jonathan: Wann hören wir auf, uns etwas vorzumachen? Rowohlt Taschenbuchverlag Hamburg, 2020

Hawking, Stephen: Kurze Antworten auf große Fragen, Cotta'sche Buchhandlung, Stuttgart, 2018

Sommer, Theo: China First. Die Welt auf dem Weg ins chinesische Jahrhundert, Verlag C.H. Beck OHG, München 2019

Stengel, Oliver: Vom Ende der Landwirtschaft, oekom verlag München 2021

Turner, Stefan: Die Zerbrechlichkeit der Welt, Kollaps oder Wende. Wir haben es in der Hand. edition a, Wien, 2020

4

Gegen die beklemmende Logik scheinbarer Ausweglosigkeit formiert sich eine weltweite Bewegung. Aber nur mit Utopien und abstrakten Zielvorgaben ist die Trendwende nicht zu schaffen

4.1 Prolog: Am Montag, dem 2. Dezember 2019 begann in Madrid die 25. UN-Klimakonferenz. Am Freitag davor, am 29. November, gingen Millionen weltweit gegen das kollektive Nichtstun beim Kampf gegen die Erderwärmung auf die Straße

Die Bilder waren in allen Medien und hinterließen einen tiefen Eindruck. Zum vierten globalen Klimastreik von „Fridays for Future" kamen allein in Deutschland in rund 400 Städten hunderttausende Teilnehmer. Weltweit waren es 2400 Städte in 157 Ländern mit Millionen vorwiegend junger Leute: Schüler, Studenten, Arbeiter, Angestellte.

Dabei war auch das wachsende Bündnis der „Grandparents for Future". Seite an Seite mit den Enkeln. In Sorge um deren Zukunft, aber auch mit dem Eingeständnis, dass sie viel früher den Kampf gegen die Vernichtung der Schöpfung hätten aufnehmen müssen.

Die junge Generation artikulierte ihre Angst vor einer Vernichtung *ihrer* künftigen Welt durch eine Klimakatastrophe. Zugleich adressierte sie an die Mächtigen in Politik und Wirtschaft die Forderung, endlich Ernst zu machen beim Stopp des Zerstörungsprozesses.

In New York hatten 1,1 Mio. Schüler die Erlaubnis erhalten, für die Teilnahme an der Demonstration dem Unterricht fernzubleiben.[1] Zwei Jahre später mahnte Greta Thunberg auf der Klimademonstration in Berlin, dass Deutschland nach wie vor zu den „größten Klima-Bösewichten" weltweit zähle. „Deutschland ist der viertgrößte Kohlenstoffdioxid-Emittent in der Geschichte, und dass bei einer Bevölkerung von 80 Millionen Menschen." Aus der Klimakrise könne sich die Politik nicht „herausinvestieren, -bauen oder -kaufen", sagte Thunberg weiter. Es brauche eine Veränderung des Systems. „Je länger sie so tun, als

---

[1] www.faz.net/aktuell/politik/inland/fridays-for-future-treibt-weltweit-hunderttausende-auf-die-strassen, 20.09.2019, Internetrecherche am 08.10.2021.

© Der/die Autor(en), exklusiv lizenziert an Springer Fachmedien Wiesbaden GmbH, ein Teil von Springer Nature 2022
M. Schäfer, J. Ludwig, *Mit Kapital die Schöpfung retten*,
https://doi.org/10.1007/978-3-658-36550-9_4

könnten wir die Krise innerhalb des heutigen Systems lösen, desto mehr Zeit verlieren wir."[2]

Am 29. April 2021 kam die Pressemitteilung des Bundesverfassungsgerichtes daher wie der berühmte Paukenschlag:

„Mit heute veröffentlichtem Beschluss hat der Erste Senat des Bundesverfassungsgerichts entschieden, dass die Regelungen des Klimaschutzgesetzes vom 12. Dezember 2019 über die nationalen Klimaschutzziele und die bis zum Jahr 2030 zulässigen Jahresemissionsmengen insofern mit Grundrechten unvereinbar sind, als hinreichende Maßgaben für die weitere Emissionsreduktion ab dem Jahr 2031 fehlen." Weiter hieß es: „Zu dem danach gebotenen rechtzeitigen Übergang zu Klimaneutralität reichen die gesetzlichen Vorgaben für die Fortschreibung des Reduktionspfads der Treibhausgasemissionen ab dem Jahr 2031 nicht aus. Dies müsse für die Zeiträume nach 2030 neu und konsequent geregelt werden".[3]

4.2 Wer nichtstaatlich weltweit unterwegs ist. Dokumentation der wichtigsten nichtstaatlichen Organisationen und Initiativen

Gerade in den letzten Jahrzehnten hat es eine signifikante Zunahme der Aktivitäten von politischen Bewegungen und nichtstaatlichen Organisationen (NGOs) gegeben, die mit Aktionen gegen die Klimakatastrophe in der ganzen Welt Menschen mobilisieren (vgl. Tab. 4.1). Ihre wichtigste Frage lautet, ob es überhaupt eine Chance gibt, bis 2050 das sogenannte 1,5-Grad-Celsius-Ziel zu erreichen.

Einige von ihnen nehmen auch in Deutschland aktiv am politischen Geschehen teil und erhalten mediale Aufmerksamkeit. Für uns ist interessant, ob diese Bewegungen einen Beitrag nicht nur zum Kampf gegen den Klimawandel leisten, sondern die entscheidenden Fragen wie nachhaltiges Wirtschaften und Durchsetzung einer Kreislaufwirtschaft auf ihrer Agenda haben. Beschränkt sich ihre Wirksamkeit nur auf Präsenz in den tradierten Medien und bei Social Media?

Eine hat einen wahren Raketenstart hingelegt: **„Fridays for Future"** ist die erste Bewegung gegen die Klimakatastrophe, die weltweit 2,3 Mio. vorranging junge Menschen und Schüler an einem Tag zum 1. Globalen Klimastreik mobilisierte.[4] Sie entstand 2018 aus der Einzelaktion einer schwedischen Schülerin, die jeden Freitag anstelle des Schul-

---

[2] https://www.spiegel.de/politik/deutschland/fridays-for-future-greta-thunberg-nennt-deutschland-einen-der-groessten-klima-schurken-a-5826bdd8-dd1d-4f38-9a8e-ad2c513409c3, Internetrecherche am 02.10.2021.

[3] https://www.bundesverfassungsgericht.de/SharedDocs/Pressemitteilungen/DE/2021/bvg21-031.html, Internetrecherche am 08.10.2021.

[4] https://de.statista.com/statistik/daten/studie/1171441/umfrage/umfrage-zur-teilnahme-an- einer-aktion-von-fridays-for-future, 10.09.20, Internetrecherche am 10.11.2021.

Tab. 4.1 Wichtige NGOs (nichtstaatliche Organisationen) und Initiativen

Organisation	Gründung	Tätigkeit	Mitglieder	Länder	Finanzen
Albert Schweitzer Stiftung	2000	Gegen Massentierhaltung, für Reduzierung Tierproduktion und vegane Ernährung		Deutschland	290.000 EUR
Amnesty International	1961	Schutz Menschenrechte, insbesondere Frauen, Flüchtlinge	ca. 10 Mio.	Weltweit Deutschland	Umsatz 309 Mio. USD Mitgliederbeiträge, private Spenden, Schenkungen und Legate
Ärzte ohne Grenzen	1971	Humanitäre Organisation mit dem Ziel, notleidenden Menschen weltweit medizinische und anderweitige Hilfe anzubieten		Weltweit Deutschland	Umsatz 1,9 Mrd. USD 96 Prozent private Spenden
Association pour la taxation des transactions financières et pour l'action citoyenne (ATTAC)	1998	Für soziale und ökologische Gerechtigkeit im Globalisierungsprozess	ca. 90.000	Europa	2,4 Mio. EUR Spenden und Mitgliedsbeiträge
Bund für Umwelt und Naturschutz (BUND)	1975	Für ökologische Landwirtschaft und gesunde Lebensmittel, für den Klimaschutz und den Ausbau regenerativer Energien, für den Schutz bedrohter Arten, des Waldes und des Wassers. Er ist einer der großen Umweltverbände in Deutschland	650.000 Unterstützer, über 2000 ehrenamtliche Gruppen	Deutschland	80 Prozent Beiträge und Spenden
Climate KIC	2010	Öffentlich-private Initiative für Innovationen, die den Klimawandel begrenzen und eine Anpassung an die Folgen des Klimawandels ermöglichen	450 Partnerorganisationen aus über 30 Ländern	Europa	
Extinction Rebellion	2018	Umweltschutzbewegung mit dem erklärten Ziel, durch Mittel des zivilen Ungehorsams Maßnahmen von Regierungen gegen das Massenaussterben von Tieren, Pflanzen und Lebensräumen zu erreichen		Weltweit Deutschland	Private Spenden

(Fortsetzung)

Tab. 4.1 (Fortsetzung)

Organisation	Gründung	Tätigkeit	Mitglieder	Länder	Finanzen
Greenpeace	1971	Umweltorganisation, die mit direkten gewaltfreien Aktionen für den Schutz der natürlichen Lebensgrundlagen von Menschen und Natur und Gerechtigkeit für alle Lebewesen kämpft	3 Mio. (weltweit), in 26 Ländern Büros, 608.084 Fördermitglieder Deutschland (2019)	Deutschland	59,2 Mio. USD
Fridays for Future	2018	Schülerin Greta Thunberg aus Schweden hat diese Bewegung ins Leben gerufen. Senkung der Treibhausgasemissionen in Deutschland bis 2035 auf Netto-Null; Umsetzung des Kohleausstiegs bis 2030; 100 Prozent erneuerbare Energien in der Energieversorgung bis 2035	Regionale, lokale Gruppen in Deutschland	Weltweit Deutschland	Private Spenden, Crowdfunding
Friends of the Earth	1969	Erde vor der weiteren Zerstörung bewahren, die ökologische, kulturelle und ethnische Vielfalt der Erde erhalten, Teilnahme an demokratische Entscheidungsprozesse zu Umweltschutz Ressourcenmanagement, Eintreten für gleichberechtigten Zugang zu Ressourcen lokaler, regionaler, nationaler und internationaler Ebene	2 Mio. Mitglieder, Unterstützer in 76 Ländern (2011)	Weltweit	
Naturschutzbund Deutschland (NABU)	1899	Naturschutzprojekte, unterhält eigene Forschungsinstitute, betreibt Umweltbildung informiert über wichtige Themen im Umwelt- und Naturschutz. Der NABU und alle seine Gliederungen sind ein staatlich anerkannter Umwelt- und Naturschutzverband	756.400 Mitglieder, 50.000 Förderer, 2000 lokale Gruppen	Deutschland	61,8 Mio. EUR (2020) Umsatz
World Wide Fund For Nature (WWF)	1961	Zerstörung der Natur und Umwelt stoppen, Leben von Mensch und Natur im Einklang miteinander	5 Mio. Unterstützer	Weltweit Deutschland	113 Mio. EUR Einnahmen (2020)

besuchs mit einem Schild „Schulstreiks für das Klima" vor dem schwedischen Parlament protestierte. Heute hat sich daraus eine Bewegung auf allen Kontinenten entwickelt, die vor allem von Schülern und Jugendlichen getragen wird, die ihre Regierungen und politische Parteien heftig kritisieren. Zur Aktion am Freitag, dem 24. September 2021 waren 1400 Demonstrationen in 80 Ländern angekündigt. Auch wenn die zahlenmäßige Beteiligung und die Aktivitäten in den Ländern sehr unterschiedlich sind, besteht die Gemeinsamkeit darin, dass die Organisatoren und Teilnehmer junge Menschen größtenteils im Schulalter sind und sich im globalen Kampf gegen das Versagen ihrer Regierungen wenden, die Klimakatastrophe effektiv zu bekämpfen. Damit wird ein Segment der Bevölkerung angesprochen, das bisher wenig aktiv in politische Debatten einbezogen war. Bereits in Schülern, also den zukünftigen Wählern, werden Wille und Bereitschaft sowie ein politisches Bewusstsein geweckt, für ihre eigene Zukunft zu kämpfen. In Deutschland waren es 450 Demonstrationen, an denen sich auch andere zivilgesellschaftliche Organisationen, Kirchen und 4000 Unternehmen beteiligen wollten. Auf die Coronapandemie reagierten die Aktivisten mit einer Verlagerung der Aktivitäten in den digitalen Bereich. Der 25. März 2022 ist das Datum des nächsten globalen Klimastreiks vor dem Redaktionsschluss unseres Buches.

Ziele und Aktionen von „Fridays for Future" werden aus unterschiedlichen Perspektiven auch kritisiert oder gar als Spinnereien abgetan. Fakt aber ist, dass keine der auf das Klimathema fokussierten Bewegungen auch nur ansatzweise eine weltweite Verbreitung und eine so große Zahl von aktiv Mitwirkenden erreicht hat.

Bewegungen wie „Fridays for Future" sind an der Basis in Form von Ortsgruppen und Landesvertretungen aktiv. Mit inhaltlichen und seriösen Diskussionen erreichen sie die Bürger, indem sie unter anderem Fakten, Wahrheiten und Zwänge ansprechen, die Politiker sich scheuen zu benennen. Sie agieren volksnah, parteiübergreifend und nicht ideologisierend, emotional, aber nicht populistisch. Auch dadurch, dass sie Fragen aufwerfen, denen die etablierten politischen Parteien ausweichen, erreichen sie auch Menschen, die nicht an Politik und gesellschaftlichen Problemen interessiert sind oder jegliches Vertrauen in die Politik verloren haben.

Außerordentlich bedeutsam sind ihre Erfolge bei der Mobilisierung von jungen Menschen ungeachtet ihrer sozialen Herkunft oder ihres Geschlechts oder ihrer unterschiedlichsten politischen Ansichten.

Sie können mit ihrer Akzeptanz in Teilen der Bevölkerung eine nicht zu unterschätzende Rolle bei der Entwicklung eines Bewusstseins für die Notwendigkeit der gesellschaftlichen Veränderungen im Kampf gegen den Klimawandel spielen. Gerade weil sie nicht als Abgesandte und Vertreter von Parteiinteressen wahrgenommen werden. Das haben die jüngsten Wahlen zum Bundestag in Deutschland bestätigt, wo die sogenannten Volksparteien historische Stimmeneinbußen hinnehmen mussten, obwohl sie sich in Worten auch zum Klimaschutz bekannt haben. Die Wahlsieger profitierten eindeutig auch von dem Druck der Klimaaktivisten, die mit dem Sieg vor dem Bundesverfassungsgericht eine Korrektur der Klimapolitik der Regierung erzwangen. Das nutzte den Grünen, der CDU/CSU aber eher nicht.

Wie groß der Einfluss der Klimabewegungen gegenwärtig ist, zeigte sich bei Auftritten von Greta Thunberg vor der UNO und bei Weltwirtschaftsforen in Davos. Im Nachgang fühlten sich etliche Regierungen immerhin veranlasst, sich zumindest verbal zu schnelleren und weitreichenderen Schritten gegen die fortschreitende Erderwärmung zu bekennen. Auch der Vorschlag, Greta Thunberg den Friedensnobelpreis zu verleihen, ließ das Ansehen von „Fridays for Future" bei vielen Menschen steigen. Die soziale Herkunft vieler Klimaaktivisten aus Akademikerkreisen und einem überwiegend städtischen Lebensmilieu beeinträchtigt natürlich auch deren Einfluss bei anderen sozialen Gruppen. Das Konzept, Städte in nur zehn Jahren autofrei zu machen, ab 2025 keine Benzin- und Dieselfahrzeuge mehr zuzulassen, dem Radverkehr und den öffentlichen Verkehrsmitteln den Vorrang einzuräumen und ab 2030 nur noch Elektroautos zuzulassen, trifft auch bei vielen Bürgern, die dem Klimaschutz gegenüber aufgeschlossen sind, nur begrenzt auf Verständnis. Und es gibt auch jene, die solche Forderungen rigide ablehnen. Nach Auffassung von Sarah Wagenknecht von den Linken haben „Fridays for Future" und der linksliberale Mainstream die Klimadebatte zu einer Lifestyledebatte gemacht und die Forderung nach einer CO_2-Steuer in den Mittelpunkt gestellt. „Tatsächlich hat die monatelange Klimabewegung „Fridays for Future" Klimaschutzziele nicht etwa populärer gemacht, sondern sie werden heute von weniger Menschen unterstützt als über all die Jahre zuvor." Das von der Regierung beschlossene Klimapaket belaste überproportional die untere Mitte und die Ärmeren sowie Menschen, die in ländlichen Regionen leben,[5] so Wagenknecht.

Der „World Wide Fund For Nature" (**WWF**) ist weltweit eine der ältesten und größten Organisationen. Er wurde 1961 gegründet und setzt sich global für Umweltschutz ein. Als unabhängige Stiftung organisiert, soll er weltweit 5 Mio. Förderer und Unterstützer haben, in Deutschland 600.000. Er will die Zerstörung von Natur und Umwelt stoppen und eine Zukunft gestalten, in der Mensch und Natur im Einklang miteinander sind.[6] Im Unterschied zu anderen Organisationsformen setzt der WWF nicht auf öffentlichkeitswirksame Aktionen oder Mitgliedergruppen, sondern wirkt über finanzielle und personelle Unterstützung großer und auf Dauer angelegter Schutzprojekte. Er versteht sich als Partner der Wirtschaft und erhält auch Unterstützung von Unternehmen. Neben der Konzentration seiner Projekte auf einzelne Regionen und Arten ist der WWF auch aktiv im Kampf gegen den Klimawandel und unterstützt die Produktion von Ökostrom.

Der WWF vertritt einige zukunftsweisende Forderungen wie die nach klimaschonender Mobilität, einer naturverträglichen und klimaneutralen Landwirtschaft, Wiederherstellung der Artenvielfalt und Ökosysteme und einer neuen industriellen Revolution, in deren Ergebnis eine vollständig ressourceneffiziente und klimaneutrale Industrie und eine echte Kreislaufwirtschaft entstehen sollen.

---

[5] Wagenknecht, Sahra: Die Selbstgerechten. Mein Gegenprogramm- für Gemeinsinn und Zusammenhalt, Campus Verlag, Frankfurt/New York, 2021, S. 200.
[6] www.wwf.de/ueber-uns, 23.11.2020, Internetrecherche am 11.10.2021.

Er setzt sich aktiv für die Kreislaufwirtschaft ein. Aspekte sind die Reduzierung des Ressourcenverbrauchs, die Schließung des Kohlenstoffkreislaufes und eine nachhaltige Produktpolitik (Wiederverwendung schadstofffreier Produkte durch Reparatur und Recycling). Zur Umsetzung wird der Einsatz von mindestens 40 Prozent des EU-Haushalts für Klimaschutz und zehn Prozent für Erhalt und Wiederherstellung der Biodiversität gefordert.[7] Der Verhaltenskodex definiert die Organisation als weltweit, unabhängig, multikulturell und überparteilich. Sie finanziert ihre Aktivitäten aus Spenden, deren Höhe im Jahr 2018 mit 752 Mio. Euro angegeben wurde. 18 Prozent kommen aus dem öffentlichen Sektor, neun von Unternehmen. Wegen der Nähe zu Unternehmen, der Beteiligung an zweifelhaften Marketingaktivitäten und anderen Verstößen gegen die eigenen Grundsätze geriet der WWF in die öffentliche Kritik. Erst im Jahr 2020 gab es eine Untersuchung der UN wegen massiven Missbrauchs in einem Projekt im Kongo, wo indigene Gruppen aus ihrem Siedlungsgebiet vertrieben wurden. Der WWF war an einem Millionenprojekt für ein geplantes Schutzgebiet beteiligt, in das auch Holz-, Palmöl- und Tourismusunternehmen involviert waren. Der Vorwurf lautete, dass sie der Gemeinschaft der Baka das Land stehlen und sie mit Rangern terrorisieren.[8] Kritisiert wurde auch die Vergabe des Umweltsiegels des WWF an Konzerne, die umweltschädliche Projekte verfolgen.

Seit 1998 ist die „Association pour la taxation des transactions financières et pour l'action citoyenne" (**ATTAC**) in der ganzen Welt mit etwa 90.000 Mitgliedern unterschiedlicher politischer und weltanschaulicher Herkunft aktiv, in Deutschland unter dem Namen „ATTAC Netzwerk zur demokratischen Kontrolle der internationalen Finanzmärkte". Sie entwickelte sich aus einer Protestbewegung für soziale und ökologische Gerechtigkeit im Globalisierungsprozess. Im Jahr 2000 entstand der deutsche Ableger. Die Organisation bezeichnet sich als aktionsorientierte Bildungsbewegung, die zu Alternativen zur neoliberalen Globalisierung aufruft. Sie weist Merkmale einer Mitgliederorganisation sowie von Netzwerken und sozialen Bewegungen auf. Es gibt Verbindungen zu Gruppen aus dem Bereich Umweltpolitik, Entwicklungspolitik, Jugendorganisationen. Sie ist medial aktiv. Die spektakulären Aktionen des Anfangs scheinen hinter ihr zu liegen. Ihr Motto lautet: „Globalisierung geht ganz anders – Mensch und Natur vor Profit!" Der gigantische Reichtum dieser Welt müsse gerecht verteilt werden. ATTAC setzt sich für eine ökologische, solidarische und friedliche Weltwirtschaftsordnung ein. Zur Erreichung des 1,5-Grad-Klimaziels wird ein drastischer Rückgang des CO_2-Ausstoßes gefordert, der aber mit der wachstumsorientierten Wirtschaft nicht möglich sei. Deshalb müsse sie sozial-ökologisch umgebaut werden.

Unter dem Begriff Systemwechsel versteht ATTAC eine Energiewende, eine Agrarwende und eine industrielle Abrüstung, in der überflüssige Produkte durch gesellschaftlich nützliche Produkte ersetzt werden. Die Losung ist „System Change – not Climate Change".

---

[7] Vgl. www.wwf.de/themen-projekte/politische-arbeit/forderungen-an-die-eu-ratspraesidentschaft, Internetrecherche am 10.10.2021.

[8] https://www.survivalinternational.de/nachrichten/12340, Internetrecherche am 11.10.2021.

Ziel sei ein klimagerechtes Wirtschaften, das allen Menschen weltweit ein gutes Leben ermöglicht. Nachhaltiges Wirtschaften gehe nur durch Gesundschrumpfen der Wirtschaft auf ein für die Natur verträgliches Maß. Dazu müsse überflüssige Produktion abgeschafft und bestehende Produktion um- und rückgebaut werden. Angefangen mit der Rüstungsindustrie über Luxusgüter bis zur Autoindustrie, die zu einer klimagerechten Mobilitätsindustrie rückgebaut werden müsse. Die klimaschädliche Ausweitung von globalen Produktions- und Lieferketten soll durch weitgehende Regionalisierung von Produktion rückgängig gemacht werden.[9]

In deutlichen Gegensatz dazu steht die 2018 in London gegründete Bewegung **Extinction Rebellion**, die in Form eines dezentralen, losen Netzwerks daherkommt, dessen Mitglieder ihre Prinzipien und Werte akzeptieren. Sie definiert sich als selbstorganisierend, dezentralisiert, international und politisch unabhängig. Gewaltfreier ziviler Ungehorsam als zentrale Protestform soll den Druck auf Regierungen erhöhen und sie dazu bewegen, auf gerechte Art und Weise auf die ökologische Krise und den Klimanotstand zu reagieren. Events und Aktionen werden sowohl lokal als auch international durchgeführt und sollen grundsätzlich gewaltfrei ablaufen. Es sind keine hierarchischen Strukturen bekannt. Einer der Mitbegründer kandidierte 2019 für das Europaparlament und erhielt 0,04 Prozent der Stimmen. Ausdruck für eine breite Unterstützung ist das nicht. Ablehnung und Unmut lösten in der Bevölkerung Aktionen wie der Versuch aus, den innerstädtischen Verkehr in London oder den Flughafen in Heathrow durch Aktionen stillzulegen. Die Bewegung tritt ein für eine „verbindende, inklusive Welt, in der wir Wert auf faire Prozesse und gemeinschaftliche Entscheidungsfindung legen, Kreativität in den Vordergrund stellen und unsere Vielfalt an Gaben anerkennen, begrüßen und fördern".[10] Ähnlich diffus ist die Forderung nach der Einberufung einer Bürgerversammlung durch die Regierung, die Maßnahmen gegen die ökologische Katastrophe und für Klimagerechtigkeit auf den Weg bringen soll. Der Regierung wird Missachtung der bestehenden Bedrohungen und der fortschreitenden Zerstörung des Lebensraumes vorgeworfen. In Deutschland ist die Bewegung nicht unumstritten. So wurde der Vorwurf untersucht,[11] dass sie „explizit drastische und gewalthaltige Protest- und Symbolsprache" in Teilen von „Fridays for Future" implementiert habe. Zudem würde „Extinction Rebellion" Militanzerscheinungen bei Protesten befördern.

Der Bund für Umwelt und Naturschutz (**BUND**) zählt neben dem Naturschutzbund Deutschland (NABU) und der Deutschen Umwelthilfe zu den bekannten deutschen Umweltorganisationen. Er versteht sich als „die treibende gesellschaftliche Kraft für

---

[9] Vgl. www.attac.de/ziele/nachhaltig-wirtschaften, Internetrecherche am 10.10.2021.
[10] https://extinctionrebellion.de, Internetrecherche am 10.10.2021.
[11] https://www.kas.de/documents/252038/7995358/Radikalisierungstendenzen+im+Kontext+der+Klimaprotestbewegung.pdf/4fe4e934-c030-e63b-1433-86a4aaeb4a32, Internetrecherche am 12.01.2022.

eine nachhaltige Entwicklung in Deutschland"[12] und ist mit 650.000 Unterstützern ein einflussreicher Mitgliederverband mit demokratischen Entscheidungsstrukturen auf allen Ebenen.

Mit seinen Aktivitäten weit über den klassischen Naturschutz hinaus spielt er eine wichtige Rolle bei Aufklärung, Information, Bildung und Mobilisierung der Bürger für eine ökologische Landwirtschaft, gegen Massentierhaltung, für Klimaschutz und den Ausbau regenerativer Energien, den Schutz bedrohter Arten, des Waldes und des Wassers. Indem er mit fachlich qualifizierten Informationen, Ideen und praktischen Vorschlägen die gesellschaftliche Debatte antreibt, erreicht und aktiviert er bundesweit auch Bürger, die wenig Interesse an Politik und Zweifel an der Wirksamkeit des Politikapparates haben. Er zeigt deren Inkonsequenzen und auch die Mogelpackungen auf, die eine Erreichung der Nachhaltigkeits- und Klimaziele ernsthaft gefährden. Er tritt gegen das Greenwashing bei Atom und Gas als angeblich erneuerbare Energien auf, fordert ein Wirtschaftsmodell ohne Wachstum und eine sozial-ökologische Mobilitätswende weg vom privaten PKW. Der Bund für Umwelt und Naturschutz Deutschland hat sich 2021 zusammen mit Attac Deutschland, dem BUND Jugend, Campact, Greenpeace, der Klima-Allianz Deutschland, dem NABU, der NAJU (Naturschutzjugend im NABU), den Naturfreunden Deutschlands, der Naturfreundejugend Deutschlands, Together for Future, dem WWF und der WWF-Jugend am Koordinierungskreis des Bündnisses für den weltweiten Klimaprotest beteiligt.

Der **NABU** engagiert sich wie auch andere nicht nur für Natur- und Umweltschutz, sondern auch für die Kreislaufwirtschaft. So wurde auf einem Dialogforum von NABU und dem „Grünen Punkt" aufgerufen, die Herausforderungen der Kreislaufwirtschaft am Beginn der Wertschöpfungskette anzugehen und sich auf recyclingfreundliches Produktdesign zu konzentrieren, anstatt sich auf ungewisse und ökologisch nicht sinnvolle Technologien wie das chemische Recycling zu verlassen.

Die jüngste Vergangenheit hat bestätigt, dass staatlich verordnete grundlegende politische und wirtschaftliche Veränderungen mit wesentlichen Eingriffen in den persönlichen Bereich jedes Einzelnen ohne eine breite Zustimmung auf ernsten Widerstand stoßen. Nichtstaatliche Bewegungen hingegen sprechen den Einzelnen an, unterbreiten Vorschläge und setzen auf aktive Mitwirkung. Sie gehören nicht zum sogenannten Establishment und sind auf lokaler Ebene im Regelfall besser verankert als Parteien und deren Organisationen. Mit erfolgreichen Aktionen vor allem im kommunalen Maßstab haben sie ihre Kompetenzen unter Beweis gestellt und an Akzeptanz gewonnen. Das macht sie zu einem Faktor bei der Transformation zur Kreislaufwirtschaft. Dieser Weg braucht die Zustimmung und Mitwirkung breiter Massen außerhalb der politischen Parteien, und dies nicht nur in Europa. Der Vorteil der nichtstaatlichen Bewegungen besteht in ihrer Fähigkeit, große Menschengruppen für Aktionen zu mobilisieren. Sie können Druck auf Regierungen, Parlamente und internationale Organisationen ausüben und ihr Gestaltungspotenzial einbringen.

---

[12] Vgl. BUND 2022 – Leitbild zur Verbandsentwicklung, https://www.bund.net/ueber-uns/transparenz/leitbild/?wc=21734, Internetrecherche am 12.01.2022.

Ein Beispiel in Deutschland ist die NGO „cradle to cradle ngo",[13] die zu einer konsequenten Kreislaufwirtschaft aufruft. Gehandelt werden solle nach dem Vorbild der Natur, wo jeglicher Abfall Nährstoff für etwas Neues ist. Es sollen nur noch Materialien eingesetzt werden, die kreislauffähig und für ihre geplante Nutzung geeignet sind: gesund für uns und die Umwelt. Ähnlich wichtig ist die Arbeit der Deutschen Gesellschaft für Abfallwirtschaft e. V. (DGAW), die sich als Netzwerk und Plattform für Produktverantwortung und Ressourcenschonung bezeichnet und als größte Experten-NGO der Kreislaufwirtschaft sowie Vordenker und Impulsgeber für die zukünftige Circular Economy versteht.[14]

Der Kampf gegen den Klimawandel und zunehmend auch für eine ressourcenschonende Kreislaufwirtschaft wird maßgeblich von Nichtregierungsorganisationen geführt. Die Aktivisten setzen inhaltliche Impulse, formulieren Forderungen an Politik und Wirtschaft und artikulieren sich mit oft spektakulären Aktionen öffentlich. Wir dokumentieren die aus unserer Sicht zwölf wichtigsten Bewegungen, von denen über die Hälfte internationale Strukturen etabliert haben, und beschreiben Tätigkeitsschwerpunkte und Arbeitsweise. Die nichtstaatlichen Akteure spielen im politischen System eine wichtige Rolle, indem sie die Zivilgesellschaft mobilisieren, humanitäre Hilfe in Krisen und Kriegen leisten und sich weltweit gegen die Zerstörung von Umwelt und Natur einsetzen. Für das Vortragen politischer Forderungen werden häufig etablierte internationale Formate mit hoher öffentlicher Aufmerksamkeit (z. B. UNO-Vollversammlungen, Weltklimakonferenzen, Weltwirtschaftsforen) genutzt.

Die in Deutschland auf Bundesebene mitregierende Partei Bündnis 90/Die Grünen ist ein Beispiel dafür, wie sich basisdemokratische Initiativen entwickeln können und über welche Potenziale sie verfügen. Schließlich haben die „Grünen" ihre Wurzeln in der außerparlamentarischen Opposition. Die Grünen entstanden in der Bundesrepublik Deutschland als Zusammenschluss eines breiten Spektrums politischer und sozialer Bewegungen der 1970er-Jahre. Wesentlich getragen wurde die Parteigründung von der Ökologie-, der Antiatomkraft-, der Friedens- sowie der Frauenbewegung. Die politische Bandbreite reichte von den K-Gruppen im Gefolge der Studentenbewegung der 1960er-Jahre bis zu konservativen Umweltschützern. Bei Landtags- und Kommunalwahlen traten seit 1976 verschiedene Parteien und Wahlbündnisse aus der Ökologie- und Antiatomkraftbewegung wie die Grüne Liste Umweltschutz in Niedersachsen, die Grüne Liste Schleswig-Holstein, die Grüne Aktion Zukunft, die Aktionsgemeinschaft Unabhängiger Deutscher (AUD) sowie besonders in den Großstädten linksorientierte Alternative und Bunte Listen an. Mit 5,1 % der Wählerstimmen gelang der Bremer Grünen Liste (BGL) bei der Bürgerschaftswahl am 7. Oktober 1979 erstmals der Einzug in ein Landesparlament. Als Partei „Die Grünen" formierte sich die Bewegung am 12./13. Januar 1980 in Karlsruhe.[15]

---

[13] https://c2c.ngo/ueber-uns/, Internetrecherche am 21.01.2022.
[14] https://www.avaw-unileoben.at/de/forschung-firmen-_und_forschungspartner-deutsche_gesellschaft_fuer_abfallwirtschaft_e._v._dgaw, Internetrecherche am 21.01.2022.
[15] Vgl. Bündnis 90/Die Grünen, Wikipedia, Internetrecherche am 14. 02. 2022.

4.3 Epilog: Komplexe Katastrophen fordern komplexe Gegenwehr. Ein Plädoyer *für* Pragmatismus, neues basisdemokratisch fundiertes Handeln. G*egen* den Rückfall in alte Verhaltensmuster. *Kooperation statt Konfrontation!* Das ist auch die Schlussfolgerung aus einem neuen Krieg im Jahr 2022

(1) Im 20. Jahrhundert spaltete sich die Welt mit der Revolution in Russland im Jahr 1917 in zwei große Lager. Die Machtergreifung des Faschismus mit dem Schwerpunkt in Deutschland im Jahr 1933 hob die grundlegende Lagerbildung, basierend auf zwei grundlegend verschiedenen Gesellschaftsmodellen, nicht auf. Diese Unterscheidung war für den Faschismus bei der Etablierung der Weltherrschaft aus ideologischen Gründen zweitrangig. Deshalb etablierte sich die alliierte Zweckgemeinschaft im direkten Kontext mit dem Zweiten Weltkrieg aus den Westländern USA, Großbritannien und Frankreich und der kommunistischen Sowjetunion. Als diese Schlachten gewonnen und das „Dritte Reich" besiegt war, war auch das Schicksal der Zweckgemeinschaft besiegelt. Auf Teheran, Jalta, Potsdam folgte in unfassbarer Geschwindigkeit der Kalte Krieg zwischen Ost und West, Kommunismus und Kapitalismus. Die schon damals vorhandene Chance zur Etablierung einer neuen kooperativen Weltgemeinschaft wurde durch die paritätische Schuld beider Lager vertan. Deshalb konnte auch die UNO als quasi Nachfolger des „Versagers" Völkerbund nur geringe Bindekräfte entfalten.

(2) Mit Willy Brandts „neuer Ostpolitik" und dem KSZE-Prozess mit der Schlussakte von Helsinki im Jahr 1975 wurde die Tür zur Kooperation noch einmal geöffnet. Aber keiner der Blöcke hat sie jemals mit *vollem Herzen* durchschritten; Misstrauen und einseitiges Dominanzstreben dominierten weiter. Damit blieb die Gefahr vor einem alles auslöschenden nuklearen Krieg zwischen zwei unversöhnlichen Weltsystemen die existenzielle Bedrohung Nummer 1, weit vor allen anderen damals schon bestehenden. Das war sicher ein gewichtiger Grund dafür, dass der Weckruf des Club of Rome im Jahr 1972 nicht zur substanziellen Umkehr führte, es nicht einmal zu einem öffentlichen Dauerthema schaffte. Obwohl das Potenzial der Weltzerstörung durch den Umweltfrevel schon damals keinen, zugegeben zynischen, Vergleich mit der Vernichtungskraft der atomaren Arsenale hätte scheuen müssen. Die universelle Frage von Krieg und Frieden wurde bis 1989/1990 als Ost-West-Gegensatz verstanden. Auch bei den beeindruckenden Friedensmanifestationen auf dem alten Kontinent in den Siebziger- bis Anfang der Achtzigerjahre. Millionen Menschen in der alten BRD gingen bei Ostermärschen oder den deutschlandweiten Demonstrationen gegen den NATO-Doppelbeschluss und die westliche Aufrüstung auf die Straße.

(3) Mit diesen Bewegungen entstand aber ein neues Bewusstsein der universellen Bedrohung. Das zeigen lagerübergreifende Losungen wie „Frieden schaffen ohne Waffen" im Westen Deutschlands und das „Schwerter zu Pflugscharen" im Osten. Die ganze Welt – auch die KPdSU-Spitze in Moskau – rieb sich die Augen, als

SED-Generalsekretär Erich Honecker die atomaren Mittelstreckenraketen in Europa als „Teufelszeug" brandmarkte und damit auf die rituelle Unterscheidung zwischen guten (Ost) und bösen (West) Waffensystemen verzichtete.

(4) Mit dem Zusammenbruch des Erzfeindes im Osten waren die objektiven Voraussetzungen für die Auflösung dieser bilateralen Polarisierung schon damit gegeben, dass der eine Block, zumindest in der in Stein gemeißelten Form, schlicht und einfach seine Existenz beendete. Das war nach der Türspaltöffnung in den 70er-Jahren die zweite Möglichkeit, einen neuen Weg zu gehen, die alten Strukturen zu verlassen und die globalen Bedrohungen gemeinsam anzugehen.

(5) Der Crash des kommunistischen Bündnisses war dafür die *objektive* Voraussetzung. Die *subjektive* war die schon davor ergangene Einladung des vom Westen hochgelobten und später bei den Zwei-plus-vier-Verhandlungen intensiv hofierten KPdSU-Generalsekretärs Michael Gorbatschow zum Bau des gemeinsamen „europäischen Hauses". Das Lob und der Kotau vor dem Generalsekretär erwiesen sich indes schnell als substanzlose Gesten mit nur dem einen Ziel, dem ebenso eitlen wie schwachen Mann aus Moskau die DDR für kleines Geld (unter anderem ein paar Wohncontainer für die aus der DDR abziehenden 400.000 Sowjetsoldaten und leere Versprechungen zur künftigen NATO-Präsenz im ehemaligen Ostblock) abzuschwatzen. Kleinkariert, kleingeistig, kurzsichtig – so „nutzte" der Westen die Chancen des Zusammenbruchs des Warschauer Pakts zum Schmieden neuer universaler Allianzen. Es war ein welthistorischer Glücksfall – getrieben durch die Menschen in der DDR und in Osteuropa –, dass die über 70-jährige Ost-West-Teilung der Welt aufgehoben wurde. Anstatt sich nun gemeinsam dem viel größeren Bedrohungsszenario, der menschengemachten Weltzerstörung, zu widmen, wurden neue Pro- und Contrapflöcke eingeschlagen.

Der Verzicht auf die Etablierung neuer Konfliktlinien hätte die gigantischen Ressourcen des Ost-West-Wettrüstens freigesetzt, die man im Kampf gegen die Erderwärmung und für eine ressourcenschonende Kreislaufwirtschaft hätte nutzen können. Wer interkontinentale Raketen und noch nie da gewesene Waffensysteme für einen neuen „Krieg der Sterne" erfinden kann, der konstruiert auch effektive Anlagen für die Rückgewinnung von Stoffen. Die öffentlichen Mittel für Hochrüstung hätten endlich einen humanistischen Zweck bekommen. Es blieb beim Konjunktiv.

(6) Spätestens Ende der 90er-Jahre waren zumindest mittelfristig alle Chancen dahin, den „Großen Krieg der weißen Männer"[16] zu beenden und durch ein multilaterales Zweckbündnis zur Rettung der Zivilisation zu ersetzen. Boris Jelzin, Nachfolger von Gorbatschow, war noch schwächer als sein Vorgänger und zudem nach Augenschein und Hörensagen auch bei staatsmännischen Akten nicht selten betrunken. Welche Rolle dies beim Aushandeln der NATO-Russland-Grundakte – unterschrieben am 27. Mai 1997 in Paris – gespielt hat, sollten objektive Historiker untersuchen. Fakt ist jedenfalls, dass die fragwürdige völkerrechtliche „Bestätigung" des Vorrückens der NATO nach Osten durch Russland in seiner schwächsten Nachwendephase neue gefährliche Konflikte und

---

[16] Entlehnt dem Titel des Romanzyklus von Arnold Zweig.

4.3 Epilog: Komplexe Katastrophen fordern komplexe Gegenwehr. Ein Plädoyer *für* …

Blockbildungen in Gang gesetzt hat: Die USA, Australien, Japan, Großbritannien und andere im Pazifik gegen China; China und Russland gegen den Westen; Nordkorea gegen den „Rest" der Welt. Alte weiße Männer kämpfen weiter am Sandkasten und manchmal sogar in der Wirklichkeit um Macht und Einfluss. Dass im Jahr 2022 ein Krieg in der Ukraine – begonnen aus Moskau und inmitten Europas – auch ein nukleares Inferno wieder vorstellbar macht, darf nicht verdrängt werden. Wieder die Gier, diesmal die nach Macht, hat unsere Wirklichkeit verändert. Und damit auch die Gefahr weiter erhöht, dass wir vergessen, dass das „Schlachtfeld" ein ganz anderes ist. Definiert „nur" durch die planetaren Grenzen unserer (noch) so schönen Erde.

Es macht keinen Sinn, die Gefahren, die unsere Zivilisation im 21. Jahrhundert *sehr konkret* bedrohen hinsichtlich ihrer Zerstörungskraft oder der Wahrscheinlichkeit des Eintretens miteinander abzuwägen. Ein weltweites nukleares Inferno mit einem schnellen Ende oder das langsamere Verlöschen des irdischen Lebens durch Klimawandel und Raubbau? Jeder Vergleich wäre zynisch und zudem sinnlos. Tot ist tot. Das ist das das Gleichnis von Pest oder Cholera. Die reale ökologische Katastrophe wurde (zu) lange als Umweltproblem verharmlost. Damit hat der am 28. Februar 2022 vorgelegte neue Sachstandsbericht des Weltklimarats (IPCC) endgültig aufgeräumt: „Wetterextreme wie Hitze, Dürre und Fluten werden an Häufigkeit und Intensität immer weiter zunehmen. 3,3 bis 3,6 Milliarden Menschen weltweit sind bereits heute durch den Klimawandel hochgradig gefährdet. Allein in Europa wird sich die Zahl der Hitzetoten bei einer Erwärmung um drei Grad im Vergleich zu einem 1,5-Grad-Szenario etwa verdoppeln oder verdreifachen […]. **Es geht hier nicht um Umweltprobleme, es geht um unsere eigene Sicherheit.**" So der Kommentar von Katja Frieler vom Potsdamer Institut für Klimafolgenforschung, Mitautorin des Berichts.[17]

Für *beide* Vernichtungsszenarien gibt es nur *einen* Ausweg: **Globale Kooperation statt Konfrontation!**

Gegen jene, die das mit egoistischen oder schlimmeren Motiven ignorieren, hilft nur weltweiter und massenhafter Widerstand. Egal, ob die jeweiligen Protagonisten der Vernichtung Kriege führen oder brutal unsere Umwelt zerstören. Für sie hat das Leben von Menschen keinen Wert. Eine katastrophale Bestandsaufnahme im 21. Jahrhundert.

(7) Warum diese Tour d'Horizon durch die jüngere Weltgeschichte ausgerechnet im Epilog dieses Kapitels? Die Antwort ist ausnahmsweise einfach. Mit den Machtstrukturen, deren Versagen wir beschrieben haben, werden wir die existenziellen Herausforderungen nicht bewältigen. Der Beginn des Putin-Krieges gegen die Ukraine am 24. März 2022 hat diese schon zuvor formulierte These erhärtet. Antikriegskampf und der Kampf gegen planetare Umweltzerstörung sind zwei Seiten einer Medaille. Das ist selbst den meisten ökologischen Aktivisten in dieser Deutlichkeit nicht bewusst.

---

[17] Am Bericht haben rund 300 Wissenschaftler aus der ganzen Welt mitgewirkt. Für ihre 1000-seitige Bestandsaufnahme haben sie mehr als 34.000 Studien ausgewertet. Vgl. Matera, Elena, „Es geht um unsere eigene Sicherheit", Berliner Zeitung, 01. März 2022, S. 14.

Wir haben ihre Frustration darüber gut verstanden, dass Corona zwei Jahre lang die Schlagzeilen dominierte und Bewegungen wie „Fridays for Future" und viele andere von den Straßen verbannte. Und nun der Krieg!

Wir müssen diese Dinge zusammendenken: Die Pandemie spiegelt unseren verantwortungslosen Umgang mit der Natur. Der neue Krieg zeigt, dass die Option einer vollständigen Lebensvernichtung durch einen nuklearen Weltbrand weiter real ist. Uns scheint es dringend notwendig, diese **Zusammenhänge** mit Hinweis auf den aktuellen Gang der Geschichte mit unserem Buch pointiert ins Bewusstsein zu bringen. Das versuchen wir im letzten Abschnitt dieses Epilogs. Diese Überlegungen und unser Fazit am Ende dieses Buches bilden inhaltlich eine Einheit.

(a) Das Lager- und Machtdenken ist vermutlich in den Genen fast jedes Menschen codiert. Wir glauben auch angesichts des Ukrainekrieges, dass Rationalität gegen genetische Antriebe siegen kann. Das fällt uns nur schwerer, denn es ist eine furchtbare Realität, dass Angriffskriege im 21. Jahrhundert immer noch eine Option sind. Nicht nur in der Ukraine. Seit 1989/1990 auch in „Restjugoslawien", in Libyen, im Irak, im Jemen oder in Syrien. Die Liste ist in Wirklichkeit noch viel länger.

(b) Wacht endlich auf! Der Feind sitzt nicht in Peking, nicht in Moskau, nicht in Washington und auch nicht in Pjöngjang, und es sind nicht die Völker. Der größte Feind des Menschen ist (frei nach Cicero) der Mensch. Es darf keine Frontlinien mehr geben. Die Menschheit muss sich angesichts der Gefahr der kollektiven Selbstzerstörung zu einer Allianz der Vernunft formieren. *Alle* gegen die zwei großen Gefahren. Dafür braucht es neue Strukturen. Die größte Chance sehen wir darin, dass sie sich von unten „sortieren". Mit dem Ziel, dass wir uns vor allen anderen Unbilden (Fettsucht, Alkohol, weiche und harte Drogen, zänkische Ehepartner, schlecht pfeifende Fußballbundesligaschiedsrichter, unfähige Politiker usw.) endlich auf die **beiden universalen Bedrohungen** konzentrieren, die jede für sich über das Potenzial zur *vollständigen* Vernichtung allen Lebens verfügen und uns schlaflose Nächte bereiten und auf die Straße treiben müssen.

Die **erste** sind Kriege. Alle! Große wie kleine. „Du sollst nicht töten!" Eines der zehn Gebote mit dem Ursprung im Alten Testament. In der „neuen" Lutherbibel hat es die Nummer 5. Wir setzen es hiermit an die erste Stelle. Aus realen und symbolischen Gründen. Im Strafrecht ist das längst umgesetzt. Das härteste Urteil bekommt überall auf der Welt, nicht nur im christlichen Abendland, derjenige, der seinem Nächsten mit Vorsatz das Leben nimmt. Schon für diesen Einzelfall gibt es keinerlei Rechtfertigung.

Unsere reiche deutsche Sprache hat noch kein treffendes Wort dafür gefunden, wenn das vorsätzliche Töten massenhaft, oft mit unfassbarer Brutalität und wiederholt, in einem Krieg, verwirklicht wird.[18] Noch unfassbarer und weitab von jeder

---

[18] Ja, es gibt den Begriff „Kriegsverbrecher". Aber ist der nicht schon viel schwächer als „Mörder", und auch die Steigerung „Massenmörder" entlarvt die Perversion nur im Ansatz. Was maßlos irritiert: Der überführte Mörder landet immer im Knast, bei Massenmördern ist das die Ausnahme.

Vorstellungskraft ist das **nukleare Inferno**. Das Ende der belebten Welt per Knopfdruck ist seit den 60er-Jahren nach dem Zweiten Weltkrieg eine reale Option. Daran hat sich bis heute nichts geändert. Wir waren nur nach dem (scheinbaren) Ende der Ost-West-Konfrontation der Überzeugung, dass das nicht Vorstellbare auch das nicht Machbare ist.

Wie viele Menschen haben – seitdem die nuklearen Arsenale die kritische Masse zur Auslöschung der belebten Welt erreicht hatten – in Gedanken auf den roten Knopf gedrückt? Keiner wird das je ergründen.

Seit März 2022 wird über das nicht Vorstell- aber Machbare wieder gesprochen. Vor laufender Kamera in Moskau. Ohne Mikrofon und Scheinwerfer auch in Generalstäben oder in Hinterzimmerrunden von politisch und wirtschaftlich Mächtigen: Überall auf der Welt, in Nord, in Süd, in Ost, in West.

Die **zweite** Bedrohung ist, dass sich die von uns malträtierte Erde „entschließt", sich ihrer Peiniger, der Menschen, zu entledigen. Darüber haben Sie in unserem Buch schon sehr viel gelesen.

Viele der basisdemokratischen Bewegungen und Bündnisse, über die wir in diesem Kapitel erzählten, haben ein starkes Bewusstsein von diesen beiden größten irdischen Gefahren. Allerdings zumeist mit dem Fokus auf nur ein Szenario. Das haben wir bei Demonstrationen gegen Krieg oder Umweltfrevel erlebt. Gerade die jungen Leute haben zu Recht auch Angst um sich selbst. Aber sie haben auch Humor. Bei den ergrauten „Alt-68igern" hieß es: „Make Love – not War"! Bei der letzten Berliner Großdemo der Klimabewegung haben wir ein Plakat mit dem daraus adaptierten „Make Love – not CO_2" gesehen. Dieser Humor ist förderlich. Nur mit Druck allein lassen sich Menschen nicht motivieren. Und ohne Motivation der Massen sind große Ziele nicht zu erreichen. Wenn junge Leute angesichts der jahrzehntelangen Tatenlosigkeit der Mächtigen wütend werden, ist das verständlich.

(c) Die engagierten, mutigen, lustigen, ja auch wütenden Menschen müssen nach vorn! Gern auch chaotisch. Aber ganz ohne Strukturen geht es nicht. Doch diese dürfen nicht der destruktiven Machterhaltung (inklusive Erweiterung) von Erbhöfen dienen. Ihr oberstes Ziel muss die Bewahrung des Lebens sein. Das ist *konstruktiv*. Um es zu erreichen, brauchen wir auch **konstruktive Strukturen**. Sie müssen basisdemokratisch entstehen und vor Ort auch verankert *bleiben*. Das ist die starke Rolle und Aufgabe von „Fridays for Future" & Co. Nur die ständige Interaktion von munterer Basis und daraus etablierten weltweiten Netzwerken kann sicherstellen, dass solche Konstrukte sich nicht verselbstständigen, nicht korrupt werden, nicht egoistische Interessen das große Ziel konterkarieren.

Am 9. Februar 2022, wurde in Berlin auf einer Pressekonferenz die „Sonderbeauftragte für internationale Klimapolitik" vorgestellt. Diese neue Aufgabe ist im Auswärtigen Amt angesiedelt. Verantwortlich als Person und Staatssekretärin ist die bisherige Chefin von **Greenpeace**, die Amerikanerin Jennifer Morgan. Der Aufschrei der Etablierten hat uns amüsiert. Ausgerechnet die rufen jetzt nach „Lobbycontrol"[19].

Aber Frau Morgan vertritt nicht die Pharmaindustrie, sondern die gesamte Menschheit, die überleben möchte. Greenpeace – darüber denken wir beim Hören des Wortes gar nicht mehr nach – heißt „Grüner Frieden". Die Klimaaktivistin, die bei Weltklimagipfeln in Davos den Mächtigen aus Politik und Wirtschaft regelmäßig und kräftig vor die Schienbeine trat, soll jetzt im diplomatischen Dienst helfen, diese neuen kooperativen Strukturen zu etablieren. Frau Morgan muss eine **Systemsprengerin** werden. Nehmen wir ihre Ernennung *auch* als Symbol. Und hoffen wir, dass sie auch mit Dienstwagen und Diplomatenpass ihren Idealen treu bleibt.

(d) Wir kommen noch einmal zurück zur neuen Ostpolitik der 60er- und 70er-Jahre und zur Friedensbewegung gegen das neue Wettrüsten in den 80er-Jahren. Zwei wichtige Losungen, unter denen sich Millionen auf den Straßen versammelten und sich zugleich recht stabile blockübergreifende politische Allianzen formierten,[20] lauteten damals „Wandel durch Annäherung" und „Vertrauensbildende Maßnahmen". Das war die Grundlage für die bemerkenswerte Stabilität unter den Bedingungen des Kalten Krieges und in Europa. Dort standen sich die beiden Blöcke bis an die Zähne bewaffnet an den Staatsgrenzen, die auch Ost und West trennten, tatsächlich von Angesicht zu Angesicht gegenüber.

(e) Was wir jetzt erleben, ist die Rückkehr in die schlimmsten Zeiten der Ära nach dem Zweiten Weltkrieg bis 1989/1990. Alle alten Denk- und Verhaltensmuster sind wieder lebendig. Es wird eine neue Rüstungsspirale in Gang gesetzt. Es gibt wieder nur schwarz oder weiß. Wer die vorformulierte Verdammung Putins nicht buchstabengetreu nachspricht, wird umgehend in dessen Unterstützerlager befördert. Anna Netrebkos Satz „der Krieg muss sofort beendet werden" reicht nicht. Deshalb darf die Weltstarsopranistin nicht mehr auf eine Bühne. Die das entscheiden, haben zuvor die Selfies mit ihr in der Schublade verstaut.

(f) Die alten militärisch basierten Mechanismen zur Vergrößerung von Macht und zur Lösung von Konflikten können nur schrittweise durch kooperative Muster ersetzt werden. Deshalb muss der Westen über ausreichende Fähigkeiten zur Verteidigung verfügen. Diese passive Dimension muss bleiben. Nur so ist ein neuer Rüstungs-

---

[19] „Lobbycontrol – Initiative für Transparenz und Demokratie e. V." ist ein eingetragener Verein mit Sitz in Köln, der nach eigenen Angaben „über Machtstrukturen und Einflussstrategien in Deutschland und der EU aufklären will" und sich „für Transparenz, eine demokratische Kontrolle und klare Schranken der Einflussnahme auf Politik und Öffentlichkeit" durch Interessenverbände einsetzt. Vgl. Wikipedia, Internetrecherche am 10.02.2022.

[20] Die wichtigste war die „Konferenz für Sicherheit und Zusammenarbeit in Europa" (KSZE). Sie verabschiedete am 1. August 1975 nach zweijährigen Verhandlungen die Schlussakte von Helsinki.

wettlauf zu verhindern. Zugleich muss endlich wieder über signifikante Reduzierungen der übervollen Waffenarsenale verhandelt werden.

(g) Forciert werden müssen wirtschaftliche und wissenschaftliche Kooperationen. Mit China, jetzt schon auf Augenhöhe, aber auch mit Ländern wie Russland, die erhebliche Defizite kompensieren müssen. Es ist vor allem der Mangel an Innovationen, der den Rückstand gegenüber dem Westen immer mehr vergrößert. Deshalb fokussiert sich Russland immer mehr auf den Export von Rohstoffen und die militärische Macht. Mit dem Ende der fossilen Ära bleiben den Russen fast nur noch ihre Waffen. Deshalb müssen wir jetzt mit Angeboten zur Zusammenarbeit im zivilen Sektor aktiv werden. Je umfassender das Land in die internationale Arbeitsteilung eingebunden ist, umso geringer ist die Neigung zu militärischen Abenteuern. Der Westen muss mit dieser Orientierung das alte Blockdenken begraben.

(h) Unsere Forderung lautet: globale Kooperation. Das ist der **einzige Weg** gegen die beiden planetaren Zerstörungsszenarien. Blöcke schaffen Konfrontation. Kooperation erzeugt Vertrauen. Deshalb ist sie die wichtigste vertrauensbildende Maßnahme. In dieser Kategorie brauchen wir viele neue Ideen, die allen Beteiligten nutzen. Diese Konzepte für konstruktives Miteinander müssen mit einem kompromisslosen Sanktionsmechanismus verbunden werden. Harte Bestrafung aller, die die Weltordnung stören. Deren Regeln sind ausreichend definiert. Die wichtigste lautet, dass Gewalt und Krieg verboten sind. Nur mit dieser **einen Strategie** wird der Kampf gegen die zwei Hauptfeinde der Menschheit erfolgreich sein. Das ist allerdings unteilbar. Bleibt der Block „Westen vs. Russland" bestehen bzw. verfestigen sich gar die Fronten, dann wird sich Russland an Kooperationen gegen die Erderwärmung nicht beteiligen. Eine Zusammenarbeit zur Rettung der Schöpfung im Status der Blöcke und jedes Lager mit entsicherter Waffe? Die vier weltweit größten CO_2-Emittenten, China, USA, Indien, Russland, sind auch im Besitz der größten Nuklearwaffenarsenale und nicht gerade befreundet. Ist das nicht ein bedenkenswerter Zusammenhang – und auch ein handfester Grund für stabile Kooperationen für „gutes Klima", im doppelten Wortsinn.

Gegenwehr bei Aggression ist geboten. Der Westen muss aber zugleich Vorschläge unterbreiten, wie aus eskalierter Konfrontation neue Zusammenarbeit entstehen kann.

Die Losung der Zukunft lautet „Gemeinsam gegen kollektiven Selbstmord". Egal, ob die Vernichtung mit einem roten Knopf in Gang gesetzt wird oder mit zu viel CO_2 in der Atmosphäre.

Couragiert, klug, kreativ, kettensprengend – so könnte es gelingen!

Literatur

Wagenknecht, Sahra: Die Selbstgerechten. Mein Gegenprogramm- für Gemeinsinn und Zusammenhalt. Campus Verlag, Frankfurt/New York, 2021

5
Kreislaufwirtschaft, erneuerte soziale Marktwirtschaft, erweitertes Verursacherprinzip und fast grenzenlose technische Fähigkeiten – die Rettung der Schöpfung ist möglich

5.1 Prolog: TRANSFORMATIONEN oder „Sperrmüll zu Kunst". Ein Ausflug in den Tiroler Kaiserwinkl

Mai 2019. Urlaub in Österreich, in den Alpen, in Tirol. Mit Ehefrau Angelika und Schäferhund Lobo. Vierzehn Tage im traumhaft schönen Kaiserwinkl, in der Gemeinde Kössen, pittoresk gelegen im Tal des wilden Gebirgsflusses Ache. Mutige Leute machen dort Wildwassertouren, „neudeutsch" Rafting. Wir bevorzugen Hundewanderungen auf den Wegen neben dem Fluss. Und entdecken einen wunderschönen Pfad, flankiert von Kunstwerken aus Schrott, alten Reifen und sonstigem Altmaterial. „Schwerter zu Pflugscharen" – dieses unter die Haut gehende Motto kennen wir aus der Friedensbewegung der 80er-Jahre des vorigen Jahrhunderts.

„Sperrmüll zu Kunst" kam uns in den Sinn, als wir die Freiluftausstellung erwanderten. Wegen der Nähe zu unserem Thema Kreislaufwirtschaft eine Adaption, die aufrütteln könnte. Mehr Symbolkraft ist kaum vorstellbar.

Wie diese mahnende, aber auch fröhlich und optimistisch machende Kunst auf einen Rundweg entlang der Ache kam? Es begann mit einer Hochwasserkatastrophe, Anfang Juni 2013. Nach tagelangem Starkregen trat die schon in normalen Zeiten unbändige Ache im engen Hochgebirgstal über ihre Ufer. 450 Häuser wurden zerstört bzw. beschädigt. Ein Viertel der Bürger in der 4000-Seelen-Gemeinde waren unmittelbar betroffen. Verlust an Hab und Gut, körperliche Verletzungen, seelische Verwundungen. Ähnliche Bilder wie im August 2021 im Landkreis Ahrweiler, in Regionen von Rheinland-Pfalz, Nordrhein-Westfalen, in Belgien und weiteren angrenzenden Ländern. Nur dass das Ausmaß der Schäden dort noch deutlich größer war. Und 220 Menschen, 184 davon in Deutschland, verloren ihr Leben. Das deprimiert, das verstört! Der Klimawandel ist in Mitteleuropa angekommen. Die schaurigen Bilder sind Signale. Das sich ändernde Klima „produziert" in dichterer Folge Katastrophen mit immer größerer Zerstörungskraft.

Nach der Flut 2013 wurden in Kössen die Dämme um anderthalb Meter erhöht. Zugleich wurde damit begonnen, den Flusslauf zu ändern. Hier kommt die „Auswirtslacke" ins Spiel. Das ist der Name für eine frühere Kiesgrube, die zwischen 1920 und 1985 als offizielle Mülldeponie des Dorfes genutzt wurde. Seit 2004 (ein Jahr früher als in Deutschland) gilt in Österreich das Verbot, Hausmüll in Deponien abzulagern. Folgerichtig verwandelte sich die Deponie mit dem Auffüllen von Erde zur Wiese. Genau dort sollte ein Teil der Ache ein neues Flussbett bekommen. Von der Separierung verspricht man sich bei Überschwemmungen weniger Gefahr. Jede Hälfte der nun in der Gemarkung Kössen zweigeteilten Ache hat im Tal mehr Platz, sich auszubreiten.

Zuvor, das war im Jahr 2014, musste die „Auswirtslacke" mit einem Volumen von 50.000 m^3 komplett ausgehoben werden. Zum einen, weil mit dem neuen Flussbett die Gefahr bestanden hätte, dass gefährliche Deponiestoffe ins Grundwasser gelangen. Zum anderen brauchte man die Erd- und Geröllmassen für die Uferbefestigungen. Was blieb, war der Müll. Knochen, Papier, Holz, Glas, Plastik, Gummi, Betonteile und alle Arten von Metall.

Leo de Romedis lebt seit Anfang der 60er-Jahre des vorigen Jahrhunderts in Kössen. Er ist Künstler. Als Kreativer ist er für Inspirationen offen, die bei uns normalen Menschen nicht mal das Unterbewusstsein erreichen. Als „Anstifter" war er Primus inter Pares in einer 20-köpfigen Künstlergruppe aus fünf europäischen Ländern. Die hatte er 2014 mit der Idee um sich versammelt, das Abfallvielerlei des Aushubs auf künstlerische Verwertbarkeit hin zu besichtigen. „Wir schauten", so erzählt de Romedis, „mit geschultem und liebevollem Blick auf das ans Licht Gebrachte und zogen uns einige Karten aus diesem Müllkartenspiel. Wir wollten verantwortlich mit dem früher Nützlichen, prozesshaft Gealterten umgehen und allen interessierten Betrachtern eine Fährte zur Kunst legen. Wir suchten mit unseren Werken das richtige Maß im Umgang mit dem Vergangenen, Gegenwärtigen und Zukünftigen. Aus Rücksicht auf Sitte und Brauch tat uns der Blick in den Rückspiegel gut. Wir nahmen uns Zeit, um schöpferisch Neues aus Altem zu kreieren, und achteten auf angemessene Rücksicht gegenüber den Fundstücken. In aller Bescheidenheit sollen unsere künstlerischen Erfindungen Beispiele für ein Wachwerden und Dankbarsein im Umgang mit unserer Erde ausstrahlen."

So beschreibt der Künstler das Wachsen und Werden von TRANSFORMATIONEN. Das ist der Name des Projekts. Mit „Sperrmüll zu Kunst" haben wir den Untertitel erfunden.

Die künstlerische „Ausbeute" haben wir uns 2019 etliche Male angeschaut. Jedes der 23 Kunstwerke auf dem zweieinhalb Kilometer langen Rundweg hat viel Zeit und ungestörte Aufmerksamkeit verdient. Unser Hund Lobo, damals schon zwölf, für einen Schäferhund ein stattliches Alter, genoss die Ruhepausen.

Die Künstlerschar um Leo de Romedis hat bei meiner Frau und mir das erreicht, was Sinn und Ziel war. Nachdenken! Über die Bedrohungen der Schöpfung und was man dem entgegensetzen kann.

Wir Autoren können das Anliegen der Künstler mit ihren Kössener TRANSFORMATIONEN in viele Köpfe und Herzen bringen. Wer sich anrühren lässt und die uns drohende Gefahr in seiner Seele spürt, der wird hoffentlich zur Gegenwehr alles tun, was in seinen Kräften liegt. Müll trennen, zur Demo von „Fridays for Future" gehen oder in ein Start-up investieren, das aus einer Idee zur Rückgewinnung von Stoffen, die derzeit in einer Müllverbrennungsanlage enden, ein wirtschaftliches Verfahren entwickelt. Nachwachsende Rohstoffe sind auch nicht schlecht. Wir stellen in diesem Kapitel ein Start-up aus Berlin vor, das Sturzhelme aus Pilzen produziert.

Hartmut Brinkmann, Jahrgang 1938, ist Mitbegründer des 2010 ins Leben gerufenen Vereins „Kulturstammtisch", heute „Kulturschmiede Kaiserwinkl". Der Verein hat das Projekt TRANSFORMATIONEN zusammen mit der Gemeinde, dem Tourismusverband Kaiserwinkl und regionalen Unternehmen gefördert. Hartmut Brinkmann war sein Leiter. Der Raumfahrtingenieur im Ruhestand lebt seit 1999 in Kössen. Unseren ersten Kontakt mit ihm hatten wir 2019. In der Freiluftausstellung der Kunstwerke aus der Mülldeponie lasen wir auf einer Stele ein Gedicht seines Sohnes, das kongenial zum Anliegen unseres Buches passte. Auf die E-Mail an den Dichter mit der Bitte um die Veröffentlichungsrechte antworteten der Sohn und der Vater. Der Sohn gab uns „grünes Licht" und beide freuten sich über die Idee, die Symbolik und die Kraft von TRANSFORMATIONEN in unser Buch zu bringen.

Hartmut Brinkmanns Leitgedanke: „Die Förderung der Bildung und Kreativität der Menschen ist die beste Zukunftssicherung unserer Gesellschaft. Eine Königsdisziplin der Kreativität ist die Kunst in allen Kulturen dieser Welt. So auch die Kunst, die – ausgelöst durch ein Jahrhunderthochwasser – aus Fundstücken einer 65 Jahre alten Mülldeponie entstanden ist und zum sorgfältigen Umgang mit unserer Welt nachhaltig mahnen soll. Kultur ist, wie wir unter Einsatz unserer Intelligenz und Kreativität leben. Genau das passierte bei den TRANSFORMATIONEN. Deshalb findet die Initiative nicht nur in der Kunstszene weit über die Grenzen Tirols Beachtung."

Das hat sie verdient. Wir wünschen uns, dass Sie, liebe Leser, diese kraftvolle Idee und ihre atemberaubenden künstlerischen Resultate noch viel weiter verbreiten. Am besten auf dem ganzen Erdenrund. Denn die Botschaft betrifft jeden der 7,8 Mrd. Bewohner.

Etwas später in diesem Kapitel stellen wir die „NochMall" der Berliner Stadtreinigung vor. Gewiss lesen sie diesen Text mit unserem Prolog im Hinterkopf mit anderen Augen. Denn „NochMall" ist eine Verwandte der TRANSFORMATIONEN. In diesem in Deutschland einmaligen Kaufhaus kann „aufgemotzter" Sperrmüll aus der Hauptstadt in einem traumhaften Ambiente für ein zweites Produktleben käuflich erworben werden. Kann gut sein, dass die Leute, die diese tolle Idee hatten – sie wird in Berlin mit sehr viel Zustimmung hervorragend angenommen –, zuvor „Sperrmüll zu Kunst" in Kössen erwandert haben.

LIMITIERTE ZUKUNFT[1]
VORGESTERN ABGELAUFEN.
GESTERN ENTSORGT.
KAUFEN SIE HEUT NOCH

---

[1] Dieses schon im Text erwähnte Gedicht entdeckten wir im Kunstpark Kössen auf einer Stele. Geschrieben hat es Stefan Brinkmann, Jahrgang 1975. Brinkmann ist ein deutscher Lyriker, auch bekannt unter dem Pseudonym „Nachtpoet". Näheres über ihn und seine Werke unter www.nachtpoet.de.

EIN MORGEN.
24 STUNDEN GARANTIERT!
... ZERBRECHLICH DIE ZUKUNFT ...
ÜBERMORGEN VERALTET,
VERGESSEN.
NÄCHSTE WOCHE,
EINE RETROSPEKTIVE.
NOSTALGIE PUR, DIESES
GESTERN.
VORGESTERN GAB ES NOCH
SO VIELE TRÄUME ...
DIE WURDEN WOHL AUCH MIT
ENTSORGT.
JETZT NOCH IM ANGEBOT:
LIMITIERTE ZUKUNFT!
SICHER SCHON BALD
AUSVERKAUFT.

5.2 Die Vernichtung der irdischen Lebensräume ist realistisch. Aber die Menschheit setzt ihren Weg in den Abgrund fort. Nur ein klein wenig langsamer

Wir haben im Kap. 3 beschrieben, in welch unfassbarem Umfang das Leben auf unserer Erde bedroht wird: die Vermüllung der Weltmeere, die Vernichtung der tropischen Regenwälder in Südamerika, in Südasien oder im mittleren Afrika, aber auch das Sterben großer Waldflächen in Zentraleuropa, die Vergiftung des Grundwassers. Das sind nur einige Stichworte. Es gibt noch viel mehr Katastrophenszenarien. Aber keines existiert für sich. Ihre Interaktion auf unserem misshandelten Globus ist keine Addition der Bedrohungen, sondern deren Potenzierung.

Die Grenzen des Wachstums. So der Titel des Berichts des Club of Rome zur Lage der Menschheit. Er erschien 1972. Jeder, egal welchen Jahrgangs, der sich um unsere Umwelt sorgt, kennt dieses Memorandum. Die Einführung hat Sithu U Thant, von 1961 bis 1971 Generalsekretär der UNO, geschrieben: „Ich will die Zustände nicht dramatisieren. Aber nach den Informationen, die mir als Generalsekretär der Vereinten Nationen zugehen, haben nach meiner Schätzung die Mitglieder dieses Gremiums noch etwa ein Jahrzehnt zur Verfügung, ihre alten Streitigkeiten zu vergessen und eine weltweite Zusammenarbeit zu beginnen, um das Wettrüsten zu beenden, den menschlichen Lebensraum zu verbessern, die Bevölkerung niedrig zu halten und den notwendigen Impuls zur Entwicklung zu geben. Wenn eine solche weltweite Partnerschaft innerhalb der nächsten zehn Jahre nicht zustande kommt, so werden, fürchte ich, die erwähnten Probleme derartige Ausmaße erreicht haben, dass ihre Bewältigung menschliche Fähigkeiten übersteigt".[2]

---

[2] Meadows, Dennis, Meadows, Donella, Zahm, Erich, Milling, Peter: Die Grenzen des Wachstums, Rowohlt Taschenbuch Verlag, Reinbek bei Hamburg, 1973, S. 11.

Der Bericht des Club of Rome war ein Weckruf. Er kam nicht von fanatisierten religiösen oder pseudolinken Eiferern mit abstrusen Weltuntergangsfantasien. Die Auftraggeber der Studie repräsentierten die politischen und ökonomischen Eliten der entwickelten Industrieländer. Bis dato samt und sonders Apologeten unbegrenzten Wachstums.

Dass selbst ihresgleichen 1972 am „weiter so" rüttelten, hat den Zerstörungsprozess nicht beendet. Im Gegenteil. Das Tempo nahm noch zu. Das belegt der 32 Jahre später erschienene Folgebericht. Daran waren zwei der Autoren der 1972'er-Ausgabe beteiligt. Zur Vergleichbarkeit wurde das Untersuchungsdesign der ersten Bestandsaufnahme verwendet. Der Titel: *Grenzen des Wachstums. Das 30-Jahre-Update.* Im Vorwort steht, dass der globale ökologische Fußabdruck immer größer werde. „Folglich sind wir heute weitaus pessimistischer bezüglich der Zukunft der Erde, als wir es noch 1972 waren. Es ist wirklich traurig, dass die Menschheit die vergangenen Jahre weitgehend verschwendet hat mit nutzlosen Debatten und auch gut gemeinten, aber halbherzigen Reaktionen auf die weltweiten ökologischen Herausforderungen. Wir können nicht noch weitere 30 Jahre zaudern. Es wird sich vieles verändern müssen, wenn auf die voranschreitende Grenzüberschreitung im 21. Jahrhundert nicht der Zusammenbruch folgen soll."[3]

Die Erfassung des Weltzerstörungsstatus Anfang des 21. Jahrhunderts erfolgte mit den fundierten Analysemethoden der Erstauflage 1972. Wir müssen hier nur das Fazit zur Kenntnis nehmen, denn die Fakten sind bekannt – ebenso, wie selbstmörderisch damit umgegangen wird. Wir wissen über die vielfältigen Bedrohungen des Lebens auf dieser Erde immer besser, immer detaillierter Bescheid. Wir sind wissenschaftlich und technologisch zumindest vom Grundsatz her gut gerüstet, um diese Trends zu stoppen und eine Wende zu erreichen. Konkret aber wird weltweit in Forschungen für nachhaltige Wertschöpfung zu wenig investiert. Auch das ein Indikator für den dominanten Irrglauben an ewiges Wachstum. Diese Fehleinschätzung ist die Ursache dafür, dass wir unsere Lebensumstände weiter zerstören. Die eigenen und erst recht die unserer Kinder und Kindeskinder. Wir sind doch kein Kollektiv von 7,8 Mrd. Selbstmördern!

„Gestern standen wir noch vor dem Abgrund, heute sind wir schon einen Schritt weiter"
Kurz bevor wir diese Bankrotterklärung ins Manuskript schrieben, tagte vom 31. Oktober bis zum 12. November 2021 in Glasgow die 26. Weltklimakonferenz.[4] Es gab marginale

---

[3] Meadows, Donella; Randers, Jörgen; Meadows, Dennis: Grenzen des Wachstums. Das 30-Jahre-Update, Hirzel Verlag, Stuttgart, 2012, 4. Auflage, S. XVIII.
[4] Streng genommen begann die Serie schon im Jahr 1979. Denn eine erste „Weltklimakonferenz" unter dem Dach der UNO, die First World Climate Conference (WCC-1), fand vom 12. bis 23. Februar 1979 in Genf statt. Sie wurde von der Weltorganisation für Meteorologie (WMO) organisiert. Experten von Organisationen der Vereinten Nationen (UNO) berieten über die Möglichkeiten der Eindämmung der durch den Menschen verursachten schädlichen Klimaveränderungen. Das 1995 gestartete neue Format wurde 1992 auf dem Umweltgipfel in Rio de Janeiro vereinbart. Seit 1995 finden als Institution der Klimarahmenkonvention die UN-Weltklimakonferenzen (United Nations Climate Change Conferences, Conference of Parties, COP) jährlich an wechselnden Orten statt, erster Tagungsort 1995 war Berlin.

Fortschritte, aber selbst die nur in Form von Absichtserklärungen. Unterm Strich setzte sich das Versagen fort. Obwohl schon bei der ersten UN-Klimakonferenz 1995 in Berlin die Weichen für eine rechtlich verbindliche Verringerung der Treibhausgase gestellt wurden und die Eckpunkte zwei Jahre später ins Kyoto-Protokoll geschrieben wurden, sind die weltweiten CO_2-Emissionen seitdem weiter gestiegen. 2019 lagen sie mit 36,44 Mrd. t CO_2 um mehr als die Hälfte höher als im Jahr der ersten UN-Klimakonferenz. 1995 wurden insgesamt 23,33 Mrd. t ausgestoßen. Allerdings sanken die weltweiten Emissionen von 2019 zu 2020. Aber nur temporär und verursacht durch die Covid-19-Pandemie, nicht durch verantwortungsvolles Handeln. Ein gefährliches Virus kommt in die Welt. Deshalb wird vieles – Verkehr, Produktion, usw. – heruntergefahren. Damit wird die Erderwärmung effektiver verlangsamt, als es je durch die Menschheit erreicht wurde. Ist das absurd? Ist das zynisch? Oder gar beides? Auf jeden Fall ist es beschämend!

Und wieder – nach dem gerade aus 1971 zitierten U Thant – ein UNO-Generalsekretär: Antonio Guterres sagte im Herbst 2021 in Glasgow: „Wir graben unser eigenes Grab. […] Die 20 wichtigsten Industrie- und Schwellenländer haben eine besondere Verantwortung, weil sie für 80 Prozent der schädlichen Treibhausgase verantwortlich sind."[5]

Guterres ist seit 2017 der Spitzenmann der Vereinten Nationen. Der Portugiese hebt sich mit klaren Worten regelmäßig vom üblichen politischen Geschwafel ab. Seine Kronzeugen sind begnadete Wissenschaftler wie Stephen Hawking. Der 2018 verstorbene Physiker war Mitglied in fünf weltweit renommierten wissenschaftlichen Akademien und 13-facher Ehrendoktor. In seinem letzten Buch *Kurze Antworten auf große Fragen*, erschienen 2018, übersetzt in Dutzende Sprachen, in Deutschland auf Platz 1 der Spiegel-Bestsellerliste, blickt der Universalgelehrte ähnlich pessimistisch wie der UNO-Generalsekretär in die Zukunft: Er verweist zunächst darauf, dass der Zeiger der Atomkriegsuhr näher an den kritischen Punkt herangerückt sei. Denn die Wahrscheinlichkeit nehme zu, dass leichtfertige oder böswillige Kräfte eine weltweite Katastrophe auslösen. Aber selbst wenn dies nicht einträte, sei die Erde in vielerlei anderer Hinsicht bedroht, weswegen es ihm schwerfalle, optimistisch zu sein. „Die Bedrohungen sind zu gewaltig, und es sind zu viele. Die Erde wird zu klein für uns. Unsere Ressourcen wie beispielsweise die Bodenschätze erschöpfen sich mit rasanter Geschwindigkeit. Wir haben unserem Planeten das katastrophale Geschenk des Klimawandels beschert. Steigende Temperaturen, Rückgang der Polkappen, Waldsterben, Überbevölkerung, Krankheiten, Krieg, Hungersnot, Wassermangel und die Dezimierung der Tierarten – eigentlich alles lösbare Probleme, die aber sämtlich bis heute nicht gemeistert sind." Gleichzeitig leugneten viele Politiker die Realität eines vom Menschen verursachten Klimawandels. Dieser werde mutmaßlich alle großen Regenwälder vernichten. [Den „Rest" erledigt derselbe Homo sapiens mit seinen von Profitgier getriebenen Rodungen – Anm. der Autoren.] Dies könne dazu führen, „dass wir ein Klima wie auf der Venus bekommen: siedend heiß, Schwefelsäureregen und eine Temperatur von weit über 250 Grad. Menschliches Leben wäre nicht mehr mög-

---

[5] Berliner Zeitung, 02.12.2021: „Merkel wirbt für globale Lösung", S. 1.

lich. Wir müssen mehr tun, als das 1997 beschlossene Kyoto-Protokoll verlangt. Wir müssen **jetzt** die Kohlendioxidemissionen radikal reduzieren. Die Technologie dazu haben wir. ‚Nur' der politische Wille dafür fehlt uns."[6]

Warum sägen wir so kräftig an dem Ast, auf dem wir sitzen? Wider besseres Wissen und der nahen Realität, dass weder Arm noch Reich die Chance haben, davonzukommen. In der Apokalypse erfüllt sich der Menschheitstraum nach Gleichheit. Das klingt zynisch. Aber es ist nur die ganz einfache Wahrheit.

„Höher, schneller, stärker" – die euphemistische Übersetzung von Gier?!
Wir haben für dieses Buch etwa 150 andere Bücher gelesen. Nicht, um daraus das einhunderteinundfünfzigste zu machen, sondern um unter anderem zu verstehen, warum wir mit offenen Augen in unseren Untergang rennen. Eine Antwort darauf haben vor uns schon viele versucht. Denken Sie an das Alte und Neue Testament: Die Berichte zum Weltuntergang wurden schon viele hundert Jahre vor Christi Geburt weitererzählt. Denken Sie an die Geschichte von Dr. Faustus (vom Urfaust bis zum Zweiteiler von Goethe) oder an Friedrich Nietzsche. Letzterer ist zu den dunklen Seiten des Menschen wohl der neuzeitliche Kronzeuge schlechthin.

Natürlich fallen Ihnen auch die Klassiker über eine erträumte schöne Welt jenseits von menschlicher Bosheit und Niedertracht ein: Die Beschreibung des Paradieses in der Bibel (800 v. Chr.), *Utopia* von Thomas Morus (1516), *Die Sonnenstadt* von Tommaso Campanella (1623), *Christianopolis* von Johann Valentin Andreae (1619), *Nova Atlantis* von Francis (1626) oder *Das kommunistische Manifest* von Karl Marx und Friedrich Engels (1848).

Die Träume blieben Träume. Die Realität sind Völkermorde in barbarischen Kriegen: die Kreuzzüge, Dschingis Khan mit seinen Horden, der Dreißigjährige Krieg, der Erste und Zweite Weltkrieg, der Völkermord an den Armeniern und schließlich der Holocaust. Mit unseren wissenschaftlichen Kenntnissen und technologischen Möglichkeiten perfektionierten sich die Fähigkeiten zur gegenseitigen Vernichtung. Wo aber sind die Beispiele für Wohlstand und Frieden für alle? Dafür hätten wir ja auch alle Instrumente.

Nach vielem Lesen und langem Nachdenken meinen wir, dass es nur an den in uns codierten Antrieben liegen kann. Einschließlich unseres Unwillens (oder ist es objektive Unfähigkeit?), in unserer jetzigen Endzeitevolution in großer Mehrheit auf humanen und solidarischen Pfaden voranzuschreiten.

Diese Gewissheit basiert auf einer wissenschaftlichen Beweisführung, aus der wir jetzt zitieren. „Unsere Tour d'Horizon durch die Menschheitsgeschichte endet mit dieser genetischen Antwort: Wir sind ohne Zweifel das intelligenteste Wesen, das dieser Planet jemals hervorbrachte. Wir verstehen inzwischen, was die Welt zusammenhält, wie sie entstand und wie sie in ein paar Milliarden Jahren zusammen mit unserer Sonne wahrscheinlich in einem riesigen Feuerball verschwinden wird. Wir halten uns für allwissend und allmächtig und stehen dabei fast ohnmächtig vor der Aufgabe, dem **selbstzerstörerischen** Trieb zu

---

[6] Hawking, Stephen: Kurze Antworten auf große Fragen, Cotta'sche Buchhandlung, Stuttgart, 2018, S. 171–173.

entfliehen, der in unserer DNA hoffnungslos verankert zu sein scheint. Einem Mechanismus, der uns förmlich dazu zwingt, zu expandieren, zu verbrauchen, die uns umgebenden Ressourcen bis zur Erschöpfung aufzusaugen. Dieser genetische Bauplan war die Voraussetzung dafür, dass wir werden konnten, was wir geworden sind. Er gibt nur ein Problem: Der fantastische Plan hat einen kleinen Fehler: auf planetare Grenzen ist er nicht ausgerichtet. Jetzt, da wir das erste Mal nach Millionen Jahren Evolution unleugbar an diese Grenzen stoßen, drängt sich eine Frage auf, deren Antwort noch gefunden werden muss: Befähigt uns diese DNA auch dazu, mit dem zu leben, was uns gegeben ist, ohne jede Möglichkeit zur Expansion? Oder sind wir genetisch dazu verdammt, so lange weiterzurennen, bis unserer Spezies die Luft ausgeht?"[7]

Expansion? Das „Höher, schneller, stärker" klingt viel kulturvoller und positiver. In der lateinischen Urfassung – „citius, altius, fortius" – ist es seit 1921 das Motto der von Pierre de Coubertine im Jahr 1896 begründeten modernen Olympischen Spiele.

Aktuell wurde es um **„Gemeinsam"** ergänzt. Vorgeschlagen hatte das der deutsche IOC-Präsident Thomas Bach. In der 138. Session des Internationalen Olympischen Komitees am 20. Juli 2021 in Tokio wurde es beschlossen.

Auch unter dem *alten* Slogan war der hehre olympische Gedanke schon seit langem zur Geld- und Profitbeschaffung von einer Handvoll Funktionären im engen Bund mit finanziell gut ausgestatteten Lobbyisten und fragwürdigen Potentaten verkommen. Wenn für diesen Klüngel das „Gemeinsam" stünde, wäre es ehrlich.

Leistungssportler, die oft entbehrungsreich – in den meisten Disziplinen kann man ohne öffentliche Hilfe und ein wenig Sponsoring nur recht und schlecht seinen Lebensunterhalt bestreiten – das Motto noch leben, werden vom „gemeinsam" jedenfalls nicht erfasst. Der Etikettenschwindel ist schnell durchschaut. Darunter wird die Wahrheit sichtbar: Der neue Solidarbegriff hat nur deshalb Eingang ins olympische Motto gefunden, um die Geldgier und Profilierungssucht eines kleinen Zirkels vorwiegend alter Männer im IOC zu bemänteln.

Das „Citius, altius, fortius" steht für die egoistische und brutale Haben-Haben-„Kultur". Die entstand vor einigen Hunderttausend Jahren. Mit dem Entstehen eines Mehrprodukts zerfiel die weitgehend egalitäre Urgesellschaft. Jetzt gab es etwas zu Verteilen. Das von Gier getriebene Hauen und Stechen nahm seinen Anfang. Nicht erst im 18. Jahrhundert mit dem Beginn der industriellen Revolution und der Geburt des Kapitalismus.

„Höher, schneller, stärker" – das ist auch das euphemistische Synonym für Gier: nach Meinung renommierter Psychologen und Sozialwissenschaftler für die meisten Menschen der stärkste Antrieb. Sie steht zu Recht an prominenter Stelle bei den sieben biblischen Todsünden.[8] Dort entfaltet sie ihre gewaltige, die Welt verändernde Kraft am effektivsten in der Kombination mit Hochmut, Zorn, Neid und Völlerei.

---

[7] Krause, Johannes; Trappe, Thomas: Hybris. Die Reise der Menschheit zwischen Aufbruch und Scheitern, Propyläen, Berlin, 2021, S. 8 f.

[8] Diese sind der Hochmut, die Habgier, die Wollust, der Zorn, die Völlerei, der Neid und die Trägheit.

Heinrich Heine hat das in seinem Fragment „Zur Teleologie" mit drastischen Versen beschrieben:

> Gott versah uns mit zwei Händen,
> Daß wir doppelt Gutes spenden;
> Nicht um doppelt zuzugreifen
> Und die Beute aufzuhäufen
> In den großen Eisentruhn,
> Wie gewisse Leute tun –
> (Ihren Namen auszusprechen,
> Dürfen wir uns nicht erfrechen –
> Hängen würden wir sie gern,
> Doch sie sind so große Herrn!
> Philanthropen, Ehrenmänner,
> Manche sind auch unsre Gönner.
> Und man macht aus deutschen Eichen
> Keine Galgen für die Reichen).[9]

Nimmt man Heine wörtlich, so sind die Reichen die Verderber. Beistand im übertragenen wie im wörtlichen Sinne bekommt der Dichter aus der Bibel. In allen Evangelien findet sich das Gleichnis, wonach eher ein Kamel durch ein Nadelöhr geht, als dass ein Reicher in das Reich Gottes gelangt.

Karl Marx illustriert im ersten Band des *Kapital* ebenso deutlich, wie sich unter den Bedingungen der kapitalistischen Produktionsweise das Verhalten der Besitzer der Produktionsmittel mit zunehmender Profithöhe ändert. Seine grundsätzliche Einschätzung lautet: „Wenn das Geld mit natürlichen Blutflecken auf einer Backe zur Welt kommt, so das Kapital von Kopf bis Zeh, aus allen Poren, blut- und schmutztriefend." Und er präzisiert dann in einer Fußnote: „Kapital flieht Tumult und Streit und ist ängstlicher Natur. Das ist sehr wahr, aber doch nicht die ganze Wahrheit. Das Kapital hat einen Horror vor Abwesenheit von Profit oder sehr kleinem Profit, wie die Natur vor der Leere. Mit entsprechendem Profit wird Kapital kühn. Zehn Prozent sicher, und man kann es überall anwenden; 20 Prozent, es wird lebhaft; 50 Prozent, positiv waghalsig; für 100 Prozent stampft es alle menschlichen Gesetze unter seinen Fuß; 300 Prozent, und es existiert kein Verbrechen, das es nicht riskiert, selbst auf Gefahr des Galgens. Wenn Tumult und Streit Profit bringen, wird es sie beide encouragieren. Beweis: Schmuggel und Sklavenhandel".[10]

Heines Verse und die marxsche Analyse – beide aus dem 19. Jahrhundert – sind ohne Einschränkung auch für die Realität im 21. Jahrhundert zutreffend. Die gewaltigen Disparitäten in der weltweiten Verteilung der Vermögen werden durch zwei Zahlen deutlich:

---

[9] Heinrich Heine: Zur Teleologie (Fragment), in: Sämtliche Werke, Band 2 (Tragödien, Romanzero, Shakespeares Mädchen und Frauen), von Petersdorf, Bodo (Hrsg.), Weltbild Verlag, Augsburg, 1985, S. 119.

[10] Marx, Karl; Engels, Friedrich: Das Kapital, Gesammelte Werke, Band 23, Marx, Dietz Verlag, Berlin, 1975, S. 788.

1 Prozent der Weltbevölkerung verfügt über 40 Prozent des Reichtums. Hingegen sind 70 Prozent der Weltbevölkerung mit weniger als 5 Prozent am weltweiten Reichtum beteiligt.[11]

Das ist dramatisch, das ist atemberaubend, das ist nicht nur un-, es ist asozial. Aber wir schreiben keine weltwirtschaftliche Abhandlung, sondern untersuchen, warum sich Menschen wider ihre existenziellen Interessen verhalten. Das betrifft Arme und Reiche – von Ausnahmen in beiden Einkommens- und Besitzkategorien einmal abgesehen – gleichermaßen. Allerdings sind die Möglichkeiten, die Grundlagen allen Lebens zu vernichten, ähnlich ungleich verteilt wie der Reichtum.

Der „Arme" (der Begriff ist holzschnittartig, aber für unsere grundlegende Betrachtung ausreichend) schludert bei der Mülltrennung, kauft seine T-Shirts für einen Euro pro Stück bei Primark und entsorgt sie nach dem dritten Tragen in den Hausmüll. Der „Reiche" bestimmt die Geschicke eines Welttextilkonzerns und füllt sich die Taschen mit gigantischen Extraprofiten, indem er die Textilien vorzugsweise in Bangladesh oder Vietnam für zehn Euro Monatslohn nähen lässt. Kinder sind noch zwei Euro billiger.

„Geiz ist Geil" ist die Losung für Arme. Der Reiche erklärt uns die komplizierte Wettbewerbssituation. Natürlich würde er viel lieber in Deutschland produzieren, aber dann wäre der Konkurs programmiert. Die Näherinnen in Asien säßen auf der Straße und die Verkäuferinnen in Deutschland müssten als Alleinerziehende mit Kurzarbeit über die Runden kommen. Dieser Zynismus ist kaum zu überbieten.

Warum die DNA-basierte Gier erst jetzt ihre weltzerstörende Wirkung entfaltet
Der moderne Mensch bevölkert seit rund 300.000 Jahren unsere Erde. Wir glauben den Evolutionsbiologen, dass sich seine genetischen Codierungen bis heute nur marginal verändert haben. Mit seinem expansiven Naturell aber hat er 299.779 Jahre lang, bis 1800, immer „nur" regionale und temporäre Schäden angerichtet. Die meisten Flächen unseres Planeten waren unbewohnt. Die Siedlungsgebiete waren eng abgegrenzt. Um 1400 galt eine Stadt mit 20.000 Einwohnern in Europa als Großstadt. Dazu zählte beispielsweise Köln. Paris war mit 80.000 Einwohnern die mit Abstand größte Metropole auf unserem Kontinent. Diese Städte waren nach heutigen Umweltstandards eine Zumutung. Es gab keine Müllabfuhr. Die Fäkalien wurden auf die Straßen geleitet. Pest, Cholera, Spanische Grippe grassierten. Von 1346 bis 1353 wütete die Pest unter dem Namen „Schwarzer" Tod auf dem gesamten Kontinent. 25 Mio. Tote, ein Drittel der europäischen Bevölkerung. Aber abseits der Städte funktionierten – in Abwesenheit des Menschen – die natürlichen Kreisläufe. Die Welt war abgesehen von den wenigen Siedlungsgebieten weitgehend intakt.

Im Jahr 1000 n. Chr. hatte unser Planet 300 Mio. Bewohner. Ein halbes Jahrtausend später waren es 500 Mio. Pro Jahr ein Zuwachs von 400.000. Erst Mitte des 17. Jahrhunderts begann ein massives Wachstum. Um 1800 wurde zum ersten Mal die Schwelle zur Milliarde überschritten. Heute leben 7,8 Mrd. Menschen auf der 149 Mio. m² großen

---
[11] https://de.statista.com/infografik/1824/reichtumsverteilung-weltweit, Internetrecherche am 15.12.2021.

5.2 Die Vernichtung der irdischen Lebensräume ist realistisch. Aber die Menschheit …

Landfläche der Erde. Das ist in rund 200 Jahren ein Zuwachs von durchschnittlich 34 Mio. pro Jahr. Das Tempo des Bevölkerungswachstums hat sich gegenüber dem Zeitraum von 1000 bis 1500 n. Chr. fast verhundertfacht.

Das Jahr 1800 steht nicht nur für eine neue Dimension in der Weltbevölkerung. Es markiert den Beginn der industriellen Revolution und die Geburtsstunde des Kapitalismus:

> „Die große Industrie hat den Weltmarkt hergestellt […] Das Bedürfnis nach einem stets ausgedehnteren Absatz für ihre Produkte jagt die Bourgeoisie über die ganze Erdkugel. Überall muss sie sich einnisten, überall anbauen, überall Verbindungen herstellen. Die Bourgeoisie hat durch ihre Exploitation des Weltmarkts die Produktion und Konsumtion aller Länder kosmopolitisch gestaltet."[12]

Prägnanter als im kommunistischen Manifest kann man die neue, alle Grenzen – geografische, technologische, ökonomische – überschreitende Wirtschaftsordnung nicht beschreiben. Bereits 1848 nehmen Marx und Engels das vorweg, was wir heute Globalisierung nennen. Zum ersten Mal verfügt die Menschheit allein mit ihrer Zahl und ihren technologischen Möglichkeiten über die „Kraft", mit ihrer weltumspannenden Expansion ihren Lebensraum nicht nur lokal, sondern global zu usurpieren und dabei auch irreparabel zu zerstören. Paul Crutzen, er erhielt für seine Forschungen zum Ozonloch 1995 den Chemienobelpreis, hat genau diesen Paradigmenwechsel, dieses qualitativ neue weltumspannende Zerstörungspotenzial zum Thema gemacht. Sein Schluss lautet wie folgt: Die Erdepoche des Holozän, das vor rund 11.000 Jahren nach dem Ende der (vorläufig) letzten Eiszeit begann, ist zu Ende. Begonnen hat das Anthropozän, das Zeitalter des Menschen. Den Beweis haben 21 namhafte Geologen mit einer 2007 veröffentlichten Analyse geliefert. Gezeigt wird folgendes: Die eindeutig unterscheidbare Bodenschicht, die kennzeichnend für eine neue Epoche sein muss, ist bereits im Wachstum begriffen. Unsere neue Zeit schafft eine geologische Struktur, die Geologen künftig eindeutig von früheren Erdepochen unterscheiden können. Auch deshalb forderte Crutzen schon Anfang des 21. Jahrhunderts, dass die Internationale Kommission für Stratigraphie[13], die die offizielle Zeitrechnung der Erde verantwortet, diese Zäsur zur Kenntnis nimmt. 2008 wurde dieser Schritt vollzogen. Die Royal Geological Society in London anerkannte offiziell, dass sich die Erde nunmehr im Anthropozän, dem Menschenzeitalter, befindet.

Wir schlagen als symbolträchtiges Datum für den eigentlichen Start in diese Ära den 5. Januar 1769 vor. An diesem Tag erhielt James Watt für seine Erfindung der Dampfma-

---

[12] Marx, Karl; Engels, Friedrich: Manifest der Kommunistischen Partei, Friedrich Nikol Verlagsgesellschaft, Hamburg, 2020, S. 44/47.

[13] Die Stratigrafie (von lateinisch *stratum* „Schicht" und -grafie) ist eine Teildisziplin der Geologie, die wichtige Methoden zur Korrelation und relativen Datierung besonders von fossilführenden Sedimentgesteinen zur Verfügung stellt, https://de.unionpedia.org/Hiatus_(Geologie), Internetrecherche am 14.02.2022.

schine das Patent. Dieser technische Quantensprung gilt als das Zeugnis schlechthin für den Beginn des kapitalistisch geprägten Industriezeitalters. Die Dampfmaschine befeuerte im unmittelbaren und im übertragenen Wortsinn eine in der Menschheitsgeschichte noch nie erlebte wissenschaftlich-technische Revolution. Deren Janusköpfigkeit war von Anfang an prägend. Jeder neue „Fortschritt" bedeutete zugleich auch ein neues Zerstörungs- und Vernichtungspotenzial. Dafür steht wie kein anderes das Beispiel Atomkraft.

Wir haben die markanten Sätze des kommunistischen Manifests zum Beginn und zu den Perspektiven der Globalisierung zitiert. Diese gewaltige Dimension macht Ereignisse des frühen und späten Mittelalters, die in allen Geschichtsbüchern an prominenter Stelle stehen und bis heute unser abendländisches Bewusstsein prägen, zu eurasischen Episoden. Am 9. April 1241 standen die Mongolen mit 10.000 Reitern vor Liegnitz. Nach ihrem Aufbruch aus Asien hatten sie rund 8000 Kilometer auf dem Rücken ihrer Pferde bewältigt. Ihr Sturm auf Europa endete vor einer Stadt in Schlesien unweit von Breslau.

Knapp 300 Jahre später, 1529, belagerten immerhin schon 100.000 türkische Kämpfer des mächtigen Osmanischen Reiches Wien, damals die Hauptstadt des mächtigen habsburgischen Reiches und eine der bedeutendsten und größten europäischen Metropolen. Wien widerstand der ersten und auch der zweiten türkischen Belagerung, diese im Jahr 1683.

Was aber sind diese „Scharmützel" in Relation zu den 4,54 Mrd. Menschen, die im Jahr 2019 fliegend über unserer Erde unterwegs waren? Natürlich ist der Vergleich zwischen 10.000 Mongolen im Jahr 1241 und den 4,54 Mrd. Flugpassagieren im Jahr 2019 (also vor Corona) der zwischen Äpfeln und Birnen. Er taugt aber dennoch sehr gut, um den Begriff Quantensprung anschaulich zu machen. Kleine „Ausflüge" im Mittelalter versus schranken- und grenzenlose Globalisierung im gerade begonnenen 21. Jahrhundert.

Die Fluggastzahlen stehen symbolhaft auch dafür, dass „bereits heute der Großteil der Erde nicht mehr aus Binomen, also natürlichen Lebensräumen besteht, sondern aus Gebilden, die die amerikanischen Geografen Jonathan Foley, Navin Ramankutty und Erle Ellis Anthrome nennen – Menschenräume. Mehr als drei Viertel der Landoberfläche der Erde sind ihren Analysen zufolge bereits von menschlicher Aktivität umgestaltet. Die verbliebenen Wildnisgebiete der Erde trügen nur noch zehn Prozent zur globalen Nettoprimärproduktion der Pflanzen bei. Es ist veraltet, die Erde als natürliches Ökosystem zu sehen, das von Menschen gestört wird. Vielmehr sei die Erde bereits ein Humansystem mit eingebetteten natürlichen Ökosystemen geworden."[14]

---

[14] Schwägerl, Christian: Menschenzeit. Zerstören oder gestalten? Die entscheidende Epoche unseres Planeten, Riemann Verlag, München, 2010, S. 19. Diesem Buch haben wir auch alle Aussagen über die neue geologische Epoche der Erde, das Anthropozän, entnommen. Aus der großen Liste der von uns gelesenen Bücher ragt dieser Titel heraus. Für jeden, der sich mit dem Thema umfassend vertraut machen will, und dies auf einer soliden naturwissenschaftlichen Basis, ist dieses Buch Pflicht!

Die „Grenzen des Wachstums" – der „alte" Kapitalismus hat sie ungeniert und unlimitiert permanent verletzt
Ab der Wende vom 18. zum 19. Jahrhundert entfaltet das „Höher, schneller, stärker" eine neue Qualität. Dass dieser Weg in eine Sackgasse mündet, wissen wir spätestens seit der Botschaft des Club of Rome zu den „Grenzen des Wachstums" aus dem Jahr 1972.

Diese Grenzen hatte der „alte" Kapitalismus von Beginn an ungeniert verletzt. Es gab für ihn weder moralische noch gesetzliche Limitierungen. Er hat als Wirtschafts- und Gesellschaftssystem zwar auch Revolutionäres kreiert: Produktivkräfte, Wissenschaften, der Vorstoß in die Weiten des Alls, Digitalisierung und nicht zuletzt bürgerliche Freiheitsrechte in allen westlichen Industrieländern. Vieles von dem, was Menschen in Jahrtausenden davor erträumten, hat er verwirklicht. Auf diesem Weg aber haben sich die Ungerechtigkeiten bei der Verteilung der natürlichen Ressourcen und des Reichtums an Produktiv- und Geldvermögen in nie gekannter Weise potenziert. Potenziert wurden zugleich die Unterschiede in den Lebensweisen und -erwartungen der auf unserer Erde lebenden Menschen. Der Kapitalismus mit seinen eben nur scheinbar unbegrenzten Möglichkeiten hat Träume produziert, die niemals in Erfüllung gehen können: die Träume der vielen Milliarden, die eine entsetzliche Armut durchleben; die Träume der anderthalb Milliarden in den Wohlstandszonen, die heute den Großteil der materiellen Ressourcen beanspruchen; die Träume der wenigen Zehntausend an den Schaltstellen der Macht, die maßgeblich darüber entscheiden, ob sich die Menschheit selbst vernichtet oder eine Zukunft hat … Noch hat der alte US-amerikanische Traum von den unbegrenzten Möglichkeiten eine gewaltige Wirkmacht und Anziehungskraft. Deshalb verwandelt er sich zum asiatischen, südamerikanischen und afrikanischen Traum. In der westlichen Welt besitzt nahezu jeder Erwachsene für seine individuellen Mobilitätsbedürfnisse einen mit fossiler Energie betriebenen PKW. Das sind in Summe ein paar hundert Millionen. Diesen Standard streben nun viele Milliarden Menschen in China, Indien und anderen Schwellenländern an. Umweltfreundliche öffentliche Busse und Bahnen sind dort nicht die „Renner". Diese Menschen „reißen am Handtuchspender fünf Papiertücher heraus statt eines und tauschen eine ganz Flotte von Elektrogeräten im Zweijahresrhythmus aus. Sie säen Monokulturen aus, essen täglich Fleisch, spülen tonnenweise gefährliche Chemikalien durch ihr Leben, nutzen fossil betriebene Klimaanlagen, reisen mehrere Male im Jahr mit Kerosinflugzeugen. Würden das wirklich restlos alle Menschen machen, wäre die Oberfläche der Erde in einem kurzen Inferno bis zur Unkenntlichkeit verändert."[15]

Dieser Prozess kann nur durch rigorose Begrenzungen auf globaler Ebene gestoppt werden. Diese notwendigen Zwänge brauchen, damit sie dauerhaft Wirkung entfalten,

---

[15] Ebenda, S. 29. Christian Schwägerl illustriert dies in seinem aufwendig recherchierten Buch mit vielen Fakten, die auch emotionale Wirkung hinterlassen. Dafür steht der Satz, dass die „Menschheit jedes Jahr so viel Öl verbrennt, wie in einer Millionen Jahren entstanden ist" (S. 66). Auf diesen Analysen bauen wir auf und entwickeln daraus unser Konzept wie dieser Wahnsinn beendet werden kann.

eine auf Einsicht basierende Akzeptanz. Mit der Herausbildung des Kapitalismus wurde die Profitmaximierung zum Maß aller Dinge, dieser Zweck heiligte auch alle Mittel. Dieses Weltbild war schon deshalb falsch, weil es die objektiven Grenzen des Wachstums – die Endlichkeit der Ressourcen, die definierte Größe unseres Planeten – negierte. Aber es gab auch eine moralische Dimension, die von Reinhard Marx so beschrieben wird: „Wo es in immer geringerem Maß eine verpflichtende Orientierung an allgemeinen moralischen Überzeugungen gibt, da wird die Möglichkeit auch irgendwann Realität. Diese instrumentelle Rationalität drückt sich heute besonders aus in den Ambitionen mancher Gen- und Biotechniker und der Ökonomisierung nahezu aller Lebensbereiche. Dieser Entwicklung liegt ein zutiefst evolutives Weltbild zugrunde, das Freiheit, Möglichkeit und Vernunft nicht als Geschenke des Schöpfers oder als dem Menschen vorgegebene Horizonte der Verantwortung versteht, sondern als nach vorne offene Prozesse. Damit fehlen aber Kriterien einer Begrenzung oder Entschleunigung, und der Mensch wird letztlich Teil einer Evolution, der er sich in immer größerer Flexibilität und Anpassung zu öffnen hat. Dem technologischen Imperativ (‚was technisch möglich ist, soll auch getan werden') entspricht dann der ökonomische Imperativ (‚was Gewinne bringt, darf nicht verhindert werden')".[16]

Das Fazit aus allen diesen Bestandsaufnahmen „passt" in einen Satz: Wir brauchen eine **Revolution** innerhalb des kapitalistischen Wirtschaftssystems.

Das ist ein Mix aus radikaler Regulierung, ökonomischen Hebeln sowie Einsicht und Belohnungen für Systemsprenger des Wachstumsfetischs. Nur so können die **destruktiven Wirkungen** der von uns gerade skizzierten objektiven Sachverhalte ausgeschaltet werden:

Aus der **Gier** nach immer mehr an Menge und mehr als der andere muss die Gier auf Lebensqualität werden.

Die **Globalisierung** muss unter Anerkennung der weltweiten Arbeitsteilung zu einem historischen Ausgleichsmechanismus werden. Das, was die Dritte Welt *ungewollt* dem Abendland in Gestalt von Ressourcen und ungewollt an Kredit gewährt hat, muss Zug um Zug zurückgezahlt werden. Wenn wir den Vorgang Raub nennen, wird die Pflicht zur Rückerstattung noch deutlicher.

Die weitere Entwicklung der **Produktivkräfte** darf nur unter der Prämisse einer konsequenten und weitestgehend vollständigen Rückgewinnung der eingesetzten Stoffe erfolgen.

Die Akzeptanz des **Kapitalismus** als das absehbar bestimmende Wirtschafts- und Gesellschaftssystem der globalen Welt des 21. Jahrhunderts muss zwingend an ein neues Verständnis des **Sozialen** geknüpft werden. Jedwede Form des Wirtschaftens, das dem einzelnen Menschen und der gesamten Menschheit schadet, ist **asozial**!

---

[16] Marx, Reinhard: Das Kapital: Plädoyer für den Menschen, Pattloch, München, 2008, S. 50.

5.3 Diese Welt ist doch zu retten! Unser Plan: die realistische Revolution im Kapitalismus.

Für unsere Existenz auf dem Planeten Erde gibt es letztendlich nur die folgenden zwei Möglichkeiten: Der Mensch setzt sein zerstörerisches Handeln fort. In dieser ersten Variante nehmen die *objektiven* Prozesse, die zur Vernichtung des Lebens führen, exponentiell an Tempo zu. Der Untergang ist unvermeidbar. Die Variante zwei ist die radikale Änderung des menschlichen Handelns. Einziger Maßstab ist die Bewahrung und schrittweise Verbesserung unserer natürlichen Lebensumstände. Es ist absurd zu glauben, dass wir auf diesem Weg objektiv determinierte Grundprozesse wie die Globalisierung und die Entwicklung der Produktivkräfte außer Kraft setzen könnten. Ebenso wenig können wir einen genetisch codierten Antrieb wie die Gier aus dem Erbmaterial mit einer Genschere entfernen.

„Wir wissen, dass es möglich wäre, eine Weltbevölkerung auch jenseits der zehn Milliarden Menschen zu ernähren, mehr noch, ihnen allen ein gutes Leben zu ermöglichen. Auf dem Reißbrett wäre eine solche Welt leicht zu entwerfen: Die innerhalb der planetarischen Grenzen verfügbaren Rohstoffe müssten dafür geteilt werden durch die Menschen, die sie nutzen, und dabei die Regenerationsprozesse natürlicher Kreisläufe berücksichtigt werden. Wahrscheinlich bräuchte es für so etwas nicht einmal einen Computer. Doch die Biologie eines Wesens, das seine einmalige Erfolgsgeschichte allein einem unfassbar kompetitiven Organ zwischen seinen Ohren verdankt, steht dem entgegen. Das gerechte Teilen liegt nicht in unserer Natur. Und genauso wenig in unserer Kultur, deren Logik des „Höher, Schneller, Stärker" nicht nur Folge unserer genetischen Entwicklung ist, sondern auch deren Voraussetzung war."[17]

„Das Schicksal des Menschen wird im 21. Jahrhundert entschieden. Die natürlichen Ressourcen unseres Planeten – sie werden schon bald erschöpft sein. Es wird nur noch etwas zu verteilen geben, auf das andere ebenfalls Anspruch erheben. Das Potenzial tödlicher Konflikte, die schnell den gesamten Erdball ergreifen, wird in den kommenden Jahren zunehmen: Die Konkurrenz um Rohstoffe, um Handelsrouten, um Einflusssphären, sie prägen schon heute die internationalen Beziehungen. Zugleich ist die Welt bestückt mit mindestens 13.000 atomaren Sprengköpfen. Die fast unvermeidliche Kettenreaktion ihres Einsatzes liegt nur einen Knopfdruck eines irrationalen Herrschers von uns entfernt. 2020 wurde die Weltuntergangsuhr auf 100 Sekunden vor 12 gestellt, den höchsten Wert seit ihrer Erfindung 1947. Sind der Klimawandel und das anbrechende Zeitalter der Pandemie die dunklen Wolken am Horizont, so ist die atomare Hochrüstung ein Revolver, den wir uns gerade entsichert an die Schläfe halten. Und die Gefahr steigt umso mehr, je existentieller die globalen Ressourcenkämpfe werden: Zum Beispiel bei drohenden Kriegen um Trinkwasser in den von der Klimaerwärmung besonders betroffenen Regionen[...]. Dass alles auf dem Spiel steht, diesen Gedanken wollen wir nicht zulassen. Dabei erweist sich unser unbedingter Glaube an unsere eigene Übermacht schon im Rückblick als Trugschluss. Die unwahrscheinlichen Zufälle unserer Evolution, all die Rückschläge, sie erscheinen uns heute wie eine gerade Linie des stetigen Aufstiegs[...].Wir vergessen, dass unsere Ahnen durch unzählige evolutionäre Nadelöhre gehen mussten, dass Pandemien, Klimakatastrophen und Kriege immer wieder große Teile gan-

---

[17] Hybris., a. a. O., S. 291 f.

zer Populationen ausgelöscht haben. Wir alle, die wir heute auf der Welt leben, sind Nachfahren von Überlebenden. Genauso wenig, wie es für die vielen gescheiterten Linien des modernen Menschen eine Bestandsgarantie gab, so gilt diese auch nicht für uns. Das ist, trotz allem, auch eine Nachricht der Zuversicht. Es gab für unsere Vorfahren keinen evolutionären Automatismus. Genauswenig wird es auch keinen zwangsläufigen Weg in den Untergang geben. Wer, wenn nicht der *Homo Hybris* sollte der Aufgabe, uns vor uns selbst zu schützen, gewachsen sein? Unsere natürliche Evolution, die ist längst beendet, sie wird uns nirgends mehr hinführen: Es gibt schlicht zu viele Menschen auf der Welt […]. In unseren Händen liegt es nun, mit unserem fast perfekten Bauplan zurechtzukommen, ohne den ihm innewohnenden Selbstzerstörungsmechanismus auszulösen. Die Rettung der menschlichen Zivilisation wird, wie sollte es anders sein, eine kulturelle Leistung sein – eine, von der unsere Nachfahren vielleicht genauso ehrfürchtig berichten, wie wir heute über die ersten Höhlenmalereien der Steinzeit reden […]. Jetzt gilt es, das Gewonnene nicht zu verjubeln. Es ist Zeit für den nächsten großen Sprung: der Sprung in eine Welt, die uns genügt."[18]

Für diese Welt müssen wir keine neuen Gesellschaftsmodelle erdenken. Wir haben gelernt, dass alle romantisch verklärten Träume an uns, der Spezies Mensch, scheitern. Deshalb müssen wir akzeptieren, dass der Kapitalismus absehbar das bestimmende Wirtschaftssystem in unserer globalen Welt sein wird. „Aber der Kapitalismus steht in unseren Tagen erkennbar unter Rechtfertigungsdruck, vielleicht so sehr unter Rechtfertigungsdruck wie in den letzten hundert Jahren nicht mehr. Das ist nur wenige Jahrzehnte nach dem Sieg über den großen ideologischen Gegenspieler, den Sowjetkommunismus, mehr als erstaunlich."[19]

Dass dieses Gesellschaftssystem derart in der weltweiten Kritik steht, ist vielleicht auch eine Chance für dessen offenbar dringende, ja überfällige Reform: „Wirtschaft ist kein Selbstzweck, sondern hat Dienerin der Menschlichkeit zu sein."[20] Diese Aussage kennen Sie aus der Einleitung. Wir wiederholen sie hier deshalb, weil sie die wichtigste Prämisse für unser Modell der Kreislaufwirtschaft ist, das wir in diesem Kapitel entwickeln und das auf unserem übergreifenden Verständnis von Daseinsvorsorge basiert. Der Kernsatz lautet, dass jedwede Form wirtschaftlicher Betätigung, die dem Menschen/der Menschheit schadet, nicht zulässig ist.[21]

„Wenn die Not am größten, ist die Rettung am nächsten"?
Bestsellerautor Frank Schätzing hat 2021 ein Buch mit dem Titel *Was, wenn wir einfach die Welt retten?* geschrieben. Wir haben es gelesen, weil Schätzing ein Macher ist. Aus dieser Perspektive erteilt er denen, die über neuen „Ismen" brüten, folgende Absage: „Was gerade wirklich kein Mensch braucht, sind großkotzige ideologische Umbaupläne, die uns das gemeinsame Ziel aus den Augen verlieren lassen: Eine lebenswerte Welt zu schaffen. Ja wir brauchen eine Revolution. Eine Revolution der Zuversicht, die uns irgendwann

---

[18] Hybris, S. 295–298.
[19] Marx, Reinhard: Das Kapital: Plädoyer für den Menschen, Pattloch, München, 2008, S. 26.
[20] Ebenda, S. 31.
[21] Daseinsvorsorge, Gabler Wirtschaftslexikon, Onlinefassung, Internetrecherche am 04.02.2022.

abhandengekommen ist, des positiven Denkens. Raus aus der Mutlosigkeit, Unwissenheit, Ungerechtigkeit, raus aus dem fatalen Immer-mehr, das für viele ein Immer-weniger bedeutet. Erst müssen wir das Bestehende ändern, und das geht nur gemeinsam, ungeachtet gefühlter Verantwortung. Das ständige Weiteradressieren, wer die Krise zu lösen hat – das ist unsere eigentliche Krise."[22]

Visionär und optimistisch nimmt Schätzing in seinem Buch vorweg, dass es gelungen sei, den zerstrittenen Haufen auf dieser Welt zusammenzubringen. Und zwar mit „Pragmatismus. Klimarettung war der einzige Weg, den Kapitalismus zu retten. China, die EU, USA, Indien, ihnen war klar geworden, dass eine aufgeheizte Erde zum Kollaps der Weltwirtschaft führen wird."[23]

„Wenn die Not am höchsten, ist die Rettung am nächsten!" Mit diesem geflügelten Wort kann man den von Frank Schätzing vorweggenommenen positiven Ausgang auf den Punkt bringen. Die aktuellen Bedrohungsszenarien müssen also noch viel schlimmer werden. Erst dann erreichen wir den Umkehrpunkt!?

Ein denkbarer Verlauf. Das Motto: „Der Menschheit ist in ihrer Geschichte noch immer etwas eingefallen." Für uns aber zu viel von „russischem Roulette". Planmäßiges und vorausschauendes Handeln ist uns lieber. Das nennen wir realistische Revolution. Deren Losung lautet „Revitalisierung der sozialen Marktwirtschaft". Das ist kein Schritt zurück in die Welt des Nachkriegs-(West-)Deutschland der 50er-Jahre. Auch wenn der Begriff und seine Grundprinzipien untrennbar mit dem Namen Ludwig Erhard verbunden sind.[24]

In seinem 1957 erschienenen Buch *Wohlstand für Alle* legte er dar, wie auf dem Boden des Kapitalismus Chancen- und Verteilungsgerechtigkeit hergestellt werden kann. Das war für den Politiker mit der legendären Zigarre im Mund kein umstürzlerischer Gedanke. Er hat ihn abgeleitet aus dem „Ahlener Programm" seiner Partei, der CDU. In deren Gründungsmanifest, veröffentlicht im Jahr 1947, standen folgende Sätze: „Das kapitalistische Wirtschaftssystem ist den staatlichen und sozialen Lebensinteressen des deutschen Volkes nicht gerecht geworden […] Inhalt und Ziel einer sozialen und wirtschaftlichen Neuordnung kann nicht mehr das kapitalistische Gewinn- und Machtstreben, sondern nur das Wohlergehen unseres Volkes sein."[25]

Seine Folgerung: „Ich strebe eine Wirtschaftsverfassung an, die immer weitere und breitere Schichten unseres Volkes zu Wohlstand zu führen vermag. Am Ausgangspunkt stand der Wunsch, über eine breitgeschichtete Massenkaufkraft die alte konservative soziale Struktur endgültig zu überwinden."[26]

---

[22] Schätzing Frank: Was, wenn wir einfach die Welt retten? Handeln in der Klimakrise, Kiepenheuer & Witsch, Köln, 2021, S. 331.

[23] Ebenda, S. 319.

[24] Ludwig Erhard (1897–1977) war von 1949 bis 1963 Bundeswirtschaftsminister und von 1963 bis 1966 nach Konrad Adenauer der zweite deutsche Bundeskanzler.

[25] Wagenknecht, Sahra: Freiheit statt Kapitalismus, Eichborn, Frankfurt am Main, 2011, S. 18.

[26] Ebenda, S. 15.

Links-katholische Übereinstimmungen nicht nur bei Marx, Engels und Franziskus
Dass der derzeitige Kapitalismus nur sehr wenig mit dem vernünftigen Konzept der sozialen Marktwirtschaft eines Ludwig Ehrhard gemeinsam hat, davon ist die Mehrheit der Menschen auf unserem Planeten kraft eigener Anschauung überzeugt. Das belegt Sahra Wagenknecht faktenreich in ihrem 2011 erschienenen Buch *Freiheit statt Kapitalismus*.

In ihrer Kritik des heutigen ungezügelten Kapitalismus beruft sie sich auf anerkannte Ordoliberale wie Alfred Müller-Armack, Walter Eucken und eben auch auf den Vater der sozialen Marktwirtschaft, Ludwig Erhard. Damit befindet sich die Autorin in einer intellektuellen Nachbarschaft, die es ernsthaften Kritikern schwer machen dürfte, den Inhalt mit dem Hinweis auf ihre Zugehörigkeit zur „Kommunistischen Plattform" der PDS Anfang der 90er-Jahre zu diffamieren.

Dass Sahra Wagenknecht diese frühere Sicht verlassen hat, dokumentiert sie damit, dass sie ein Wirtschafts- und Gesellschaftssystem einfordert, das nicht Zentralismus, sondern Leistung und Wettbewerb hochhält. Sahra Wagenknecht plädiert wie wir für die Revitalisierung der sozialen Marktwirtschaft. Aber nicht als Kopie der 50er-Jahre, sondern „passend" zu den gänzlich neuen Bedingungen des 21. Jahrhunderts. Dafür dekliniert sie – unter Hinweis auf die Ordoliberalen der 50er-Jahre – vier Fundamente einer sozialen Marktwirtschaft, die diesen Namen auch verdient: „Ordnung statt Mitleid", „Verhinderung wirtschaftlicher Macht", „Persönliche Haftung" und „Gemischte Wirtschaft".[27]

Die radikale Reform des Kapitalismus ist auch in unserem Konzept eine Melange aus gesetzlicher Normierung, ökonomischen Hebeln und Einsicht. In unserem Modell einer **erneuerten sozialen Marktwirtschaft** bringen wir eine wettbewerbs- und leistungsorientierte Ökonomie mit Nachhaltigkeit, mit der Globalisierung und mit sozialer Gerechtigkeit unter einen Hut.

Wir pointieren unser semantisches Verständnis von einer Revitalisierung der sozialen Marktwirtschaft unter den Bedingungen des 21. Jahrhunderts dadurch, dass wir den Begriff **„erneuerte soziale Marktwirtschaft"** geprägt haben. Dies in deutlicher Abgrenzung zur „Initiative Neue Soziale Marktwirtschaft (INSM)". Die gleichnamige GmbH wurde im Jahr 2000 vom Arbeitgeberverband als Tochter des Instituts der Deutschen Wirtschaft gegründet. Als Lobby- und PR-Organisation wirbt sie vor allem für Deregulierung und Privatisierung und stärkere individuelle Verantwortung bei der sozialen Absicherung. Lange Zeit plädierte sie auch dafür, umweltpolitischen Erfordernissen in erster Linie durch freiwillige Initiativen von Unternehmen Rechnung zu tragen.

Diese INSM-Schwerpunktsetzungen teilen wir ausdrücklich nicht.

Wofür Sahra Wagenknecht als demokratisch-soziale Linke steht, dafür steht auch Reinhard Marx. Den katholischen Kardinal haben wir schon im zweiten und auch in diesem Kapitel zitiert. Aus seinem 2008 erschienenen Buch *Das Kapital*, das der Geistliche mit einem Brief an seinen berühmten Namensvetter mit dem Vornamen Karl beginnt. Anders als dieser, aber in großer Übereinstimmung mit Sahra Wagenknecht und den Autoren die-

---

[27] Ebenda, S. 18–22.

ses Buches, hält der Kardinal einen gezügelten, reformierten Kapitalismus für ein Gesellschaftsmodell, mit dem die großen Menschheitsprobleme gelöst werden könnten.

Reinhard Marx beginnt seine Überlegungen mit einer Warnung: „Wenn die Kapitalrendite das einzige Orientierungsmerkmal für eine Wirtschaft wird – und das wird sie leider immer mehr –, dann werden die Menschen, die dabei unter die Räder zu kommen drohen, womöglich wieder zu marxistischen Utopien Zuflucht nehmen. Aber das darf nicht geschehen. Wir haben die schlimmen Folgen dieser Utopien gesehen. Dafür, dass das nicht passiert, müssen wir etwas tun. Wir müssen daran arbeiten, dass die Marktwirtschaft weiterhin in einem Ordnungsrahmen stattfindet, der gemeinwohlorientiert ist und Raum lässt für eine institutionalisierte Solidarität in einem funktionierenden Sozialstaat, und zwar mit Blick auf das Weltgemeinwohl.

Der Sozialstaat ist nicht nur das, was übrigbleibt, wenn wir gut gewirtschaftet haben, wie manche meinen. […] Ich bin fest überzeugt: Der Sozialstaat ist eine nicht nur moralisch, sondern eine politisch und ökonomisch notwendige Bedingung für den Fortbestand der Marktwirtschaft. Ohne den sozialstaatlichen Ausgleich der Klassengegensätze, die im Frühkapitalismus geherrscht hatten, hätte die Marktwirtschaft im Kampf mit dem Sozialismus sicher den Kürzeren gezogen."[28]

Wir teilen auch seine Schlussfolgerung: „Wir brauchen eine Globale Soziale Marktwirtschaft. Dazu gehören faire Welthandelsbedingungen, eine Rahmenordnung für den internationalen Finanz- und Kapitalmarkt, die Garantie von unabdingbaren Arbeitnehmerrechten und vieles mehr. Für weltweite Solidarität und Gerechtigkeit zu arbeiten, ist ein Auftrag für die Politik, aber auch für jeden, der am wirtschaftlichen Geschehen beteiligt ist. Und das sind letztlich wir alle."[29]

Dass letztlich alle verantwortlich sind, das ist richtig, Aber es ist auch das Einfallstor für kollektive Verantwortungslosigkeit nach dem Motto „Spannemann, geh Du voran!" In der Sozialpsychologie wird das „Zuschauereffekt" genannt. Selbst starke Appelle, ja sogar akute, für jeden sichtbare Bedrohungen führen regelmäßig zu der gewissensberuhigenden Entscheidung, ein anderer in der Gruppe wird die brutale Prügelei schon schlichten. Wollen wir die Schöpfung retten, muss dieses Phänomen überwunden werden. Deshalb wird die Frage, *wie* wir es schaffen, aus richtigen Erkenntnissen und Einsichten aktive Handlungen zu erzeugen, im finalen Kap. 7 unser Thema sein.

Geburtsjahrgang 1976 – Besonders prädestiniert für Umweltengagement?
Bereits an dieser Stelle nennen wir dafür die zentralen Prämissen für das unabdingbare neue Verständnis des **Sozialen** in der Marktwirtschaft. Zulässig ist grundsätzlich nur eine die Schöpfung bewahrende Politik und Wirtschaft. Aktuell trifft das nicht zu. Deshalb sind sie im Kern nicht sozial (trotz weiter steigender Sozialausgaben in unseren Haushalten), sondern inhuman. Diese Wertung wird manchem zu radikal sein. Aber leider ist sie wahr. Verlogener Euphemismus ist ein Haupthindernis bei der notwendigen Umgestaltung unse-

---

[28] Marx, Reinhard: Das Kapital. Ein Plädoyer für den Menschen, Pattloch, München, 2008, S. 296 f.
[29] Ebenda, S. 302.

res Gesellschafts- und Wirtschaftsmodells. Deshalb haben wir qua Definition unser engeres Verständnis von Daseinsvorsorge (das bleibt weiter gültig) um eine neue Dimension erweitert. Die von uns postulierte Dimension der sozialen Marktwirtschaft ist im politischen Sinn genau dieses **übergreifende** Verständnis von Daseinsvorsorge.

Mit diesem neuen humanen Ansatz muss die Politik im ersten Schritt eine Allianz mit dem Teil des Kapitals schließen, der erkannt hat, dass sein Fortbestehen auch die *eigene* physische Existenz des Eigentümers meint. Was nutzt der erreichte Maximalprofit, wenn der Milliardär an Umweltgiften zugrunde geht oder an einem Hitzschlag infolge ungebremster Erderwärmung verstirbt?! „Wir sitzen alle in einem Boot."

Objektiv trifft das zu. Aber wir müssen zur Kenntnis nehmen, dass es einen realen **Gegensatz** gibt zwischen der alten linearen Wachstumsökonomie, „Old Economy" (dafür stehen u. a. die Bereiche Automobil-, Zement- und Stahlproduktion), und der „New Economy" (hier wird der konsequente Umstieg von der linearen auf die zirkuläre Wertschöpfung praktiziert). Diese Kreislaufwirtschaft, so wollen wir das zirkuläre Prinzip fortan bevorzugt nennen, hat gewaltige Potenziale, die weitgehend auch schnell erschlossen werden können. Die Unternehmensberatung BCG hat errechnet, dass mit Investitionen von 50–60 Mrd. Euro bis zum Jahr 2040 eine bis zu 75-prozentige Kreislaufwirtschaft bei vielen Materialien in Deutschland ermöglicht werden kann.

Ergänzend dazu hat die Ellen MacArthur Stiftung belegt, dass die Kreislaufwirtschaft das Potenzial hat, den CO_2-Verbrauch um 45 Prozent zu senken.[30]

Ellen MacArthur (Jahrgang 1976) war in ihrer aktiven Zeit eine der besten Seglerinnen der Welt. Von 2005 bis 2008 war sie Inhaberin des Weltrekords für die schnellste maritime Umrundung des Globus als Einhandseglerin. Sie schaffte es in 71 Tagen, 9 Tage schneller als Jules Verne in seiner Utopie. Nach Abschluss ihrer Profikarriere als Seglerin gründete sie die Ellen MacArthur Foundation, eine gemeinnützige Organisation, die sich die Förderung der Kreislaufwirtschaft auf die Fahnen geschrieben hat. Die Namensgeberin hat mehr als nur eine Fußnote verdient. Ein Mensch, der sich in einem fragilen Segelboot und allein auf sich gestellt mit den Urgewalten der Natur misst, *muss* ganz einfach Respekt vor der Schöpfung gewinnen. Insofern ist die Stiftung eine glaubhafte Fortsetzung der Sportlerlaufbahn.

Uns kam bei der Recherche zu Ellen MacArthur der deutsche Astronaut Alexander Gerst in den Sinn. Auf seinen Missionen ins All habe er einen Blick von außen auf die Erde werfen können und gesehen, „wie zerbrechlich sie ist". Deshalb sei ihm deren Bewahrung so wichtig.[31] Alexander Gerst absolvierte gleich zweimal, 2014 und 2018, Missionen auf der internationalen Raumstation ISS und war beim zweiten Einsatz deren erster deutscher Kommandant. Er wurde im gleichen Jahr geboren wie Ellen McArthur, also 1976. Vielleicht ist das für radikales Engagement im Umweltschutz ein guter Jahrgang?

---

[30] Remondis aktuell 2/2021, Lünen, S. 7.
[31] Astro-Alex: Die Erde ist zerbrechlich | evangelisch.de, Internetrecherche am 29.12.2021.

Nach diesem kleinen persönlichen Exkurs – die Bewahrung der Schöpfung ist genau wie deren Zerstörung Menschenwerk und beides hat ein menschliches Antlitz – stellen wir auf der Sachebene fest, dass für die angesehene Stiftung in England die erneuerbaren Energien und der Kampf gegen den Klimawandel zur Kreislaufwirtschaft gehören. Diese Sicht finden Sie auch in der neuen, für dieses Buch entwickelten Begriffsbestimmung zur Kreislaufwirtschaft.

Kapitalismus und Kapital – zwei Seiten einer Medaille! Immerhin fährt der norwegische Pensionsfonds, mit einem Anlagevolumen von rund einer Billion Dollar der weltweit größte Staatsfonds, seit 2019 alle Investitionen in fossile Brennstoffe deutlich zurück. Jedes auf seinen Ruf bedachte Finanzinstitut hat aktuell mindestens eine Anlage im Portfolio, deren Prospekt im satten Grün daherkommt und die den Begriff Nachhaltigkeit im Namen hat.

Etikett oder ernst gemeinter Beitrag gegen die Zerstörung unserer Planeten? Diese Frage ist gar nicht so leicht zu beantworten. Seit die Weltrettung – zumindest verbal – „in", „Mainstream" oder „Trend" ist, gibt es neben den ernsthaft Engagierten auch immer mehr Trittbrettfahrer. Wer unter „falscher Flagge" segelt und wie man die Redlichen erkennt, ist aber erst Gegenstand des nächsten, des sechsten Kapitels.

5.4 Neues Verständnis – neue Definition: Was wir unter Kreislaufwirtschaft verstehen und wie ein erweitertes Verursacherprinzip ihre schnelle Implementierung befördern wird

Kreislaufwirtschaft. Dieser Begriff sollte anfangs sogar die Hauptüberschrift unseres Buches sein. Nun finden Sie ihn im Untertitel, denn wir haben uns aus guten Gründen für eine übergreifende Pointierung entschieden. Aber natürlich ist die Kreislaufwirtschaft das herausragende Thema unseres Buches. Deshalb haben wir diesen Begriff für dieses Buch zum ersten Mal umfassend definiert.

Im bisherigen Verständnis wurde Kreislaufwirtschaft auf ihre ökonomisch-technische Dimension reduziert. Zudem blieb unbestimmt, bis wann und mit welchen konkreten Standards die im Produktionsprozess eingesetzten Stoffe möglichst vollständig zurückgewonnen werden sollen.

Im Gegensatz dazu ist für uns Kreislaufwirtschaft – vor allem mit Blick auf den katastrophalen Zustand unseres Planeten und dessen endliche Ressourcen – eine *gesellschaftliche* Aufgabe. Es ist aus unserer Sicht die **einzig mögliche Form der Wertschöpfung** auf unserem Planeten. Um die existenzielle Bedrohung des Lebens auf der Erde abzuwenden, muss diese Produktionsweise noch in diesem 21. Jahrhundert die alte lineare Ökonomie weitestgehend ersetzen.

„Wollen Sie Eulen nach Athen tragen? Das machen wir doch längst. Für den Begriff gibt es in Deutschland sogar ein Gesetz. Und zwar schon seit Jahrzehnten!"

Wir hören diesen Einwand unserer Leser und widersprechen. Das, was aktuell Kreislaufwirtschaft genannt und partiell auch praktiziert wird, korrespondiert nur sehr einschränkt mit unseren Vorstellungen. Das betrifft Deutschland, aber es betrifft noch viel mehr die Produktion auf globaler Ebene.

Für den Status quo vor unserer Haustür steht das gerade erwähnte Gesetz. Dort lesen wir im Paragrafen 3 (Begriffsbestimmungen): „Kreislaufwirtschaft im Sinne dieses Gesetzes sind die Vermeidung und Verwertung von Abfällen." Schon dieser Satz ist ein Beleg für die zunehmende deutsche Unart, aus tollen Ideen schlechte Regeln zu machen. Aus schlechten Regeln folgt die schlechte Umsetzung. Den Beweis für diese These treten wir ausführlich im Kap. 6 an. Mit vielen Beispielen unter der Überschrift „Mogelpackungen".

Unser deutsches „Kreislaufwirtschaftsgesetz" (die von uns gesetzten Anführungszeichen müssen wir nach der Vorrede nicht erklären) wurde in der aktuellen Fassung am 17.09.2020 vom deutschen Bundestag beschlossen. Am 29.10.2020 ist es in Kraft getreten.

Schon 1994 kam die Kreislaufwirtschaft erstmals in einen Gesetzestitel (Kreislaufwirtschafts- und Abfallgesetz). 2012 verschwand mit dessen Novellierung der Abfall aus dem Titel. Eine vorwiegend kosmetische Maßnahme.

Die letzte Novellierung 2020 betraf vorrangig die Umsetzung der neuen EU-Abfallrahmenrichtlinie ins deutsche Recht. Ziel sei, so steht im Gesetz, eine verstärkte Förderung der Kreislaufwirtschaft durch Vermeidung und das verstärkte Recycling von Abfällen. Dazu wurde das bekannte System der Produktverantwortung um die Obhutspflicht erweitert. Diese verlangt die Erhaltung der Gebrauchstauglichkeit von Erzeugnissen und lässt deren Entsorgung nur als letzte Möglichkeit zu. Weiter sichert die Obhutspflicht eine Transparenzpflicht, die auf Grundlage einer Rechtsverordnung durchgesetzt werden kann. Danach können Berichte über den Umgang mit Warenüberhängen, Retouren oder Maßnahmen zur Gebrauchserhaltung der Produkte gefordert werden. Damit das Recycling von Abfällen verbessert wird, soll vor allem die Getrenntsammlungspflicht von Abfällen gestärkt werden. Darüber hinaus werden in Deutschland Stellen und Institutionen des Bundes zukünftig verpflichtet, beim Einkauf Produkte, die rohstoffschonend, abfallarm, reparierbar, schadstoffarm und recyclingfähig sind, zu bevorzugen, sofern keine unzumutbaren Mehrkosten entstehen.

Es können *Berichte* angefordert werden! Die Getrenntsammlungspflicht soll *gestärkt* werden! Und Produkte, die den Erfordernissen einer *echten* Kreislaufwirtschaft entsprechen (was wir unter echt verstehen, lesen Sie in diesem Kapitel), sollen beim Einkauf bevorzugt werden. **Aber nur, wenn's nicht mehr kostet!**

Genauso schreibt man in Deutschland Gesetze, wenn die herrschende Politik an wirklich radikalen Veränderungen offenbar wenig Interesse hat. Absichtserklärungen, Alibis für Nichthandeln schon im Gesetzestext und jede Menge Konjunktive. Die Politik in Deutschland ist mutlos und dies seit Jahrzehnten. Sie ersetzt klare Ansagen durch Symbole, und sie tut das nicht zuletzt unter dem Druck starker Interessengruppen, die vom Verharren im Gestrigen im wahrsten Wortsinn profitieren.

Unserer Idee von Kreislaufwirtschaft kommt deutlich näher als das vage und unbestimmte Juristendeutsch der folgende Text: „Eine Kreislaufwirtschaft (engl. circular economy) ist ein regeneratives System, in dem Ressourceneinsatz und Abfallproduktion, Emissionen und Energieverschwendung durch das Verlangsamen, Verringern und Schließen von Energie- und Materialkreisläufen minimiert werden; dies kann durch langlebige Konstruktion, Instandhaltung, Reparatur, Wiederverwendung, Remanufacturing, Refurbishing und Recycling erzielt werden."[32]

Was diesen Formulierungen noch fehlt, sind Radikalität und die Bestimmung von Zielen mit zeitlichen Vorgaben und Standards.

Kreislaufwirtschaft, wie wir sie uns vorstellen, ist nicht von jetzt auf gleich zu erreichen. Aber wer macht sich schon auf den Weg, ohne das Ziel zu kennen. Das lautet, dass wir alle Stoffe, die bei der Herstellung eines Produktes eingesetzt werden, auch nahezu komplett wieder zurückgewinnen müssen. Und auch erst dann, wenn dessen Nutzung aus Gründen des materiellen oder moralischen Verschleißes (Letzterer könnte z. B. darin bestehen, dass es nicht mehr dem Stand der Technik entspricht) beendet werden muss.

Für diese Forderung nach geschlossenen Stoffkreisläufen gibt es sogar eine päpstliche Begründung, quasi Gottes Segen, für unsere Vorstellung von Kreislaufwirtschaft: „Es fällt uns nicht schwer anzuerkennen, dass die Funktionsweise der natürlichen Ökosysteme vorbildlich ist: Die Pflanzen synthetisieren Nährstoffe für die Pflanzenfresser; diese ernähren ihrerseits die Fleischfresser, die bedeutende Mengen organischer Abfälle produzieren, welche Anlass zu neuem Pflanzenwuchs geben. Dagegen hat das Industriesystem am Ende des Zyklus von Produktion und Konsum keine Fähigkeit zur Übernahme und Wiederverwertung von Rückständen und Abfällen entwickelt. Noch ist es nicht gelungen, ein auf Kreislauf ausgerichtetes Produktionsmodell anzunehmen, das Ressourcen für alle und für die kommende Generation gewährleistet und das voraussetzt, den Gebrauch der nichterneuerbaren Reserven aufs Äußerste zu beschränken, den Konsum zu mäßigen, die Effizienz der Ressourcennutzung maximal zu steigern und auf Wiederverwertung und Recycling zu setzen. Die Auseinandersetzung mit dieser Frage wäre ein Weg, der Wegwerfkultur entgegenzuwirken, die dem gesamten Planeten schadet. Wir stellen jedoch fest, dass die Fortschritte in diesem Sinn noch sehr gering sind."[33]

Dieses Votum des Papstes bestätigt Dreierlei: **Erstens**, dass es natürliche Vorbilder für einen vollständigen Stoffkreislauf gibt. Das ist auch insofern bedeutsam, weil der Mensch immer am besten gefahren ist, wenn er sich an solchen Realitäten orientiert. Leider wurden diese Belange der Natur immer mehr vergessen. Das wollen wir wieder ins Lot bringen. **Zweitens** begründet der Papst, dass wir schnellstens die Kultur (besser Unkultur) der Wegwerfgesellschaft zu Grabe tragen müssen. **Drittens** zeigt es das dramatische Auseinanderdriften zwischen den zwingenden Erfordernissen und dem weitgehend folgenlosen praktischen Handeln.

Für diese Stagnation bei der Umsetzung einer zwingenden Idee gibt es die üblichen „Begründungen": Das kann keiner bezahlen; die technischen und technologischen Lösun-

---

[32] Geissdoerfer, Martin; Savaget, Paulo; Bocken, Nancy M. P.; Hultink, Erik Ja: The Circular Economy – A new sustainability paradigm? in: Journal of Cleaner Production. Band 143, Februar 2017.

[33] Papst Franziskus: Laudato si, Verlag Katholisches Bibelwerk, Stuttgart, 2015, These 22, S. 36 f.

gen sind noch gar nicht vorhanden; das Projekt kann nur auf den Weg gebracht werden, wenn sich alle 193 UNO-Mitgliedsstaaten dazu feierlich verpflichten und bei Nichteinhaltung drakonische Sanktionen akzeptieren.

Eine gute Motivation für unser Buch und die erstmalige wissenschaftliche Begriffsbestimmung von Kreislaufwirtschaft haben wir in einem 2019 erschienenen Buch gefunden. Wir empfehlen es Ihnen zur Lektüre, weil es viele Aspekte, die wir nur anreißen konnten, umfassend und konkret behandelt; auf verständliche Weise und mit originellen Überschriften, z. B. „Wie bewahrt eine Bibliothek Rohstoffe vor dem Mülltod?" Wir zitieren weiter: „Es ist notwendig, das Wirtschaftssystem fundamental anders zu organisieren. Die Erde ist ein geschlossenes System. Unser Verbleib hier ist zeitlich begrenzt. Anstatt ein System zu nutzen, das das Fortbestehen von uns selbst und vieler anderer Wesen auf diesem Planeten in Gefahr bringt, müssen wir umdenken. Das wichtigste Ziel der Ökonomie muss dabei sein, die Wertschöpfung vom steigenden Verbrauch an Rohstoffen zu entkoppeln. Dafür sollten wir uns drei Erkenntnissen nicht länger entziehen: Erkenntnis 1: Eigentum bedeutet Verantwortung […]. Erkenntnis 2: Wir besitzen alle Dinge nur auf Zeit […]. Erkenntnis 3: Der Kopf ist rund, die Erde ist eine Kugel und die Wirtschaft ein Kreis."[34]

Dazu passt auch die folgende Passage aus einem Titel, den wir ebenfalls für lesenswert halten: „Für die Gesellschaft als Ganzes ist es sogar noch wichtiger, wirtschaftliches Wachstum und Wohlstand zu ermöglichen, ohne dabei wie die derzeitigen Geschäftsmodelle und -methoden von den zunehmend begrenzten Energie- und Rohstoffressourcen abhängig zu sein. Nach unseren Erfahrungen in der Zusammenarbeit mit und in der Beratung von Regierungen, internationalen Organisationen und Unternehmen ist die Circular Economy die einzig tragfähige große Lösung für ein rentables, umweltbewusstes und blühendes globales Wachstum einerseits und die menschliche Fortentwicklung andererseits […]. Für Unternehmen geht es darum, Wertschöpfung an die Stelle von Verschwendung zu setzen." Die Autoren unterscheiden vier Formen: Erstens die **Ressourcenverschwendung**. Diese betreffe Material und Energie, die nicht kontinuierlich wiederverwendbar sind, sondern verbraucht würden und danach unwiederbringlich verschwunden sind. Zweitens betrifft es Produkte mit **verschwendeter Lebensdauer**. Gemeint sind künstlich verkürzte Lebenszyklen, nach denen die Güter entsorgt werden, obwohl andere Nutzer sie noch verwenden könnten. Drittens geht es um Produkte mit **verschwendeter Kapazität**, die unnötige Leerlaufzeiten aufweisen, so Autos, die im Durchschnitt in ihrer Lebensdauer nur zu 10 Prozent genutzt werden. Viertens sind es **verschwendete Binnenwerte**, das sind Stoffe und Energie, die bei der Entsorgung nicht zurückgewonnen und einer neuerlichen Nutzung zugeführt werden.

---

[34] Rau, Thomas; Oberhuber, Sabine: Wie wir es schaffen, die Ressourcenverschwendung zu beenden, die Wirtschaft zu motivieren, bessere Produkte zu erzeugen und wie Unternehmen, Verbraucher und die Umwelt davon profitieren, Ullstein Taschenbuch Verlag, Berlin, 2. Auflage, 2019, S. 16 ff.

Diese Verschwendungen seien die Grundlage für die größte wirtschaftliche Chance unserer Zeit. „Die Entwicklung von Geschäftsmodellen, die Verschwendung in Wertschöpfung verwandeln, ist nicht nur finanziell sinnvoll; sie ermöglicht Unternehmen und Volkswirtschaften darüber hinaus weiteres Wachstum ohne einen Anstieg der Nachfrage nach den zunehmend beschränkten natürlichen Ressourcen. Mithilfe dieser Geschäftsmodelle könnten wir uns erfolgreich vom ressourcenbasierten Wachstum lösen und in eine neue Ära des leistungsbasierten Wachstums eintreten […]. Unsere Studien und Analysen belegen, dass die Unfähigkeit des linearen Modells, mit dem wachsenden Ressourcenbedarf umzugehen, bis zum Jahr 2030 zu einer Differenz zwischen Angebot und Nachfrage begrenzter natürlicher Rohstoffe von acht Milliarden Tonnen führen wird. Das entspricht etwa Nordamerikas gesamtem Verbrauch im Jahr 2014."[35]

Dieser Text zeigt das Erfordernis zur schnellen Implementierung der Kreislaufwirtschaft nicht nur aus der Perspektive von Ökonomie und Ressourcenverfügbarkeit. Die Autoren machen auch deutlich, dass sie diese Kehrtwendung zum „ressourcenbasierten Wachstum" innerhalb der bestehenden kapitalistischen Wirtschaftsordnung sehen.

Wir kritisieren, dass die Autoren den Begriff Wachstum zu pauschal verwenden. Damit erwecken sie den Eindruck, dass das Wirtschaftswachstum quantitativ munter weiter voranschreiten würde, wenn man „nur" die Kreislaufwirtschaft implementiert. Diese „alte" Art von Wachstum ist aber *objektiv* eng limitiert. Wir müssen mit den Ressourcen auskommen, die wir haben. Das Gros müssen schon in naher Zukunft jene sein, die wir zurückgewinnen. Die abnehmenden irdischen Vorräte müssen Ersatz- und Zusatzbedarfe befriedigen. Ersatz, weil ein 100-prozentiges Recycling nicht möglich ist. Zusatz, weil wir zumindest mittelfristig von einem weiteren Wachstum der Weltbevölkerung, wenn auch abgeflacht, ausgehen müssen.

Nach dieser Einordnung nun zu **unserem wissenschaftlichen Verständnis** von Kreislaufwirtschaft:[36]

Kurz und knapp: Was ist Kreislaufwirtschaft?

Kreislaufwirtschaft (engl. circular economy) verwirklicht im **umfassenden** *Sinne des Begriffs das Erfordernis, alle in der Wertschöpfung – von der Produktion über die Distribution bis zur Konsumtion – verwendeten Stoffe* **weitestgehend** *in einem Kreislauf zu halten. Mit Beginn des Wertschöpfungsprozesses haben diese Stoffe eine definierte Konfiguration.*

---

[35] Lacy, Peter; Rutqvist, Jakob; Buddemeier Philipp: Wertschöpfung statt Verschwendung: die Zukunft gehört der Kreislaufwirtschaft, Redline, München, 2015, S. 20–23.

[36] Für die Darstellung unserer Definition im Buch haben wir folgende Methode gewählt: Grundsätzlich folgen wir inhaltlich und strukturell der Begriffsbestimmung des Autors Michael Schäfer, die mit Erscheinen dieses Buches in die Onlineausgabe des Gabler Wirtschaftslexikons eingepflegt wurde. Wir haben den Text an einigen Stellen leicht gekürzt und populärwissenschaftlicher gefasst. Mit unseren Zwischenüberschriften orientieren wir uns an der numerischen Gliederung der Autorendefinition im Lexikon.

Die an die Originaldefinition angelehnten Texte erscheinen kursiv. Damit können Sie erkennen, wo wir zum besseren Verständnis der Definition zusätzliche Erläuterungen für sinnvoll hielten.

In dieser müssen sie am Ende des Prozesses noch verfügbar sein bzw. zurückgewonnen werden. Schon bevor der Prozess der Herstellung beginnt, muss sichergestellt sein, dass die stoffliche Rückgewinnung unter technologischen und naturwissenschaftlichen Prämissen auch tatsächlich möglich ist. Dies gilt dem Sinne nach für alle Arten von stoffwirtschaftlichen Kreisläufen: für die feststofflichen Kreisläufe bei der Herstellung materieller Güter, für die biologischen Kreisläufe mit Schwerpunkt Nahrungsaufnahme und -verwertung, für die energetischen Kreisläufe. Inkludiert sind im weiteren Sinne auch die Kreisläufe von Wasser, Boden und Luft, wobei diese in natürlicher Reinform kaum noch existieren.

Die gesellschaftspolitische, ökonomische und ökologische Relevanz der Kreislaufwirtschaft wird direkt aus dem übergreifenden Verständnis von Daseinsvorsorge (siehe Definition Daseinsvorsorge in Gabler Wirtschaftslexikon) *abgeleitet. Dort wird für jede Art wirtschaftlicher Betätigung gefordert, dass diese nur realisiert werden darf, wenn jedwede Gefährdung der belebten und unbelebten Natur ausgeschlossen werden kann. Damit hat der Schutz von Mensch und Natur – und zwar gleichwertig – Vorrang vor wirtschaftlichen Interessen, also auch der Erzielung von Gewinn.*

Gefordert wird die Umsetzung dieses Prinzips in allen gesetzlichen Vorgaben zur Implementierung der Kreislaufwirtschaft.

Der Begriff Kreislaufwirtschaft beschreibt den theoretischen Idealzustand. Die real mögliche weitestgehende Annäherung an diesen Status muss noch im 21. Jahrhundert erreicht werden. Grund ist die akute, globale und existenzielle Gefährdung der Umwelt mit allen dort bestehenden Lebensformen (u. a. Ressourcenverschwendung und -vernichtung, irreparable Naturschädigungen – Artensterben, Vermüllung usw.).

Die Zielerreichung muss analog zu inhaltlichen und methodischen Vorgehensweisen zur Abwendung der Erderwärmung – diese Prozesse sind integraler Bestandteil der Implementierung der Kreislaufwirtschaft – durch übergreifende und sektorale Vorgaben (zeitliche, qualitative und quantitative Standards) untersetzt werden. Diese Standards sind gesetzlich zu normieren. Sanktionen müssen so ausgestaltet sein, dass die Beachtung der Standards signifikant vorteilhafter (ökonomisch, moralisch) ist als deren Verletzung. Unter dieser Prämisse hat die derzeit normierte Abfallhierarchie einen temporären Status.

Kreislaufwirtschaft ist **kein** *Synonym für die Branche Abfallwirtschaft. Die häufige Bezeichnung dieses Wirtschaftszweiges als Kreislaufwirtschaft ist also falsch. Die Branche ist Teil des Systems, im Sinne von „Pars pro Toto". Dazu gehören (Stand 2020) ca. 10.700 Unternehmen. Davon entfallen*

6100 auf Abfallsammlung/-transport und Straßenreinigung sowie Abfallbehandlung/-verwertung. Knapp 1300 gehören zum Sektor Technik für Abfallwirtschaft. Weitere 3300 sind mit dem Großhandel von Abfallmaterialien befasst.

Welche Bedeutung hat die wissenschaftliche Begriffsbestimmung?

Die folgenden Erläuterungen sind im Sinne der Eindeutigkeit von großer Bedeutung. Dafür stehen folgende Aspekte:

5.4 Neues Verständnis – neue Definition: Was wir unter Kreislaufwirtschaft verstehen …

(a) *In der Fachliteratur gibt es noch keine Begriffsbestimmung, die umfassenden wissenschaftlichen Ansprüchen genügt.*

(b) *Relevant für den Begriff Kreislaufwirtschaft sind in Deutschland die legislativen Rahmensetzungen. Diese beginnen mit dem Gesetz zur Förderung der Kreislaufwirtschaft und Sicherung der umweltverträglichen Beseitigung von Abfällen – Kreislaufwirtschafts- und Abfallgesetz – KrW-/AbfG vom 27.09.1994. Es folgte das Kreislaufwirtschaftsgesetz (KrWG) vom 24.02.2012 in der zuletzt novellierten Fassung vom 29.10.2020.*

(c) *Die dort enthaltene Legaldefinition wird in der Bestimmung des Begriffs Kreislaufwirtschaftsgesetz im* Gabler Wirtschaftslexikon *wie folgt referiert: Ziel des Gesetzes zur Förderung der Kreislaufwirtschaft und Sicherung der umweltverträglichen Bewirtschaftung von Abfällen (KrWG) sei es, die Kreislaufwirtschaft zur Schonung der natürlichen Ressourcen zu fördern und den Schutz von Mensch und Umwelt bei der Erzeugung und Bewirtschaftung von Abfällen sicherzustellen (§ 1). Die umweltpolitische Zielsetzung bestehe darin, Abfälle konsequent zu vermeiden bzw. auf möglichst hohem Niveau zu verwerten. Produktion und Konsum sollen so gestaltet werden, dass möglichst wenig Abfälle entstehen, entstandene Abfälle ordnungsgemäß und schadlos verwertet und nicht vermeidbare nicht verwertbare Abfälle umweltverträglich beseitigt werden.*

(d) *Diese Legaldefinition beschreibt richtig die derzeitig ordnungspolitisch basierte definierte Abfallhierarchie, also den Status quo. Dieser muss mit dem Ziel einer möglichst vollständigen Kreislaufwirtschaft aber dynamisch und qualitativ priorisiert verstanden werden. Der Status und die Ebenen der Hierarchie werden sich im Zuge der fortschreitenden Implementierung der Kreislaufwirtschaft verändern.*

(e) *Es gibt begriffliche Überschneidungen bzw. Unschärfen. So wird für die tradierte Entsorgungs- und Abfallwirtschaft zunehmend das Synonym Kreislaufwirtschaft verwendet. Dabei umfasst deren Gegenstand nur den Kanon der Abfallhierarchie: das Recycling, die Aufbereitung von Abfall auf einem möglichst hohen stoffwirtschaftlichen Niveau und am Ende der derzeitigen Hierarchie die Abfallbeseitigung.*

(f) *Die semantische Unschärfe wird dadurch befördert, dass der Idealzustand der Kreislaufwirtschaft als Ziel gar nicht bestimmt wird. Dies vor dem faktischen Hintergrund, dass für die Hierarchie der Abfallwirtschaft nur wenige verbindliche Standards (ein Beispiel ist die Vorgabe, dass ab 2024 63 Prozent aller Kunststoffverpackungen recycelt werden müssen) existieren. Erforderlich aber sind verbindliche quantitative, qualitative und zeitliche Vorgaben für alle Segmente des Recyclings.*

Wie grenzt sich der neue Begriff Kreislaufwirtschaft von den bisherigen und noch benutzten Termini Entsorgung, Abfallwirtschaft und Recycling ab?

Aus der vorgenommenen Bestandsaufnahme ergibt sich das Erfordernis zu einer eindeutigen Abgrenzung der Begriffe Kreislaufwirtschaft und Entsorgungs- bzw. Abfallwirtschaft und Recycling. Deren Verwendung auf einer Sachebene und mit gleicher Wertig-

keit ist nicht zulässig. Kreislaufwirtschaft ist der Oberbegriff. In Relation dazu ist Recycling integraler Teil der Kreislaufwirtschaft. Unter der Prämisse, dass das Ergebnis des Recyclings die vollständige oder zumindest weitestgehende stoffwirtschaftliche Rückgewinnung ist. Dies trifft für alle weiteren Bereiche der Abfall- bzw. Entsorgungswirtschaft im Sinne der hier vorgelegten Definition von Kreislaufwirtschaft nicht zu. Eine eindeutige semantische Bezeichnung dieser vorstehenden Begriffe hat in erster Linie für die Formulierung von Standards Bedeutung, mit denen der Stand der Implementierung der Kreislaufwirtschaft objektiv evaluiert werden kann. Vor allem der derzeit unscharfe Recyclingbegriff wird regelmäßig dazu missbraucht, die Wiederverwendung von Ausgangsstoffen weit unter dem Niveau ihrer Erstverwendung als vollzogene Kreislaufwirtschaft zu etikettieren. Etwa die Verarbeitung von Kunststoffabfällen zu Pflanzkübeln oder Parkbänken.

Wie lautet die Langerklärung des Begriffs Kreislaufwirtschaft?

Kreislaufwirtschaft verwirklicht in der ökonomischen Dimension des Begriffs das Erfordernis, alle in der Wertschöpfung – von der Produktion über die Distribution bis zur Konsumtion – verwendeten Stoffe in einem Kreislauf zu halten. Mit Beginn des Wertschöpfungsprozesses haben diese Stoffe eine definierte Konfiguration. In dieser müssen sie am Ende des Prozesses noch verfügbar sein bzw. zurückgewonnen werden. Schon vor Beginn des materiellen Wertschöpfungsprozesses muss deshalb sichergestellt sein, dass die stoffliche Rückgewinnung unter technologischen und naturwissenschaftlichen Prämissen auch tatsächlich möglich ist. Dieses Verständnis ist nicht nur ökonomisch und ökologisch, sondern auch weltanschaulich determiniert. Abgeleitet wurde es aus dem übergreifenden Verständnis von Daseinsvorsorge (siehe Definition Daseinsvorsorge in Gabler Wirtschaftslexikon). Dort wird für jede Art wirtschaftlicher Betätigung gefordert, dass diese einschließlich der Erzielung von Gewinnen nur zulässig ist, wenn jedwede Gefährdung der belebten und unbelebten Natur grundsätzlich und nachweislich ausgeschlossen wird. Dies normiert ethisch den Vorrang der Bewahrung der Schöpfung vor der Erzielung von Gewinn.

Dieser Grundsatz muss mit gesetzlichen Vorgaben bei der Implementierung der Kreislaufwirtschaft umgesetzt werden.

Aus dieser Sicht leitet sich als weitere Forderung ab, dass aus allen Stoffkreisläufen a priori jene Stoffe eliminiert werden müssen, die schädlich für Mensch und Umwelt sind. Auch hier gilt, dass die weitestgehende Annäherung an einen real nicht erreichbaren Idealzustand Prozesscharakter hat.

Kreislaufwirtschaft ist kein Synonym für die Branche Abfallwirtschaft. Die Bezeichnung dieses Wirtschaftszweiges als Kreislaufwirtschaft ist also falsch. Die Branche ist ein Teil des Systems, im Sinne von „Pars pro Toto". Dazu gehören (Stand 2020) ca. 10.700 Unternehmen. Davon entfallen 6100 auf Abfallsammlung/-transport und Straßenreinigung sowie Abfallbehandlung/-verwertung. Knapp 1300 gehören zum Sektor Technik für Abfallwirtschaft. Weitere 3300 sind mit dem Großhandel von Abfallmaterialien befasst.

5.4 Neues Verständnis – neue Definition: Was wir unter Kreislaufwirtschaft verstehen ...

Die Abfallwirtschaft (oft wird auch der Begriff Entsorgungswirtschaft verwendet) erzielt einen Umsatz von 84,1 Mrd. Euro (2017), hat 310.000 Mitarbeiter (2019) und realisiert eine Bruttowertschöpfung von rund 28,1 Mrd. Euro (2017).

Eine zentrale Grundlage des Verständnisses von Kreislaufwirtschaft ist das Manifest des Club of Rome, das 1972 unter dem Titel „Die Grenzen des Wachstums" veröffentlicht wurde. Das war ein wissenschaftlich fundiertes Plädoyer für ein qualitativ und quantitativ neues Verständnis von Wachstum und die Beendigung des lebensbedrohlichen Raubbaus an den irdischen Ressourcen, der diese Dimension erst mit dem Beginn der industriellen Revolution Ende des 18. Jahrhunderts bekommen hat.

Der Bericht des Club of Rome **„Zur Lage der Menschheit"** *zeigte erstmals die existenzbedrohende Dimension unlimitierten und unkontrollierten Wachstums und begründet letztlich auch das Erfordernis einer konsequenten Kreislaufwirtschaft. Ein Synonym dafür ist das Prinzip „Cradle to Cradle" (von der Wiege zur Wiege oder vom Ursprung zum Ursprung), das auf der unumstößlichen Realität basiert, dass die Ressourcen der Erde limitiert sind. Diese Sicht wird häufig einseitig auf Begriffe wie* **endliche** *oder* **nicht erneuerbare Ressourcen** *(fossile Brennstoffe, Rohstoffe) reduziert (vgl. dazu die Systematik in Grenzen des Wachstums. Das 30-Jahre Update, S. 51 ff.). Dies konterkariert das in dieser Definition niedergelegte komplexe radikale Verständnis von Kreislaufwirtschaft. Aus dieser Perspektive können alle Rohstoffe, die materiell (also nicht energetisch) in die Wertschöpfung eingehen, weitestgehend (die naturwissenschaftlich-technisch determinierten Einschränkungen sind so marginal, dass sie vernachlässigt werden können) in ihrer Ausgangsform stofflich wiedergewonnen werden. Davon ausgeschlossen sind allein die fossilen Brennstoffe. Zu deren vollständiger Substitution durch erneuerbare Energien mit dem Ziel einer radikalen Reduzierung von CO_2-Emissionen besteht inzwischen aber global Konsens. Deshalb wird dieser Aspekt in der Definition nicht gesondert behandelt.*

Das hier definierte Prinzip Kreislaufwirtschaft gilt übergreifend aber für alle Arten von wirtschaftlichen und natürlichen Kreisläufen. Diese beiden grundlegenden Kategorien sind schon deshalb nicht separat zu betrachten, weil sie auf vielfältige Weise interagieren. Wirtschaftliche Kreisläufe sind immer an die Nutzung natürlicher Ressourcen gebunden. Für Letztere wiederum gilt, dass sie in natürlicher Reinform zumeist gar nicht mehr verfügbar sind. Sie müssen für den konkreten Wertschöpfungsprozess spezifisch aufbereitet werden. Das gilt in erster Linie für das Wasser und die Luft.

Das derzeit vorherrschende Verständnis von Kreislaufwirtschaft ist zu einseitig nur auf die Ökonomie fokussiert. Das von René Descartes (1596–1650) falsch formulierte und begründete Prinzip der Trennung von Mensch und Natur prägt noch maßgeblich das heutige Weltbild. Dass der Mensch Teil der Natur ist, wird weltanschaulich kaum bestritten. Im angewandten wissenschaftlichen und politischen Denken und Handeln wird diese Erkenntnis aber nur ungenügend umgesetzt. Folgerichtig findet sich in der Literatur auch keine vollständige Typologie der interagierenden Kreisläufe. Dieses Defizit soll dahingehend beseitigt werden, dass wir den Geltungsbereich der vorliegenden Definition in Relation zu den **Arten von Kreisläufen** *(unter Hinweis auf die Typologie von Donella Meadows/Randers/ Dennis Meadows) bestimmen:*

(1) *Für die stofflich determinierten Kreisläufe bei der Herstellung materieller Güter (Produktion, interne Logistik) inklusive der in die Wertschöpfung integrierten Nutzung natürlicher Ressourcen*

Gegenstand ist der unmittelbare Prozess der Herstellung von materiellen Gütern. Hier gehen einzelne Stoffe oder auch Stoffgemische Synthesen bis zum Endprodukt ein. In diesem Prozess werden auch natürliche Ressourcen genutzt, die zum einen Produktbestandteil werden, zum anderen für den Produktionsprozess benötigt werden. Für alle Stoffe im Endprodukt gilt die Forderung nach vollständiger Rückgewinnung nach dem Ende des Lebenszyklus des Produktes. Für alle Ressourcen, die für den Produktionsprozess benötigt werden, gilt die Forderung nach vollständiger Aufbereitung bis zum Ausgangsniveau.

(2) *Für die materielle und informationelle Seite der Distribution (Marketing, Vertrieb, externe Logistik, Digitalisierung) inklusive der in die Distribution integrierten Nutzung natürlicher Ressourcen*

Diese Kreisläufe werden mit dem bisherigen Verständnis von Kreislaufwirtschaft gar nicht oder nur partiell erfasst. Dabei spielen sie unter dem Aspekt der vollständigen Ressourcennutzung inklusive der Rückgewinnung eine große Rolle. Aus diesem neuen Ansatz ist im kreislaufwirtschaftlichen Kontext direkt die Forderung abzuleiten, den volkswirtschaftlich bedeutenden Sektor Güterverkehr schnellstmöglich auf erneuerbare Energieträger umzustellen und diese Verkehre schnellstmöglich von der Straße auf die Schiene zu verlagern.

(3) *Für die biologischen Kreisläufe mit Schwerpunkt Nahrungsaufnahme und -verwertung*

Gegenstand sind der Mensch und die Nutztierhaltung. Diese Kreisläufe werden im bisherigen Verständnis von Kreislaufwirtschaft zu wenig beachtet. Das widerspricht ihrer realen Dimension (7,72 Mrd. Weltbevölkerung, weiter steigender Fleischanteil an der Welternährung). In einigen Industrieländern mit dem Schwerpunkt Europäische Union ist aber eine zunehmende Bereitschaft erkennbar, den Kreislaufgedanken auf die biologische Dimension auszudehnen. Dafür steht das Thema kommunale Klärschlammverwertung, derzeit mit dem Schwerpunkt Phosphorrückgewinnung. Deutschland hat weltweit eine Vorreiterrolle. Seit 2017 gibt es die verbindliche Vorgabe für das Recycling ab 2029.

(4) *Für die energetischen Kreisläufe*

Wegen des weltweiten existenzbedrohenden Klimawandels hat der Paradigmenwechsel in der Energieerzeugung von der Verbrennung fossiler Brennstoffe zur Nutzung erneuerbarer Energien weltweit eine überragende Bedeutung bei der Reduzierung der

CO_2-Emissionen. Im Sinne dieser Definition sind erneuerbare Energien idealtypisch für die Kreislaufwirtschaft, sie sind deren integraler Bestandteil. Deshalb ist die solitäre Befassung damit – vor allem im Kontext mit dem Klimawandel – auch semantisch mindestens problematisch.

Bezogen auf das Zeitalter der Energieerzeugung aus fossilen Brennstoffen gilt – und hier mit negativer Wirkung – auch ein kreiswirtschaftliches Prinzip, der Energieerhaltungssatz. Denn die Aufheizung der Atmosphäre, also die dortige Speicherung von Energie, steht im direkten Kontext mit den CO_2-Emissionen. Die Energie geht nicht verloren. Es ändert sich aber die Relation zwischen der Energie, die von der Erde in den Weltraum zurückgestrahlt wird, und der, die in der Atmosphäre verbleibt. Letztere wächst – was mit großen realen Wirkungen den gesamtenergetischen Zustand der Erde verändert –, Erstere wird kleiner, was im Gegensatz zur Erde für das Universum ohne jede Relevanz ist.

(5) *Für naturnahe, aber wirtschaftlicher Nutzung unterliegende Kreisläufe, in erster Linie Süßwasser, Weltmeere, Luft, Land, Böden, Wälder*

Vor der industriellen Revolution waren diese Kreisläufe außerhalb der in Relation zur Gesamtfläche der Erde wenigen Siedlungsgebiete – diese machten nur einen Bruchteil der Erdoberfläche aus – per se naturbelassen. Sie vollzogen sich weitestgehend ohne direkte und indirekte menschliche Einflussnahme. Der heutige Status wird durch die hohe Siedlungsdichte im Kontext mit der gewaltigen Zunahme der Weltbevölkerung (2020: 7,72 Mrd. Menschen) geprägt. In der Folge dehnt sich die wirtschaftliche Nutzung der Natur weiter aus. Diese geschieht immer noch mehrheitlich zum Nulltarif und manifestiert sich als Raubbau, was zu riesigen, zum großen Teil nur auf lange Sicht reparablen Schädigungen der natürlichen Kreisläufe geführt hat und weiter führt.

Für diese Kreisläufe sei auf die wichtige Unterscheidung zwischen **nachwachsenden** und **erneuerbaren Stoffen bzw. Energien** verwiesen. Die Kategorie „**nachwachsend**" gehört zu den in diesem Punkt beschriebenen naturnahen Kreisläufen. Der derzeitige Status quo muss im Sinne der Kreislaufwirtschaft so verändert werden, dass die Nutzung der natürlichen Ressourcen generell so erfolgen muss, dass diese nach der Nutzung in gleicher Qualität verfügbar sein müssen wie davor.

Erneuerbare Stoffe werden in der Grundform, im Regelfall wie im Periodensystem der Elemente definiert, in den Kreislauf gebracht, verbleiben dort bzw. werden in erster Linie nach dem Produktzyklus wieder zurückgewonnen. **Erneuerbare Energien** basieren auf natürlichen Ressourcen, in erster Linie Sonne, Wind, Wasser. Auch hier gilt das kreislaufwirtschaftliche Prinzip, wonach die Gewinnung dieser Energien nur unter Gewährleistung geschlossener Kreisläufe zulässig ist. Die Solar- oder die Windkraftanlage müssen also nach Ende einer maximal möglichen Nutzungszeit in die Stoffe zurückgeführt werden, die für ihre Herstellung verwendet wurden.

(6) *Für naturdeterminierte Arten und Ökosystemleistungen*

Die unter (5) genannten Schädigungen der Naturräume beeinträchtigen zunehmend auch den Umfang und die Qualität der sogenannten Ökosystemleistungen. Das sind nichtkommerziell genutzte natürliche Arten und die von ihnen gebildeten Ökosysteme. Die Leistungen dieser Systeme bestehen darin, dass sie die von allen Lebewesen benötigte Energie und Stoffe aufnehmen, verwenden und wieder in den Kreislauf zurückführen. Zu diesen Ökosystemleistungen gehören u. a. die Reinigung von Luft und Wasser, die Aufnahme und Speicherung von Wasser ebenso wie die Speicherung klimaschädigender Gase wie CO_2 und Methan oder die Evolution und Erhaltung des Genpools und der Biodiversität.

Diese Leistungen sind ein zentrales Element der irdischen Lebensbedingungen. Deren Reduktion durch die immer stärkere wirtschaftliche Nutzung von bisher unberührten Naturräumen führt zu wachsender Instabilität ökologischer und biologischer Systeme, in erster Linie des Weltklimas in Gestalt von kaum noch beherrschbaren Naturkatastrophen oder der zunehmenden Gefahr von Pandemien.

Der Zwang zur Kreislaufwirtschaft hat eine qualitative (aus der Endlichkeit der Erde und ihrer Ressourcen leitet sich das Erfordernis zu Stoffkreisläufen unmittelbar ab) und eine zeitliche Dimension (die Übernutzung der Ressourcen hat ein solches Ausmaß erreicht und besitzt ein derart großes Gefährdungspotenzial, dass schnell gehandelt werden muss). Es gibt aber auch eine quantitative Dimension: Laut einer Studie von McKinsey haben unsere Güter schon nach einem einzigen Nutzungszyklus 95 Prozent ihres Rohstoffwertes eingebüßt. Momentan versorgt sich die Industrie in Deutschland nur zu 14 Prozent mit recycelten Rohstoffen. Würden alle werthaltigen Rohstoffe recycelt, könnte Deutschland pro Jahr 90 Mrd. Euro an Rohstoffimporten einsparen. Der Gesamtwert des Elektroschrotts im Jahr 2016 betrug weltweit 55 Mrd. Euro. Nur 20 Prozent dieses Mülls wird recycelt.

Diese Zahlen zeigen lediglich einen Trend. Alle Schätzungen über erreichbare Recyclingquoten berücksichtigen im Regelfall nur solche Möglichkeiten der Rückgewinnung, die **wirtschaftlich** realisiert werden können. Würde man das erweiterte Verursacherprinzip schon jetzt konsequent anwenden, lägen die Recyclingquoten deutlich höher.

Es hätte den Rahmen einer Definition gesprengt, angrenzende Bereiche ausführlich herauszuarbeiten. Von besonderer Bedeutung sind zum einen **Faktoren**, welche die Implementierung der Kreislaufwirtschaft befördern. Zum anderen sind es die **Geschäftsoptionen**, die für dieses neue Wirtschaftsmodell bestehen. Zunächst zu den Faktoren: Die schon zitierten Autoren Lacy, Rutqvist und Buddemeider haben folgende Systematik entwickelt, die wir für plausibel und praktikabel halten:[37]

(1) Die Begrenztheit und zunehmende Verknappung der abbaubaren irdischen Ressourcen

Zwischen den Jahren 1960 und 2000 ist deren Verbrauch um 450 Prozent gestiegen, von 2000 bis 2014 um weitere 80 Prozent. Für die Periode 2019–2030 haben wir bei Sta-

---

[37] Wertschöpfung statt Verschwendung, a. a. O., S. 22, 43 ff.

5.4 Neues Verständnis – neue Definition: Was wir unter Kreislaufwirtschaft verstehen …

Tab. 5.1 Entwicklung der Nachfrage nach ausgewählten Metallen im Zeitraum 2019–2030

Metall	Zuwachs der Nachfrage bis 2030 in Prozent
Lithium	637 %
Kobalt	183 %
Nickel	105 %
Aluminium	28 %
Kupfer	17 %

tista die in Tab. 5.1 aufgelisteten Prognosen für den steigenden Bedarf an ausgewählten Metallen gefunden.[38]

Die stark steigende Nachfrage stößt auf schwindende Ressourcen. Wann die förderbaren Rohstoffe jeweils erschöpft sein werden, lässt sich nicht verlässlich voraussagen. Für Öl, Kupfer, Kobalt, Lithium, Silber, Blei und Zinn nehmen anerkannte Experten an, dass die Vorräte in den kommenden 50–100 Jahren verbraucht sein werden. Das gilt auch für Phosphor. Ohne dieses Lebenselement Nummer eins würde die Welternährung zusammenbrechen. Gewaltige Hungerkatastrophen wären die Folge.

(2) Die sich rasant entwickelnden technischen Fähigkeiten, die stoffwirtschaftliche Realisierung nicht nur faktisch, sondern auch wirtschaftlich zu realisieren

Wir zeigen am Ende dieses Kapitels mit vielen Beispielen, dass es für die stoffliche Rückgewinnung bis auf die Ebene des Atoms im Grundsatz heute keine technologischen Barrieren mehr gibt. Nach heutigen Maßstäben unterbleibt das Recycling allein aus Kostengründen. Die Recyclate sind oft sehr viel teurer als die auf dem Markt verfügbaren Rohstoffe. Das wird sich mit zunehmender Nachfrage und schwindenden Vorräten ändern. Aber so lange können wir nicht warten. Deshalb unterbreiten wir mit dieser Definition den Vorschlag für ein erweitertes Verursacherprinzip, dessen Einführung der Turbo für die Kreislaufwirtschaft wäre.

(3) Zunehmender Druck auf Naturressourcen, die natürlichen Kreisläufen unterliegen

Wir reden in erster Linie über das Wasser, genauer das Süßwasser, die landwirtschaftlich genutzten Böden und die Wälder. Von 1930 bis 2000 hat sich der weltweite Wasserbedarf bei einer Verdreifachung der Weltbevölkerung versechsfacht. Zwischen 2000 und 2030 soll der Verbrauch um 50 Prozent steigen.[39]

(4) Neue Formen der Befriedigung der Bedürfnisse nach Produkten und Leistungen

---

[38] Vgl. https://de.statista.com/statistik/daten/studie/1218960/umfrage/prognose-zur-nachfragesteigerung-strategischer-metalle-weltweit, Internetrecherche am 03.02.2022.

[39] Zu weiteren Fakten, die belegen, dass die Verknappung und vor allem die konfliktbeladene Allokation der Vorräte ein starker Treiber für die Kreislaufwirtschaft sind, verweisen wir auf unser Kap. 3.

Wir verweisen beispielhaft auf den weltweiten Trend, dass die Befriedigung von Bedürfnissen nach Waren und Leistungen nicht zwingend mit deren Besitz verbunden sein muss. Gerade in den Städten gibt es einen starken Aufwuchs an Sharingmodellen. Dies betrifft nicht nur die Konsumtion, sondern zunehmend auch die Wertschöpfung selbst.

Eine ebenso kühne (im Sinne des von uns geforderten Sprengens von Systemen) wie praktikable Idee ist das Turntoo-Modell.[40] Hier bleibt „der Hersteller durchgängig Eigentümer des Produkts und trägt somit auch die Folgen seines Handelns. Er ist für sein Produkt und für alle darin verarbeiteten Materialien verantwortlich inklusive aller zukünftigen Möglichkeiten und Probleme". Damit wird das lineare Modell der Wertschöpfung nicht etwa optimiert, sondern komplett transformiert […]. In der Linearwirtschaft habe der Besitzer eines Produkts, wenn er es nicht mehr nutzen will oder kann, zwei Möglichkeiten: Er veräußert es einem anderen oder übergibt es der Verwertung, die bisher mehrheitlich auf den unteren Stufen der Abfallhierarchie stattfindet […]. „Im Turntoo-Modell wird ein Hersteller das Produkt von vornherein so entwickeln, dass es nach der Nutzungsphase leicht in den nächsten Zyklus integriert werden kann, entweder als ganzes Produkt, in seinen Einzelteilen oder in Form der Materialien. Es liegt im Interesse des Herstellers, so wenig wie möglich von den Materialien verloren gehen zu lassen, denn das käme einer Kapitalvernichtung gleich. Es ist ja fortwährend sein Eigentum, sein Geld, sein Kapital. Warum sollte er es entsorgen? Für uns Kunden stillen die Produkte nach wie vor ein zeitlich begrenztes Bedürfnis. Für den Produzenten aber erfüllen Produkte künftig eine neuartige Doppelrolle: Zum einen sind sie Instrumente für eine verkäufliche Dienstleistung, zum anderen dienen sie als variables Materialdepot."[41]

(5) Die Überschreitung ökologischer Grenzen

> „2009 identifizierte und quantifizierte eine Gruppe von 28 international anerkannten Wissenschaftlern neun ökologische Grenzen, deren Überschreitung abrupte oder irreversible Umweltveränderungen hervorrufen kann. Fünf davon hat die Welt bereits überschritten – die Aussterberate (Verlust von Arten), die Kohlendioxidkonzentration, die Stickstofffixierung der Atmosphäre, die „Landnutzungsintensität und -menge" und nun auch die globale Belastung durch neue Stoffe. Diese fünfte Überschreitung wurde erst Ende 2021 nachgewiesen."[42,43]

---

[40] Die Wortschöpfer bzw. Erfinder von Turntoo haben keine Übersetzung geliefert. Wir schlagen „Transformation" vor, denn im Kern geht es bei diesem Modell um die Transformation der Linear- zur Kreislaufwirtschaft. Wir kommen auf Turntoo noch einmal zurück, wenn wir unsere Vorstellung von einem erweiterten Verursacherprinzip entwickeln. Denn ganz so einfach, wie es im Modell dargestellt wird, wird die Implementierung der Kreislaufwirtschaft nicht funktionieren. Die vermutete Einsicht der Hersteller reicht als Treiber nicht aus.

[41] Wie wir es schaffen, a. a. O., S. 105 f.

[42] Im Jahr 2015 wurde diese Bestandsaufnahme aktualisiert. Diese neun Grenzen betreffen den Klimawandel, die Versauerung der Ozeane, den stratosphärischen Ozonabbau, die atmosphärische Aerosolbelastung, den Süßwasserverbrauch, die Landnutzungsänderung, die Unversehrtheit der Biosphäre und die Einbringung neuartiger schädlicher Substanzen.
Quelle: https://www.bmuv.de/themen/nachhaltigkeit-digitalisierung/nachhaltigkeit/integriertes-umweltprogramm-2030/planetare-belastbarkeitsgrenzen, Internetrecherche am 31.12.2021.

[43] Materna, Elena: Wir können es schaffen, Berliner Zeitung vom 31.01.2022.

5.4 Neues Verständnis – neue Definition: Was wir unter Kreislaufwirtschaft verstehen ...

> Diese und weitere Umweltschädigungen bedrohen die ökologischen Senkgruben – eine Bezeichnung für Wälder, Erdatmosphäre und Meere, die Abfälle, Verschmutzungen und Gifte absorbieren."[44]

Es ist zum einen die Vielfalt der Grenzüberschreitungen, zum anderen die Interaktion der Bedrohungsszenarien, die enormen Handlungsdruck ausüben. Für die Abwehr aller dieser Menschheitsgefahren ist konsequente Kreislaufwirtschaft die einzige komplexe Antwort.

(6) Das Erreichen regional und global nicht mehr beherrschbarer Müllmengen

Die genannten ökologischen Krisen werden durch die immense Müllmenge, die das lineare Modell erzeugt, noch verschärft. Im Jahr 2019 betrug die jährliche Müllmenge weltweit rund 2 Mrd. t. Laut einer Studie der Weltbank soll sie – wenn wir so weitermachen wie bisher – bis 2050 um 70 Prozent, das sind dann 3,4 Mrd. t, steigen.[45]

> „Der Abfall ist nicht allein ein Problem für die Umwelt. Angesichts weltweit enttäuschend niedriger Recyclingraten beläuft sich der jährliche Wertverlust auf bis zu eine Billion Dollar (300 Milliarden Dollar für kommunale Abfälle und 700 Milliarden Dollar für Industriemüll). Auch hier gibt es erstaunliche geografische Unterschiede. Der geschätzte jährliche Verlust für China liegt bei 150 Milliarden Dollar, für die USA bei 100 Milliarden Dollar, für Deutschland bei 20 Milliarden Dollar."[46]

Nun zu den **Geschäftsoptionen** für die Kreislaufwirtschaft. Auch hier orientieren wir uns an einem Strukturvorschlag von Lacy, Rutqvist und Buddemeier, den wir nachfolgend kurz referieren.[47]

Die **erste** und auch die grundlegende Option ist das sogenannte Circular Supply Chain. „In diesem Modell wird von der Beschaffung der Rohstoffe über Produktion und Distribution bis hin zur Weiterverwendung defekter oder nicht mehr benötigter Produkte, Teile und Materialien jeder einzelne Schritt innerhalb der Lieferkette vor dem Hintergrund der Abfallvermeidung beziehungsweise Ressourcenweiterverwendung konzipiert und geplant."[48]

Qualitativ geht es im Kern darum, konventionelle Produktionsfaktoren durch vollständig erneuerbare, recyclingfähige oder biologisch abbaubare Materialien zu ersetzen. Circular Supply Chains seien im Idealfall nicht nur regenerativ, sondern auch grundsätzlich verträglich und ungiftig. Mit „Weitsicht und natürlich gewonnenen Ressourcen würden niemals Gifte emittiert werden, die dann zum Beispiel in der Muttermilch auftauchen.

---

[44] Wertschöpfung statt, a. a. O., S. 44 f.
[45] https://www.t-online.de/nachhaltigkeit/id_85284858/zwei-milliarden-tonnen-abfall-muell-ein-globales-problem.html
[46] Ebenda, S. 46.
[47] Ebenda, S. 83 ff.
[48] Plädoyer für die Circular Supply Chain | springerprofessional.de, Internetrecherche am 31.12.2021.

Dort lassen sich bis zu 2500 Chemikalien feststellen. Das ist chemische Belästigung, denn das Baby hat nicht darum gebeten."[49]

Circular Supply Chain biete Wettbewerbsvorteile. Der Ersatz knapper und schädlicher Stoffe durch solche, die a priori vollständig recyclingfähig sind, sei die Grundlage für stabile Preise und die Einhaltung von Vorschriften. Die große Mehrheit der Kunden würde nachhaltige Alternativen bevorzugen. Dies sei die Marktmacht von Circular Supply Chain.

Die **zweite** Option steht unter der Überschrift „Wiederverwertung und Recycling: Der Abfall wird Geschichte".[50] Bei diesem Ansatz werde alles, was zuvor als Abfall betrachtet wurde, wiederverwendet. Ziel sei es, nicht nur den Abfall selbst, sondern das gesamte Abfallkonzept auf längere Sicht abzuschaffen. Mit Rückführungsketten für Ressourcen werde Abfall durch Recycling und Upcycling in nutzbaren Mehrwert verwandelt. Ergänzend dazu gäbe es die Möglichkeit, Abfällen und Nebenprodukten aus dem Produktionsprozess selbst – dem eigenen oder dem von Dritten – durch Aufarbeitung neuen Wert und Gebrauchswert zu verschaffen. Dies wäre ein bevorzugtes Modell für die **Rückgewinnungswirtschaft**, wie wir die „alte" Entsorgungsbranche künftig nennen wollen.

„Die Geschäftsoption Lebenszyklusverlängerung: Produkte, die halten sollen", als **dritte** Variante, befördert das Wegwerfprinzip ins Abseits. Dies war die logische Strategie einer Wirtschaft, die auf billigen, reichlich vorhandenen Ressourcen beruhte. Die Autoren zeigen, dass mit der Lebensverlängerung zusätzliche Einnahmequellen generiert werden können: Qualitätszuschläge für längere Haltbarkeit, Generalüberholung, Rücknahme/Inzahlungnahme/Rückkauf für Wiederverkauf/Aufrüstung/Nachfüllung/Reparatur.

„Die **vierte** Geschäftsoption der Circular Economy, die Kollaborationsplattform, ist eng mit der Sharing Economy verknüpft. Sie basiert auf einer Plattform, die Besitzer von Produkten mit Personen oder Organisationen zusammenbringen, die diese gern nutzen würden. Anstatt hinzunehmen, dass Produkte weitgehend ungenutzt bleiben, steigert die Plattform deren Produktivität, indem sie gemeinsame Verfügbarkeit oder gemeinsamen Besitz ermöglicht."[51]

Die **fünfte** Geschäftsoption trägt den Titel „Product as a Service: Leistung geht vor Eigentum".[52] Damit können wir es bewenden lassen, denn den Grundgedanken dieser Variante haben wir unter dem Begriff Turntoo-Modell schon erläutert.

In welchem semantischen Umfeld Kreislaufwirtschaft angesiedelt ist und warum die Begriffe Daseinsvorsorge, Nachhaltigkeit, Fortschritt, Wachstum und Globalisierung eine besondere Bedeutung haben
Die neue Begrifflichkeit von Kreislaufwirtschaft wurde direkt aus der erweiterten Definition von Daseinsvorsorge (Gabler Wirtschaftslexikon) *abgeleitet. Dort wird zunächst auf den unmittelbaren Geltungsbereich verwiesen, also die Bereitstellung und die Sicherung*

---

[49] Wertschöpfung statt, a. a. O., S. 84.
[50] Ebenda, S. 107.
[51] Ebenda, S. 151.
[52] Ebenda, S. 173.

5.4 Neues Verständnis – neue Definition: Was wir unter Kreislaufwirtschaft verstehen …

des allgemeinen und diskriminierungsfreien Zugangs zu existenziellen Gütern und Leistungen (Abwasserentsorgung/Wasserversorgung, Bildung, Energieversorgung, Gesundheit, Kultur, öffentliche Sicherheit, Post, Telekommunikation, Verkehr, Wohnungswirtschaft) für alle Bürger auf der Grundlage definierter qualitativer und quantitativer Standards.

Daseinsvorsorge hat aber auch eine übergreifende Dimension, die aus den globalen, den Bestand der Zivilisation bedrohenden Entwicklungen (in erster Linie der Klimawandel und der außer Kontrolle geratene Natur- und Ressourcenverschleiß) abgeleitet wird. Daraus folgend wird für die Gesamtheit der wirtschaftlichen Betätigungen gefordert, dass jedwede Gefährdung von belebter und unbelebter Natur grundsätzlich ausgeschlossen ist. Nur die vollständige stoffliche Rückgewinnung schließt die Gefährdung der Zivilisation vollständig aus. Alle darunter liegenden Stufen der Abfallhierarchie haben ein Gefährdungspotenzial, wenngleich in unterschiedlicher Ausprägung.

Deshalb müssen Begriffe wie Nachhaltigkeit, Fortschritt, Wachstum oder auch Globalisierung direkt aus dem Verständnis von Daseinsvorsorge und Kreislaufwirtschaft abgeleitet werden. Im Zentrum steht ein neues Verständnis von Wachstum mit der Priorisierung qualitativer Parameter. Rein ökonomische Kennzahlen zur Abbildung von Wachstum verlieren in diesem Prozess weitgehend ihre Bedeutung. Das ist selbst für eine zeitweilig noch zunehmende Weltbevölkerung darstellbar. Deren existenziellen Bedürfnisse stehen im Zentrum. Am Beispiel Mobilität kann gezeigt werden, dass dieses Bedürfnis weltweit mit einem sehr deutlich reduzierten Verbrauch an Ressourcen auf hohem Niveau befriedigt werden kann. Im Personenverkehr durch den Paradigmenwechsel vom Individual- zum öffentlichen Verkehr, im Güterverkehr vom Straßen- auf den Schienenverkehr. Dieser Paradigmenwechsel betrifft in erster Linie die Industrieländer. Für die Entwicklungsländer muss die Bereitstellung von Infrastruktur und Leistungen von vornherein dieser Gewichtung folgen bzw. es müssen begonnene Entwicklungen korrigiert werden.

Die konsequente Etablierung regionaler nachhaltiger Wertschöpfungskreisläufe wird die weltweite Arbeitsteilung nicht beenden. Diese wird sich aber vorrangig an Erfordernissen von Kooperation und Spezialisierung und weniger an Kostenreduzierung und Profitmaximierung orientieren. Im Ergebnis werden auch globale Verkehre deutlich reduziert und können damit auch schneller auf erneuerbare Energieträger umgestellt werden.

2022, also im Erscheinungsjahr dieses Buches, begehen wir den 50. Jahrestag der Denkschrift „Die Grenzen des Wachstums". Diese Denkschrift des Club of Rome zeigte bereits 1972, dass wir uns von den *objektiv* falschen Vorstellungen verabschieden müssen, dass quantitatives Wachstum ein gesetzmäßiger Bestandteil unserer Wirtschaftsordnung ist. Es ist elementare Logik, dass aus der Begrenztheit unserer Erde und ihrer Schätze nur folgen kann, dass das Modell vom grenzenlosen Wachstum in unserer ökonomischen und gesellschaftlichen Entwicklungsstufe (weiterwachsende Weltbevölkerung, Konsumorientierung auf immer schnelleren Verschleiß materieller Güter) keine reale Grundlage mehr hat.

Wir zeigen mit unserer Definition von Kreislaufwirtschaft, dass Wertschöpfung unter Betonung des *qualitativen* Aspekts Wohlstand und Wohlbefinden sichert. Ausgangspunkt jeder wirtschaftlichen Betätigung sind unsere realen Lebensbedürfnisse, die materiellen wie die ideellen, definiert in einem dynamischen Kanon der Daseinsvorsorge. Wir illustrieren den Zusammenhang der Begriffe **Nachhaltigkeit, Fortschritt, Wachstum und Globalisierung** am Beispiel Mobilität. Es hat doch nichts mit Fortschritt zu tun, wenn jedem der 7,8 Mrd. Erdenbürger suggeriert wird, dass das eigene Auto für jedermann sinnvoll und erstrebenswert ist! Schon mit den vier Grundrechenarten ist das ad absurdum zu führen. Die irdischen Ressourcen reichen nicht einmal ansatzweise, und man braucht auch keine komplizierten Klimamodellierungen, um zu kapieren, dass unser Planet in kürzester Zeit kollabieren würde, wenn auch nur jeder Zweite seinen PKW in Betrieb setzen würde.

Aus dieser globalen Perspektive ist es völlig egal, ob diese Milliarden-PKW-Flotte mit Benzin, Diesel oder Elektroenergie in Gang gesetzt würde. Die „Idee" der E-Mobilität für alle ist schon vor dem Hintergrund des Ressourcenverbrauchs ein Irrweg. Hinzu kommen die ökologischen Probleme (u. a. ungeklärtes Recycling, Limitierung des Verkehrsraums usw.).

Wer das E-Auto für alle als Schritt in die neue Zeit der Nachhaltigkeit feiert, dem kann nur der komplette Verlust an realer Wahrnehmung bescheinigt werden.

Deshalb verstört, was wir im Programm der Ende 2021 gestarteten Ampelkoalition lesen:

> „Wir werden den Transformationsprozess der deutschen Automobilindustrie vor dem Hintergrund von Digitalisierung und Dekarbonisierung unterstützen. Rahmenbedingungen und Fördermaßnahmen werden wir darauf ausrichten, dass Deutschland Leitmarkt für Elektromobilität mit mindestens 15 Millionen Elektro-Pkw im Jahr 2030 ist."[53]

Wir hatten nach den vielen Vorschusslorbeeren eine tiefe Verbeugung vor dem 50-Jahre-Jubilar „Grenzen des Wachstums" erwartet und radikale Sätze, mit denen das Umsteuern mit einem halben Jahrhundert Verspätung endlich gestartet wird. Was wir bekommen, das ist, liebe Damen und Herren Koalitionäre, ein Danaergeschenk. Eine Gabe, die den Empfängern, rund 80 Mio. Bundesbürgern, schadet. „Der Begriff entstammt bekanntlich der griechischen Sage über den Trojanischen Krieg: Die Danaer, wie Homer die Griechen nannte, brachen die Belagerung Trojas zum Schein ab und hinterließen am Strand das hölzerne Trojanische Pferd. In dessen Inneren verbargen sich jedoch griechische Krieger, die nachts, nachdem die Trojaner das vermeintliche Göttergeschenk in ihre Stadt gebracht hatten, aus ihrem Versteck kamen, ihren zurückgekehrten Mitkämpfern die Stadttore öffneten und damit den Untergang Trojas herbeiführten."[54]

---

[53] https://www.spd.de/fileadmin/Dokumente/Koalitionsvertrag/Koalitionsvertrag_2021–2025.pdf, Internetrecherche am 01.01.2022.

[54] https://de.wikipedia.org/w/index.php?title=Danaergeschenk&diff=219306818&oldid=217343674, Internetrecherche am 20.01.2022.

5.4 Neues Verständnis – neue Definition: Was wir unter Kreislaufwirtschaft verstehen ...

Das war damals das Ende Trojas. Heute ist das politische Versprechen der Ampelkoalition ein Beitrag zum Untergang der Menschheit. Denn die Umsetzung dieses Plans, aus den 59 Mio. Kraftfahrzeugen in Deutschland (davon rund 48 Mio. PKW)[55] angeblich umweltfreundliche E-Autos zu machen, stiftet immensen Schaden. Das widerspricht unserer Vorstellung von Daseinsvorsorge. Das, was da als Ziel verkündet wird, ist ein Rückschritt, der uns der Apokalypse näherbringt. Und das alles unter der Überschrift: „Mehr Fortschritt wagen. Bündnis für Freiheit, Gerechtigkeit und Nachhaltigkeit!"

Was für ein Etikettenschwindel angesichts des fünfzigjährigen Jubiläums des Manifests des Club of Rome im Jahr 2022. Spätestens mit dem Erscheinen der Denkschrift hätte man doch die Weiche umlegen und den Zug in die entgegengesetzte Richtung in Fahrt setzen müssen. Öffentlicher Verkehr „vom Feinsten" wäre heute unsere Lebenswirklichkeit. Mobilität für jedermann zu jeder Zeit. Pieksaubere Busse und Bahnen, Zugriff auf Sonderleistungen bei der Urlaubsfahrt der Familie mit vier Kindern und so weiter und so fort. Die Kinder in der Schule würden mit staunenden Augen Geschichten über Staus, verpestete Luft und Verkehrslärm lesen und sich fragen, wie bekloppt doch die Vorgeneration zu Beginn der 70er-Jahre des letzten Jahrhunderts war. Natürlich würden sie ihre Opas und Omas, also auch die beiden Autoren dieses Buches, dafür loben, dass sie 1972 die „Kurve gekriegt" haben.[56]

Das ist leider ein Märchen. Dass es nicht Wirklichkeit wurde, daran haben wir, wie die meisten von uns, einen Anteil. Deshalb ist es das Gebot der Stunde, sich einem „Weiter so" – gerade in einer neuen politischen Konstellation mit der Chance zur radikalen Wende – konsequent entgegenzustellen.

Wie wir mit einem erweiterten Verursacherprinzip die weitestgehende Rückgewinnung der Stoffe wirtschaftlich machen
Im direkten Kontext mit dem vorgeschlagenen neuen Begriff Rückgewinnungswirtschaft plädieren wir für eine Neudefinition des Begriffs **Verursacherprinzip**. *Im bisherigen Verständnis wird er im Umweltschutz nur in dem Sinne verwendet, dass der Verursacher einen von ihm verursachten Schaden zu kompensieren hat.*

In Korrelation zur Kreislaufwirtschaft geht es aber nicht nur um die Kompensation eines Schadens, sondern darum, dass die Produzenten und Dienstleister generell alle Kosten für die stoffliche Rückgewinnung in der Preiskalkulation ihrer Produkte und Leistungen kalkulatorisch einpreisen.

Reine Marktmechanismen sichern derzeit das Recycling nur bei sehr teuren Stoffen wie z. B. Edelmetallen. Ursache für relativ hohe Recyclingquoten etwa bei Glas und Papier ist

---

[55] https://www.kba.de/DE/Presse/Pressemitteilungen/2021/Fahrzeugbestand/fahrzeugbestand_node.html, Internetrecherche am 01.01.2022.

[56] Ausführlich arbeiten wir diesen „verpassten" Paradigmenwechsel im Kap. 6 unter der großen Überschrift „Mogelpackungen" auf.

die Kombination von Marktkräften und ordnungspolitischen Steuerungen. Die Marktkräfte wirken auch bei vergleichsweise billigen Stoffen dann, wenn Recycling billiger ist als die originäre Herstellung mit den natürlichen Ausgangsstoffen. Dafür steht beispielhaft die Papierherstellung mit einem sehr hohen Anteil an Altmaterialverwendung.

Kaum Wirkung erzielen Marktmechanismen aktuell noch bei Kunststoffen, weil deren Massenproduktion für die meisten Produkte deutlich billiger ist als das Recycling. Ausnahmen wie die hohe Recyclingquote bei PET-Flaschen basieren darauf, dass die Kreisläufe von der Alt- zur Neuflasche mit einer hohen Reinheit der Ausgangsstoffe (keine Verbundstoffe) geführt werden können. Das wird durch effektive Rücknahmesysteme gesteuert, was die Umsetzung gesetzlicher Vorgaben mit einem geringen Aufwand gewährleistet. Bei PET-Flaschen ist die Herstellung aus Recyclaten inzwischen billiger als die Herstellung von Neuflaschen.

Das erweiterte Verursacherprinzip wirkt also nicht grundsätzlich als Treiber für die Preise von Produkten und Leistungen. Dessen Einführung z. B. bei der Kunststoffproduktion würde den Verbrauch schon durch die vielfache Nutzung der Produkte deutlich reduzieren. Positive Impulse würden auch für die Materialforschung gesetzt, die schwer recycelbare Verbundstoffe ersetzen müsste. Die Entwickler und Hersteller wären gezwungen, Lösungen zu finden, die eine zahlungsfähige Nachfrage finden. Dabei stehen sie im Wettbewerb, d. h. schon diese Marktmechanismen würden eine stark preisdämpfende Wirkung entfalten.

Für die Implementierung einer vollständigen Kreislaufwirtschaft wirkt dieses neue Verursacherprinzip bei konsequenter Inkraftsetzung schnell und komplex:

- *Es reduziert sofort und in großem Umfang den direkten Ressourcenverbrauch für die Herstellung.*
- *Es beendet die kostenlose Nutzung von Ressourcen, die zur Produktion gebraucht werden (Luft, Wasser, Böden), da der Produzent für die vollständige Reinigung (Renaturierung) entweder selbst sorgen oder die Kosten für Drittleister vollständig tragen muss.*
- *Es gewährleistet, dass die untersten Stufen in der abfallwirtschaftlichen Hierarchie, also die Verwertung und Beseitigung, entfallen. Die Übernahme der Kosten für das Recycling durch den Verursacher betrifft ja nicht die Beseitigung, sondern das möglichst vollständige stoffwirtschaftliche Recycling.*

Die konsequente Umsetzung des erweiterten Verursacherprinzips wäre das faktische Ende der Wegwerfgesellschaft in Verbindung mit einem neuen Konsumentenverhalten, ökonomisch und ethisch-moralisch gesteuert.

Wenn wir das erweiterte Verursacherprinzip anwenden, muss das Produkt also nicht zwangsläufig auch teurer werden. Vielmehr wird das Prinzip mit einfachen ökonomischen Mechanismen dafür sorgen, z. B. den Material- und Energieeinsatz drastisch zu reduzieren.

5.4 Neues Verständnis – neue Definition: Was wir unter Kreislaufwirtschaft verstehen …

Das gilt auch für die natürlichen Ressourcen. Luft oder Wasser gehen jetzt mit ihren tatsächlichen Kosten, also auch denen für umweltgerechte Kreisläufe, in die Kalkulation ein.

Der kalkulatorische Ansatz ist nicht nur betriebswirtschaftlich, sondern auch global und gesamtgesellschaftlich. Es geht um die Wiederherstellung der natürlichen Umstände eben nicht nur auf der deutschen Lieblingsinsel Rügen, sondern weltweit. Somit ist sofort Schluss mit dem Exportschlager Elektronikschrott nach Afrika.

Für uns ist der Paradigmenwechsel von der linearen zur zirkulären Wertschöpfung der *einzige* Ausweg aus der existenziellen Menschheitskrise. Um sie zu beseitigen, muss man verstehen, warum die kapitalistische Wegwerfgesellschaft entstanden ist.

In dieser Analyse geht es um den Zusammenhang zwischen den grundlegenden Mechanismen unserer Wirtschaftsordnung und dem Raubbau an Natur und Umwelt. Raj Patel und Jason W. Moore haben das in ihrem Buch *Entwertung. Eine Geschichte der Welt in sieben billigen Dingen* getan. Erschienen ist das bemerkenswerte Werk in deutscher Übersetzung im Jahr 2018 im Berliner Rowohlt Verlag.[57]

„Bevor das Profitstreben das Leben beherrschen konnte, musste sich ein geistiger Wandel vollziehen: Natur und Gesellschaft waren fortan zwei klar voneinander getrennte Konzepte. Der Aufstieg des Kapitalismus schuf nicht nur die Vorstellung, dass die Gesellschaft relativ unabhängig vom Netz des Lebens existierte", so die Autoren. Sie folgern daraus, dass die Natur vorwiegend als Gegenstand behandelt worden sei, den man grenzenlos verbilligen könne. Ohne Verbilligung der Natur, so die Autoren, hätte der Kapitalismus gar nicht entstehen können, denn die Möglichkeit, Ressourcen billig oder gar zum Nulltarif in den Wertschöpfungsprozess einzubringen und mithin auch zur Generierung hoher Profite zu nutzen, ist eine der wesentlichen Gründe für die Lebensfähigkeit und die Wachstumspotenziale der kapitalistischen Produktionsweise.[58]

Dass der Mensch sich die Natur zum Untertanen mache, ist eine falsche wörtliche Auslegung der Bibel in der Vergangenheit. Die heutige Theologie schließt jedwede Form der Unterwerfung der Natur durch den Menschen grundsätzlich aus. Mensch und Natur sind gemeinsam Teil der Schöpfung.

Im Gegensatz dazu plädierte der schon erwähnte französische Philosoph René Descartes im 17. Jahrhundert für die Trennung von Natur und Gesellschaft und verlieh dem Menschen damit Allmacht.[59] Ein verhängnisvoller Irrtum. Zudem „servierte" er damit dem Kapitalismus eine plausible Rechtfertigung für die dauerhafte, massenhafte und hochprofitable Vergewaltigung der Natur.

---

[57] Patel, Raj; Moore, Jason: Entwertung. Eine Geschichte der Welt in sieben billigen Dingen, Rowohlt Berlin Verlag GmbH, 1. Auflage, 2018, S. 36 ff., S. 67.

[58] Diese zusammenfassende Schlussfolgerung leiten die Autoren (ihr Buch trägt den Untertitel „Eine Geschichte der Welt in sieben billigen Dingen") für die Bereiche billige Natur, billiges Geld, billige Arbeit, billige Fürsorge, billige Nahrung, billige Energie und billiges Leben ab.

[59] Diese Trennung basiert auf der Theorie des französischen Philosophen René Descartes (1596–1650). Für ihn waren Gesellschaft und Natur existenziell voneinander geschieden, woraus er ableitete, dass die Natur von der Gesellschaft kontrolliert und beherrscht werden muss (vgl. Entwertung, a. a. O., S. 72 f.).

Naomi Klein liefert den richtigen Gegenentwurf. In ihrem berühmten Buch *Die Entscheidung. Kapitalismus vs. Klima*, im Jahr 2015 erstmals in deutscher Übersetzung beim S. Fischer Verlag in Frankfurt am Main erschienen, formuliert sie das so: „Die Herausforderung [im Kampf gegen den Klimawandel – Einschub: d. A.] besteht also nicht nur darin, eine Menge Geld in die Hand zu nehmen und politische Weichen neu zu stellen, sondern anders zu denken, radikal anders, damit ein Wandel auch nur entfernt möglich ist. Im Augenblick lähmt die herrschende Marktlogik mit ihrem Dominanz- und Wettbewerbsethos fast alle ernsthaften Bemühungen im Kampf gegen den Klimawandel. Ein ruinöser Wettbewerb zwischen den Ländern blockiert die UN-Klimaverhandlungen seit Jahrzehnten: Die reichen Länder stellen sich stur und erklären, dass sie ihre Emissionen nicht senken werden, weil sie nicht riskieren wollen, ihre Spitzenposition in der globalen Hierarchie zu verlieren; die ärmeren Länder pochen auf ihr Recht, die Umwelt genauso zu verschmutzen, obwohl das die Katastrophe noch verschlimmert, unter der die Armen am meisten leiden. Um daran etwas zu ändern, muss sich eine Weltanschauung durchsetzen, die die Natur, andere Länder und unsere eigenen Nachbarn nicht als Gegner sieht, sondern als Partner in einem großartigen Projekt, in dem sich alle neu erfinden […] Auch müssen die Kosten nicht unbedingt vom Steuerzahler getragen werden, sondern vor allem von den Unternehmen, die die Hauptverantwortung für die Krise tragen." Das könne in Form des Verursacherprinzips in all seinen Ausprägungen geschehen.[60]

Wir verstehen diese Aussage von Naomi Klein wie folgt: Alle für den Wertschöpfungsprozess genutzten Ressourcen müssen in die Produkt- und Leistungskalkulation eingehen. Dies zu den Kosten der vollständigen Wiederherstellung des Status quo, den diese Ressourcen vor ihrer ökonomisch determinierten Nutzung hatten. Dieses sehr einfache Prinzip muss „nur" konsequent umgesetzt werden.

Naomi Klein hat mit ihrer Idee, tatsächlich alle Kosten – also auch jene für die Nutzung von Natur und Umwelt im Produktionsprozess – in eine Kalkulation einzubringen, ein Konzept entwickelt, wie innerhalb des bestehenden Wirtschaftssystems Natur und Mensch wieder in Übereinstimmung gebracht werden können. Selbstverständlich geht sie davon aus, dass alle natürlichen Ressourcen in ihrer Ausgangskonfiguration wieder in die Kreisläufe eingehen bzw. die Umwelt gar nicht erst belastet wird. Damit wird das Übel an der Wurzel gepackt. Die Überschrift lautet „Kreislaufwirtschaft und erweitertes Verursacherprinzip".

Volker Mosbrugger – der namhafte Biologe ist Generaldirektor der Senckenberg Gesellschaft für Naturforschung – entwickelt in einem Interview mit der *Frankfurter Allgemeinen Sonntagszeitung* eine ähnliche Argumentation:[61]

---

[60] Klein, Naomi: Die Entscheidung. Kapitalismus vs. Klima, S. Fischer Verlag, Frankfurt am Main, 1. Auflage, 2015, S. 502.
[61] „Der Klimawandel ist gefährlicher als Corona"; Christoph Schäfer interviewt Volker Mosbrugger, Frankfurter Allgemeine Sonntagszeitung vom 20. April 2020; https://www.faz.net/aktuell/wirtschaft/klima-energie-und-umwelt/volker-mosbrugger-klimawandel-gefaehrlicher-als--corona-16731564.html, Internetrecherche am 28. Dezember 2021.

„Das Problem ist, dass die Nutzung der Natur viel zu wenig kostet. Es muss erheblich teurer werden, Kohlendioxid in die Luft zu blasen, Ressourcen zu verbrauchen oder die Natur als Mülldeponie zu missbrauchen. Aber schon beim Hochfahren nach der Corona-Krise können wir ja möglichst viel nachhaltig gestalten. […]. Wir müssen nachhaltiger mit unserer Natur umgehen. Und wie kommen wir dahin? Heute versuchen wir, jedes Problem einzeln zu lösen. Beim Sprit verordnet der Staat, wie viel Biotreibstoff rein muss. Dann werden Plastiktüten aus dem Handel verbannt. Wir müssen aus dieser Mikro-Regulatorik raus, die funktioniert nicht. Es ist viel besser, das systemisch zu machen. Wie denn? Die Lösung ist relativ einfach: Wir verpflichten jedes Unternehmen dazu, künftig nicht nur seine Finanzkennzahlen zu bilanzieren, sondern auch seine Auswirkungen auf die Menschen und den Planeten. Dann kann jeder Investor verstehen, welches Unternehmen nachhaltig ist und welches nicht.

Die Berater von Boston Consulting haben das kürzlich für die deutsche Landwirtschaft gemacht. Sie kommen zum Ergebnis, dass die deutschen Landwirte jährlich eine Bruttowertschöpfung von etwa 21 Milliarden Euro erreichen, die Umweltschäden aber 90 Milliarden Euro betragen. Das ist ein verdammt schlechtes Geschäft für die Gesellschaft. Deshalb muss ich die 90 Milliarden umlegen auf die Produkte. Wenn ich dann mein Rindfleisch kaufe, zahle ich nicht nur den Herstellungswert und einen kleinen Gewinn an den Bauern, sondern auch dafür, dass die Umweltschäden repariert oder kompensiert werden. Dann wird Fleisch fünfmal so teuer. Ja. Dann können sich Ärmere höchstens noch einmal in der Woche Fleisch leisten. Das wird nicht gut ankommen. Das ist das Argument, was immer dagegengehalten wird: ‚Das verträgt der Verbraucher nicht!' Manchmal auch: ‚Das verträgt die Wirtschaft nicht!' Aber dieses Argument hat man auch benutzt, als wir die soziale Marktwirtschaft eingeführt haben. Der reine Kapitalismus hat sich nur um die Firmen und ihren Profit gekümmert. Dann hat man festgestellt, dass die Bevölkerung unruhig wurde und es so auf Dauer nicht funktionieren kann. Deshalb kam die soziale Marktwirtschaft. Die war auch nicht umsonst. Es kostet richtig Geld, anständige Löhne zu zahlen, Arbeitsplätze sicher zu machen und die Gesundheit in den Blick zu nehmen. Aber die Wirtschaft hat es verkraftet. Familien geben im Monat 500 bis 700 Euro für Lebensmittel aus. […] Wir zahlen zu wenig für unsere Lebensmittel. Statistisch gesehen wenden wir in Deutschland nur etwa 10 Prozent unseres Einkommens dafür auf. Gesundes und umweltverträgliches Essen muss uns mehr wert sein. Außerdem sollen die Preise ja nicht schlagartig steigen, sondern mit der Zeit. Darüber hinaus werden die höheren Preise zu einem Umdenken führen: Wenn Rindfleisch fünfmal so teuer wird, Kartoffeln aber nur doppelt so teuer, werden die Leute zu den weniger umweltschädlichen Produkten greifen."

Für ähnliche Sätze wird Cem Özdemir, der neue Bundesminister für Ernährung und Landwirtschaft in der im Dezember 2021 etablierten Ampelkoalition, gleich nach Amtsantritt medial verprügelt. Aber er hat genauso Recht wie Volker Mosbrugger. Wir brauchen das erweiterte Verursacherprinzip ganz besonders für eine nachhaltige Landwirtschaft und Ernährung. Denken Sie an unseren Text zum Thema Gülle. Müsste der Verursacher dort die Kosten tragen, gäbe es nur Gewinner. Wenn wir Volker Mosbrugger, Cem Özdemir und vielen anderen folgten, gäbe es trotzdem ein Steak pro Woche. Das eine anstatt drei oder gar sieben wäre für die meisten bezahlbar. Für die unverschuldet Armen könnten Ausgleichsmechanismen soziale Ungerechtigkeiten vermeiden. Der „erprobte" Aufschrei der Lobbyisten ist überflüssig und sachlich falsch. Solche Rituale dürfen uns nicht mehr daran hindern, das politisch Richtige und Vernünftige zu tun.

Wir brauchen größere Schritte „auf dem Weg von unserer Raubtiergesellschaft zu einer Erntegesellschaft, in der nichts mehr verloren geht." Dies basiere auf den fundamentalen Prinzipien des Planeten. Ernten bedeutet, dass man sich den Gesetzen der Natur anpasst, dass man nur das verbrauchen kann, was man angebaut hat, und dass man für die Fruchtbarkeit seines Ackers in der Zukunft Sorge trägt. Es bedeutet auch, ein Bewusstsein zu haben von dem großen Ganzen, von dem man nur ein Teil ist, da einem sonst die Gesetzmäßigkeiten, denen man Rechnung tragen muss, verborgen bleiben.[62]

Erfreulich ist, dass große Verbände und auch Parteien das Konzept von einem erweiterten Verursacherprinzip zunehmend aufgreifen. In einem Grundsatzpapier des Bundesverbandes der Energie- und Wasserwirtschaft werden die Handlungsforderungen der Wasserwirtschaft für die neue Legislaturperiode bis 2025 formuliert. Als Nummer eins lesen wir, dass das Verursacherprinzip umgesetzt werden muss. Begründet wird das unter anderem wie folgt: „Einträge von für die Gewässer problematischen Stoffen, wie zum Beispiel Arzneimittel, Mikroplastik oder Pestizide stellen die Wasserwirtschaft zunehmend vor Herausforderungen. Das Verursacherprinzip muss deutlich gestärkt werden. Es ist erforderlich, diese Spurenstoffe bereits an der Quelle zu minimieren. Anreize würde ein herstellerbezogenes Modell zur Finanzierung von Anlagen zur Abwasserreinigung schaffen. Die jetzige Abwasserabgabe ist kein Instrument zur Umsetzung der Herstellerverantwortung und bedeutet eine Lizenz zur Verschmutzung."[63]

Bemerkenswert auch folgende Aussagen der Heinrich Böll Stiftung: „Die ökonomische Bewertung der Natur soll es Unternehmen ermöglichen, Umweltkosten, die sie verursachen, zu internalisieren. Dahinter steckt die Idee, Wirtschaftskreisläufe so zu gestalten, dass der Preis einer Ware oder Dienstleistung die ökologische Wahrheit sagt, damit die Verursacher oder Verbraucher und nicht die Allgemeinheit die damit verbundenen Umweltkosten tragen. Bislang sagen die Preise für Waren und Dienstleistungen nicht die ökologische Wahrheit. Die Folgekosten von Umweltzerstörung fließen nicht in die Preise ein; die Kosten trägt die Allgemeinheit. Wie hoch der Preis für den Ausstoß von Kohlendioxid sein müsste, zeigen unterschiedliche Modellberechnungen. Laut einer 2015 veröffentlichten Studie müsste der Ausstoß einer Tonne Kohlendioxid 200-mal so viel kosten wie heute, um allein die wirtschaftlichen Folgeschäden des Klimawandels widerzuspiegeln."[64]

Nachfolgend stellen wir anhand eigener Überlegungen einige Thesen zum erweiterten Verursacherprinzip zur Diskussion:

---

[62] Wie wir es schaffen …, a. a. O., S. 89.

[63] https://www.bdew.de/wasser-abwasser/eine-wasserstrategie-fuer-deutschland-news/, Internetrecherche am 02.01.2022.

[64] https://www.boell.de/de/2017/07/09/preise-muessen-die-oekologische-wahrheit-sagen, Internetrecherche am 02.01.2022.

5.4 Neues Verständnis – neue Definition: Was wir unter Kreislaufwirtschaft verstehen …

- Das Verursacherprinzip ist **ursprünglich** eines von drei Prinzipien des Umweltrechts; die anderen sind das Vorsorgeprinzip und das Kooperationsprinzip.
- Wir haben gezeigt, dass für die Wertschöpfung ein sehr viel weiter gehendes Verursacherprinzip gelten muss. Dessen Einführung beendet das Zeitalter der kostenlosen Nutzung der Natur.
- Die Implementierung muss einhergehen mit der Herstellung sozialer Gerechtigkeit.
- Sie ist auch ein Beitrag zur Revitalisierung der Kreisläufe in der Natur. Das ist existenziell, unter anderem wegen des Zusammenhanges zwischen der Vernichtung von Naturräumen und Pandemien.
- Als Modellfall könnte der Emissionshandel dienen. Allerdings müsste dieser die tatsächlichen Kosten und Aufwände widerspiegeln.[65]
- Auch der Verbraucher muss integriert werden: Wer sich nicht ökologisch verhält, zahlt das über einen höheren Preis.
- Mit dem Verursacherprinzip wird der Satz „Das kann keiner bezahlen" zur Makulatur. Wie Nachhaltigkeit rentabel und sozial wird, zeigen wir in diesem Kapitel am Beispiel Gülle.
- Das Prinzip befördert den Wettbewerb um die besten ökologischen Lösungen in der Wertschöpfung. Wer Ökologie (auf Grundlage klarer Kriterien) am effektivsten und kostengünstigsten schafft, generiert den höchsten Gewinn. Dazu gehört auch höhere Effektivität. Kreislaufwirtschaft bedeutet nicht, dass sich die Produktpreise verteuern, sondern hat nach Etablierung der Kreisläufe sogar eine kostendämpfende Wirkung.
- „Zurück zur Natur". Zu unserem Verständnis von Kreislaufwirtschaft gehört auch die Rückführung der Finanzwirtschaft auf ihre Basisfunktionen Geldeinlage, Zahlungsverkehr und Kreditvergabe.
- Das Verursacherprinzip ist immer auch ein Treiber für den Klimaschutz. Alle Maßnahmen zur Implementierung der Kreislaufwirtschaft haben positive Auswirkungen auf den Klimaschutz (z. B. Bauwesen: neue Baustoffe wie Holz, Carbonbeton usw.). Langlebigkeit ist ein zentrales Ziel, aber kein Dogma. Höhere Gebrauchswerte, vor allem in qualitativer Hinsicht, sind letztlich das einzige Argument für neue Produkte und Leistungen. Kürzere Zyklen wegen sinnvoller Innovationen sind aber nur zulässig, wenn gewährleistet ist, dass die vorherige Produktgeneration komplett stoffwirtschaftlich recycelt wird.

---

[65] Der EU-Emissionshandel (European Union Emissions Trading System, EU ETS) ist ein Instrument der EU-Klimapolitik mit dem Ziel, die Treibhausgasemissionen (wie CO_2) unter möglichst geringen volkswirtschaftlichen Kosten zu senken, indem eine begrenzte Zahl an Emissionsrechten ausgegeben und anschließend auf einem Markt gehandelt wird. Das EU ETS ist der erste grenzüberschreitende und weltweit größte Emissionsrechtehandel. Es wurde 2003 vom Europäischen Parlament und dem Rat der EU beschlossen und trat am 1. Januar 2005 in Kraft.

Warum die Kreislaufwirtschaft auf der Grundlage zeitlicher, qualitativer und quantitativer Standards implementiert werden muss
Laut Definition (Langerklärung) beschreibt der Begriff Kreislaufwirtschaft den Idealzustand. Die real mögliche weitestgehende Annäherung muss wegen der akuten, globalen und existenziellen Gefährdung der Umwelt noch im 21. Jahrhundert erreicht werden.

Mit der Einordnung der Maßnahmen zur Begrenzung der Erderwärmung in die Kreislaufwirtschaft wird das **objektive** Erfordernis sichtbar, für das Gesamtsystem qualitative und quantitative Standards verbindlich zu definieren und deren Anwendung an zeitliche Ziele zu binden. Diese Vorgehensweise finden wir derzeit – allerdings eher appellativ als verbindlich – bei der Formulierung von Zielen zur Reduzierung der Emissionen von CO_2 und weiterer klimaschädlicher Gase.

Dieses Herangehen muss in allen Bereichen der stoffwirtschaftlichen Rückgewinnung konsequent praktiziert werden. Weil das nur mit gewaltigen Investitionen in neue Technologien, Anlagen und wissenschaftliche Verfahren umgesetzt werden kann, bedarf es einer Priorisierung. Nicht nur Bereiche mit besonders hohen klimaschädigenden Emissionen müssen radikal umgebaut werden (Paradigmenwechsel), sondern auch solche mit einem besonders hohen Verbrauch natürlicher Ressourcen. Dabei bestehen Interaktionen, die derzeit nur ungenügend beachtet werden. Eine deutlich höhere Recyclingquote bei Eisen und Nichteisenmetallen reduziert nicht nur den Energieverbrauch und mithin die Emissionen, sondern auch den Bedarf an Primärrohstoffen.

Aus den Prinzipien einer vollständigen Kreislaufwirtschaft ist auch abzuleiten, dass die Industrie- und Schwellenländer bei deren Implementierung eine Pionierrolle einnehmen müssen. Gewaltige Fortschritte in relativ kurzen Fristen wären erreichbar, wenn auf der Ebene der sogenannten G20 verbindliche Standards für das Ausmaß der stoffwirtschaftlichen Rückgewinnung und die zeitliche Umsetzung festgelegt würden. Das ist schon damit objektiv begründbar, dass die Industrieländer die Verantwortung für die Zerstörung von Natur und Umwelt und den verantwortungslosen Umgang mit allen irdischen Ressourcen tragen und die Schwellenländer, vor allem China und Indien, diese Prozesse in gewaltigen Dimensionen und Geschwindigkeiten fortführen.

Für diese Staatengruppe ist im ersten Schritt zu fordern, dass die derzeit für die EU-definierte fünfstufige schnellstmöglich in eine dreistufige Abfallhierarchie mit dem umgehenden Verbot der Stufen Verwertung und Beseitigung umgewandelt werden muss.

In diesem Kontext muss der Begriff Recycling dahingehend präzisiert werden, dass die weitestgehende stoffwirtschaftliche Rückgewinnung die Regel und die Aufbereitung für andere Zwecke die Ausnahme ist. Daraus folgt, dass für das Recycling nur noch das Upcycling zulässig sein darf. Damit müssen alle technologischen Konzepte, die ein Downcycling zur Folge haben, kurzfristig ersetzt werden.

Die Implementierung muss ähnlich zur inhaltlichen und methodischen Vorgehensweise zur Abwendung der Erderwärmung (diese Maßnahmen sind integraler Bestandteil der Implementierung der Kreislaufwirtschaft) durch übergreifende und sektorale Vorgaben *(zeitliche, qualitative und quantitative Standards) untersetzt werden. Diese Standards, zum Beispiel Mindesteinsatzquoten für Recyclate, sind gesetzlich zu normieren. Sanktionen müssen so ausgestaltet sein, dass die Beachtung der Standards signifikant vorteilhafter (ökonomisch, moralisch) ist als deren Verletzung. Unter dieser Prämisse hat die derzeit normierte Abfallhierarchie einen temporären Status. Aus dem neuen Begriffsverständnis von Kreislaufwirtschaft müssen die folgenden Hierarchiestufen definiert werden, die sich weniger qualitativ als nach technologischen und ökonomischen Prämissen unterscheiden:*

1) *Nr. 1: Vermeidung von Abfall und seiner Folgen für die Umwelt*
2) *Nr. 2: Weitestgehend stoffwirtschaftliche Rückgewinnung und Wiederverwendung auf dem Niveau ihrer Verwendung bei der Herstellung der Produkte einschließlich des Verbleibens in kontinuierlichen Kreisläufen (vor allem Energie)*
3) *Nr. 3: Weitestgehende Rückgewinnung und Wiederverwendung für andere Stoffe, die in der Wertschöpfung und Konsumtion eine Rolle spielen, wie Wasser, Luft, Boden*

Die Beseitigung von Stoffen ist nach Definition ein Ausnahmefall der Kreislaufwirtschaft und nur zulässig, wenn die quantitative Dimension in Relation zum Gesamtumfang des Kreislaufs zu vernachlässigen ist und eine stoffwirtschaftliche Rückgewinnung die Zielsetzung der Kreislaufwirtschaft wegen eines unvertretbaren Aufwands konterkariert.

Die Ausnahmefälle sind als dynamische Kategorie per Gesetz zu definieren. Dabei spielen Abfälle, die im Zuge der individuellen Konsumtion anfallen, eine herausgehobene Rolle. Recycling im Sinne des Begriffs Kreislaufwirtschaft findet nur für wenige ausgewählte Stoffe (Metalle, Glas, Papier, Kunststoff) statt und nahezu nur in den entwickelten Industrieländern. Dort muss die Recyclingquote erhöht werden; in der Masse der Länder, in denen die überwältigende Mehrheit der Weltbevölkerung lebt, muss dieser Recyclingansatz überhaupt erst implementiert werden.

Für die entwickelten Industrieländer wiederum ist mit deutlich strengeren Standards sicherzustellen, dass der Anteil von Restmüll deutlich reduziert wird. Damit werden sowohl die Beseitigungsquote als auch die thermisch-energetische Verwertung reduziert. In diesem Kontext müssen auch noch zugelassene Deponieformen drastisch eingeschränkt werden. Das ist sowohl mit den Prinzipien der Kreislaufwirtschaft zu begründen als auch mit dem erheblichen Anteil von Deponiegasen (in erster Linie Methan) an der Erderwärmung.

Mit der Forderung nach der o. a. dreistufigen Hierarchie wollen wir aber nicht das Kind mit dem Bade ausschütten. In der heutigen Recyclingwelt haben sich Begriffe und dahinterliegende Praktiken etabliert, die schon ganz gut in die von uns apostrophierte neue Welt der Kreislaufwirtschaft passen. Dafür stehen beispielhaft das Upcycling und das Downcycling.

Upcycling ist unterm Strich das Prinzip „aus Alt mach Neu". Scheinbar wertlose Abfälle werden in neue Produkte verwandelt. Das haben viele Vorgängergenerationen schon mit großem Erfolg praktiziert. Denn richtig weggeworfen wurde fast nichts. Ein Paar Lederschuhe hielt oft ein Leben lang, und natürlich kam die durchgesessene Couch nicht in den Sperrmüll, sondern zum Polsterer.

Diese (zu) lange verpönten Prinzipien sind wieder auf dem Vormarsch. Sie sind kein Zeichen von Armut und Mangel, sondern von Klugheit und Respekt vor Natur und Umwelt.

Auf Downcycling sei hier deshalb verwiesen, weil es auch dafür steht, dass es eine 100-prozentige Rückgewinnung nach den Gesetzen von Natur und Technik nicht geben kann. Denn nach jedem Recyclingzyklus sinkt das Wertniveau des Recyclats. Wir brauchen also immer einen gewissen Anteil von neuen Stoffen. Der wird sich vor allem im Kontext mit technologischem Fortschritt verringern. Dazu beitragen werden auch die Materialforscher. Sie werden dem Recycling auch unter dem Aspekt geringstmöglicher Stoffverluste einen weitaus größeren Stellenwert einräumen als bisher. Dafür wird vor allem das neue erweiterte Verursacherprinzip sorgen.

Was aber komplett verschwinden wird, das sind die Recyclingmogelpackungen, über die Sie im Folgekapitel 6 ausführlich lesen werden. Unter Hinweis auf Standards, hier auf falsche, wollen wir es nur kurz am Beispiel Müllverbrennungsanlagen illustrieren. Thomas Rau und Sabine Oberhuber nennen diese Großöfen recht drastisch „Rohstoff-Krematorien". Das ist ein wenig ungerecht, denn die thermische Verwertung (das wiederum ist die euphemistische Variante, denn natürlich geht es in erster Linie um Beseitigung) ist gegenüber den alten Hausmülldeponien, die seit 2005 in Deutschland verboten sind, schon ein großer Fortschritt. Aber natürlich wird viel zu viel verbrannt. Und das kritisieren die beiden Autoren zu Recht. Nur etwas mehr als die Hälfte des getrennt entsorgten Plastikmülls werde in Deutschland wieder aufbereitet. Es landet also ein noch viel zu großer Teil in den Müllverbrennungsanlagen. Nach EU-Richtlinien dürfe eine solche sogar als „Wiederverwertungsanlage" bezeichnet werden. Denn sie biete die Möglichkeit, im Zuge der thermischen Behandlung der Abfälle Strom und Wärme zu gewinnen. Man spricht deswegen sogar von grünem Strom, der mithilfe thermischer Verwertung produziert werde. „Das sind jedoch Euphemismen für einen Prozess, bei dem Rohstoffe nichts anderes als eingeäschert werden. Wir werden sie niemals in ihrer ursprünglichen (nutzbaren) Erscheinungsform wiedersehen."[66]

Wir werden auch in Zukunft nicht komplett auf die Verbrennung von Reststoffen verzichten können. Denn es wird weiter Abfälle geben, die auch nach den Maßstäben der Kreislaufwirtschaft und der konsequenten Anwendung des erweiterten Verursacherprinzips wegen eines unvertretbaren Aufwands für die Rückgewinnung nur beseitigt werden können. Aber das wird in einer Dimension passieren, die mit der heutigen nicht einmal ansatzweise verglichen werden kann. Damit wird endlich auch die Ära zu Ende gehen, in

---

[66] Wie wir es schaffen, a. a. O., S. 128.

der wegen erheblicher Überkapazitäten bei Müllverbrennungsanlagen ein regelrechter Wettkampf um Mengen entstanden ist, mit denen der wirtschaftliche Betrieb gewährleistet werden kann. Selbstverständlich ist eine solche bizarre Situation ein Hemmnis für die schnelle Einführung der Kreislaufwirtschaft. Die Sorge um die Rentabilität einer Müllverbrennungsanlage ist eine geradezu groteske Prämisse zur Steuerung von ökologischem Verhalten.

Eine zentrale Ursache für solche Fehlsteuerungen ist die 2008 in Kraft getretene halbherzige EU-Abfallrahmenrichtlinie, die bis heute auch in der nationalstaatlichen Umsetzung das Maß aller Dinge ist. Deren Kernforderung lautet, dass die Abfallbewirtschaftung die Umwelt und die menschliche Gesundheit nicht beeinträchtigen darf.[67]

Aber diese Forderung wird nur sehr unbefriedigend erfüllt. Das haben wir an vielen Beispielen gezeigt. Die Ursache sind in erster Linie inkonsequente gesetzliche Rahmensetzungen, mit denen an Symptomen herumgedoktert wird, aber die Ursachen für die immer noch zunehmende Verschandelung der Erde nicht beseitigt werden. Deswegen stellen wir diese fünfstufige Abfallhierarchie auch grundsätzlich in Frage. Deren Ersetzung durch unser dreistufiges Modell ist ein Prozess, der ordnungspolitisch so reguliert werden muss, dass der Anteil der ersten drei Stufen der bisherigen Hierarchie schnellstmöglich in der Wertschöpfung immer größer wird. Um dies zu verdeutlichen, stellen wir das derzeit gültige Modell kurz vor:

Nr. 1: Vermeidung
- Verminderung der Abfallmenge, auch durch die Wiederverwendung von Erzeugnissen oder die Verlängerung ihrer Lebensdauer;
- Verminderung der schädlichen Auswirkungen des erzeugten Abfalls auf die Umwelt und die menschliche Gesundheit oder
- Verminderung von schädlichen Stoffen in Materialien und Erzeugnissen.

Nr. 2 Vorbereitung zur Wiederverwendung
Im Artikel 3 der EU-Abfallrahmenrichtlinie wird beschrieben, was unter Wiederverwendung zu verstehen ist. Nämlich „jedes Verfahren, bei dem Erzeugnisse oder Bestandteile, **die keine Abfälle sind**, wieder für denselben Zweck verwendet werden, für den sie ursprünglich bestimmt waren." Und als Vorbereitung zur Wiederverwendung wird „jedes Verwertungsverfahren der Prüfung, Reinigung oder Reparatur [angesehen], bei dem Erzeugnisse oder Bestandteile von Erzeugnissen, die zu Abfällen geworden sind, so vorbereitet werden, dass sie ohne weitere Vorbehandlung wiederverwendet werden können." Für uns als Endverbraucher bedeutet es z. B. Kleidung weitergeben in der Familie und im Freundeskreis oder zum Secondhandladen, Geräte, Möbel und Fahrzeuge wieder reparieren oder instand setzen.

---

[67] https://www.wohindamit.de/die-fuenfstufige-abfallhierarchie-was-ist-das/ Internetrecherche am 02.01.2022.

Nr. 3 Recycling
Das Recycling steht an dritter Stelle in der Abfallhierarchie. Dies sind alle Dies sind alles Verfahren," durch **die** Abfallmaterialien **zu Erzeugnissen, Materialien oder Stoffen entweder für den ursprünglichen Zweck oder für andere Zwecke aufbereitet werden".** Recycling schließt zwar die Aufbereitungsverfahren „organischer Materialien ein, aber nicht die energetische Verwertung und die Aufbereitung zu Materialien, die für die Verwendung als Brennstoff oder zur Verfüllung bestimmt sind".

Recycling begann schon in der Antike. Das bekannteste Beispiel ist die praktisch vollständige Rückgewinnung von Edelmetall. Die Idee ist sogar mythologisch. Denken Sie an das Spinnen von Gold aus Stroh. Es gibt Hinweise, dass schon im antiken Rom Glas recycelt wurde. Vor der südtürkischen Küste entdeckten Forscher ein rund 1000 Jahre altes Schiffswrack mit Altglas als Ladung. Übrigens ist in diesem Kontext die Forderung nach „Dekarbonisierung" semantisch ziemlich fragwürdig. Denn eigentlich müsste man damit auch den Menschen „abschaffen". Denn der besteht zu immerhin 10,5 Prozent aus Kohlenstoff.[68]

Nr. 4 Verwertung
Unter Verwertung im Sinne der Richtlinie wird jedes Verfahren verstanden, bei dem **Ab**fälle **innerhalb der Anlage oder in der weiteren Wirtschaft einem sinnvollen Zweck zugeführt werden.**

Maßnahmen der Verwertung sind zum Beispiel.:

- Hauptverwendung als Brennstoff oder als anderes Mittel der Energieerzeugung
- Recycling/Rückgewinnung organischer Stoffe, die nicht als Lösemittel verwendet werden (einschließlich der Kompostierung und sonstiger biologischer Umwandlungsverfahren)
- Recycling/Rückgewinnung von Metallen und Metallverbindungen
- Recycling/Rückgewinnung von anderen anorganischen Stoffen
- Regenerierung von Säuren und Basen
- Erneute Ölraffination oder andere Wiederverwendungen von Öl
- Aufbringung auf den Boden zum Nutzen der Landwirtschaft oder zur ökologischen Verbesserung

Nr. 5 Beseitigung
An **letzter Stelle** in der Abfallhierarchie befindet sich die **Beseitigung von Abfällen**. Das sind alle Verfahren, die nicht zur Verwertung führen, auch wenn bei dem Verfahren neben-

---

[68] Das ist die stoffwirtschaftliche Zusammensetzung des Homo sapiens: Wasserstoff: 60,3 %/Sauerstoff: 25,5 %/Kohlenstoff: 10,5 %/Stickstoff: 2,42 %/Natrium: 073 %/Calcium: 0,226 %/Phosphor: 0,134 %/Schwefel: 0,041 % und weitere Spurenelemente.

5.4 Neues Verständnis – neue Definition: Was wir unter Kreislaufwirtschaft verstehen …

bei Stoffe oder Energie zurückgewonnen werden. Beseitigungsverfahren sind laut der Richtlinie z. B.:

- Ablagerungen in oder auf dem Boden (z. B. Deponien usw.)
- Behandlung im Boden (z. B. biologischer Abbau von flüssigen oder schlammigen Abfällen im Erdreich usw.)
- Speziell angelegte Deponien (z. B. Ablagerung in abgedichteten, getrennten Räumen, die gegeneinander und gegen die Umwelt verschlossen und isoliert werden, usw.)
- Verpressung pumpfähiger Abfälle in Bohrlöcher, Salzdome oder natürliche Hohlräume usw.)
- Einleitung in ein Gewässer, in Meere/Ozeane einschließlich Einbringung in den Meeresboden
- Verbrennung an Land und auf See
- Dauerlagerung (z. B. Lagerung von Behältern in einem Bergwerk usw.)

Zur Anwendung der Abfallhierarchie nach § 6 Kreislaufwirtschaftsgesetz (KrWG) – Hierarchiestufen Recycling und sonstige Verwertung verweisen wir auf den dazu erarbeiteten Leitfaden.[69] Danach gilt durchgängig das „Hochwertigkeitsgebot". Das heißt, es ist jeweils „eine den Schutz von Mensch und Umwelt am besten gewährleistende, hochwertige Verwertung anzustreben". Für die Verpflichtung zur (hochwertigen) Durchführung der einzelnen vorrangigen Verwertungsoptionen gelten die gleichen Grenzen („technisch möglich und wirtschaftlich zumutbar") wie für die allgemeine Verwertungspflicht.

Dass das Prinzip des „wirtschaftlich Zumutbaren" real als Bremsklotz für die Kreislaufwirtschaft fungiert, haben wir an anderer Stelle schon begründet.

Wie mit der sogenannten Sektorenkopplung gewährleistet wird, dass man jedes Produkt von seinem Ende her mit dem Ziel der „Auferstehung" denkt
Die Produktion materieller Güter erfüllt die Forderungen nach einer vollständigen stoffwirtschaftlichen Rückgewinnung derzeit nur unzureichend. Dieses Defizit muss wegen des damit bestehenden globalen Gefährdungspotenzials schnellstmöglich beseitigt werden. Dazu gibt es vielfältige ernsthafte Initiativen, die Schnittstellen zwischen der Güterproduktion und der Rückgewinnung der Ausgangsstoffe neu zu bestimmen. Dafür steht in erster Linie die Forderung, die Recyclingfähigkeit der Ausgangsstoffe bereits in der ersten Phase der Produktentwicklung als Auftrag verbindlich in den Pflichtenheften der Entwickler zu verankern („Design for Recycling").

Diese Normierung ist nur in der Interaktion zwischen der „klassischen" materiellen Produktion und der Abfallwirtschaft möglich. Dazu formulieren wir als objektive Prämisse, dass die weitestgehende stoffliche Rückgewinnung nicht in erster Linie von der

---

[69] https://www.bmuv.de/fileadmin/Daten_BMU/Download_PDF/Abfallwirtschaft/krwg_leitfaden_abfallhierarchie_bf.pdf.

güterherstellenden Produktion selbst geleistet werden kann. Nicht zuletzt wegen der weiteren Zunahme von Arbeitsteilung, Kooperation und Spezialisierung ist dafür die Zuständigkeit und Verantwortung von Produzenten zu definieren, die über das dazu notwendige Know-how und die technische Infrastruktur (Anlagentechnik) verfügen.

Die Anforderungen an diese laufende Interaktion können hier nur kurz und aus Sicht der Recycler formuliert werden:

- *Mitwirkung an der Produktentwicklung*
- *Involvierung in die Marktforschung z. B. zur Prognose von Mengen und Konfigurationen*
- *Verpflichtung der Güterproduzenten zur Formulierung von verbindlichen Kennzahlen und Vorgaben für das Design, die Kapazität und die Allokation von Recyclinganlagen für Investitionszyklen von 25–30 Jahren*

Nicht zuletzt zur Risikominimierung scheint es notwendig, derartige Sektorenkopplungen zu strategischen Allianzen auszugestalten, bei denen das Recycling als letzte Stufe der Wertschöpfung definiert wird. Natürlich unterliegen zu recycelnde Produkte auch Marktmechanismen. Es muss aber auch klar sein, dass die notwendigen schnellen Fortschritte in der Kreislaufwirtschaft nur mit gänzlich neuen, wissenschaftlich und technologisch sehr anspruchsvollen Lösungen zu erreichen sind. Dazu bedarf es hoher Investitionen, deren Risiken nur durch strategische Kooperationen zwischen Güterproduzenten und Recyclern kalkulierbar gemacht werden können.

Welchen Einfluss Interaktionen von Produktion und Konsumtion auf die Kreislaufwirtschaft haben

Es ist sinnvoll, den Begriff Kreislaufwirtschaft in Relation zum Prozess der Wertschöpfung zu definieren. Denn für eine nachhaltige Produktionsweise ist die vollständige stoffliche Rückgewinnung der entscheidende Aspekt. Aber auch die Konsumtion – also der gewerbliche und individuelle Erwerb von Gütern und Leistungen und deren Nutzung – hat für die Nachhaltigkeit erhebliches Gewicht. Hier ist in erster Linie die Forderung nach **optimalen** *Lebenszyklen materieller Güter zu stellen. Neben der ökonomischen Optimierung (so lange wie möglich vs. so lange wie nötig) ist der sogenannte moralische Verschleiß ein weiterer Faktor. Werden neue Produkteigenschaften tatsächlich als Gebrauchswert benötigt, oder dienen sie unter der Prämisse höchstmöglicher Umsätze in erster Linie dazu, mit der Erzeugung fiktiver Bedürfnisse den Absatz zu fördern? Diese Fragen sind sowohl Gegenstand der Interaktion von Produzenten und Konsumenten als auch ordnungspolitischer Rahmensetzungen. Die Reduktion dieses Zusammenhanges auf das Wirken von Marktmechanismen wird den Erfordernissen der Nachhaltigkeit nicht gerecht. Auch reine Appelle zur Veränderung des Konsumverhaltens sind für Masseneffekte nicht ausreichend.*

Deshalb muss von der Produktentwicklung über die Konsumtion bis zur stofflichen Rückgewinnung ein konsistentes System nachhaltiger Rahmensetzungen implementiert werden. Dieses muss durch die gezielte Einflussnahme auf ein nachhaltiges Konsumver-

halten ergänzt werden. Das ist in erster Linie eine öffentliche Aufgabe (Politik, öffentlich-rechtliche Medien, Verbraucherschutzorganisationen usw.).

Im Zentrum muss die radikale Reduktion von Abfall aus der individuellen Konsumtion stehen. Folgerichtig wird der Anteil der stoffwirtschaftlichen Rückgewinnung in ähnlicher Dimension zunehmen und die Quote der thermisch-energetischen Verwertung sinken.

Warum wir wollen, dass die gute alte Entsorgungswirtschaft einen neuen Namen bekommt

Aus der nicht eindeutigen und zudem oft identischen Verwendung der Begriffe Abfall-, Entsorgungs- und Recyclingwirtschaft leiten wir ab, dass ergänzend zur neuen Bestimmung des Begriffs Kreislaufwirtschaft auch dazu in direkter Relation stehende Begriffe neu definiert werden müssen. Dazu formulieren wir hier Vorschläge bzw. Prämissen, denn diese Begriffsbestimmungen selbst sind im Rahmen der vorliegenden Definition nicht zu leisten:

- *Der Begriff Entsorgungswirtschaft und folgerichtig auch der Begriff Entsorgung bzw. das Synonym Beseitigung sollten in zeitlich definierten Schritten vollständig eliminiert werden.*
- *Die 2008 in Kraft getretene EU-Abfallrahmenrichtlinie definiert verbindlich und qualitativ (nach dem Grad der Verwertung) folgende fünf Hierarchiestufen:*
- *Nr. 1 (qualitativ anspruchsvollste Stufe): Vermeidung und Verminderung von Abfall und seiner Folgen für die Umwelt;*
- *Nr. 2: Vorbereitung der Stoffe zur Wiederverwendung möglichst auf dem Niveau ihres Einsatzes bei der Herstellung von Produkten;*
- *Nr. 3: Recycling im Sinne der stofflichen Wiedergewinnung für den ursprünglichen Zweck oder für andere Zwecke;*
- *Nr. 4: Verwertung im Sinne einer nicht näher definierten Nutzung in der Wirtschaft;*
- *Nr. 5: Beseitigung, also in erster Linie Deponierung.*
- *Die qualitativ niedrigste Stufe, die Beseitigung, bildet zwar den derzeitigen Status quo zutreffend ab, gehört aber grundsätzlich nicht in diesen Kanon der sogenannten Abfallhierarchie.*
- *Diese Abfallhierarchie und mithin auch der Begriff Abfallwirtschaft selbst haben nur noch temporär eine Berechtigung. Sie werden mit zunehmendem Schließen der Stoffkreisläufe objektiv überflüssig (siehe das Modell einer dreistufigen Hierarchie)*
- *Der Teil der Wirtschaft, der im Kerngeschäft mit der stofflichen Rückgewinnung befasst ist, sollte nicht auf den Begriff Recycling reduziert werden. Denn dieser Begriff ist erstens diffus und betrifft zweitens undifferenziert die Stufen 2 bis 4 der Abfallhierarchie, die wir als Übergangsprozesse auf dem Weg zur weitgehend vollständigen Etablierung von stoffwirtschaftlichen Kreisläufen verstehen müssen. Die damit befasste Branche sollte unter dem Begriff **Rückgewinnungswirtschaft** zusammengefasst werden. Denn nur dieser Begriff bildet das Ziel, die vollständige Rückgewinnung der Stoffe, konsequent und umfassend ab.*

Wie wir die Zukunft sehen, und warum sie nur gut sein wird, wenn die Gerechtigkeit zwischen Erster und Dritter Welt wieder hergestellt wird
Für die Umsetzung der definierten Prinzipien (vollständige stoffwirtschaftliche Rückgewinnung, Renaturierung ehemals naturnaher und naturbelassener Kreisläufe, erweitertes Verursacherprinzip) muss im globalen Maßstab sichergestellt werden, dass die Industriestaaten, die seit Beginn der industriellen Revolution nahezu ausschließlich zur existenziellen Bedrohung der Erde beigetragen haben, in erster Linie dafür verantwortlich sind, diese Prozesse umzukehren. Dafür müssen sie auch die finanziellen Lasten tragen, denn der Reichtum dieser Länder und der dort beheimateten großen individuellen Eigentümer von Produktivvermögen basiert weitestgehend auf dem verantwortungslosen Umgang mit den irdischen Ressourcen seit Beginn des industriellen Zeitalters. Die dabei erzielten gewaltigen Profite wurden weitestgehend zum Nachteil der Dritten Welt erzielt. Deshalb muss ein Konsens erzielt werden, dass die dadurch entstandenen Vermögen in erheblichem Umfang dorthin zurückgeführt werden und vorrangig für die globale Implementierung einer konsequenten Kreislaufwirtschaft genutzt werden.

Ohne eine solche Verständigung werden alle nachgeordneten Maßnahmen, das sind laut dieser Definition die Einführung von sachlichen und zeitlichen Standards zur schnellen Etablierung der Kreislaufwirtschaft, scheitern. Wegen der realen und kurzfristigen existenziellen Bedrohungslage muss analog zum Sektor Klima auch für alle weiteren Aspekte der Kreislaufwirtschaft erreicht werden, dass bis zum Jahr 2050 die grundlegende Trendwende vollzogen und bis Ende des 21. Jahrhunderts abgeschlossen ist. Und zwar dergestalt, dass irdische Ressourcen nur noch verwendet werden dürfen, um existenzielle nachhaltige Bedürfnisse des ggf. noch wachsenden Teils der Weltbevölkerung zu befriedigen. Bei konsequenter Umsetzung der notwendigen Transformationsmaßnahmen ist bis zu diesem Zeitpunkt als Annahme zu formulieren, dass sich wegen der Konzentration auf qualitative Wachstumseffekte und der deutlichen Reduzierung der ökonomischen Disparitäten zwischen Erster und Dritter Welt die Weltbevölkerung auf etwa dem heutigen Stand stabilisiert.

Wo wir heute stehen. Ein kurzes Fazit
Unsere Forderungen nach einer Kreislaufwirtschaft, die diesen Namen verdient, und die noch im 21. Jahrhundert weitgehend implementiert werden muss, sind radikal. Nicht deshalb, weil das die Gemütslage der zwei über 70-jährigen Autoren ist. Es gibt nur einen einzigen Grund: die rasante Zunahme im Tempo der Zerstörung unserer Umwelt.

Es gibt eine viel zu große Diskrepanz zwischen dem, was wir postulieren, und dem, was bis heute tatsächlich erreicht wurde. Das illustrieren wir mit einigen Aussagen aus dem „Statusbericht der deutschen Kreislaufwirtschaft 2020"[70]

---

[70] Statusbericht der deutschen Kreislaufwirtschaft 2020 (bde.de), Internetrecherche am 04.01.2022. Der Statusbericht wurde von der Prognos AG in Kooperation mit der INFA GmbH sowie Prof. Dr. Martin Faulstich (wissenschaftlicher Berater) erarbeitet und von insgesamt 15 Verbänden, Vereinen und Unternehmen unterstützt und inhaltlich begleitet: ASA, BDE, BDSAV, BDSV, bvse, DGAW, InwesD, ITAD, KdK, Messe München, PlasticsEurope, VDMA, VDM, VHI und VKU.

5.4 Neues Verständnis – neue Definition: Was wir unter Kreislaufwirtschaft verstehen ...

Diese Expertenstudie wurde unter Federführung des Bundesverbandes der Deutschen Entsorgungs-, Wasser- und Rohstoffwirtschaft e. V. (BDE) erarbeitet. Ihr Titel bestätigt unsere Aussage in der gerade dargelegten Definition, dass es bei den Begriffen einiges Wirrwarr gibt. Denn der Statusbericht nennt als Gegenstand die Kreislaufwirtschaft. In Wirklichkeit aber geht es „nur" um die Abfall- bzw. Entsorgungswirtschaft. Diese umfasst laut Bericht ca. 10.700 Unternehmen (2020).

Davon entfallen 6100 auf Abfallsammlung, -transport und Straßenreinigung sowie Abfallbehandlung und -verwertung. Knapp 1300 gehören zum Sektor Technik für Abfallwirtschaft. Weitere 3300 sind mit dem Großhandel von Abfallmaterialien befasst.

Die Branche erzielt einen Umsatz von 84,1 Mrd. Euro (2017), hat 310.000 Mitarbeiter (2019) und realisiert eine Bruttowertschöpfung von rund 28,1 Mrd. Euro (2017).

> „In der deutschen **‚Kreislaufwirtschaft'** sind heute fast genauso viele Personen beschäftigt wie in der Energiewirtschaft."[71]

Der Bericht betont die positiven Auswirkungen der höheren Effektivität bei der Verwertung für den Klimaschutz. Der Einsatz von Recyclingrohstoffen in der produzierenden Industrie bewirke eine jährliche Reduktion von CO_2-Emissionen von 50 Mio. t . Bis 2025 soll die Verwendung solcher Recyclate verdoppelt werden. Derzeit betrage diese Substitutionsquote lediglich 12 Prozent. Nicht befriedigen könne auch die Situation beim Recycling von Kraftfahrzeugen. Aktuell würden in Deutschland pro Jahr rund 4,5 Mio. Kraftfahrzeuge hergestellt. 3,5 Mio. Autos würden in Deutschland zugelassen. Nur rund 500.000 Fahrzeuge gelangten in diesem Zeitraum in Recyclinganlagen.

Knapp 2,3 Mio. Fahrzeuge werden exportiert. Von 180.000 ist der Verbleib ungeklärt. Nach Addition der letztgenannten zwei Positionen werden etwa 5 Mio. t wertvoller Rohstoffe dem Wirtschaftskreislauf in Deutschland entzogen.[72,73]

Diese Rechnung ist plausibel, aber sie ist viel zu einseitig auf den Aspekt Ressourcenverlust in Deutschland reduziert. Denn die pro Jahr „exportierten" 2,3 Mio. Autos – die 180.000 „ungeklärten" Fälle kann man getrost als illegale Grenzüberschreitungen hinzurechnen – sind ja in allererster Linie solche, die wegen ihres desolaten technischen Zustandes und krimineller Emissionen (in Menge und Zusammensetzung) auf den Straßen in Deutschland und der anderen EU-Länder schon lange nicht mehr verkehren dürfen. Diese Schrottmobile „landen" vorrangig in der Dritten Welt und in osteuropäischen Ländern, die nicht der EU angehören. Im Oktober 2021 hat das einer der Buchautoren[74] an der einzigen Transitstraße besichtigt, die Georgien und Russland im Hochkaukasus verbindet. Die

---

[71] https://www.bvse.de/recycling/recycling-nachrichten/3086-statusbericht-der-deutschen-kreislaufwirtschaft.html.
[72] Bei einem angenommenen Durchschnittsgewicht von 2 t je PKW.
[73] Siehe dazu auch Abschn. 6.2.
[74] Michael Schäfer.

Grenzstation liegt zehn Kilometer hinter dem georgischen Stepanzminda. Passiert wird diese fast ausschließlich von LKW mit russischen, georgischen, aserbaidschanischen und armenischen Kennzeichen. Diese Schilder sind an Fahrzeuge montiert, deren Aufbaubeschriftungen zu einem sehr hohen Prozentsatz belegen, dass sie „früher" für deutsche Speditionen unterwegs waren. LKW folgt auf LKW. Der unangenehme Dieselgestank beim immer wieder nötigen Anfahren in der Abfertigungsschlange wird kombiniert mit dem hohen Lärmpegel der altersschwachen Motoren. Trotz dieser Gesundheitsgefährdung haben wir die Szenerie über eine Stunde lang beobachtet. Die ausgedienten LKW aus Deutschland haben uns bei allen Fahrten während des vierzehntägigen Urlaubs in Georgien und Armenien begleitet. Das ist die Realität: Die Emissionen, die wir in Deutschland mindern, ja in diesem Ausmaß verbieten, belasten anderswo auf dem Globus die Umwelt und tragen zur Erderwärmung bei. Der ökologische Fußabdruck wird größer statt kleiner, und die Schuld daran tragen wir.

Zurück zum Statusbericht, der konstatiert, dass es auch beim Kunststoff sehr große Recyclingpotenziale gäbe, die nicht erschlossen werden. Zwar hätten sich Sammlung und Aufbereitung verbessert. Völlig unzureichend aber sei der Einsatz von Recyclaten. Dazu BDE-Präsident Peter Kurth: „Wer Kreislaufführung bei Kunststoffen will, kommt an Instrumenten wie Mindesteinsatzquote nicht vorbei."

Höhere Recyclingquoten sind positiv. Aber zur Wahrheit gehört die Aussage von Peter Kurth. Die höheren Anteile korrelieren nicht mit dem Einsatz von Recyclaten. Das bedeutet, dass wir recyceln, die gewonnenen Stoffe aber nicht konsequent in den Kreislauf zurückführen. Wir melden unsere Zweifel an den Vorgaben und der eindeutigen Begrifflichkeit an. Das stützen wir auf weitere Fakten. Von 2019 auf 2020 ist die Pro-Kopf-Menge an Restmüll in Deutschland um 4 auf 464 kg gestiegen.[75] Restmüll, das ist der Abfall, der in Müllverbrennungsanlagen landet. Mehr Restmüll gleich weniger Kreislaufwirtschaft. Das mag man als holzschnittartige Schlussfolgerung kritisieren. Im Kern aber ist der Trend richtig beschrieben.

Das Beispiel bestätigt unsere Einschätzung und unsere Forderung. Das Kreislaufwirtschaftsgesetz mit seinen allgemeinen Postulaten und Absichtserklärungen ist nicht der Hebel zum Paradigmenwechsel zur Circular Economy. Wir brauchen klare Standards und hohe Quoten für die Verwendung von Recyclaten in der Wertschöpfung. Mit unserer Definition sind die Grundlagen geschaffen.

Noch wichtiger sind die konkreten Initiativen, die immer mehr Eigentümer und Führungskräfte in der Wirtschaft ergreifen. Sie haben offenbar begriffen, dass die eigene physische Existenz davon abhängt, dass immer mehr Materialien im Stoffkreislauf bleiben müssen.

---

[75] https://www.destatis.de/DE/Presse/Pressemitteilungen/2021/12/PD21_584_321.html, Statistisches Bundesamt, Pressemitteilung vom 20.12.2021.

5.5 Komplette Stoffkreisläufe? Machbar ist (fast) alles, technisch und auch ökonomisch

5.5.1 Die Rückgewinnungswirtschaft muss Recyclingimpulse für die Produzenten setzen

„Was Gott zusammenfügt, kann er auch wieder trennen!" Dieser Satz stammt von Ludger Rethmann. Er formulierte ihn in einer kleinen informellen Gesprächsrunde zu den Perspektiven der Kreislaufwirtschaft, als die Arbeit an diesem Buch schon in vollem Gange war.[76] Der Mann, der ihn prägte, ist Mitinhaber einer der weltweit größten Firmengruppen der Kreislaufwirtschaft. Das heutige Imperium begann seine Geschichte in der zweiten Hälfte des 20. Jahrhunderts als kleines familiengeführtes Entsorgungsunternehmen. Familiengeführt ist es immer noch. Ludger Rethmann, bekennender Katholik, hat mehrere Vorstandsmandate. Er versteht Kreislaufwirtschaft als praktizierte Daseinsvorsorge. Unter dieser Überschrift konzentriert sich die Unternehmensgruppe in erster Linie auf die weitgehend vollständige stoffwirtschaftliche Rückgewinnung, also *ehrliches* Recycling, auf Wasser und Abwasser – auch hier mit dem Anspruch, aus Abwasser wieder Trinkwasser nach höchsten Standards zu gewinnen –, oder den Paradigmenwechsel vom Individual- zum öffentlichen Verkehr mit ambitionierten Ansprüchen an Qualität und Verfügbarkeit.

Auch der Schritt von der Entsorgung zur Kreislaufwirtschaft ist ein Paradigmenwechsel und insofern eine neue Qualität des Geschäftsmodells der Rethmann-Gruppe. Entsorgung – dieser Begriff hat bis zum Ende des 20. Jahrhunderts das mit der industriellen Revolution im 19. Jahrhundert begonnene Industriezeitalter mit seiner kapitalistischen Produktionsweise geprägt. Hinter dem Wort „verbarg" sich das gleiche Prinzip, mit dem auch der Wertschöpfungsprozess begann. Nutzung natürlicher Ressourcen möglichst zum Nulltarif. Mit diesem ökologisch verheerenden, der Profitmaximierung geschuldeten Ansatz endete – in sich logisch – auch das Produktleben. Die Wegwerfgesellschaft – die andere Seite des Industriezeitalters und mit dessen Start im 19. Jahrhundert ins Leben gebracht – wurde in erster Linie von der Allgemeinheit finanziert. Privatisierter Gewinn, sozialisierte Kosten. Das Prinzip ist bekannt.

Sozialisiert – dafür stehen seit Beginn des Industriezeitalters die Kommunen. Sie waren und sind für die Gesundheit der Bürger und die Ordnung in den Städten verantwortlich. Finanziert wird das bis heute in erster Linie vom „Otto Normalverbraucher". Über viele Jahrzehnte war das mehrheitlich das sogenannte Industrieproletariat. Das mehrte den Profit und zahlte mit seinen Gebühren auch für die Entsorgung der für die Wertschöpfung nicht mehr interessanten Abfälle.

Die erste Müllverbrennungsanlage Deutschlands wurde 1896 in Hamburg eingeweiht. Ein Jahr davor, 1895, war in Berlin die Mülltonne erfunden worden. Treiber waren weltweit bekannte deutsche Sozialhygieniker wie Rudolf Virchow, Max von Pettenkofer oder Robert Koch im engen Schulterschluss mit der Kommunalpolitik. Glücklicher Zufall?

---

[76] Der Satz wurde am 10. März 2020 in Lünen formuliert und darf in diesem Buch auch zitiert werden.

Rudolf Virchow – er erlangte als sozial orientierter Arzt und Begründer der modernen Pathologie Weltruhm, nach ihm ist ein Klinikum der berühmten Charité benannt – war verschwägert mit Karl Theodor von Seydel, von 1862 bis 1872 Berliner Oberbürgermeister. In dieser familiär-hygienischen Allianz wurde das Anlegen einer modernen Kanalisation vorangetrieben. Mit der Errichtung von Wasserwerken (1856, 1878, 1893) und zwischen 1878 und 1907 der Etablierung eines Systems von Wasserversorgung, Kanalisation und biologischer Abwasserreinigung bekam Berlin die deutschlandweit modernste Stadtentwässerung. Dort waren Ende des 19. Jahrhunderts fast alle hauptstädtischen Wohnungen angeschlossen.[77]

Dabei stützte man sich auf Erfahrungen vor allem aus England. Dort hatte die Industrialisierung deutlich früher begonnen. Zugleich aber auch die massiven gesundheitlichen Gefährdungen durch Industrie- und Hausmüll in den Städten mit ihrer explodierenden Bevölkerung.

Von den geschilderten Anfängen einer organisierten Müllabfuhr bis zum ersten Abfallbeseitigungsgesetz, das in der alten Bundesrepublik 1972 erlassen wurde, vergingen fast 80 Jahre. 1972 galt der damals neue Begriff Entsorgung – er ersetzte das negativ besetzte „Beseitigung" – noch als zu euphemistisch.

Erst 1994 kam die Kreislaufwirtschaft in den Titel eines Gesetzes (Kreislaufwirtschafts- und Abfallgesetz). Erst 2012 verschwand der Abfall aus dem Titel. Das nun verabschiedete Kreislaufwirtschaftsgesetz wurde im Jahr 2020 noch einmal recht umfassend novelliert. Leider wird der Begriff aber weiterhin vorwiegend auf die Branche reduziert, die sich mit dem beschäftigt, was nach der Wertschöpfung und dem Ende von Produkten übrig bleibt.

Was wir in unsere neue Definition geschrieben haben, haben große Teile der Entsorgungsbranche (wir hoffen, dass sich für diese Sparte der von uns vorgeschlagene Begriff Rückgewinnungswirtschaft durchsetzt) schon sehr gut im Blick. Der schon genannte Ludger Rethmann steht für jene, die weit vor den lobbygeprägten und deshalb zögerlichen gesetzlichen politischen Weichenstellungen damit begonnen haben, ihr viel umfassenderes Verständnis von Kreislaufwirtschaft praktisch umzusetzen. Mit den Instrumenten von Chemie, Physik und den Ingenieurwissenschaften. „Was Gott zusammenfügt …" Von dieser theologischen Ebene kommen wir direkt zu den Menschen. **ER** hat sie geschaffen und mit der Fähigkeit gesegnet, die Stoffe zurückzugewinnen, mit denen der Kreislauf begonnen wurde. Das ist technologisch und wissenschaftlich eine Herausforderung. Sie ist nur mit interdisziplinären Teams aus hochkarätigen Fachleuten zu bewältigen. Entscheidend aber ist, dass mit dem Kreislaufprinzip die Wertschöpfung von A–Z revolutioniert wird.

---

[77] Im vorstehenden Absatz stützen wir uns auf Informationen, die der Historiker Sören Flachowsky für seine Geschichte der Berliner Abfallwirtschaft zusammengetragen hat. Vgl. Flachowsky, Sören: Saubere Stadt. Saubere Weste? Die Geschichte der Berliner Stadtreinigung von 1871 bis 1955 mit dem Schwerpunkt Nationalsozialismus, Berliner Wissenschafts-Verlag, 2021, S. 28–33.

Wir illustrieren das in diesem Unterkapitel unter anderem mit der Rückgewinnung von Phosphor aus kommunalen Klärschlämmen. Seit Anfang 2021 arbeitet eine solche Anlage in Hamburg. Großtechnisch und wirtschaftlich. Und führt das Totschlagargument, dass stoffwirtschaftliches Recycling auf der Ebene des Periodensystems zwar prinzipiell möglich, aber unbezahlbar ist, ad absurdum. Mit der Umsetzung unserer Idee eines erweiterten Verursacherprinzips erledigt sich das „Argument" der Unbezahlbarkeit grundsätzlich. Aber in vielen Fällen ist die Wirtschaftlichkeit auch von sich aus möglich. Wer Kreislaufwirtschaft glaubwürdig, also mit dem innewohnenden gesellschaftspolitischen Anspruch, global implementieren will, der muss die Prämisse von der technologischen Machbarkeit grundsätzlich **und** konkret setzen und darf die Umsetzung nicht auf das aktuell ökonomisch Machbare reduzieren. In der Remondis-Gruppe wird das zum Beispiel mit dem Remondis Innovation Hub praktiziert. Vom Standort Hamburg aus werden von diesem Innovationstreiber Start-ups gefördert und neue Projekte identifiziert und umgesetzt.

Ein anderer Weg ist die Erhöhung der Recyclingquote. Das klingt altmodisch. Aber die Vision vom grünen Stahl, bei dem der Energiebedarf durch regenerativ erzeugten Wasserstoff gedeckt wird, ist wegen des enormen Bedarfs an Ökostrom in den nächsten Jahren wenig realistisch. Diese neue Technologie inklusive der energetischen Grundlagen muss man mit aller Kraft weiterentwickeln. Zugleich aber muss das heute schon Machbare forciert werden. Allein die Remondis-Gruppe bringt heute schon 8,5 Mio. t Recyclingmetalle zurück in den Produktionskreislauf. Davon sind 8 Mio. t Stahlschrott. Das sind in Relation zur jährlichen Rohstahlproduktion in Deutschland – 40 Mio. t – 20 Prozent. Mit dem Einsatz von hochwertigem Stahlschrott wird im Vergleich mit der klassischen Stahlschmelze aus Eisenerz eine sehr deutliche Reduktion der CO_2-Emissionen erreicht. Nach Berechnungen des Fraunhofer-Instituts für Keramische Technologien und Systeme werden aktuell 28 Prozent des Stahls weltweit aus aufbereitetem Schrott hergestellt. Dieser Wert könnte nach seriösen Schätzungen auf 50 Prozent gesteigert werden. Vorzugsweise mit Elektrolichtbogenöfen. Dieses Verfahren wird vor allem für das Einschmelzen von Stahlschrott und die Herstellung hochwertiger Speziallegierungen genutzt. Käme der dafür benötigte Strom ausschließlich aus regenerativen Quellen, wäre allein das ein großer Schritt zur Klimaneutralität.

Dr. Felix Thiele,[78] wir trafen den Geschäftsführer des Remondis Hubs 2021 in Hamburg, sieht für die möglichst schnelle Implementierung der Kreislaufwirtschaft zwei große Linien. Da sei zum einen „der revolutionäre Weg". Dafür steht die komplette Umstellung der Stahlproduktion auf erneuerbare Energieträger, Schwerpunkt Wasserstoff. Der zweite Weg verläuft innerhalb des bestehenden Systems, also im Sinne von Reformation. Dafür steht in dem gerade skizzierten Beispiel die deutliche Erhöhung der Recyclingquote. Jeder erfolgreiche kleine Schritt auf dieser Ebene bringe ökologische Effekte und erhöhe zugleich – so Thiele – den Druck für die großen, die revolutionären Lösungen. Diesem dialektischen Ansatz – das eine tun, das andere aber nicht lassen – werden Sie in diesem Buch immer wieder begegnen.

---

[78] Herr Dr. Thiele hat uns den Remondis Innovation Hub ausführlich vorgestellt. Dafür unser Dank.

Klimaschutz gehört zur Kreislaufwirtschaft
Das Ziel der vollständigen Dekarbonisierung wird beim Stahl am schnellsten – und Tempo ist bekanntlich gefragt – durch die Kombination dieser verschiedenen Ansätze erreicht. Natürlich müssen Hochöfen auf klimaneutrale Energieträger, vorzugsweise auf grünen Wasserstoff, umgestellt werden. Dass geht nicht „von jetzt auf gleich". Experten sagen, dass es wegen des stockenden Ausbaus regenerativer Energien frühestens 2035 zu schaffen ist. So viel Zeit haben wir nicht. Deshalb muss übergangsweise Erdgas als Energieträger zugelassen werden. Damit sind schon bei der Erzeugung von Rohstahl CO_2-Reduktionen von 65 Prozent erreichbar. Schließlich müssen die Sammlung und die hochwertige Aufbereitung von Recyclingrohstoffen bei der Stahlproduktion deutlich erhöht werden. Dieses Miteinander von Wegen muss die Politik fördern und nicht einseitig – Beispiel E-Mobilität – auf solitäre Strategien setzen.

Wir haben zu Beginn dieses Kapitels theoretisch entwickelt, dass Klimaschutz zur Kreislaufwirtschaft gehört. Erneuerbare Energie aus Sonne, Wind oder Wasser – idealere Kreisläufe gibt es nicht! Am Stahl zeigen wir diesen Zusammenhang konkret. Je höher die Rückgewinnungsquote von Eisen und Nichteisenmetallen ist, umso geringer der Ausstoß von CO_2. Möglichst vollständige Stoffkreisläufe haben fast ausnahmslos den Doppeleffekt Ressourcenschonung und Klimaschutz. Dieses Ergebnis ist in vielen Fällen schon heute wirtschaftlich zu erreichen.

Beim Stichwort Wirtschaftlichkeit hat uns der von uns konsultierte Dr. Ansgar Fendel[79] auf den Zusammenhang von Recyclingkosten und staatlicher Regulierung aufmerksam gemacht. Fazit: Was wirtschaftlich funktioniere, das regele der Markt. Das gilt schon seit der Antike für Edelmetalle wie Platin, Gold oder Silber, aber auch für Papier, Glas und viele Metalle. Dass das Angebot-Nachfrage-Modell funktioniert, zeigen die Engpässe des Jahres 2021 bei PET-Recyclaten und bei den Altpapiersorten, die für die Herstellung von Feinpapieren benötigt werden. Pappe wiederum gibt es wegen des Booms des Internethandels in ausreichenden Mengen.

Staatliche Vorgaben für die stoffliche Rückgewinnung sind wiederum unter anderem bei ausgewählten Kunststoffen und Batterien vonnöten. Bei Letzteren prognostiziert Fendel einen Paradigmenwechsel und zwar in den Einsatzbereichen Automotive und Kleingeräte. Es gäbe gute Chancen, das seltene und immer teurere Lithium ab Anfang der 2030er-Jahre durch Natrium zu ersetzen.

Bau- und Abbruchabfälle, also der sogenannte Bauschutt, machen mit einer Jahresmenge von 220 Mio. t mehr als die Hälfte des bundesweiten Abfallaufkommens aus (2020). Die Recyclingquoten sind sehr unterschiedlich. Bei Gipsplatten mit einem Gipsanteil von 80–90 Prozent liegen sie am höchsten, bei Estrichen und Putzgipsen mit einem Gipsanteil von 2–8 Prozent am niedrigsten. Auch hier zählt nur die Prämisse Wirtschaftlichkeit, und die ist im Regelfall nicht das Synonym für Umweltverträglichkeit.

---

[79] Wir danken Herrn Dr. Fendel, Geschäftsführer Remondis Assets & Services GmbH & Co. KG, für seine umfangreiche Unterstützung bei unseren Recherchen u. a. zu den Recyclingquoten und deren Bewertung und zur Sektorenkopplung.

Mehr Schrott, weniger Koks, weniger Energieeinsatz, weniger CO_2. Diese „Formel" demonstriert die Schnittstelle zwischen den Verwertern und der klassisch produzierenden Wirtschaft. Der Fachbegriff heißt Sektorenkopplung. Es gewinnen alle. Die Recycler, die Produzenten und global die Menschheit.

Die Konstellation, dass alle Nutznießer sind, finden wir auch in der Kunststoffindustrie. Das alte Rollenverständnis – die einen produzieren, die anderen entsorgen – ist von gestern. Heute sitzt man an einem Tisch und findet neue Lösungen für das Design von Produkten. Ein bekanntes Beispiel sind Verpackungen. Je nach Einsatzzweck gibt es genau definierte Eigenschaften. Die sind bei Frischmilch anders als bei einem Staubsauger. Die Materialentwickler der Vergangenheit haben mit der Kombination verschiedener Stoffe hervorragende Gebrauchseigenschaften erzielt. Allerdings ist die stoffliche Rückgewinnung der meisten dieser Verbundmaterialien nur mit unvertretbar hohem Aufwand möglich. Deshalb landeten die Behälter und Umhüllungen in den Müllverbrennungsanlagen. In Zukunft – das ist die Konsequenz – dürfen nur noch Verpackungen entwickelt werden, die eine möglichst komplette Rückgewinnung der Einsatzstoffe ermöglichen. Dazu braucht es die permanente Interaktion von produzierenden und rückgewinnenden Unternehmen. Im umfassenden semantischen Sinne gehören beide laut unserer neuen Definition zur Kreislaufwirtschaft.

Die Kreislaufwirtschaft im „alten", auf das Ende des Produktlebenszyklus fokussierten Sinne nimmt nicht mehr ergeben zur Kenntnis, was bei ihr ankommt. Dieser Prozess wird zunehmend gemeinsam gesteuert. Mit diesem kooperativen Ansatz werden Recyclinganlagen mit Investitionszyklen von 30–40 Jahren nach Maß konstruiert und gebaut. So kommen Rentabilität und *ehrliches* Recycling, also größtmögliche Rückgewinnung der Ausgangsstoffe, auf einen gemeinsamen Nenner. Der Begriff Sektorenkopplung könnte mithin auch für unser neues Verständnis von Kreislaufwirtschaft stehen. Ob das den Protagonisten schon bewusst ist? Wichtig ist, sie fangen erst mal an! Das ist für uns zukunftsgewandter, technologiebasierter und wirtschaftlicher Pragmatismus. Getreu unserem Credo für die Bewahrung der Schöpfung *innerhalb* der kapitalistischen Produktionsweise. Für diese muss allerdings das Soziale nicht nur neu gedacht, sondern auch praktiziert werden. Dazu bedarf es einer konzertierten und globalen Aktion von engagierten Bürgern, Politik, Wissenschaft und dem Kapital.

Einer, der wie kaum ein Zweiter für den globalen Kapitalismus steht, nämlich Bill Gates, bekennt sich ähnlich wie der ganz anders „tickende" weltweit tätige Familienunternehmer Ludger Rethmann oder die von uns konsultierten Remondis-Experten Dr. Ansgar Fendel und Dr. Felix Thiele dazu, dass die Kreislaufwirtschaft – Stopp des Klimawandels inklusive – technologisch machbar ist.

Wir haben sein 2021 in Deutschland erschienenes Buch gelesen. Dessen Titel ähnelt dem von hunderten anderer „Werke", die zu diesem Thema seit einiger Zeit, Tendenz weiter steigend, den Markt überschwemmen: „Wie wir die Klimakatastrophe verhindern". Die 22 Euro haben wir nur ausgegeben, weil uns der Untertitel – „Welche Lösungen es gibt und welche Fortschritte nötig sind" – neugierig gemacht hat. Das schien uns eine Verheißung. Denn der Mann weiß, wovon er redet. Er ist mit IT-Innovationen einer der reichsten Männer der Welt geworden. Auch auf den Laptops der beiden Autoren läuft das Microsoft-Betriebssystem.

Was wir von Gates nachfolgend zitieren, klingt auf den ersten Blick ehrlich: „Mir ist durchaus bewusst, dass ich kein idealer Botschafter für die Mission gegen den Klimawandel bin. Die Menschheit leidet nicht gerade unter einem Mangel an reichen Männern, die große Ideen haben für das, was andere Leute tun sollten." Aber er sei technikbegeistert und suche immer, wenn er ein Problem sehe, nach Technologien, mit denen es gelöst werden kann. „Wenn es um den Klimawandel geht, weiß ich natürlich, dass Innovationen nicht das Einzige sind, was wir brauchen. Doch ohne sie können wir die Erde nicht in einem bewohnbaren Zustand erhalten."[80]

Die Bewohnbarkeit der Erde wird aber eben nicht nur vom Klimawandel bedroht. Ebenso gravierend ist der verantwortungslose und übrigens auch klimaschädigende Umgang mit den irdischen Ressourcen. Letzteres scheint Bill Gates aber weniger zu stören. Etwa die Hälfte seines Vermögens steckt in seiner Investment- und Holdinggesellschaft „Cascade Investment L. L. C.". Die wiederum ist mit 34,1 Prozent (2021) an der Republic Services Inc. beteiligt, einem der weltgrößten Unternehmen der Abfallwirtschaft. Der USA-Konzern generiert weit über dem Marktniveau liegende Renditen. Wohl auch deshalb, weil er in erster Linie Abfall einfach nur beseitigt, indem er ihn zum Beispiel in Deponien einlagert. Das ist natürlich weitaus billiger als die Entwicklung und der Betrieb von Hightechanlagen zur Rückgewinnung wertvoller Stoffe. Dies scheint für den „technikbegeisterten" Gates aber kein relevantes Betätigungsfeld zu sein. Vielleicht deshalb, weil ihm das hochprofitable Investment in eine Gesellschaft, die Abfall lieber deponiert als die enthaltenen Stoffe zurück in den Kreislauf zu bringen, wichtiger ist als die „Bewohnbarkeit des Planeten"? Unsere Erde gibt es bekanntlich nur einmal. Und Engagement für unsere Heimstatt kann es, jedenfalls grundsätzlich, nur **ganz oder gar nicht** geben.

Wir hoffen, Bill Gates liest unser Buch und setzt als Großaktionär bei Republic Services maßgebliche Impulse für den überfälligen Paradigmenwechsel vom Entsorger zum Recycler. Das würde seine Aussagen zur Rolle von Innovationen zur Rettung von Klima und Erde noch glaubhafter machen.

Fakt ist aber auch, dass einer der reichsten Männer dieser Welt tatsächlich beträchtliche Summen in anspruchsvolle ökologische Technologien investiert. Diese Janusköpfigkeit muss wohl auch ertragen werden. Denn wer Gewichtiges tut, ist für die Rettung der Schöpfung nun einmal besser als derjenige, der als Sonntagsredner von Montag bis Samstag in der Sache versagt.

Die realen Bedrohungen sind mit Innovationen abzuwenden. Das kostet und dafür ist Gates wichtig. Und ebenso mit seiner Überzeugung, dass dieses Know-how – vieles ist bereits vorhanden – schnell entwickelt werden kann und muss.

Dies illustriert Gates in seinem Buch für alle relevanten Bereiche in Industrie und Landwirtschaft, wobei er sich getreu dem Titel dem Klimaschutz widmet. Richtig ist sein

---

[80] Gates, Bill: Wie wir die Klimakatastrophe verhindern. Welche Lösungen es gibt und welche Fortschritte nötig sind, Piper Verlag, München, 2021, S. 23.

ambitionierter und zugleich pragmatischer Ansatz, mit dem er ideologische Zuspitzungen und überzogenes Wunschdenken aus der Debatte nimmt: „Es gibt keinen realistischen Weg zu null Emissionen, auf dem wir fossile Brennstoffe völlig aufgeben oder alle anderen Aktivitäten einstellen könnten, die unter anderem auch Treibhausgase produzieren (zum Beispiel Zement herstellen, Düngemittel einsetzen oder Methan aus Gaskraftwerken entweichen lassen). Vielmehr werden wir aller Wahrscheinlichkeit nach auch in einer CO_2-freien Zukunft ein gewisses Maß an Emissionen produzieren, werden aber Verfahren haben, um den dadurch freigesetzten Kohlenstoff wieder aus der Atmosphäre zu entnehmen."[81]

Gates irrt allerdings mit seinem Verständnis des Null-Emissions-Ziels. Es gibt – und das ist objektiv – keine CO_2-freie Zukunft. Das Maß wird vom Kreislaufgedanken bestimmt. Danach müssen wir „nur" den Plus-Minus-Null-Status vor der industriellen Revolution erreichen. Dort war der Kohlenstoffkreislauf der Erde in etwa ausgeglichen. Genauso ist das auf der ersten Weltklimakonferenz 1995 definierte Ziel der CO_2-Neutralität ab 2050 zu verstehen. Das ist ambitioniert genug, denn bekanntlich bewegen wir uns weiter in die umgekehrte Richtung.

Es darf ab 2050 kein Gramm CO_2 in die Atmosphäre entlassen werden, dass die dort bereits vorhandene Konzentration erhöht. Das gilt aber auch – das wird leider regelmäßig vergessen – für alle anderen Treibhausgase wie zum Beispiel Methan. Bei Bill Gates und anderen gibt's begriffliche Unschärfen. Genau genommen dürfen wir ab 2050, vorausgesetzt wir erreichen bis dahin in einem degressiven Verlauf, dass der Treibhausgaspegel ab dann konstant bleibt, nicht einfach die Arme heben und „gewonnen" rufen. Denn in den vergangenen 200 Jahren hat sich eine gewaltige Menge an CO_2 und anderen Schädlingen in unsere Atmosphäre entladen. Ein Fünftel des in diesem Zeitraum emittierten CO_2 wird es auch in 10.000 Jahren noch in den Luftschichten unseres Planeten geben. Deshalb gebietet es die mathematische und naturwissenschaftliche Logik, den Ausstoß auch nach 2050 nach unten zu fahren. Nur dann können wir ab Ostern 2051 unser traditionelles Feuer ganz ohne Gewissensbisse anzünden.

Wenn wir mit dieser Konsequenz handeln, muss auch das urkapitalistische „ohne Moos nichts los" an Bedeutung verlieren. Kompensiert wird der bestimmt nicht desaströse Schwund auf manchen Konten und bei den Spitzenrenditen mit einer neuen Formel: „Weniger Gas, mehr Spaß". Wir werden in diesem Prozess hoffentlich sensibler dafür, dass es für das Wohlbefinden deutlich mehr Gründe gibt als den materiellen Status. Diese neu gewonnene Freude erhöht die Kreativität für die Entwicklung neuer nachhaltiger Technologien.

Wir brauchen sehr viele Erfolgserlebnisse. Das hat Bill Gates erkannt. Deshalb mahnt er, unsere Energie nicht auf Nebenkriegsschauplätzen zu verschwenden. Das mag banal klingen. Aber oft fallen diese einfachen Wahrheiten unter den Tisch.

„In einem Artikel", so Bill Gates, „hieß es, dass durch den Emissionsrechtehandel in Europa der CO_2-Abdruck des europäischen Luftverkehrssektors um 17 Millionen Tonnen

---

[81] Ebenda, S. 29.

pro Jahr verkleinert worden sei. Das klingt sicherlich wie eine ganze Menge, aber ist es das tatsächlich? Welchen Anteil an den Gesamtemissionen stellt es dar? Dazu schwieg sich der Artikel aus, und über solche Lücken stolpere ich erstaunlich oft."[82]

Ohne die Fähigkeit, sich auf Dinge zu konzentrieren, die richtig „metern", wäre Gates nicht einer der weltweit erfolgreichsten Unternehmer des IT-Zeitalters (und wohl auch darüber hinaus) geworden. Deshalb können wir dem von ihm entwickelte Gerüst aus fünf Fragen vertrauen. Denn es habe ihn immerhin davor bewahrt, Geld zu verbrennen. Die von Gates praktizierte Anwendung auf den Stopp des Klimawandels ist in unserem Sinne. Der Kampf gegen die Erderwärmung kostet nämlich unser aller Geld. Gewaltige Summen und wohl auch neue Schulden. Regeln, wie das verantwortungsbewusst und effizient eingesetzt wird, sind hochwillkommen.

Im Katalog von Gates geht es **zum Ersten** darum, das große Ganze im Blick zu haben, wenn wir nur mit Einzelteilen konfrontiert werden. Das macht sein Beispiel deutlich. 17 Mio. t CO_2-Reduzierung pro Jahr im europäischen Flugverkehr? Das sind 0,03 Prozent des Gesamtausstoßes von 51 Milliarden. Nichts gegen Kleinvieh. Es macht bekanntlich auch Mist. Aber richtig zum Jubeln ist das Ergebnis nicht. Gates hat 2019 alle Engagements in fossilen Energien beendet. 2015 bat er im Kontext mit der UNO-Weltklimakonferenz in Paris zwei Dutzend wohlhabende Personen aus seinem Bekanntenkreis um die Bereitstellung von Risikokapital für saubere Energien. Es entstand die „Breakthrough Energy Coalition. Sie vereint gemeinnützige Projekte sowie Bemühungen von Interessenverbänden und privaten Geldgebern, die in mehr als vierzig Firmen mit vielversprechenden Ideen investiert haben".[83]

Bei Breakthrough Energy, so die Schlussfolgerung aus dem eigenen Fragenkatalog, wird nur in Technologien investiert, mit denen nach erfolgreicher Implementierung mindestens 500 Mio. t CO_2 pro Jahr eingespart werden könnten. Das sind rund ein Prozent der globalen Emissionen.

Frage zwei folgt aus der ersten. Warum müssen wir bei unserer Schlacht gegen den Klimawandel Prioritäten setzen? „Wenn Sie über eine Gesamtstrategie reden, müssen Sie sämtliche menschliche Aktivitäten berücksichtigen, die Treibhausgasemissionen verursachen." Über Autos werde viel geredet. Aber allein die Stahl- und Zementproduktion verursache 10 Prozent *aller* Emissionen.

Die weltweiten industriellen Aktivitäten sind verantwortlich für 31 Prozent des CO_2-Ausstoßes. Mit 27 folgt die Stromversorgung, mit 19 die Landwirtschaft, mit 16 Transport und Verkehr und mit 7 Kühlen und Heizen. Dieses Ranking muss die Prioritätenliste für die Reduzierung der Treibhausgasemissionen bestimmen.[84]

In Berlin fahren für den öffentlichen Personennahverkehr unter dem Dach der Berliner Verkehrsbetriebe 1429 Busse. Gleichzeitig aber sind 1,23 Mio. PKW auf den Straßen der Hauptstadt unterwegs. Diese Zahl aus 2021 ist ein neuer trauriger Rekord. 1429 zu

---

[82] Ebenda, S. 69.
[83] Ebenda, S. 19.
[84] Ebenda, S. 72/73.

1,23 Mio. Bei dieser Relation stellt sich schon die Frage, ob die Anschaffung von Elektrobussen – etwa doppelt so teuer wie ein Diesel – eine gerechtfertigte Priorisierung ist. Zumal auch die laufenden Kosten höher und die Laufleistungen geringer sind. Die Oldenburger Verkehrsbetriebe haben seit 2016 nur noch Erdgasbusse im Einsatz. Im Vergleich dazu sei die Bilanz von Elektrobussen ernüchternd, sagte deren Vertreter, Michael Emschermann, bei einer Diskussion in der Heinrich-Böll-Stiftung. Diese seien zu teuer, zu schwer und ökologisch sehr bedenklich, da derzeit kaum grüner Strom verfügbar sei.[85]

Mit teurer Symbolpolitik gewinnt das Klima nichts. Das Geld wäre für eine generelle Ertüchtigung des ÖPNV viel besser angelegt. Nur dichtere Taktzeiten und bessere Qualität bringen die potenziellen Kunden vom eigenen Auto in öffentliche Busse und Bahnen.

Unter **Punkt drei** rät Gates, auf fassliche Größenordnungen zu achten. Vielleicht lesen Sie, dass irgendein neues Kraftwerk 500 Megawatt erzeugen wird. Ist das viel? Und was ist überhaupt ein Megawatt? Der Stromverbrauch liegt weltweit nach Gates Angaben bei 3000 Gigawatt, der in den USA bei 500 Gigawatt, der einer dortigen mittelgroßen Stadt bei 1 Gigawatt. Nehmen wir an, Sie wollten eine mittelgroße Stadt versorgen. Könnten Sie dafür einfach ein Kraftwerk mit dieser Leistung bauen und damit garantieren, dass immer genug Strom da ist? Die Antwort hängt davon ab, welche Energiequelle Sie nutzen wollen. Ein Atomkraftwerk läuft rund um die Uhr und wird nur heruntergefahren, wenn es gewartet oder mit neuen Brennstäben versorgt wird. Wird Wind- oder Solarenergie genutzt, komme man wegen der geringeren Verfügbarkeit nur auf eine effektive Kapazität von 30 Prozent. 70 Prozent müssten mit anderen Energieträgern erzeugt werden.[86]

Die **vierte Frage** lautet, wie viel Platz benötigt wird, um je Quadratmeter Fläche ein Watt Strom zu erzeugen. Fossile Energieträger schaffen 500 bis 10.000 W/m^2, die Atomkraft 500 bis 1000 W.

Bei den Erneuerbaren sind die Relationen deutlich anders. Solarenergie und Wasserkraft produzieren je Quadratmeter gerade einmal 5–20 W. Bei Wind wird auf dieser Fläche noch deutlich weniger, nur 1–2 W, erzeugt. Bei Holz und anderer Biomasse liegt die Ausbeute sogar unter einem Watt. Mit Blick darauf, dass wir immer mehr Naturräume – das ist ein ökologisches Desaster – verlieren, sind das auf den ersten Blick verstörende Zahlen. Der Aufwuchs von Sonnen- und Windenergie ist unter Klimaaspekten aber ohne Alternative. Gleichwohl ist die Frage, wie viel Platz man braucht, von sehr großem Gewicht. Es sind doch keine Spinner, die sich angesichts der Überflüsse an Sonne und Platz Gedanken über riesige Solarparks in Wüsten wie Gobi und Sahara machen.

So zugespitzt haben wir das bei unseren umfassenden Recherchen nirgendwo anders gelesen.[87] Ja, weiter mit dem zügigen Ausbau der Erneuerbaren. Aber mit viel stärkerer Beachtung der Themen Speicherung, Übertragung und optimale Allokationen. Wenn wir

---

[85] https://energyload.eu/elektromobilitaet/elektrobusse/berlin-elektrobus-bvg/, Internetrecherche am 03.11.2021.
[86] Gates, Bill: Wie wir die Klimakatastrophe verhindern. Welche Lösungen es gibt und welche Fortschritte nötig sind, Piper Verlag, München, 2021, S. 74.
[87] Ebenda, S. 76.

die ganze Sahara mit Solaranlagen füllen, besser kann man den Platz gar nicht nutzen, müssen wir auch die Technologien zur Verwandlung von Strom in transportfähige Aggregatzustände, Stichwort „power to gas", verbessern.

Bleibt die **Frage Nummer fünf**: „Was wird es kosten?"[88] Dazu Bill Gates: „Heute sind die meisten CO_2-freien Lösungen teurer als ihre auf fossilen Brennstoffen basierenden Entsprechungen." Was daran liege, dass die fossil basierten die Umweltschäden nicht widerspiegeln. Damit seien sie nur scheinbar billiger. Dieser Logik folgen alle Ökozuschläge und der gesamte Handel mit CO_2-Zertifikaten. Auf die interessanten Erläuterungen von Gates zur gebotenen Differenziertheit der Zuschläge können wir leider nicht eingehen. Wichtig sind uns zwei Hinweise: Erstens sollten die einzupreisenden Umweltschäden möglichst genau und objektiv ermittelt werden. Zweitens: Sind wir in einem globalen Maßstab bereit und in der Lage, für nachhaltige Produkte und Technologien deutlich mehr zu bezahlen als für konventionelle? Gates fordert Zuschläge, die alle Länder akzeptieren. Das ist die Voraussetzung für globale CO_2-Neutralität. Entscheidend sei, dass die saubere Technologie zumindest annähernd zum gleichen Preis verfügbar ist wie das konventionelle Gegenstück. Dies mehrheitlich zu sichern, sei das zentrale Thema von technologischen Innovationen.

Das gilt gleichlautend auch für die Kreislaufwirtschaft. Oft regelt das schon der Markt. Das haben wir beispielhaft für Stahl und Glas gezeigt. Dort sind die Kosten für recycelte Produkte oft sogar geringer als für die Klassiker der Wertschöpfung von gestern.

Das sind derzeit aber eher die Ausnahmen. Deshalb müssen die Schwerpunkte bei der Etablierung neuer Verfahren und Technologien dort gesetzt werden, wo der Nutzen für die Umwelt am höchsten ist. Wir erinnern uns an die Frage von Gates, ob wir für Zement einen Plan haben.

Was das richtige Setzen von Prioritäten bringen kann, zeigen wir auf den nächsten Seiten am Beispiel Gülle. Dort würde das von uns definierte erweiterte Verursacherprinzip auf Anhieb funktionieren. Man müsste es „nur" anwenden. Dann würde deutlich, dass höhere Preise sogar von wenig verdienenden Endverbrauchern akzeptiert werden. Denn die Mehrkosten werden durch Mehrfachnutzen kompensiert. Und der höhere Preis macht sich im Familienbudget nicht bemerkbar, weil bei hoher Qualität weniger bekanntlich mehr ist.

Viele Leser werden die Frage stellen, warum wir ausgerechnet Bill Gates zur technologischen Machbarkeit der Kreislaufwirtschaft mit dem Kernthema Energiewende zu Wort kommen lassen. Natürlich wissen wir, dass er und seine Stiftung seit vielen Jahren im Fadenkreuz der geballten „Enthüller"-Szene zum Thema Weltverschwörung stehen. Dass wir uns nicht auf dieses Niveau begeben, bedarf es einer Rechtfertigung.

Dass Gates Milliardär wurde, können wir ihm nicht anlasten. Das liegt halt am System. In dem gibt's keine Chancengerechtigkeit. Aber es gibt immer wieder mal den Einzelfall. Der Erfolg des bei Geburt armen John D. Rockefeller (1839–1837) wurde zum geflügelten Wort: „Vom Tellerwäscher zum Millionär!" Der deutschstämmige Mann – seine Vorfahren kamen aus der nicht mit Reichtum gesegneten Pfalz – gilt bis heute als der mit Abstand reichste Mensch der Neuzeit.

---

[88] Gates, Bill: Wie wir die Klimakatastrophe verhindern. Welche Lösungen es gibt und welche Fortschritte nötig sind, Piper Verlag, München, 2021, S. 77

5.5 Komplette Stoffkreisläufe? Machbar ist (fast) alles, technisch und auch ökonomisch

Bill Gates hat es in diese Liga der Superreichen geschafft. Seine wohlhabenden Eltern sorgten für eine elitäre Schulbildung. Das unterscheidet ihn prägnant von allen Kindern aus prekären Verhältnissen. Aber den „Rest" hat er mit hoher Intelligenz, Tatkraft, Fleiß und natürlich auch dem nötigen Quäntchen Glück buchstäblich aus dem Boden gestampft.

Bekanntlich haben Gates und seine Frau mit einem großen Teil ihres Vermögens im Jahr 2000 eine Stiftung, die Bill & Melinda Gates Foundation, gegründet, die sich für humanitäre Projekte vor allem im Bereich des Gesundheitswesens engagiert. Die Stiftung verfügt, Stand 2018, über ein Vermögen von rund 49 Mrd. US-Dollar. Diese Initiative hat auch andere Milliardäre zu ähnlichem Tun motiviert. Es sind viel zu wenige, aber es ist ein erster Schritt. Bevor wir Motive in Frage stellen oder mit absurden Annahmen diffamieren, sollten wir uns über das große Engagement schlicht und einfach freuen.

An dieser Stelle noch einmal unser mehrfach geäußertes Credo, dass die Bewahrung der Zivilisation nur im Rahmen des derzeitigen Wirtschaftssystems gelingen kann. Aus dieser Überzeugung ist zu folgern, dass wir relevante Initiativen des Kapitals objektiv zur Kenntnis nehmen und bewerten müssen. Gates redet nicht, er handelt. Und er investiert – Unternehmer durch und durch – aus dem eigenen Vermögen (also nicht aus der Stiftung) in Projekte, die für den Kampf gegen den Klimawandel und die Implementierung der Kreislaufwirtschaft erhebliche Bedeutung haben. Das macht er als Unternehmer, also *auch* mit der Absicht, Gewinn zu erzielen. Daraus macht er keinen Hehl, und er muss sich dafür auch nicht schämen, wenn er die die Regeln des Anstands einhält. Dazu gehört vor allem, dass die Mitarbeiter in diesen Unternehmen gerecht bezahlt werden und die Arbeitsbedingungen hohen Standards genügen. Das scheint der Fall zu sein.

Wir können also Gates als maßgeblichen Investor in Zukunftstechnologien gegen den Klimawandel zu Wort kommen lassen. Ein zweiter Grund besteht darin, dass er die Technologie in den Mittelpunkt rückt. Wissenschaftlich-technische Lösungen sind nicht alles, aber ohne sie ist alles (also die Mission Weltrettung) nichts. Was sonst noch nötig ist, haben wir in diesem Kapitel bereits erläutert. Nun brauchen wir praktische und bezahlbare Lösungen für weniger CO_2 und maximalen Ressourcenerhalt. Dafür ist Bill Gates ein maßgeblicher Treiber. Als Finanzier, der sein vieles Geld auch in riskante Projekte steckt (riskant ist per se alles, was in neue Dimensionen vorstößt!). Und als Technologieverliebter und mathematisch-naturwissenschaftlicher Generalist, der in der Kombination aus Sachverstand und Bauchgefühl (oft) auf die richtigen Pferde setzt.

Wir wissen nicht, wie lange honorige Akademien und Beiräte benötigen, um zu Papier zu bringen, was wir technologisch noch lösen müssen, um den Temperaturanstieg bei 1,5 Grad anzuhalten oder 95 Prozent aller Ausgangsstoffe aus den weltweiten Kunststoffabfällen zurückzugewinnen.

Bill Gates nutzt „einfach" seine weltweiten und mit viel Kompetenz ausgestatteten Netzwerke und schreibt eine Prioritätenliste. Die steht in seinem 2021 in Deutsch erschienenen Buch, also gib es diesen Katalog schon länger. Wir zitieren: „CO_2-freie Wasserstoffproduktion, Stromspeicherung im Netzmaßstab, ausreichend für mehrere Monate, Synthetische Kraftstoffe, Moderne Biokraftstoffe, CO_2-neutraler Zement, CO_2-neutraler Stahl, Fleisch- und Milchprodukte auf pflanzlicher Basis, CO_2-neutraler Dünger, Kernspaltung der nächsten Generation, CO_2-Abscheidung (sowohl direkte Luftentnahme als auch Abscheidung an der konkreten CO_2-Quelle), unterirdische Stromleitungen, CO_2-neutraler Kunststoff, Geothermie, Pumpspeicherkraftwerke, Wärmespeicher, Dürre- und hochwassertolerante Nutzpflanzen, CO_2-neutrale Alternativen zum Palmöl, Kühlmittel ohne F-Gase."[89]

Wir brauchen technologische Revolutionen! Aber evolutionäre Erkenntnisse bleiben das „Mittel der Wahl"
Diese Zeilen werden geschrieben am 5. November 2021. In der ersten Woche der 26. UNO-Klimakonferenz in Glasgow. Noch nie haben wir von den Führern der Welt so übereinstimmend und so prägnant gehört, dass uns die Welt um die Ohren fliegt, wenn nicht sofort das jahrzehntelange „Wir müssten" durch ein „Wir tun es" ersetzt wird. Sie kommen also hoffentlich jetzt sehr schnell, die Gesetze, die das ohne Wenn und Aber auf den Weg bringen. Das erfordert wieder Zeit. Erst recht, wenn es um verbindliche Beschlüsse auf europäischer und globaler Ebene geht.

Zeit aber haben wir nicht. Deshalb brauchen wir Macher, die einfach anfangen. Gates könnte (rein fiktiv) von jetzt auf gleich in das Traumprojekt einer CO_2-freien Zementproduktion investieren und müsste nicht auf die Entscheidung der nächsten Konzernhauptversammlung in elf Monaten warten. Oder alternativ einen mehrere Hundert Seiten umfassenden Förderantrag bearbeiten, in die Post geben und damit den Startschuss für ein mehrjähriges Bearbeitungsverfahren geben.

Aller guten Ding sind drei. Bill Gates ist auch deshalb in unser Buch gekommen, weil wir jetzt Quantensprünge in Wissenschaft und Technik benötigen.

Unsere Erde hat ein Alter von rund 4,5 Mrd. Jahren. Bis Anfang des 19. Jahrhunderts war sie in einem *natürlichen* Gleichgewicht. Das negiert nicht heftigste Verwerfungen in der langen Zeit, bevor der Mensch begann, den Planeten zu bevölkern. Das war vor rund 300.000 Jahren.

Im Kontext mit unserem Thema aber reden wir über „läppische" 200 Jahre. Nur die sind Grund und Anlass für unser Buch. In diesem Zeitraum wurde unser Planet in einer Dimension zerstört, die in Ausmaß und Brutalität nicht in Worten zu fassen ist. Setzen wir diese 200 in Relation zu den 4,5 Mrd. Jahren Erdgeschichte, übersteigt schon die Zahl der Nullen hinter dem Komma unser Fassungsvermögen. Wir wissen, dass Vieles irreparabel zerstört wurde. Die siebenstellige Zahl von Arten, die durch menschliches Tun vernichtet wurde, kann nicht revitalisiert werden.

Wir haben nur noch wenige Jahrzehnte Zeit, um im ersten Schritt den Vernichtungsprozess zu stoppen. Im gleichen Zeitraum, also parallel, muss es gelingen, die lebensbedrohlichen Wirkungen zu mindern und zugleich das Gleichgewicht für einige lebenswichtige Parameter – dafür steht das CO_2 an erster Stelle – wiederherzustellen.

Die erwähnten Quantensprünge sind rar geworden. Ein solcher war die Erfindung des Rads vor 4000 Jahren. Seitdem bestimmt es praktisch alle Mobilitätssysteme. Auch bahn-

---

[89] Ebenda, S. 249.

brechende Erfindungen wie jene des Elektromotors (1885), des Ottomotors (1876) und des Dieselmotors (1893) setzten auf dem System Rad „nur" auf. Wie oft war dieser Fortschritt janusköpfig. Gewinn an produktiver und unser Leben auch bereichernder Mobilität wurde mit dem fast vollständigen Verbrauch der fossilen Ressourcen erreicht. Dass der temporär notwendige Ersatz der nachhaltigen, weil „nachwachsenden" Pferde und Esel durch Maschinen ein Irrweg ist, wissen wir seit vielen Jahrzehnten. Es trat aber keiner auf die Bremse. Deshalb brauchen wir unter dem gewaltigen Zeitdruck, der uns für die Rettung des irdischen Lebens bleibt, Erfindungen auf dem Niveau des Rades.

Technologische **Evolutionen** sind aller Ehren wert. Wir erinnern uns belustigt an unser erstes Mobiltelefon, erworben auf der Internationalen Funkausstellung in Berlin im Jahr 1991. Das etliche Kilo schwere Gerät blockierte komplett den Beifahrersitz. Und man konnte in wenigen deutschen Großstädten damit auch telefonieren. Mehr nicht. Mein heutiges iPhone wiegt nur ein paar hundert Gramm und kann dank gewaltiger Fortschritte bei Speichern und Prozessoren um ein Vielfaches mehr als die Personalcomputer der 90er-Jahre. Aber die Technologie blieb in einem definierten System. Was leider auch blieb, ist die Tatsache, dass wir heute mit unseren Hightechsmartphones in vielen Teilen Deutschlands in Funklöchern sitzen und von schnellen Internetverbindungen nur träumen können.

Irgendwann ist jedes System am Ende seiner Möglichkeiten. Was wir aber jetzt für Klima und Kreislaufwirtschaft brauchen, das sind Forscher (und deren Förderer), die an den Ketten rasseln und Systeme sprengen. Bill Gates hat das erkannt. Mit seinem technologischen Sachverstand wagt er Dinge, die nach sogenannter Expertenmeinung gar nicht funktionieren *können.* In seiner IT-Herkunftsbranche macht übrigens ein Computer Furore, der das Tradierte immer schneller, immer kleiner innerhalb einer Systemlogik durch ein revolutionär neues Prinzip ersetzt. Diese neuen Rechner heißen **Quanten**computer. Nicht Evolution, sondern Revolution. Ein Quantensprung. Nomen est omen!

Wie diese Welt funktioniert, und auf welche Art von Menschen wir uns für weitere Quantensprünge konzentrieren müssen, hat Michael Salomon in seinem 2012 erschienenen Buch *Keine Macht den Doofen* anschaulich beschrieben: „Unsere Aufmerksamkeit ist so fokussiert auf den **Schädling Mensch**, dass wir den **Nützling Mensch** ganz aus den Augen verlieren. Könnten wir mit diesem Ansatz nicht auch Produktion und Konsumtion so intelligent gestalten, dass sie nicht bloß **unschädlich,** sondern sogar **nützlich** für die Biosphäre sind? Dass dies möglich ist, haben Michael Braungart und William McDonough in ihrem ausgezeichneten Buch „Einfach intelligent produzieren" dargelegt. […] Mittlerweile haben diese Autoren zusammen mit internationalen Partnern bewiesen, dass das **Cradle to Cradle**-Konzept aufgeht. Sie haben Fabriken errichtet, aus denen das Wasser sauberer heraus- als hineinfließt, Häuser gebaut, die mehr Energie erzeugen, als sie verbrauchen, Bildschirme entworfen, die komplett recycelt werden können, Textilien hergestellt, die man nicht nur bedenkenlos anziehen kann (normalerweise tragen wir Sondermüll auf der Haut), sondern die später sogar als Kompost im Garten dienen können. Ohne Zweifel wären schon jetzt viele, viele Unternehmen mehr an Bord, wenn (ja: wenn!) es stärkere ökonomische Anreize für Betriebe gäbe, aus dem absurden System der ökologischen Blödheit und des ökonomischen Schwachsinns auszusteigen."[90]

Sturzhelme aus Pilzen. Trotz, aber auch mit dem „Beamtendreisatz"
„Das haben wir schon immer so gemacht", „Das haben wir noch nie so gemacht" und „Da kann ja jeder kommen". Diese Verhinderungstrinität wird gern als „Beamtendreisatz" bezeichnet. Wir sind gegen pauschale Etikettierungen, aber aus der Luft gegriffen ist die Bezeichnung nicht. Gottlob werden junge Leute, denen bei solchen Sprüchen speiübel wird, in jeder Generation geboren. Manche träumen von Traumfrau oder Traummann, vom Häuschen mit Meerblick oder davon, dass der 1. FC Union Berlin die Champions League gewinnt.

Andere mieten die berühmte Garage und züchten Pilze. Keine Champignons, sondern solche, aus denen man zum Beispiel sturzsichere Fahrradhelme produzieren kann. Das Ganze beginnt mit einem Braunhirse-Pilzmyzel-Gemisch. Dort wächst der Pilz ungefähr neun Tage. Für sein weiteres Gedeihen wird er in einen luftdurchlässigen Substratbeutel „umgebettet", der mit lokalen Agrarabfällen wie Rapsstroh gefüllt ist. Dort durchsetzt er mit seinem Geflecht das organische Material. Anschließend wird das Pilz-Pflanzen-Gemisch in eine Helmform gegeben. Der dort weiterwachsende Pilz dient als eine Art natürlicher Klebstoff, der aus dem Gemisch einen dichten Verbundwerkstoff macht.

Pilze zu Fahrradhelmen – dieses Ergebnis ist nach einigen Wochen zu besichtigen. Positiv bekloppt, kreativ und beseelt davon, etwas zu machen, was zuvor noch keiner gemacht hat – so etwa ticken die Biochemikerin Lisa Stelzer, der Produktdesigner Jan von Riesenbeck und der Biotechnologe Bastian Schubert, die 2018 das Biotech-Start-up „Fungtion" gegründet haben. Mit dem Ziel, einen Ersatz für das ebenso schwer abbaubare wie recycelbare Styropor zu entwickeln. Dieser Kunststoff wird weltweit für Verpackungen, Dämmmaterial für Transportboxen und eben auch für Sporthelme eingesetzt.

Der neue aus Pilzen gewonnene Werkstoff taugt für alle diese Einsatzwecke. Aber er ist zusätzlich biologisch abbaubar. Zudem – das zeigen Tests – absorbiert der Helm aus Bioschaumstoff gegenüber den Styroporprodukten besser Stöße und ist auch leichter. Darüber hinaus entstehen bei der Produktion des neuen Materials im Vergleich zum Styropor 95 Prozent weniger CO_2. Das sind Fakten, die erste Kooperationspartner nach Berlin gelockt haben. Einen Helm- und einen Automobilhersteller, beide aus Deutschland und beide namhaft. Dass das Projekt auch durch die Berliner Senatsverwaltung für Wirtschaft, Energie und Betriebe gefördert wird, zeigt außerdem, dass der eingangs erwähnte „Beamtendreisatz" glücklicherweise kein generelles Leitmotiv ist.

Pilze haben, das zeigt das Berliner Beispiel, ein großes Potenzial, um nicht nur Styropor, sondern auch viele andere Kunststoffe biologisch zu ersetzen. In Indonesien stellt das Start-up „Myotech" aus Pilzen ein lederähnliches Material her, in den USA nutzt die

---

[90] Schmidt-Salomon, Michael: Keine Macht den Doofen. Eine Streitschrift, Piper Verlag, München, 2021, S. 50 f.

Firma Ecovative Design Verpackungsboxen aus Pilzmaterial schon für den Versand von Lebensmitteln.[91]

Kernkraftwerke, die Energie liefern und Atommüll verwerten
Quantensprünge stoßen nicht nur an technologische, sondern auch an ideologische Grenzen. Beispiel Kernkraftwerke. Die wurden in der ganzen Welt nach einer Grundidee gebaut und in diesem Korsett auch weiterentwickelt, das im bzw. kurz nach dem Zweiten Weltkrieg entstand. Grundlegend neue Ideen oder gar Patente gab es seit Jahrzehnten nicht mehr.

Ausgerechnet in Deutschland, also dem Staat, der im Jahr 2011 nach der Katastrophe im japanischen Kernkraftwerk Fukushima als weltweit erster den vollständigen Ausstieg aus der Stromerzeugung mittels Kettenreaktion beschloss, wird eine neue Generation von Atomkraftwerken entwickelt. Das ist nur aus der deutschen Perspektive bemerkenswert. Denn anders als hier werden in vielen hoch industrialisierten Ländern auf dem gesamten Globus die Weichen für den Neubau von Anlagen gestellt, in denen mit radioaktiven Brennelementen Strom erzeugt werden soll.

Zwar gibt es den weltweiten Konsens, dass die Energieerzeugung aus fossilen Brennstoffen schnellstmöglich beendet werden muss, um den weltweiten Temperaturanstieg bis 2050 auf 1,5 Grad Celsius zu begrenzen. Aber genau für diese Jahreszahl schätzt die Internationale Energieagentur, dass sich der weltweite Energieverbrauch mindestens verdoppeln wird. Es gibt unter den Fachleuten überwiegende Übereinstimmung, dass dieser Bedarf mit erneuerbaren Energien nicht gedeckt werden kann. Dazu wachsen die Kapazitäten zu langsam, und es gibt keine schlüssigen Konzepte für das Vorhalten von Reservekapazitäten für die Fälle, in denen der Wind nicht weht und die Sonne nicht scheint.

In der EU fordern deshalb Polen, Rumänien, Ungarn, Tschechien, Finnland, Slowenien und die Slowakei, die Atomenergie in den künftigen Energiemix ausdrücklich einzubeziehen. In vorderster Front steht aber Frankreich. Das Land hat in der EU bei CO_2 die mit Abstand niedrigsten Pro-Kopf-Emissionen. Denn 70 Prozent des Stroms werden dort in Kernkraftwerken erzeugt. Hinzu kommen 15 Prozent aus regenerativen Energien (Wasserkraft, Wind, Solar). Bei diesem Mix soll es auch längerfristig bleiben. Frankreich verlangt von der EU, dass die Kernenergie genauso wie alle anderen kohlenstoffarmen Energiequellen behandelt werden muss.[92]

Daneben setzen auch China, Indien, Russland und die USA weiterhin auf die Kernkraft. Allein in China werden derzeit 14 neue Reaktoren gebaut.

Bei vielen Neubauten handelt es sich um Druckwasserreaktoren der alten Bauweise. Die ist höchst ineffektiv, auch die modernsten Reaktoren dieses Typs nutzen lediglich ein Prozent des Natururans aus. Der „Rest" wird zu Atommüll. Deshalb wird an grundlegend anderen Verfahren geforscht. Die Reaktoren neuen Typs sollen in einer neuen Qualität

---

[91] Vgl. Matera, Elena: Pilze statt Plastik, Berliner Zeitung vom 17. Juni 2021.
[92] Schütter, Christian: Ist Atomkraft ein grünes Investment?, Manager Magazin, 18.10.2021.

störfallsicher sein, das Uran weitestgehend ausnutzen und abgebrannte Kernstäbe zur Energiegewinnung verwerten können. Außer in Finnland gibt es weltweit noch keine sicheren Endlager. Deshalb gilt der in Zwischenlagern „geparkte" Atommüll als tickende Zeitbombe.

Unter denen, die sich weltweit mit diesem Thema beschäftigen, hat laut *Berliner Zeitung* das Unternehmen Dual Fluid eine Spitzenposition. „Das Unternehmen ist formal in Kanada registriert, doch die Gründer – erfahrene Kernphysiker – sind Deutsche, und auch die Entwicklung findet in Deutschland statt. Bereits im Jahr 2013 machte das Unternehmen von sich reden, als es das Publikumsvotum des renommierten auf grüne Technologien spezialisierten Greentec-Award gewann. Das Konzept des neuen Reaktors ist revolutionär. Der Kernbrennstoff wird optimal ausgenutzt. Weil er im Reaktor flüssig gehalten wird, soll ein Störfall praktisch ausgeschlossen sein. Als Nebenprodukt kann wegen der hohen Betriebstemperatur im Reaktor auch Wasserstoff produziert werden."[93]

Die neuen Kernkraftwerke haben Bleikühlung. Jeder Verbrennungszyklus soll einige Jahrzehnte umfassen. Danach soll der Brennstoff aus dem Reaktor entfernt und in einer eigenen Recyclinganlage so aufbereitet werden, dass die noch nutzbaren Stoffe einen neuen Verbrennungszyklus durchlaufen können. Größere Dual-Fluid-Anlagen sollen über eine integrierte Recyclinganlage verfügen, die den Brennstoff permanent on-site aufbereitet. In beiden Fällen sollen nur Spaltprodukte übrig bleiben, die innerhalb von 300 Jahren auf eine Radiotoxizität unterhalb der von Natururan abklingen. Damit wäre ein geologisches Endlager verzichtbar.

Als Brutreaktor soll der Dual-Fluid-Reaktor, anders als herkömmliche Leichtwasserreaktoren, nicht nur Uran-235 (0,7 Prozent des Natururans), sondern auch Uran-238 verwerten. Falls eine vollständige Umwandlung des gesamten Urans in Transurane mit nachfolgender Spaltung gelingt, könnte ein solcher Reaktor aus dem ungenutzten Uran-238 eines typischen abgebrannten Brennelements eines Leichtwasserreaktors über einen Zeitraum von zweieinhalb Jahren eine thermische Leistung von einem Gigawatt gewinnen. Zudem soll der Reaktor auch Thorium nutzen können. Damit würden die Kernbrennstoffressourcen der Erde über tausende von Jahren ausreichen.

Die neutronenphysikalische Funktionsfähigkeit des Dual-Fluid-Reaktors wurde im Rahmen einer Dissertation an der Technischen Universität München und von E.ON Kernkraft (heute PreussenElektra) evaluiert. Für das Funktionsprinzip des Reaktors gibt es Patenschutz.

Zur Nutzung der Kernkraft gibt es ein scheinbar unversöhnlich scheinendes Pro und Contra. Dazu werden wir uns nicht positionieren. Wir wollen mit dem Beispiel aber zeigen, dass für neue Technologien auch die Risiken neu zu bewerten sind. Wir erwarten Quantensprünge. Zugleich wird jeder neue Ansatz argwöhnisch beäugt. Allein schon die Chance, mit einer neuen Generation von Kernkraftwerken das Atommüllproblem zu lösen, ist für eine vorurteilsfreie Bewertung Grund genug. Denn die nahezu vollständige energe-

---

[93] Zitat und weitere Fakten aus Both, Maximilian, Kittel Sören: Neue grüne Kraft, Berliner Zeitung, 25./26. Juni 2021, S. 26/27.

tische Verwertung alter Brennelemente wäre Kreislaufwirtschaft vom Feinsten und befreite uns von den gewaltigen Risiken zwischengelagerter hoch radioaktiver alter Brennstäbe. Wer über die Gefahren von Atomkraftwerken redet, darf die ungelösten Probleme der Abfälle nicht verschweigen.

Natürlich ist der Weg zu einer großtechnischen Umsetzung des neuen Reaktorprinzip noch sehr weit. Niemand kann garantieren, dass das Ziel überhaupt erreicht wird. Genau dafür gibt es das sogenannte Risikokapital. Wieder ist es Bill Gates, der auch in die weitere Entwicklung des Dual-Fluid-Reaktors investiert. Auch die Forschungen zur Nutzung der Kernfusion zur Energiegewinnung gehen weiter. Erhoffte Fortschritte lassen länger auf sich warten als prognostiziert. Aber die Idee, es unserer Sonne nachzumachen und aus in Hülle und Fülle vorhandenem Wasser Energie zu gewinnen, ist doch so genial, dass wir nicht kapitulieren dürfen, wenn sich die Umsetzung noch viel komplizierter gestaltet als erwartet. Wie viele Schlagzeilen haben wir in den letzten Jahrzehnten gelesen, dass der Durchbruch beim Kampf gegen den Krebs gelungen sei. Solche Meldungen haben beim zweiten Hinsehen nie das gehalten, was sie versprachen. Deshalb ist kaum ein Forscher in den Frustrationsmodus gefallen. Die Leute haben ihre Anstrengungen verdoppelt und verlassen dabei auch die „Ameisenpfade". Denken Sie an das Biontech-Team. Das sind Krebsforscher. Aber die schauen nach rechts und nach links und probieren Dinge, die als unmöglich oder verrückt gelten. Und entwickeln plötzlich zum Erstaunen der ganzen Welt einen effektiven Impfstoff gegen Corona.

Es gibt keine unbezwingbaren technologischen Hürden
Für unser Buch haben wir Bücher in einer dreistelligen Zahl gelesen, das Netz rauf und runter gesurft und mit ausgewiesenen Recyclingexperten lange Gespräche geführt. Das Fazit lautet, dass es für die umfassende Implementierung der Kreislaufwirtschaft und das Erreichen auch der ambitioniertesten Klimaziele keine unbezwingbaren technologischen Hürden gibt. Diese Bewertung berücksichtigt auch die Tatsache, dass uns die Zeit im Nacken sitzt. Denn weltweit gibt es genügend Forschungskapazitäten und es mangelt auch nicht am Geld – öffentlichem wie privatem. Die Zahl der Unternehmenslenker, die begriffen haben, dass es neben den ökologischen Herausforderungen auch immer lukrativer wird, die Marktführerschaft bei diesen Technologien anzustreben, wird immer größer. Der innovative Elan wird in erster Linie von bürokratischen Hürden gebremst. Viel zu lange Genehmigungsverfahren, Fördermechanismen, die keiner versteht, und Antragsmonster, die niemand fehlerfrei ausfüllen kann! Dass der Einsatz tüchtiger hoch motivierter Wissenschaftler und Ingenieure für die Bewahrung der Schöpfung an unsinniger Bürokratie scheitert, ist ein skandalöses, aber reales Szenario. Unsere Welt befindet sich im Ausnahmezustand. Deshalb ist es zutiefst moralisch, der Herrschaft der „Bedenkenträger aller Länder" endlich ein Ende zu machen.

Wir verfügen weltweit über das Know-how für gutes Klima und vollständige Stoffkreisläufe. Das haben wir bereits an einigen Beispielen gezeigt, die uns einfach über den Weg liefen. Bei der Lektüre guter Tages- und Wochenzeitungen oder als aufmerksame

Hörer oder Zuschauer der Wissenschaftssendungen von ARD, ZDF oder Deutschlandfunk. Im anspruchsvollen statistischen Sinne sind diese Beispiele für sich nicht repräsentativ. Sie stehen aber für Trends. Zum Beispiel für den, dass sich neben den tradierten Wissenschaftsinstitutionen immer mehr Start-ups mit sehr anspruchsvollen ökologischen Themen befassen. Diese wiederum loben ein gewachsenes Interesse von ganz unterschiedlichen Kooperationspartnern und Kapitalgebern an ihrer Arbeit. Das sind schon lange nicht mehr nur die „üblichen Verdächtigen" von Greenpeace bis zum BUND. Fast schon Schlange stehen Aktien-, Pensions- und Ökofonds und Unternehmen, vom DAX-Konzern bis zum kreativen Mittelständler.

In Sonntagsreden hören wir regelmäßig, dass Deutschland beim weltweiten ökologischen Umbau der Wirtschaft eine Vorreiterrolle spielen sollte. Wir seien ja schließlich Exportweltmeister. Selbst das stimmt nicht mehr. China ist auf Rang eins und hat Deutschland im Jahr 2021 sogar beim Export von Maschinen – da galten wir über viele Jahre als unschlagbar – überholt. Das liegt nicht zuletzt daran, dass im Land der Dichter und Denker zu wenig Geld für Forschung und Entwicklung in Relation zum Bruttoinlandprodukt (BIP) ausgegeben wird. Im Weltvergleich liegen wir hinter Israel, Südkorea, Schweden, Österreich und Japan nur auf dem sechsten Platz.[94]

Weit übertrieben ist auch die Aussage, dass die Deutschen, gerühmt als Mülltrenner, mit ihrem Engagement für den Klimaschutz und dem damit verbundenen Umwelt-Know-how auf den Weltmärkten punkten können. Im Climate Change Performance Index (CCPI), mit dem seit dem Jahr 2005 German Watch die Fortschritte von 60 dafür besonders wichtigen Länder misst, liegt Deutschland in der Erhebung für das Jahr 2021 nur auf Platz 13. Kein Land leistet ausreichend guten Klimaschutz, um in allen Indexkategorien eine sehr gute Bewertung zu erhalten. Deshalb bleiben die ersten drei Plätze leer. Danach bekommt Dänemark die beste Bewertung.[95] Am besten sind diese ernüchternden Bewertungen am Beispiel Solarenergie zu illustrieren. Hier war Deutschland lange Jahre Weltmarktführer. Inzwischen spielen wir nicht mal mehr eine Nebenrolle. Schuld an diesem Debakel, so wurde uns suggeriert, seien die Chinesen wegen hoher staatlicher Subventionen … Das klang glaubhaft. Wahr aber ist, dass das Unternehmen GREENone TEC, ansässig in Österreich, die Nummer eins in der Welt ist. Grund: ihr überragendes Know-how, das in über 50 Exportländern geschätzt wird.

Dass Deutschland Spitzenpositionen verloren hat, schließt nicht aus, dass es auch hier überzeugende Lösungen gibt. Das zeigen wir an vier Projekten, die **exemplarisch** und **repräsentativ** unsere Annahme bestätigen, dass wir *allen* großen Gefährdungen unseres Planeten machbare und bezahlbare Lösungen entgegensetzen können. Die Präsentation in diesem Buch gründet sich auf die strategische Bedeutung und die Allgemeingültigkeit der Vorhaben.

---

[94] https://de.statista.com/statistik/daten/studie/158150/umfrage/ausgaben-fuer-forschung-und-entwicklung-2008/, Internetrecherche am 17.11.2021.
[95] CCPI-KSI-2022-Kurzfassung-Deutsch-2021-11-10 (2), Internetrecherche am 17.11.2021.

Zuerst demonstrieren wir für die Gülle, die in Deutschland wegen der unverantwortlichen Massentierhaltung von Nutztieren im Übermaß anfällt, dass nur mit einer radikalen Lösung das Kernproblem beseitigt werden kann. Wegen der Radikalität der Problemlösung entstehen viele weitere nützliche Effekte.

Das zweite Beispiel betrifft die Rückgewinnung von Phosphor aus kommunalen Klärschlämmen. Wir zeigen, dass das Recycling dieses immer knapper werdenden Rohstoffs sogar wirtschaftlich funktioniert. Zudem gibt es wie bei der Gülle hochwillkommene „Nebeneffekte". So gelangen über die Bodenausbringung keine Klärschlammschadstoffe mehr ins Grundwasser und die Abhängigkeit von den Förderländern wird deutlich vermindert.

Das Projekt drei hat die Überschrift Carbonbeton. Einer der Autoren begleitet diese neue Bauweise, man darf getrost von einer Revolution sprechen, seit 2014 auf ihrem Weg in die Praxis. Dieser Forschungsprozess zeigt, dass Kreislaufwirtschaft nur dann schnell und umfassend implementiert werden kann, wenn die vollständige Rückgewinnung der eingesetzten Stoffe bereits in den Pflichtenheften für die Entwicklung neuer Produkte und Technologien an erster Stelle steht. Das ist bei dieser neuen Bauweise gelungen. Aber auch der Zusatznutzen lässt sich sehen. Denn die gewaltige Reduzierung des Betoneinsatzes und die vollständige Substitution von Stahl könnte bei vollständiger Überführung in die Baupraxis die CO_2-Emissionen in der Zement- und Stahlindustrie halbieren.

Zu guter Letzt beweisen wir unter Punkt vier, dass Produkte in einem zweiten Lebenszyklus in der Schmuddelecke nichts zu suchen haben. Sie werden vielmehr zu Botschaftern der Kreislaufwirtschaft. Und wir zeigen, dass die sogenannten kleinen Schritte das Potenzial zu einem gewaltigen Bewusstseinswandel für mehr Kreislaufwirtschaft haben.

5.5.2 Wie Kreislaufwirtschaft Gestank mindert, unsere Gesundheit fördert und Tiere artgerecht leben lässt

Wir teilen den Optimismus von Bill Gates und vieler namhafter Wissenschaftler und Ingenieure, dass wir in vielen wichtigen Bereichen über das notwendige Know-how für ein stoffwirtschaftliches Recycling verfügen. Zum großen Teil schon jetzt. Dort, wo nicht, gibt es eine ganze Armada von Wissenschaftlern und Ingenieuren, die solche Aufgaben mit Bravour meistern können. Zur Illustration: Anfang des Jahres 2019 machte folgende Nachricht weltweit Schlagzeilen: „100 Liter Rohöl aus 100 Kilo Plastikverpackungsmüll in einer Stunde: Das österreichische Energieunternehmen OMV hat einen Weg gefunden, wie Kunststoffe in Öl zurückverwandelt werden können. Durch Hitze, Druck und die Zugabe von Lösungsmitteln werden beim sogenannten ReOil-Verfahren Plastikstoffe aufgespalten und dadurch in synthetisches Rohöl gewandelt. Das unterscheidet sich von gewöhnlichem Rohöl nur dadurch, dass es keinen Schwefel, aber mehr Wasserstoff enthält. Wie gewöhnliches Öl lässt es sich entweder in Treibstoff oder in neue Kunststoffe umwandeln. Der Konzern hatte seine neue Pilotanlage im Januar 2019 in seiner Raffinerie in Schwechat nahe Wien vorgestellt."[96]

Natürlich sind wir von einer großtechnischen Nutzung noch weit entfernt und ist das zurückgewonnene Erdöl aktuell noch ein Vielfaches teurer als das auf dem Weltmarkt verfügbare. Aber auch hier greift das Argument einer gesamtgesellschaftlichen Kalkulation. Und dann rechnet sich das, weil wir nicht mehr Äpfel mit Birnen, also das rückgewonnene Öl mit den Angeboten der OPEC oder Russlands vergleichen, sondern den gesellschaftlichen Aufwand zur Erhaltung der Natur „einpreisen". Googeln Sie einfach mal unter Plastikmüll und Weltmeere. Wir denken, spätestens jetzt können wir uns weitere Argumente für unser Kreislaufwirtschaftskonzept sparen.

Natürlich wäre für die Durchsetzung dieses Prinzips ein verbindlicher Beschluss der 193 UNO-Staaten das Ideal. Ob er kommt oder nicht, das sagen uns weder der Kaffeesatz noch die Kristallkugel. Lassen Sie uns doch einfach starten. Hier in Deutschland.

Wie es gehen könnte, und warum es noch hakt, zeigen wir am Beispiel Gülle.[97]

11,6 Mio. Rinder und 26,1 Mio. Schweine stehen in Deutschlands Ställen. Und produzieren im Nahrungskreislauf Exkremente. Davon werden rund 200 Mio. t als sogenannte Gülle auf die deutschen Felder und Wiesen ausgebracht. Jeder Deutsche hat sie in der Nase. Und zunehmend stinkt sie uns zum Himmel. Aber viel gefährlicher ist die Gefahr von unten. Denn die Stoffwechselprodukte – sie stammen vorwiegend aus der Massentierhaltung – gefährden unsere Grundwasserbestände. Es fällt viel mehr an, als für Düngezwecke gebraucht wird. Der reale Bedarf ist leider nicht die Grenze. Es wird deutlich mehr auf die Äcker gebracht. Weil das am billigsten ist. Dieses Übermaß kann von den Pflanzen gar nicht aufgenommen werden. Beachtliche Mengen landen im Grundwasser.

Wir wissen es seit Jahrzehnten. Die massenhafte Haltung von Schweinen, Rindern und Hühnern ist nicht nur unter Tierschutzaspekten ein Skandal. Der deutschen Naturschutzbund (NABU) weist auch auf das überhöhte Gülleaufkommen hin. Dies birgt neben der bekannten Nitratbelastung unseres Grundwassers weit über gesetzliche Limite hinaus ein weiteres großes Risiko: die Verteilung multiresistenter Keime. Die verbreitete Anwendung von Antibiotika in der Nutztierhaltung führt dazu, dass Bakterien Resistenzen bilden. Antibiotikamedikamente werden dadurch wirkungslos. Durch den Einsatz von Gülle als Düngemittel bleiben resistente Keime nicht im Stall, sondern werden großflächig verteilt. Eine Analyse von Greenpeace ergab, dass Gülle eine erschreckend hohe Menge dieser Keime beinhaltet: Von 19 untersuchten Gülleproben wurden in 13 Proben Bakterien mit

---

[96] https://www.mdr.de/wissen/faszination-technik/plastik-zu-rohoel-100.html, Internetrecherche am 27. Oktober 2021.

[97] Gülle ist ein natürlich anfallender Wirtschaftsdünger, der hauptsächlich aus Urin und Kot landwirtschaftlicher Nutztiere besteht. Wir verwenden den Begriff im Folgenden für die sogenannte Flüssiggülle, die in Deutschland in erster Linie bei der Massentierhaltung von Schweinen und Rindern anfällt. In Mengen, die dem Nährstoffbedarf der Pflanzen und dem Aufnahmevermögen der Böden entsprechen, ist gegen die Verwendung als Dünger überhaupt nichts einzuwenden. Im Gegenteil. Gülle ist ein wertvoller Dünger, aber auch hier gilt der Hinweis von Paracelsus, wonach die Dosis das Gift macht.

Resistenzen gegen eine oder gleich mehrere Antibiotikagruppen gefunden. Auf den Feldern wirken diese Bakterien auf Bodenorganismen ein und gelangen ins Grundwasser.[98]

Partikularinteressen schaden unserer Gesundheit
In unserem Trinkwasser kommen aber schon aus den menschlichen Ausscheidungen jede Menge unerwünschter gefährlicher Stoffe an. Vor allem Arzneimittelrückstände, darunter Antibiotika – auch in der Humanmedizin oft überdosiert – oder auch die viel zitierten Hormone aus der Antibabypille.

Wenn das Verursacherprinzip in der Kreislaufwirtschaft angewendet würde, müssten die Tierhalter die Kosten für die Aufbereitung der Gülle tragen. Massentierhaltung würde sich weniger lohnen.

Wir verzichten auf Details, denn wir wollen „nur" zeigen, dass eine für Mensch und Natur angemessene Produktionsweise einfach deshalb nicht durchgesetzt wird, weil Partikularinteressen einzelner Produzenten ein viel größeres Gewicht haben als eine gesunde und lebenswerte Umwelt.

Martin Weyand, BDEW-Hauptgeschäftsführer Wasser/Abwasser brachte es am 4. April 2019 auf den Punkt: „Es ist ein Skandal, dass seit 26 Jahren die EU-Nitratrichtlinie und damit europäisches Recht in Deutschland nicht umgesetzt wird. Statt in eine Verweigerungshaltung zu gehen, sollte die Landwirtschaft sich mit konstruktiven Vorschlägen daran beteiligen, wie endlich ein nachhaltiger Gewässerschutz gewährleistet werden kann. Die Landwirtschaft muss sich den Vorwurf gefallen lassen, dass sie es fast drei Jahrzehnte nicht geschafft hat, die Nitratproblematik in den Griff zu bekommen. Jetzt drohende negative Folgen für die Bauern sind von der Landwirtschaft selbstverursacht. Wir stehen als Wasserwirtschaft gerne für einen konstruktiven Dialog zur Verfügung, nicht jedoch für die Fortführung einer jahrelangen Verzögerungs- und Verschleppungstaktik. Wir fordern die Bundesregierung auf, endlich einen Entwurf für ein effektives Düngerecht vorzulegen, der den Erfordernissen des nachhaltigen Gewässerschutzes gerecht wird."[99]

Am 25. Juli des gleichen Jahres hat das Bundesumweltministerium ein Mahnschreiben der EU-Kommission erhalten. Danach muss die Bundesregierung innerhalb von zwei Monaten Nachbesserungen bei der Düngeverordnung vorlegen. Sollten diese die Kommission nicht überzeugen, drohen Deutschland Bußgelder von bis zu 850.000 Euro am Tag. Die EU-Kommission ist der Auffassung, dass Deutschland zu wenig tut, um das Grundwasser zu schützen. Die Qualität des Grundwassers in Deutschland gehöre zu den schlechtesten in der EU, sagte Umweltkommissar Karmenu Vella.[100]

Das ist die traurige Wirklichkeit. Sie hat rein gar nichts gemein mit dem romantisch verklärten Selbstverständnis deutscher Politik, das unser Land immer noch als ökologi-

---

[98] https://www.nabu.de/natur-und-landschaft/22854.html, Internetrecherche am 28.10.2021.
[99] https://www.bdew.de/presse/presseinformationen/martin-weyand-zur-aktuellen-nitratdebatte.
[100] Jahberg, Heike: Zu viel Gülle: Brüssel droht Strafen an, Tagesspiegel, 26. Juli 2019).

scher Welterklärer sieht, weil wir im Jahr 1990 den „Grünen Punkt" und die Hausmülltrennung erfunden haben.

In diesen verklärten Träumereien ist das Wasser fast so heilig wie der deutsche Wald. Real wird beides geschändet. Wie gesehen auch das kühle Nass in seiner einzigartigen deutschen Vielfalt: ungezählte heilende Quellen, gigantische Grundwasserreservoire, 12.000 Seen, davon 750 größer als 50 Hektar. Die Nord- und die Ostsee. Und nicht zu vergessen die Flüsse. 15.000 davon gibt es in Deutschland. Ungekrönter König ist das deutsche Nationalheiligtum – der „Vater Rhein". In den ging Klaus Töpfer[101] am 18. September 1988 schwimmen. Für acht Minuten, im schwarzen Neoprenanzug und als Bundesumweltminister. Er löste eine Wette ein. Vor allem aber wollte er ein Zeichen setzen, dass es ihm mit der Revitalisierung des Rheins als Badefluss ernst sei.

Nach dem Blitzlichtgewitter am Rhein machte der Minister wieder Realpolitik. In seiner Amtszeit drückte Bonn in Brüssel durch, dass die strengere EG-Richtlinie Oberflächenwasser für den Rhein ausgesetzt wurde. Für die EG-Trinkwasserrichtlinie erstritt die alte Bundesrepublik Übergangsfristen für die Grenzwerte gesundheitsschädigender Pestizide.[102] Töpfer hatte von seinem Septemberbad bis zum Ausscheiden aus dem Amt als Umweltminister sechs Jahre Zeit, Substanzielles zu bewegen. An der schlechten Wasserqualität des Rheins hat er nichts geändert (aus heutiger Perspektive kann man in Rhein und Elbe tatsächlich wieder baden und angeln), und auch sonst fiel seine Bilanz eher mager aus. Sein heutiger Ruf als Umweltengel ist in erster Linie von PR-trächtigen Fotos und schönen Reden geprägt. 1988 hatte das Budget seines Ministeriums einen Anteil von 0,18 Prozent am 288-Milliarden-Bundeshaushalt.

Wie sich die Szenarien gleichen. Was dem Deutschen heilig ist, ist es noch lange nicht für die Politik: Verschieben, Vertrösten, Beschönigen. Die Bilanz von Umweltminister Klaus Töpfer von 1987 bis 1994 zum Thema Wasser (und alles andere auch) hat große Ähnlichkeit mit dem Fazit, das wir im Folgenden für das dreißigjährige Jubiläum der EU-Nitratrichtlinie zum Grundwasserschutz und deren deutsche Umsetzung ziehen müssen. Bis heute – das Fazit schon mal vorweg – werden Gesetze schamlos gebrochen, weil Partikularinteressen einzelner Produzenten offenbar ein viel größeres Gewicht haben als eine gesunde und lebenswerte Umwelt.

Die schon erwähnte EU-Nitratrichtlinie (Richtlinie 91/676/EWG vom 12. Dezember 1991) feiert beim Niederschreiben dieser Sätze fast auf den Tag genau ihr 30-jähriges Jubiläum (**in Worten: dreißig!**). In Deutschland, dem größten und wirtschaftlich stärksten EU-Land wurde sie bis heute nicht vollständig umgesetzt. Die Chronologie im Stenogramm:[103]

---

[101] Klaus Töpfer (CDU) war von 1987 bis 1994 Bundesumweltminister und von 1998 bis 2006 Exekutivdirektor des Umweltprogramms der Vereinten Nationen.

[102] Quatsch angefangen. Unionspolitiker versuchen sich als menschliche Umweltindikatoren: Minister schwimmen wie Klaus Töpfer im verschmutzten Rhein, schlürfen Nordseewasser, löffeln Strahlenmolke, Spiegel 38/1988, www.spiegel.de, Internetrecherche am 30.12.2021.

[103] Quellen: BDEW, VKU, EUWID, Wikipedia.

5.5 Komplette Stoffkreisläufe? Machbar ist (fast) alles, technisch und auch ökonomisch

- Bis 20. Dezember 1993 sollte die Richtlinie in nationales Recht umgesetzt werden. In Deutschland erfolgte diese Umsetzung erst zum 26. Januar 1996 durch die Düngeverordnung. Die Änderungen der europäischen Richtlinie aus 2008 wurden schließlich mit der Novellierung der Düngeverordnung 2012 übernommen. Beide Rechtsakte waren weitgehend formal, es folgten keine wirksamen Maßnahmen zur Reduktion der Nitrateinleitungen ins Grundwasser.
- Als Grenzwert wurden 50 Milligramm Nitrat je Liter festgelegt. Dieser Wert wird in Deutschland bei fast 30 Prozent aller Grundwasserkörper überschritten. Gemessen wurden Werte von 200 bis 300 Milligramm pro Liter, also das **vier- bis sechsfache** der zulässigen Menge.
- Der Europäische Gerichtshof hat auf Betreiben der EU-Kommission in einem Vertragsverletzungsverfahren gegen Deutschland im Juni 2018 festgestellt, dass die Düngeverordnung nicht ausreicht, um den Verpflichtungen aus der Nitratrichtlinie nachzukommen.
- Am 25. Juli 2019 hat die Europäische Kommission gegen Deutschland wegen des andauernden Verstoßes gegen die Nitratrichtlinie ein Aufforderungsschreiben gemäß Artikel 260 des Vertrags von Lissabon übermittelt. Die Kommission mahnte Deutschland erneut, das Urteil des Europäischen Gerichtshofes vom Juni 2018 umzusetzen. „Es besteht für die deutschen Behörden dringender Handlungsbedarf. Die Wasserqualität in Deutschland zeigt keine Anzeichen für Besserung. Die Qualität des Grundwassers in Deutschland gehört zu den schlechtesten in Europa", erklärte [104] EU-Umweltkommissar Karmenu Vella.
- Die Europäische Kommission zeigte sich auch mit der neuen Düngeverordnung (2020) nicht zufrieden. In einem Gutachten wird festgestellt, dass die Düngeverordnung (DüV/2020) europäisches Recht nicht vollständig umsetze.
- Deshalb ist das o. a. Vertragsverletzungsverfahren (Stand Ende 2021) noch nicht eingestellt worden. Dreißigjähriges Jubiläum einer deutschen Schande. Und ein Ende ist noch immer nicht in Sicht.

Der selbst ernannte Weltmeister im Umweltschutz, Deutschland, trickst und mogelt sich durch verbindliche Vorgaben aus Brüssel! Das ist nur ein Beispiel von vielen.

Unter dem Druck der EU hat Deutschland unter Federführung des Bundesumweltministeriums die Düngeverordnung inzwischen weitgehend, aber eben noch nicht komplett, an die Vorgaben aus Brüssel angepasst. In den mit Nitrat belasteten und durch Phosphor eutrophierten Gebieten wird jetzt die Reduzierung der Düngung um 20 Prozent pro Betrieb vorgeschrieben. Weiterhin werden die Sperrfristen zur Ausbringung von Dünger in den Herbst- und Wintermonaten verlängert und die Abstände zu Gewässern vergrößert. Diese zusätzlichen Verpflichtungen gelten seit Anfang 2021. Sie sind ein Schritt in die richtige Richtung, aber sie werden dem Problem noch nicht gerecht. Denn noch immer kommt viel zu viel Gülle auf die Felder. Und offenbar ist in der Politik (noch) niemand ernsthaft bereit, das Übel an der Wurzel zu packen und die Massentierhaltung zu verbieten!

---

[104] https://www.tagesspiegel.de/politik/eu-drohtmit-hohem-bussgeld-deutschland-muss-sein-grundwasser-besser-schuetzen/24699350.html, Internetrecherche am 20.09.2021.

Wenn diese wider alle Vernunft nicht schnellstens abgeschafft wird, gäbe es zu der vom Gesetzgeber de facto gedeckten gefährlichen Entsorgung der nicht für Düngung benötigen Gülle für einen Übergangszeitraum (das Verbot muss auf jeden Fall kommen) Alternativen. Manure Eco Mine, so heißt ein Forschungsprojekt, das die EU mit 3,8 Mio. Euro bezuschusst.[105] Manure heißt in der deutschen Übersetzung des englischen Begriffs Dünger. Unter dieser Überschrift entstanden in den Niederlanden und in Spanien zwei Versuchsanlagen zur Behandlung von Gülle. Dort wird ein Verfahren zur Trennung der Gülle in Wasser, Düngemittel und Schadstoffe optimiert.

Im ersten Schritt wird das Wasser abgetrennt, das 90 Prozent der Gülle ausmacht. Das geschieht durch Ultrafiltration oder Umkehrosmose. In beiden Fällen werden feinporige Membranen eingesetzt, die ausschließlich Wassermoleküle passieren lassen. Bei der Ultrafiltration wird das ohne Druck bewerkstelligt, die Umkehrosmose funktioniert mit, deshalb geht das Trennen schneller.

Übrig bleibt ein Gemisch aus Nitrat und Phosphat, also Düngemitteln, organischen Bestandteilen und Schadstoffen wie Medikamentenrückständen und krankheitserregenden Keimen, die nach heutiger Praxis einfach auf den Äckern landen. Nach dem neuen Verfahren wird diese Mixtur nun in einer Biogasanlage vergoren. Dabei wird ein Teil der Keime abgetötet. Es entsteht ein brennbares Gas, das unter anderem zur Stromerzeugung genutzt werden kann. Aus dem, was übrig bleibt, werden die Düngemittel zurückgewonnen, der Rest kann verbrannt werden.

Das Verfahren könnte sich trotz des hohen Aufwands sogar lohnen. Europas Landwirte zahlen im Jahr für Stickstoff- und Phosphordünger 15,5 Mrd. Euro. Aus Gülle und Mist könnten jährlich Düngemittel im Wert von 10,7 Mrd. Euro zurückgewonnen werden, schätzt Professor Siegfried Vlaeminck von der Universität Antwerpen in Belgien, der Manure Eco Mine koordiniert.

Es gibt aber weitere Verwertungswege. So empfiehlt das finnische Unternehmen Ductor, Gülle in Biogasanlagen in ein Gas zu verwandeln, das nach einem Aufbereitungsschritt ins Erdgasnetz eingespeist werden kann. Die Finnen haben eine Anlage entwickelt, in der Gülle und Mist vorbehandelt werden. Hier lösen Bakterien die Stickstoffverbindungen, die darin enthalten sind, heraus und verwandeln sie in (gasförmiges) Ammoniak. Durch die zurückbleibende Suspension leiten die Ductor-Entwickler Luft oder Dampf, die/der das Ammoniak mitreißt. Es lässt sich wieder in Stickstoffdünger verwandeln.

Erfreulicher Nebeneffekt: Energiepflanzen wie Mais müssen nicht oder in nur kleinen Mengen beigemischt werden. Mehr als 800.000 ha Nutzfläche, auf denen derzeit in Europa Energiepflanzen angebaut werden, würden dann für die Nahrungsmittelproduktion frei,

---

[105] Die folgenden Aussagen zu den beiden Möglichkeiten einer stoffwirtschaftlichen Gülleverwertung haben wir folgendem Beitrag entnommen: Kempken, Wolfgang: So kann Gülle zu Dünger und Gas werden, FAZ Net, 31.03.2017, www.faz.net/aktuell/technik-motor/technik/riecht-stark-nach-fortschritt-so-kann-guelle-zu-duenger-und-gas-werden-14943491.html, Internetrecherche am 28.12.2021.

rechnet Ductor-Geschäftsführer Ari Ketola vor. Die erste Großanlage, die jährlich 1400 t Hühnermist umsetzt, ging Ende 2016 im finnischen Tuorla in Betrieb. Sie erzeugt im Jahr 266.000 m^3 Biogas, 115 t Ammoniumsulfat, also Stickstoffdünger, und 640 t Phosphor.

Natürlich ist die Verwertung der Gülle auf die gerade beschriebene Weise deutlich teurer als deren „Verklappung" auf unseren Äckern. Anzunehmen ist auch, dass z. B. die erzeugte Energie einen höheren Preis hat als die auf Markt angebotene. Am Ende müssten aber nur die jeweiligen Differenzen zu den Marktpreisen nach dem von uns präferierten Verursacherprinzip in die betriebswirtschaftliche Kalkulation eingepreist werden. Schon dieser Ansatz zeigt die Fragwürdigkeit des Totschlagarguments, dass die stoffwirtschaftliche Rückgewinnung zu einer Preisexplosion führt, die vor allem sozial Schwache belasten würde.

Das zeigen die uns vorliegenden Informationen der Anlagenentwickler. Gar nicht berücksichtigt werden in den Kostenschätzungen zudem Erträge aus der Energiegewinnung und der Verwertung der extrahierten Phosphate, Nitrate und weiterer Wertstoffe.

Warum wir höhere Fleischpreise sozial und ohne Subventionen verantworten können

Unter der Prämisse, dass das Verursacherprinzip für das Gülleproblem angewendet wird, lautet unsere Annahme, dass sich die Preise für Rind- und Schweinefleisch pro Kilo recht deutlich um 60–80 Prozent verteuern. Aber wo ist das Problem? Mit einem Fleischkonsum von rund 70 kg pro Kopf und Jahr liegt Deutschland weltweit in der Spitzengruppe. Selbst wenn dieses Fleisch komplett biologisch hergestellt würde, wäre diese gewaltige Menge nach Meinung aller Experten ein sehr hohes gesundheitliches Risiko. Der enorme Fleischkonsum in den Industrieländern ist aber auch, ja sogar in erster Linie, mit dem Maßstab Welternährung ein Irrweg. Es ist schlicht und einfach unmöglich, mit einer solchen Pro-Kopf-Menge die fast 7,8 Mrd. Menschen auf unserem Globus satt zu bekommen. Zudem ist die angebliche „Veredelung" von Pflanzen durch das Verfüttern an Nutztiere ein energetisches Desaster. Mit verheerenden Folgen für das Weltklima wegen der gewaltigen Emissionen von Methan. Jedem Erdenbürger ein eigenes Auto? Das würde das irdische Leben in ganz wenigen Jahren vernichten. Und dazu 70 kg Fleisch pro Nase? Der Kollaps käme vermutlich doppelt so schnell.

Wir müssen dieses Übermaß also nicht nur im Interesse der Volksgesundheit deutlich reduzieren. Unter diesem Aspekt könnte folgende einfache Rechnung überzeugen: Eine vierköpfige Familie aus dem unteren Einkommenssegment konsumiert fünfmal in der Woche das vergleichsweise billige Schweinefleisch. Fünf mal vier Schnitzel pro Woche a 100 Gramm – das sind zwei Kilo. Wir negieren Sonderangebote – da gibt's ein Kilo Schweinekamm schon mal für 3,99 Euro – und setzen die 1000 Grammit 7 Euro auf die Liste. Macht pro Woche 14 Euro. Bei der angenommenen Maximalverteuerung von 80 Prozent unter Anwendung des Verursacherprinzips landen wir dann bei einem Kilopreis von 12,60 Euro. Dafür legt die Verkäuferin am Fleischstand immerhin noch zehn Schnitzel auf die Ladentheke. Damit hat man zweimal in der Woche ein Fleischgericht auf dem

Speiseplan. Der Papa, er arbeitet auf dem Bau und hat einen höheren Kalorienbedarf, bekommt sogar eine doppelte Portion und in der Haushaltskasse sind gegenüber dem alten Fleischkonsum trotzdem 1,60 Euro mehr. Das ist doch das Gegenteil von unsozial. Die Familie lebt gesünder, für das ersparte Geld kommt mehr Gemüse der Saison – das ist fast immer sehr preiswert – auf den Tisch, für's Tierwohl ist gesorgt und weniger CO_2 gelangt in die Atmosphäre. Solche Rechnungen hat unsere Generation, und viele davor, nicht angestellt. Bei uns gab's am Sonntag einen köstlichen Braten oder Rouladen mit jeweils viel Soße. Denn die brauchte man für die saugstarken Thüringer Klöße. Auf diese Mahlzeit haben wir uns die ganze Woche gefreut. Von Montag bis Samstag aber mussten wir nicht darben. Es gab gehaltvolle Eintöpfe, Gemüseaufläufe oder Makkaroni mit Tomatensoße, das Kindergericht schlechthin. Alles schmeckte, das Essen war gesund und bekömmlich. Ich wurde 1958 eingeschult und habe 1970 das Abitur gemacht. In allen zwölf Klassenstufen gab es unter jeweils ca. 30 Schülern maximal einen mit leichtem Übergewicht.[106]

Wenn nach dem skizzierten Prinzip die Kosten für die Verwertung der Überschussgülle in die Fleischpreise einkalkuliert würden, ginge es dem Übel grundsätzlich an den Kragen. Und ganz ohne Verbote und grüne „Veggieday-Appelle" würde es in erster Linie der Markt richten. Der ist ja nicht per se menschenfeindlich, wie es Ideologen oft behaupten. Den Praxisbeweis lieferte im Juni 2021 Deutschlands größer Discounter, Aldi: In einer gemeinsamen Pressekonferenz, der zweiten überhaupt erst in der Firmengeschichte, kündigten Aldi Nord und Süd am 25. Juni an, bei Frischfleisch schrittweise auf Ware der Haltungsformen 1 und 2 zu verzichten. Schon im laufenden Jahr sollen 15 Prozent des Umsatzes (Rind, Schwein, Hähnchen und Pute) aus der Haltungsform 3 erzielt werden. Derzeit liegt der Anteil dieser Stufe laut Firmenangaben bei 12 Prozent. Ab 2025 wird Aldi kein Frischfleisch mehr aus Haltungsform 1 verkaufen. Bis 2030 soll das Sortiment zu 100 Prozent auf die Haltungsformen 3 und 4 umgestellt sein. Laut GfK haben die beiden Aldi-Discounter in Deutschland bei Frischfleisch einen Marktanteil von 24 Prozent. In einer Reaktion auf die Aldi-Ankündigung teilte die Handelskette Rewe noch am selben Tag mit, sie strebe an, in den Supermärkten und bei der Discounttochter Penny bis Ende 2030 im gesamten Eigenmarkenfrischfleischsortiment (Schwein, Rind und Geflügel) ausschließlich Haltungsformstufe 3 und 4 anzubieten.[107] Laut Verbraucherzentrale erfüllt Stufe 1 gerade einmal den gesetzlichen Mindeststandard. Übersetzt heißt das offiziell Massentierhaltung, man könnte es auch Tierquälerei nennen, denn mit artgerechter Haltung hat das nichts zu tun. Das gilt auch für die Stufe 2, denn die weiter dicht stehenden Tiere bekommen ein klein wenig mehr Platz, Schweine z. B. zehn Prozent mehr. Bei Haltungsform 3 haben die Tiere Kontakt zum Außenklima durch eine nach außen offene Stallseite oder in einem überdachten Stallbereich und 40 Prozent mehr Platz (Schweine) gegenüber Stufe 1.

---

[106] Das sind die Erinnerungen des Autors Michael Schäfer. Der andere, Joachim Ludwig, hat ähnliche.

[107] Discounter Aldi steigt bei Frischfleisch um auf höchstes Tierwohl, https://www.agrarheute.com/management/agribusiness/discounter-aldi-steigt-frischfleisch-um-hoechstes-tierwohl-582713, Internetrecherche am 12.01.2022.

Nur die Kategorie 4 bietet den Tieren Auslauf und gegenüber 1 einhundert Prozent mehr Platz. Die Verbraucherzentralen attestieren den Stufen 3 und 4 eine „deutlich verbesserte Tierhaltung".[108] In Relation zur grauenhaften Massentierhaltung werden tatsächlich Fortschritte erreicht. Von einem Durchbruch kann aber nicht die Rede sein. Wir bewerten es als einen ersten Schritt in die richtige Richtung. Denn die von Aldi & Co. verkündeten Ziele betreffen nur das in den Fleischtheken ausliegende Selbstbedienungsangebot. Freiwilligkeit gehört in unseren Kanon zur Durchsetzung der Kreislaufwirtschaft. Dieses Prinzip muss auf jeden Fall durch ökonomische Hebel und ordnungspolitische Maßnahmen ergänzt werden. Die Haltungsformen sind eine freiwillige „Erfindung" des Handels. Der Gesetzgeber ist also weiterhin in der Pflicht, die Standards für eine wirklich artgerechte Tierhaltung zu definieren und auch die zeitlichen Vorgaben zu deren Umsetzung. Dass er das bis dato „versäumt", liegt am immensen Druck von Lobbyisten vor allem der Bauernschaft. Aber auch an falscher und eindeutig populistischer Rücksicht auf die Verbraucher.

Eines aber zeigt die Initiative der Handelsriesen: Der kräftige und langjährigen Druck von Tierschützern, Verbrauchern und Medizinern hat das Potenzial, den Angebot-Nachfrage-Mechanismus in Gang zu setzen. Das ist ein erprobtes Steuerungsinstrument. Kombiniert man es mit Regulierung – wir plädieren für die Anwendung des erweiterten Verursacherprinzips –, könnte eine Trendwende erreicht werden. Diese brächte im Kampf gegen die unverantwortliche Massentierhaltung sogar mehrfache Effekte. Im ersten Schritt wird es – dieser Prognose kann jeder folgen – zu einer sehr deutlichen Reduzierung des Fleischverbrauchs kommen. Ein Aufatmen bei unseren Nutztieren, denn die Tierquälerei in engen Boxen, ohne Bewegung, ohne Tageslicht mit Extremstress hat ein Ende.

Weniger Tiere auf grünen Weiden – das heißt auch deutlich geringerer Futterbedarf. Wir können unsere Äcker für die Produktion hochwertiger Nutzpflanzen für die menschliche Ernährung nutzen. Direkt, ohne Umweg über die Tierhaltung mit ihrer desolaten Kalorienbilanz.

Auch für die lebensnotwendige CO_2-Reduktion ist das Verursacherprinzip ein Segen. Nicht nur dieser Ausstoß sinkt, sondern auch der des noch viel klimaschädlicheren Methans.

Der Positivkanon ist noch nicht komplett. Wir essen weniger Fleisch, das auch noch deutlich gesünder ist. Zum Beispiel nicht belastet durch Antibiotika. Denn diese Stoffe – vor allem wegen des Zusammenhangs mit den multiresistenten Erregern, die durch falschen und überdosierten Antibiotikaeinsatz in der Massentierhaltung entstehen – nehmen wir auch direkt mit dem Fleisch aus der Massentierhaltung auf. Dieser Kanal ist versperrt. Aber zugleich auch der „Umweg" über das Grundwasser. Wir haben mit dem Verursacherprinzip nicht nur Preise und ökologischen Aufwand zusammengebracht, sondern sorgen auch dafür, dass die Qualität auf Bioniveau für jedermann verfügbar ist.

---

[108] Haltungsform-Kennzeichnung im Handel: Die Auswahl bleibt mangelhaft, https://www.verbraucherzentrale.de/wissen/lebensmittel/lebensmittelproduktion/haltungsformkennzeichnung-im-handel-die-auswahl-bleibt-mangelhaft-25484, Internetrecherche am 12.01.2022.

Deutliche Reduzierung der Tierbestände – das ist auch das Ende der Gülleüberproduktion. Das, was verbleibt, ist wenig bis gar nicht belastet, und es ist in seiner Menge auch wieder kompatibel zu den tatsächlich in der Pflanzenproduktion benötigten Mengen.

Bitte reproduzieren Sie noch einmal im Kopf unsere dargelegte komplette Argumentations- und Kausalitätskette. Wir haben tatsächlich nur an einer einzigen Schraube gedreht und erzielen positive Effekte in Hülle und Fülle. Viele Millionen von Menschen allein in Deutschland profitieren davon. Am meisten die bisherigen Konsumenten von Fleisch aus der Massentierhaltung, aber auch jene, die sich schon lange von Bioprodukten ernähren. Denn über das Trinkwasser müssen auch sie die Rückstände von zu viel Antibiotika in der Humanmedizin verkraften. Aber das ist eine ganz andere Baustelle, ja vielleicht schon das nächste Buch!

Unsere von A–Z positive Bilanz kennt (fast) nur Gewinner. Das Beispiel Gülle zeigt erstens, was Kreislaufwirtschaft kann. Es zeigt aber auch, dass sie noch nicht so praktiziert wird, wie es technisch möglich wäre. Und es illustriert, dass höhere Kosten im Detail im Regelfall auch für sozial Schwache keine Last sind, weil aus einer komplexen Sicht der Nutzen für jeden von uns dominiert.

(Fast) nur Gewinner? In der Tat hätte die Pharmaindustrie, sie verdient an den riesigen Antibiotikamengen, ohne die Massentierhaltung gar nicht möglich wäre, ein paar Einbußen. Diese Branche ist weltweit die mit den höchsten Renditen. Wir können das Taschentuch stecken lassen. Und wenn wir den Werbesprüchen der smarten Marketinggurus glauben, hat diese Industrie unter allen den höchsten ethischen Anspruch. Dass wir zeigen, wie er umgesetzt werden kann, wird uns von AstraZeneca, Bayer, Novartis bis Pfizer allerdings keinen Beifall bringen.

Das mit Abstand bevölkerungsreichste Land der Erde, China, verfolgt bei der Reduktion von Fleischproduktion und -konsum ähnliche Ziele: Verbesserung der Volksgesundheit und des Klimaschutzes. Aktuell wird in China ein Drittel des Weltaufkommens an Fleisch konsumiert. Die Führung fordert Mäßigung. Bis zum Jahr 2030 soll der derzeitige Pro-Kopf-Verbrauch (63 kg pro Jahr) auf 27 kg mehr als halbiert werden. Das entspricht in etwa der Empfehlung der Weltgesundheitsorganisation (WHO), die bei 31 kg pro Kopf und Jahr liegt. Die kommunistische Partei zeigt sich zu Recht über die Bestandsaufnahme des Gesundheitsministeriums besorgt. Rund 100 Mio. Chinesen leiden an Diabetes und Übergewicht.

Die Halbierung des Fleischkonsums könnte auch einen wirkungsvollen Beitrag zum Klimaschutz leisten. Würde das neue Ernährungsziel erreicht, könnten die CO_2-Emissionen der chinesischen Viehwirtschaft bis 2030 um 1 Mrd. t pro Jahr sinken und sich damit ebenfalls halbieren.

Die chinesische Führung setzt in ihrer Initiative laut der Onlineausgabe des *Greenpeace Magazins* und von *Zeit online* auf Aufklärung. Auch über die Einführung von Veggietagen an Schul- und Betriebskantinen wird in chinesischen Staatsmedien diskutiert. Dem chinesischen Gesundheitsministerium sei es zudem gelungen, die Hollywoodstars Arnold Schwarzenegger und James Cameron für Auftritte in Onlinevideos zu gewinnen, die für den Fleischverzicht werben. Von einem Fleischverbot sei in China aber keine Rede. Auch solle Fleisch wohl nicht stärker besteuert werden.[109]

Das ist die Stufe der agitatorischen Einflussnahme. Wenn die nicht den geplanten Erfolg bringt, ist in China rigider Druck fast zwangsläufig. Das ist der Unterschied. Wir setzen mit unserem Modell den Schwerpunkt bei der ökonomischen Steuerung mit Kategorien wie Angebot und Nachfrage. Ergänzt um das ebenso demokratische wie gerechte Prinzip, dass der, der die Suppe eingebrockt hat, sie auch auslöffeln muss. Das ist ein nachhaltiger Ansatz. China macht uns vieles vor. Aber von unseren Veggieday-Erfahrungen könnte das Land lernen.

5.5.3 Stroh zu Gold??? Exkremente zu Phosphor!!!

Unsere Überschrift erinnert Sie an das Märchen vom Rumpelstilzchen? Bevor Sie die Antwort in unserem Text finden, sollten Sie die eher nüchternen Fakten zu einem zur Neige gehenden Rohstoff zur Kenntnis nehmen, ohne den die Welternährung in Gestalt globaler Hungerkatastrophen zusammenbräche. Die Rede ist von Phosphor. In unserem Abwasser aus den Haushalten sind nicht nur die Nitrate und Nitrite, die Sie aus dem Exkurs zur Gülle kennen, enthalten, sondern auch jede Menge Phosphor. Die weltweiten Vorkommen sind endlich. Aber die Nachfrage steigt. Laut dem Umweltbundesamt (UBA) wird der Bedarf vermutlich schon 2070 höher sein als das Angebot. Derzeit muss Deutschland den Rohstoff vollständig importieren. Rund 80 Prozent werden für die Herstellung von Mineraldünger verwendet. Dieser enthält im Regelfall neben Phosphor (12 %) auch Stickstoff (12 %), Kalium (17 %) und Magnesium (2 %).

Phosphor ist essenziell für das Pflanzenwachstum und damit für die gesamte Nahrungsmittelproduktion. Im Periodensystem der Elemente trägt er die Nummer 15. Jedes Leben – menschlich, tierisch oder pflanzlich – braucht ihn zum Wachsen und ggf. zur Ausbildung stabiler Knochen und Zähne. Kein biologischer Organismus kann ohne diesen wichtigen Rohstoff funktionieren. Er kommt als Dünger in die Erde und von dort in die Pflanzen. Menschen und Tiere nehmen Phosphor über ihre Nahrung auf, verwerten ihn und scheiden Teile davon wieder aus. Deswegen fällt der lebenswichtige Rohstoff in hohen Mengen im Abwasser an. Dessen Rückgewinnung wird wegen des nahen Endes der irdischen Vorkommen immer wichtiger. Denn 7,8 Mrd. Menschen leben aktuell auf unserer Erde, Tendenz weiter steigend. Für sie ist Phosphor im direkten Wortsinn ein Lebenselement. Dass bei wachsendem Bedarf die abbaubaren Vorkommen in besorgniserregendem Tempo abnehmen, macht Angst.

In elementarer Form kommt Phosphor in der Natur nicht vor, sondern nur in der Verbindung mit anderen Mineralien als Phosphat. Dieses wird überwiegend in Lagerstätten aus phosphathaltigen Gesteinen gewonnen. Die Weltförderung von Rohphosphor liegt aktuell

---

[109] https://www.topagrar.com/management-und-politik/news/china-will-den-fleischkonsum-seiner--bevoelkerung-halbieren-9594698.html, Internetrecherche am 28.10.2021.

bei 190 Mio. t. Der rare Rohstoff steht seit dem 13. September 2017 auf der Liste kritischer Rohstoffe der Europäischen Union. Wie erwähnt ist Deutschland auf Importe angewiesen. Das bedeutet weite, CO_2-verursachende Transportwege. Zudem steigen mit fortschreitendem Abbau und zunehmender Abbautiefe die Schwermetallbelastungen durch Cadmium und Uran. Das Recycling von Phosphor hat also auch große ökologische Bedeutung.

Neunzig Prozent des weltweiten Bedarfs werden in Bergwerken in nur fünf Ländern abgebaut: Marokko, China, Südafrika, Jordanien und USA. Mitteleuropa hingegen hat keine natürlichen Phosphorreserven. Dass dort bei zunehmenden Engpässen in naher Zukunft noch ausreichende Lieferungen ankommen, kann mit gutem Recht bezweifelt werden. Allein in China leben 1,4 Mrd. Menschen. Vermutlich nicht einmal für sie reicht schon in wenigen Jahren die Eigenförderung. Deshalb besteht in Deutschland ab 2029 die gesetzliche Pflicht, Phosphor aus den Klärschlämmen der kommunalen Abwasseraufbereitung zurückzugewinnen.

In Hamburg, im westfälischen Lünen und inzwischen an etlichen weiteren Orten in Deutschland ist man diesem Datum um etliche Jahre voraus.

TetraPhos® – die weltweit erste großtechnische Anlage zur wirtschaftlichen Rückgewinnung von Phosphor aus Klärschlammasche – ein gemeinsames kommunal-privates Daseinsvorsorgeunternehmen in Hamburg[110]

Die deutsche Politik reagiert bekanntlich auf viele Herausforderungen, ja sogar existenzielle Bedrohungen – der Klimawandel ist leider nur *ein* Stichwort – gar nicht oder nur halbherzig. Beim Thema Phosphor hat sie zunächst Lob verdient. Schon seit dem 3. Oktober 2017 ist die überarbeitete Klärschlammverordnung in Kraft. Sie schreibt vor, dass kommunale Abwasserentsorger die Mangelressource Phosphor ab 2029 zurückgewinnen müssen. Mit dieser Regelung ist Deutschland neben der Schweiz das erste Land weltweit, dass das Phosphorrecycling zur gesetzlichen Pflicht macht. In diesem Zusammenhang steht auch die ebenfalls 2017 erfolgte Novellierung der Düngeverordnung. Mit ihr wird die Ausbringung von ungereinigten Klärschlämmen als Dünger deutlich erschwert. Allerdings viel zu spät. Denn ungereinigt heißt kontaminiert. Seit vielen Jahren weisen Wissenschaftler darauf hin, dass wir gesundheitsgefährdende Arzneimittelrückstände in beängstigenden Mengen vor allem über das Trinkwasser und die Nahrung aufnehmen. Dafür stehen zum Beispiel Antibiotika, die in gewaltigen Umfängen bei der Massentierhaltung von Schweinen und Geflügel eingesetzt werden. Die landen bei Millionen von Billigfleischkonsumenten im Körper, werden dort partiell eingelagert, aber auch ausgeschieden. Der per se eigentlich segensreiche Kreislauf des Wassers wird zum Fluch: Die Schadstoffe

---

[110] Wir danken Dr. Martin Lebek, Geschäftsführer der Hamburger Phosphorrecyclinggesellschaft mbH und von Remondis Aqua Industrie, der uns am 20. August 2021 die TetraPhos-Anlage in Hamburg gezeigt hat. Er hat über diese weltweit erste großtechnische Anlage für ein wirtschaftliches Phosphorrecycling und weitere Potenziale von kommunalen Klärschlämmen für die stoffwirtschaftlichen Rückgewinnung informiert. Wir danken auch Ralf Czarnecki, Geschäftsführer der Remondis Aqua Stoffstrom GmbH, für seine ergänzenden Informationen über die integrierte Phosphorrecyclinganlage im Lippewerk in Lünen.

gelangen via Abwasseraufbereitung in die Klärschlämme und die wiederum kommen ungereinigt auf die Felder. Damit geht's zurück zu uns Menschen. Direkt über die Pflanzen oder indirekt über das Grundwasser. Über das Trinkwasser nehmen wir schon seit geraumer Zeit bedenkliche Mengen an Hormonen auf, z. B. Östrogen aus der Antibabypille.

Unser Wasser ist also nur im engeren Sinne wirklich sauber. Denn die genannten Rückstände werden in den meisten Klärwerken mit ihren drei Stufen nicht vollständig eliminiert. Nötig wäre eine vierte sehr aufwendige und teure Reinigungsphase. Deutlich höhere Gebühren! Davor schreckt die Politik zurück. Nicht, weil ihr unser Geldbeutel wichtig ist. Befürchtet wird nur, dass wir mit Groll an die Wahlurne treten. Eine sinnvolle Alternative wäre ein generelles Verbot der Massentierhaltung. Über die komplexen und von A–Z positiven Wirkungen einer solchen Entscheidung haben Sie bereits in unserem Exkurs über die Lüge von der Gülle als Düngemittel gelesen. Teil dieser Story, bei der der legendäre Baron Münchhausen vor Neid erblassen würde, ist das Märchen vom ungereinigten Klärschlamm als Wachstumstreiber für eine biologische Pflanzenproduktion.

Etwas Licht, aber doch mehr Schatten. Zwar hat die Politik beim Phosphor vergleichsweise schnell reagiert. Als sie 2017 dessen Recycling ab 2029 zum verbindlichen Gebot machte, waren Wissenschaft und Wirtschaft längst auf der Strecke. Schon Anfang 2021 nahm die Hamburger Phosphorrecyclinggesellschaft mbH die weltweit erste großtechnische Anlage zur wirtschaftlichen Rückgewinnung von Phosphor aus Klärschlammasche in Betrieb. Die Gesellschaft wurde im März 2018 in Hamburg gegründet. Beteiligt sind die Hamburger Stadtentwässerung AöR, ein Unternehmen der kommunalen Hamburg Wasser, zu 60 Prozent, und Remondis Aqua Industrie GmbH & Co. KG zu 40 Prozent.

Bereits 2015, also zwei Jahre *vor* Inkrafttreten der Recyclingpflicht ab 2029, begann eine von Remondis errichtete Pilotanlage eine zweijährige Probephase. Sie bestätigte die technische Machbarkeit und Wirtschaftlichkeit des Verfahrens.

Auch weitere Marktteilnehmer arbeiten an Recyclingkonzepten. Die meisten befinden sich aber erst in der Entwicklungs- oder Pilotierungsphase. Ob und, wenn ja, wann dies in großtechnische wirtschaftliche Umsetzungen mündet, ist derzeit nur schwer abschätzbar. Neben Remondis hat die Firma SeraPlant in Haldensleben im Frühjahr 2021 eine Anlage zur Produktion von phosphathaltigen Düngern aus Klärschlammasche in Betrieb genommen. Weitere Informationen zum aktuellen Stand wie z. B. Annahmepreise, Anlagenauslastung, Auftraggeber und Abnehmer für die produzierten Düngemittel sind nicht bekannt. Einen Überblick über die nach unserem Kenntnisstand wichtigsten Projekte liefert Tab. 5.2.

Das Phosphorrecycling zeigt auch, dass Parlament und Regierung mit ihren strategischen Weichenstellungen zur Kreislaufwirtschaft noch viel schneller werden müssen. Uns sitzt die Katastrophe mit ihren vielen Gesichtern (Kap. 3) im Nacken. Schnelligkeit **und** Mut zum Risiko: Das sind zwei Seiten einer Medaille. Appelle an den deutschen Erfindergeist haben wir vor der schicksalhaften Bundestagswahl 2021 auf jeder Veranstaltung gehört. Mutige und innovative private Unternehmer – bei Weitem nicht alle, man schaue nur auf die deutsche Automobilindustrie – warten nicht auf Gesetze. Aber wenn sie schon alle monetären Risiken tragen, dann muss Politik zumindest für Rahmensetzungen sorgen, die

Tab. 5.2 Überblick zu ausgewählten Verfahren zur Phosphorrückgewinnung aus Klärschlamm mit der Vorstufe Monoverbrennung (Stand: Ende 2021)[a]

Verfahren bzw. Anbieter	Entwicklungsstand	Standort	Rückgewinnungsrate[b]	Anmerkungen[c]
ICL Schwermetallentfrachtung	Großtechnisch	Ludwigshafen Amsterdam	100 %	Keine Produkt muss den Vorgaben der DüMV entsprechen
SERA Plant Schwermetallentfrachtung	Großtechnisch	Haldensleben	100 %	Keine Produkt muss den Vorgaben der DüMV entsprechen
Ecophos® Schwermetallentfrachtung	Pilotanlage	Standorte außerhalb Deutschlands	75–90 %	Keine
TetraPhos® Schwermetallentfrachtung	Großtechnisch	Hamburg	>86–90 %	
Phos4Life	Pilotanlage	Madrid	ca. 90 %	Schwermetallentfrachtung erfolgt
Ash2Phos	Pilotanlage	Helsingborg, Schweden	90–95 %	Schwermetallentfrachtung erfolgt
INOCRE P-bac	Pilotanlage	Großhelfersdorf	80 %	Keine Angaben zum Schwermetallstatus verfügbar
PARFOCE	Technikum	Freiberg/Sachsen	Ca. 80 %	Schwermetallentfrachtung erfolgt
PASCH	Technikum	Aachen	78–89 %	Keine Angaben

[a]Die Angaben in der Tabelle basieren auf dem Statusbericht zur Klärschlammverordnung, den das Landesamt für Umwelt, Landwirtschaft und Geologie des Freistaates Sachsen im Jahr 2020 vorgelegt hat. Nach unseren Recherchen handelt es sich dabei um die aktuellste und vollständigste Erfassung des Status quo zum Phosphorrecycling, die wir um einige aktuelle Angaben anhand eigener Recherchen ergänzt haben. Unsere daraus extrahierte Übersicht konzentriert sich auf die Rückgewinnungsverfahren, die auf der Verwertung von Klärschlammasche basieren. Der Vollständigkeit halber sei erwähnt, dass es auch andere verfahrenstechnische Ansätze gibt, zum Beispiel das Recycling aus Faul- und Klärschlämmen. Diese Verfahren haben vor allem aus wirtschaftlichen Gründen eher geringe PERSPEKTIVEN. Am Markt werden sich aller Voraussicht nach Verfahren durchsetzen, die das Recycling aus Klärschlammasche zum Gegenstand haben. Derzeit befinden sich in Deutschland lediglich zwei Verfahren in der großtechnischen Umsetzung. SeraPlant wandelt hierbei die Asche in einen Dünger um. Das TetraPhos®-Verfahren behandelt die Asche nasschemisch und entfernt (entschleußt) während des Verfahrens die Schwermetalle.

[b]Für die in der Tabelle dargestellten Verfahren, die die Asche nicht in ihrer Gesamtheit in einen Dünger umwandeln, wäre theoretisch eine Rückgewinnungsrate von über 90 % möglich. Es muss aber beachtet werden, dass im Bereich einer Ausbeute zwischen 90 und 95 % der Aufwand für das Recycling überproportional steigt. Unter dem Aspekt der Wirtschaftlichkeit sind Ausbeuten im Segment zwischen 80 und 90 % sinnvoll. Die dann verbleibenden Restmengen an Phosphor sind in Relation zur absoluten Gesamtausbeute zu vernachlässigen. Darüber hinaus wird vom Gesetzgeber lediglich eine Rückgewinnungsquote von 80 % vorgeschrieben.

[c]Die DüMV (Düngemittelverordnung) limitiert aus Umweltschutzgründen die Schwermetallfrachten für das Inverkehrbringen von Düngemitteln, Bodenhilfsstoffen, Kultursubstraten und Pflanzenhilfsmitteln. Beim Einsatz von Monoklärschlammaschen zur Herstellung eines phosphorhaltigen Düngemittels muss der Anspruch an die Rückgewinnungsverfahren darin bestehen, die Schwermetalle innerhalb des Recyclingprozesses mit bekannten technischen Möglichkeiten bestmöglich abzureichern.

den Wagemut für große Investitionen über einen längeren Zeitraum kalkulierbar macht. Ob damit endlich ernst gemacht wird, darüber können Sie beim Erscheinen dieses Buches, ein Jahr nach der Bundestagswahl, selbst urteilen.

Mut bei der Zielsetzung, Halbherzigkeit bei der Umsetzung
Unser anfängliches Lob an die Politik wird leider durch die sattsam bekannte Inkonsequenz bei den politischen Rahmensetzungen zur Umsetzung getrübt. Das beginnt bei der übergreifenden Rechtssetzung, dem 2012 in Kraft getretenen und 2020 novellierten Kreislaufwirtschaftsgesetz (KrWG). Zentrale Punkte der Novellierung sind ein verstärkter Druck auf die stoffliche Rückgewinnung und die Abfallvermeidung. Aber das reicht bei Weitem nicht. Solange das Tempo der Schädigung unserer Natur dramatisch höher ist als jenes ihrer Revitalisierung, ist die Apokalypse ein realistisches Szenario.

Wegen dieser Halbherzigkeiten kritisieren wir auch den derzeitigen Umsetzungsplan für das Phosphorrecycling. Denn:

- Von der Pflicht zur Rückgewinnung sind Klärschlämme mit einem Phosphorgehalt von weniger als 20 Gramm je Kilogramm Trockenmasse befreit.
- Die Pflicht gilt ab 2029 nur für Abwasseranlagen mit einer Größe von über 100.000, ab 2032 von über 50.000 Einwohnerwerten. Für diese Anlagegrößen ist auch die Ausbringung auf landwirtschaftlichen Böden unter bestimmten Bedingungen weiter zulässig.
- Eine bodenbezogene Verwertung ist auch künftig möglich, wenn diese auf der Basis einer freiwilligen Qualitätssicherung, flankiert von behördlicher Überwachung, erfolgt.
- Ab 2029 wird die Deponierung von Klärschlammasche weiter erlaubt und zwar mit dem Scheinargument, dass damit eine spätere Phosphorrückgewinnung jederzeit möglich sei. Das ist schlicht falsch: Deponiekapazitäten sind erstens schon jetzt knapp, und zweitens werden die deponierten Aschen sehr schnell hart wie Beton. Für ein späteres Recycling müssten sie mit einem erheblichen Mehraufwand bergmännisch gefördert und aufbereitet werden. Das Verschieben ist also kein Aus-, sondern ein Irrweg. Die fatale Ausnahmeregelung erinnert schmerzlich an die faulen Kompromisse, die bei der Atommülldeponierung in Deutschland gemacht wurden. Die Klärschlammaschedeponien haben – auch wenn sie hinsichtlich der Gefahrenpotenziale nicht vergleichbar sind – das Strickmuster der Zwischenlager der deutschen Kernkraftära.

Dass unsere Kritik berechtigt ist, zeigt ein Blick in den Vertrag, den die große Koalition 2017 für die 18. Legislaturperiode geschlossen hatte. Dort war Folgendes zu lesen: „Wir werden die Klärschlammausbringung zu Düngezwecken beenden und Phosphor und andere Nährstoffe zurückgewinnen."

Und die dazu 2017 beschlossene Verordnung? Auf der Webseite des Bundesumweltministeriums ist zu lesen, dass sie das Ziel verfolgt, die wertgebenden Bestandteile des Klärschlamms (Phosphor) **umfassender** als bisher wieder in den Wirtschaftskreislauf zurückzuführen und gleichzeitig die herkömmliche bodenbezogene Klärschlammverwertung zum Zweck einer weiteren Verringerung des Schadstoffeintrags in den Boden **deutlich einzuschränken**. Nach dem politischen Weichspülgang also ein bisschen mehr Kreislaufwirtschaft und ein bisschen weniger Belastung unserer Böden.

Was passiert, wenn die Dinge unter den Teppich gekehrt und dringend nötige radikale Maßnahmen verwässert werden, sei als mahnendes Beispiel kurz skizziert. 2015 attestierte das Bundesverwaltungsgericht, dass die Zwischenlager für hoch radioaktiven Atommüll ungeeignet sind. Beispielhaft wurde der Einrichtung in Brunsbüttel die Genehmigung entzogen. Passiert ist seitdem so gut wie nichts. Aber der Zeitzünder tickt. Denn die Zulassungen für die weiteren deutschen Zwischenlager sind auf 40 Jahre befristet. Sie enden zwischen 2034 und 2047. Nach einem Lager für hoch radioaktive Abfälle wird in Deutschland aber immer noch gesucht. Frühestens 2050 soll es laut Bundesregierung betriebsbereit sein. Die Einlagerung des Atommülls wäre im Rahmen dieser Planung nicht vor 2070 beendet. Aber selbst dieser Zeitplan ist laut der Mehrzahl der Experten nur Theorie. Eine erste Einlagerung sei nicht vor 2117, wahrscheinlich.[111]

Behälter mit hoch radioaktivem Atommüll stehen derzeit in den zentralen Zwischenlagern in Gorleben, Ahaus und Lubmin. Daneben gibt es zwölf weitere Standortzwischenlager bei den Atomkraftwerken und das Behälterlager in Jülich.

Kommunal-private Daseinsvorsorge und ein technologischer Exkurs
Der Quantensprung beim Phosphorrecycling und ein Gemeinschaftsunternehmen der kommunal-privaten Daseinsvorsorge (ÖPD)[112] sind im konkreten Fall zwei Seiten einer Medaille. Das TetraPhos®-Verfahren von Remondis wird unter dem gemeinsamen Dach des Patenteinhabers und dem größten kommunalen Wasserunternehmen Deutschlands, der Hamburg Wasser als **Mehrheitsgesellschafter** umgesetzt.

Zunächst wird der bei der Abwasserreinigung in Hamburg anfallende Klärschlamm per Trocknung auf rund 125.000 t pro Jahr reduziert und im nächsten Schritt thermisch verwertet. Übrig bleibt Asche – rund 20.000 t/Jahr – die reich an Phosphor und anderen wichtigen Rohstoffen ist. Diese wird in verdünnter Phosphorsäure gelöst, die sich dabei um den Phosphatanteil der Asche anreichert. Das Gemisch wird in mehreren Selektionsstufen gereinigt. Produziert werden auf diese Weise pro Jahr 7000 t hochreine 75 %ige Phosphorsäure, also Phosphat.

Daneben werden Gipse für die Baustoffindustrie und Eisen- und Aluminiumsalze, die in der Abwasserreinigung zur Phosphatfällung eingesetzt werden, erzeugt. So werden

---

[111] Vgl. https://www.bund.net/fileadmin/user_upload_bund/publikationen/atomkraft/atomkraft_zwischenlager_studie_2020.pdf, Internetrecherche am 10.12.2021.
[112] Beim Begriff öffentlich-private Daseinsvorsorge (ÖPD) beziehen wir uns auf die Definition eines der Autoren, Michael Schäfer, im Gabler Wirtschaftslexikon: https://wirtschaftslexikon.gabler.de/definition/oeffentlich-private-daseinsvorsorge-oepd-121461, Internetrecherche am 10.12.2021.

gleich mehrere Stoffkreisläufe geschlossen. Zudem wird die bei der Verbrennung erzeugte Energie für das Recycling genutzt. Der Gesamtprozess ist also energieneutral.

Die Kombination von Klärschlammverbrennung (Mineralisierung) und nasschemischer Behandlung der Asche ist für die effektive Gewinnung von Phosphorsäure zwingend. Phosphor kann wirtschaftlich nicht direkt aus dem Klärschlamm gewonnen werden.

Die Wirtschaftlichkeit ergibt sich unter anderem daraus, dass Abwasserbehandlung und thermische Verwertung für alle zwei Millionen Einwohner der Metropole an einem Ort konzentriert sind. Auch Klärwerke aus dem Umland nutzen die TetraPhos-Kapazitäten und tragen zur guten Auslastung bei.

Die Patente für das TetraPhos®-Verfahren, 2016 mit den GreenTec Awards in der Kategorie „Recycling und Ressourcen" ausgezeichnet, liegen bei Remondis Aqua. Lizenzen werden nicht vergeben. Gerade für kommunale Partner sind die Türen für Kooperationen aber weit geöffnet. Das ist mit Blick auf die ab 2029 bestehende Pflicht zur Phosphorrückgewinnung eine gute Botschaft. Dafür wird erstens das TetraPhos-Know-how gebraucht, und zweitens muss das Recycling in großen Dimensionen organisiert werden. Insofern ist das gemeinsame Unternehmen von Hamburg Wasser mit der privaten Remondis Aqua Industrie nicht nur technologisch beispielhaft. Das Modell steht in seiner Dimension auch für Wirtschaftlichkeit. Wir haben nur noch wenige Jahrzehnte Zeit, den ruinösen Raubbau auf unserem Heimatplaneten zu stoppen. Das verlangt gigantische Investitionen, und ganz ohne ökologische Umlage können die nicht geschultert werden. Aber es ist gut zu wissen, dass Wissenschaft und Industrie wie im konkreten Fall schon heute Lösungen finden, die nicht nur energie- und klima-, sondern auch gebührenneutral sind.

Das gemeinsame Unternehmen von Hamburg Wasser und Remondis hat auch eine gesellschaftspolitische Dimension. Diese öffentlich-private Kooperation im Bereich der existenziellen Daseinsvorsorge ist ein Musterbeispiel dafür, dass solche Formen der Zusammenarbeit *objektiv* begründet sind. Dass der kommunale Partner Mehrheitsgesellschafter ist, hat gute Gründe. Er ist letztlich per Gesetz für die Abwasserbehandlung verantwortlich, aber nicht irgendwie. *Unser* anspruchsvolles Verständnis von Kreislaufwirtschaft und Daseinsvorsorge sagt, dass aus diesem doch eher unappetitlichen Gemenge von Stoffwechselprodukten die Bestandteile im Regelfall auf der Ebene des Periodensystems zurückgewonnen werden müssen. Diesem Anspruch – nennen wir ihn das deutsche Reinheitsgebot der Kreislaufwirtschaft – wird man nur mit wissenschaftlicher und technologischer Kompetenz auf Höchstniveau gerecht. Deutsche Kommunen werden in der ganzen Welt für ihre Rundumqualifikation in Sachen Daseinsvorsorge bewundert. Von Krankenhaus über öffentlichen Personennahverkehr, Strom und Gas, Wohnungen bis hin zu Wasser und Abwasser können sie buchstäblich alles. Aber unsere neuen Maßstäbe für eine die Stoffe zurückgewinnende Kreislaufwirtschaft verlangen auch den Schulterschluss mit privaten Akteuren, die über anspruchsvolles Spezial-Know-how verfügen, unternehmerische Risiken mittragen und als Investor mit ins Obligo gehen. Nach unserem Verständnis nicht per Vertrag, sondern am besten in gemeinsamen Unternehmen nach dem Hamburger Beispiel, also mit einer Kommune als Mehrheitsgesellschafter.

Aktuell ist jede recycelte Tonne hochreiner Phosphorsäure nach dem Prinzip „von der Wiege zurück zur Wiege" (klingt doch heimischer als „cradle to cradle") im Vergleich mit den Weltmarktpreisen für bergmännisch gewonnenes Phosphat wirtschaftlich. Die Rentabilität wird sich in Zukunft aber erhöhen: Die Weltmarktpreise steigen, der Bedarf wächst (schon wegen der Zunahme der Weltbevölkerung) und die Förderkosten nehmen zu. Dagegen bleiben die Recyclingkosten mindestens konstant. Absehbar ist aber deren Sinken. Dafür sprechen die erheblichen Potenziale technologischer und logistischer Optimierungen bei der Bereitstellung und dem stoffwirtschaftlichen Recycling der Klärschlämme.

„Nur" Phosphor aus Exkrementen ist noch nicht das „Ende der Fahnenstange"
Die Frage liegt auf der Hand, welche Bedeutung das Phosphorrecycling im deutschlandweiten Maßstab hat. Wir reden aktuell über eine Menge von rund 1,8 Mio. t getrockneter Klärschlämme, die deutschlandweit pro Jahr aus der kommunalen Abwasserbehandlung anfallen. Würde man dieses Volumen vollständig für das Recycling von Phosphor nutzen, könnte damit der Phosphorbedarf für die Produktion von Mineraldünger zu einem erheblichen Teil gedeckt werden. Die Angaben, die wir bei unseren Recherchen gefunden haben, schwanken zwischen 30 und 50 Prozent. Das sind schon angesichts der derzeitigen Dimension der Verwertung keine vollständig belastbaren Prognosen. Absehbar sind aber für ein so wichtiges Element wie Phosphor die gigantischen Potenziale der Kreislaufwirtschaft.

Dabei haben wir nur die kommunalen Klärschlämme betrachtet, die Industrieschlämme und weitere Rückgewinnungsquellen gar nicht untersucht. Auch das überfällige Verbot der Massentierhaltung hätte große Effekte. Derzeit wird rund ein Drittel der weltweiten Anbauflächen für die Ernährung von Nutztieren genutzt. Für die EU liegt dieser Anteil sogar bei 60 Prozent. Das ist aus Ernährungssicht Wahnsinn. Verfüttern wir die Pflanzen an Tiere, so gewinnen wir aus 100 Kalorien Pflanzennahrung im besten Fall 30, im schlechtesten 17 Kalorien als Fleisch zurück. Ernähren wir uns pflanzlich, beträgt die Kalorienbilanz aber nahezu 100 Prozent.

Wir müssen nach dieser Rechnung nicht alle Veganer werden. Aber einmal pro Woche ein Steak ist doch angemessen. Wenn wir uns so verhalten, können wir den Boden gesünder, also deutlich weniger extensiv bewirtschaften. Damit würde sich auch der Bedarf an Phosphor als Dünger erheblich reduzieren.

Neben dem Phosphor birgt kommunaler Klärschlamm aber noch viel mehr Schätze. In der Perspektive werden auch seltene Erden wie Germanium und sogar Gold interessant. Nach deutschlandweiten repräsentativen Untersuchungen des Bundesamtes für Materialforschung enthält die Klärschlammasche hochgerechnet auf Deutschland jährlich 300 kg Gold, 16,5 t Wolfram und viele weitere für ein zukünftiges Recycling interessante Wertstoffe.[113] Quelle sind übrigens nicht nur die Schlämme, sondern in erster Linie die zur

---

[113] Vgl. Texte Umweltbundesamt UBA 49/2014, https://www.umweltbundesamt.de/publikationen/monitoring-von-klaerschlammmonoverbrennungsaschen, Internetrecherche am 15.12.2021.

5.5 Komplette Stoffkreisläufe? Machbar ist (fast) alles, technisch und auch ökonomisch

Klärung genutzten Sande. Diese können nicht vollständig separiert werden und gelangen in Teilen mit in die Verbrennung. Im Sand und folglich in den Aschen ist alles, was wir auch sonst unter der Erdoberfläche finden: unter anderem große Mengen Silizium (etwa 10 Prozent der Gesamtasche) und eben auch Gold.

Bei diesem Blick in die Zukunft ist auch eine kurze Rückschau hilfreich. Die stoffliche Nutzung von Aschen hat eine lange Tradition. Die erste Müllverbrennungsanlage in Deutschland (1896, Hamburg Bullerdeich) „war mit einem Magneten zur Abtrennung von Eisenmetallen aus der Rostasche ausgerüstet, die für 15 Reichsmark pro Tonne vermarktet wurden. Damals wurden aber nicht nur die Eisenmetalle, sondern auch die mineralischen Anteile der Rostasche verwertet. In Hamburg wurden durch die Vermarktung der Schlacke als Straßenbaustoff zwei Reichsmark pro Kubikmeter erlöst."[114]

Es gehört zur traurigen Geschichte der Wegwerfgesellschaft, dass diese hoffnungsvollen Anfänge beim Recycling von Aschen aus der Abfallverbrennung nicht konsequent fortgeführt wurden, obwohl die gewaltigen technologischen und wissenschaftlichen Fortschritte dafür beste Voraussetzungen geboten hätten.

Es macht aber Hoffnung, dass die 1896 in Hamburg begonnene Tradition der Verwertung von Asche nun mit dem Phosphorrecycling zwar nach langer Pause, dafür umso ambitionierter fortgesetzt wird. Zwischen der ersten Müllverbrennungsanlage Deutschlands mit einer ernsthaften Recyclingkomponente und der Inbetriebnahme der Phosphorrückgewinnungsanlage aus Klärschlammasche im Jahr 2021 liegen genau 125 Jahre.

> „Heute back ich, morgen brau ich, übermorgen hol ich der Königin ihr Kind; ach, wie gut, dass niemand weiß, dass ich Rumpelstilzchen heiß!"

Dieser Vers entstammt dem Grimm-Märchen vom Rumpelstilzchen. Dank des „Zaubermännchens" „löste" die Müllerstochter die unmögliche Aufgabe, in einer Nacht eine ganze Kammer voll Stroh zu Gold zu spinnen. So entging sie dem sicheren Tod und rettete als spätere Königin auch ihr Kind, aber eben nur in der Sage.

Heute lösen Naturwissenschaftler und Ingenieure solche titanischen Aufgaben. „Exkremente zu Phosphor"! Darauf wäre der noch so fantasiebegabte Märchenerzähler in seinen kühnsten Träumen nicht gekommen. Und für unsere menschliche Existenz ist Phosphor ja noch um vieles wichtiger als Gold!

Der technologische Durchbruch bei seinem Recycling ist „nur" der erste Schritt. Denken Sie daran, wie sich der Dieselmotor nach seiner Erfindung im Jahr 1893 durch Rudolf Diesel bis heute entwickelt hat.

TetraPhos in Hamburg und ebenso die anderen in unserer Tabelle genannten Erfolg verheißenden Projekte sind Meilensteine. Absehbar sind bereits jetzt Möglichkeiten der Optimierung. Derzeit werden die zwei Stufen des in Hamburg realisierten Verfahrens zwar an einem Standort, technologisch aber noch separat realisiert. Im ersten Schritt erfolgt die

---

[114] Kurth, Peter; Oexle, Anno; Faulstich, Martin: Praxishandbuch der Kreislauf- und Rohstoffwirtschaft, Springer Fachmedien, Wiesbaden, 2018, S. 663.

Klärschlammverbrennung (Mineralisierung). Im zweiten die nasschemische Gewinnung von Phosphorsäure aus der Asche.

Die Perspektive ist die Integration beider Prozesse. Eine solche Anlage wird für den Standort Lippewerk (Lünen) geplant.

Phosphorrecycling kann für die stoffwirtschaftliche Rückgewinnung als *der* Modellfall gelten. Deshalb haben wir dieses Beispiel unter den Attributen „technologische Machbarkeit" und „Wirtschaftlichkeit" ausgewählt. Beides passt unter einen Hut. „Das rechnet sich nicht", ist als Verweigerungsgrund für konsequente Kreislaufwirtschaft nicht mehr akzeptabel. Es gehört als **Totschlagargument** in die Restmülltonne.

Die ersten in Deutschland! Schon 1994 begannen Kommunen im Freistaat Thüringen mit ihren Wasser- und Abwasserzweckverbänden damit, der Kreislaufwirtschaft verpflichtete Konzepte zur Klärschlammverwertung zu entwickeln. Ein Exkurs in das „grüne Herz" Deutschlands

Für das in diesem Kapitel entwickelte Konzept für eine neue Kreislaufwirtschaft steht mit hoher Symbolkraft der Kreislauf des Wassers. Das ist wohl auch der Grund, warum das saubere Nass aus jedem Hahn in unserem Land eine Art Kultstatus genießt und als Beleg für funktionierende Daseinsvorsorge gilt.

Von diesem Standard sind wir im globalen Maßstab sehr weit entfernt. Weltweit haben 2,2 Mrd. Menschen keinen regelmäßigen Zugang zu sauberem Wasser. Eine unfassbare Zahl. Betroffen sind vor allem Menschen in den ärmeren Regionen der Welt – und dort in erster Linie in den ländlichen Gebieten. Besonders in Afrika, Lateinamerika und Asien herrscht vielerorts dramatische Wasserknappheit. Schätzungsweise 3,6 Mrd. Menschen leben heute in Gebieten, die mindestens einen Monat pro Jahr extrem wasserarm sind. Laut einer Studie des Kinderhilfswerks der Vereinten Nationen (UNICEF) – sie wurde zum Welttag des Wassers, am 22. März 2021, veröffentlicht – leben mehr als 1,42 Mrd. Menschen in Gebieten mit insgesamt hoher oder extrem hoher Wasserunsicherheit, darunter 450 Mio. Kinder. Die UNO-Organisation spricht von „sicherem" Wasser, wenn es für die Menschen in der Nähe ihres Zuhauses zugänglich, bei Bedarf verfügbar und frei von Verunreinigungen ist.[115]

Der Blick über Deutschland hinaus macht deutlich: Was für 80 Mio. Einwohner bei uns selbstverständlich ist, davon können fast 50 Prozent der Weltbevölkerung nur träumen. Aber selbst bei uns ist nicht alles Gold, was glänzt. Sie haben es in der Abhandlung zum Gülleproblem mit den Stichworten Nitratbelastung des Grundwassers und EU-Mahn- und Strafverfahren gegen Deutschland gelesen. Die Verantwortung dafür trägt in erster Linie die Bundesregierung, u. a. mit ihrer lobbygetriebenen Laxheit bei der Umsetzung von EU-Vorgaben. Diese Suppe löffeln die aus, die vor Ort, in den Kommunen, für die Bereitstellung von Trinkwasser und die umweltgerechte Klärung der Abwässer zu sorgen haben.

---

[115] https://www.unicef.de/informieren/aktuelles/blog/weltwassertag-2021-zehn-fakten-ueber-wasser/172968, Internetrecherche am 23.02.2022.

Dass sie dabei für die Einhaltung der gesetzlichen Standards garantieren, ist in diesem existenziellen Bereich das „täglich' Brot". Das ist Schwerstarbeit.

Träger diese Aufgaben sind in Deutschland die Städte und Gemeinden. Vor allem aus Effizienzgründen gibt es für die Erbringung dieser Leistungen überall in Deutschland kooperative Strukturen. Das sind in den meisten Fällen Wasser- und Abwasserzweckverbände, zu denen sich Kommunen regional zusammenschließen.

Das betrifft einen Kernbereich der elementaren Daseinsvorsorge. Schon diese Verantwortung wiegt schwer. Von Pioniergeist aber können wir sprechen, wenn die damit befassten Menschen zudem weit in die Zukunft denken. Im Jahr 2017, wir hatten es am Anfang unseres Phosphortextes erwähnt, verschärfte die Bundesrepublik Deutschland (neben der Schweiz) als weltweit erstes Land die Klärschlammverordnung mit der Vorgabe, ab 2029 aus den kommunalen Klärschlämmen das Lebenselement Phosphor zurückzugewinnen.

Dreiundzwanzig Jahre vor dem Erlass der neuen Klärschlammverordnung, im Jahr 1994, fand in Jena ein Symposium zur Klärschlammverarbeitung in Ostthüringen statt. Das war die Geburtsstunde einer verschworenen Gemeinschaft von Wasserkreislaufwirtschaftspionieren mit zwei hehren Zielen: Erstens ging es darum, zu verhindern, dass gefährliche Stoffe überhaupt ins Abwasser gelangen.[116] Zweitens stand zu diesem frühen Zeitpunkt schon die Rückgewinnung wertvoller Stoffe im Fokus.

Diese erste Thüringer Klärschlammkonferenz kann auch im bundesweiten Maßstab als Initialzündung bezeichnet werden. Nach unseren gründlichen Recherchen war dies der erste konzertierte Versuch in einem Bundesland, sich dem Thema sachbezogen, aber eben auch visionär zuzuwenden. Die Initiatoren dieses ersten Expertenaustausches in Jena waren Hans-Jürgen Hein, Bernd Schneider und Werner Waschina. Der Mann mit dem W wie Wasser an der Spitze von Vor- und Familiennamen war mit diesem Merkmal zu einem Berufsleben in der Wasserwirtschaft gleichsam verpflichtet. Das Rüstzeug dafür holte er sich mit einem Studium an der heutigen TU Chemnitz, das er 1984 als Diplom-Ingenieur

---

[116] Dem ersten Aspekt können wir hier leider nur eine Fußnote widmen, wobei das Thema ein ganzes Buch wert wäre. Denn es geht hier ganz ausdrücklich um Kreislaufwirtschaft. In unsere kommunalen Abwässer (und damit in den Wasserkreislauf) gelangen viele Schadstoffe, die dort nichts zu suchen haben. Dafür stehen Arzneimittel, die nicht nur über unsere Ausscheidungen im Abwasser landen, sondern auch direkt als Reste in Waschbecken und Toiletten entsorgt werden, Tendenz steigend. Der Begriff „tickende Zeitbombe" ist keine Übertreibung. Zudem wird es immer teurer, diese Inhaltsstoffe bei der Abwasserreinigung zu extrahieren. Nach dem von uns entwickelten „erweiterten Verursacherprinzip" müsste dafür die Pharmaindustrie sorgen. Der Branche geht es gut, sie könnte das verkraften. Aber da es keine gesetzlichen Pflichten gibt, zahlen es wir alle, und die kommunalen Wasserunternehmen und -verbände tragen wie immer am Ende der Kette die Last der aufwendigen Beseitigung der Gefahrstoffe. Der Gesetzgeber drückt sich. Stattdessen organisierte Werner Waschina in seiner Region die Sammlung von Arzneimittelresten über die Apotheken, und dies zusammen mit dem Abfallwirtschaftsbetrieb, der dafür sogar eine Tonne „erfand". Mit diesem Hinweis auf eine freiwillige und höchst nützliche branchenübergreifende Daseinsvorsorgekooperation müssen wir diesen Exkurs zur Gefahrenabwendung an dieser Stelle leider beenden.

für Thermische Verfahrenstechnik abschloss. Wir lernten ihn bei unseren Recherchen zum Phosphorrecycling im Jahr 2021 kennen.

Waschina, Jahrgang 1959, hat von 1994 bis 2022 (ab Mai ist er im Ruhestand, in dem er nach unserer Vermutung weiterhin produktive Unruhe „stiften" wird) nicht nur Thüringer, sondern auch deutsche Klärschlammgeschichte geschrieben. Mit seiner Jenaer Initiative begründete er eine regionale Interessengemeinschaft zur Klärschlammverwertung mit einem damals auf Freiwilligkeit basierenden hohen qualitativen Anspruch: dem Paradigmenwechsel von der Deponierung zur geordneten qualitätsgesicherten landwirtschaftlichen Nutzung. Für Waschina hilfreich war das Engagement der Umweltverbände BUND und NABU (siehe Kap. 4), die im Zusammenhang mit der 2005 erlassenen Technischen Anleitung (TA) Siedlungsabfall den nötigen Druck zur konsequenten Umsetzung machten. Waschina war zu diesem Zeitpunkt beim Zweckverband JenaWasser in leitender Funktion tätig. Dass dieser Verband Grenzwerte für die Einleitung definierte, die deutlich strenger als die gesetzlichen Forderungen waren, trägt auch seine Handschrift.

Von ihm kam Jahr 2003 auch der Anstoß – beteiligt waren neben JenaWasser die Zweckverbände Saalfeld-Rudolstadt und Orla –, sich technologisch mit den Potenzialen einer thermischen Verwertung von kommunalen Klärschlämmen zu befassen. Waschina hat neben der Klärschlammverwertung auch die ökologische Energiegewinnung vorangetrieben, ebenfalls mit dem Fokus Kreislaufwirtschaft, ohne die Fehlorientierung auf Monokulturen als Energieträger. In seiner Verantwortung als Geschäftsführer der Biogas Jena GmbH & Co.KG, einer Tochter der Stadtwerke Jena-Pößneck, wurde 2007 eine Biogasanlage in Betrieb genommen, die neben einem Drittel Ziegenmist einen „Cocktail" verschiedener Energiepflanzen verarbeitet. Die Anlage hat auch nach dem festen EEG-Einspeisepreis eine wirtschaftliche Zukunft. Die BHKW-Abwärme wird in das Fernwärmenetz der Stadtwerke Jena eingespeist. Abnehmer des hochwertigen qualitätsgesicherten Wirtschaftsdüngers ist die benachbarte Gleistal Agrar e. G. Diese ist mit 50 Prozent am Unternehmen beteiligt und Exklusivlieferant der Rohstoffe. Die Anlage produziert Strom für 11.000 Einwohner und Wärme für 1000 Wohnungen.

Die erwähnte Novellierung der Klärschlammverordnung im Jahr 2017 brachte neue Dynamik in den Prozess und rückte die Rückgewinnung von Phosphor ins Zentrum. Diese Aufgabe stieß in Thüringen auf eine gut strukturierte Gemeinschaft von Zweckverbänden und einen 23-jährigen Vorlauf. Davon zeugt die Anfang 2018, am 18. April, in Arnstadt stattgefundene 2. Thüringer Klärschlammkonferenz. Mit diesem Impuls wurde die zuvor stark auf Ostthüringen fokussierte Zusammenarbeit auf den gesamten Freistaat ausgedehnt: Machbarkeitsstudien, Standortfindung für eine kommunale Verbrennungsanlage, Finanzierungsfragen – das sind die wichtigsten Schwerpunkte auf dem Weg zu einer neuen Stufe der Thüringer Kooperation. Mit Veröffentlichung der Verbandssatzung wurde am 5. Januar 2021 der Zweckverband zur Kommunalen Klärschlammverwertung Thüringen rechtskräftig gegründet. Werner Waschina wurde der erste Geschäftsleiter. Die neue Körperschaft öffentlichen Rechts hat derzeit 18 Mitglieder mit einem jährlichen Klärschlammaufkommen von rund 65.000 Tonnen.

Die KKT ist heute eine unter vielen Klärschlammkooperationen in Deutschland. Die Modelle sind unterschiedlich: kommunale Zweckverbände, öffentlich-private Strukturen oder auch Kapitalgesellschaften mit kommunalen Allein- oder Mehrheitseigentümern. Dass aus dem Jenaer Impuls 1994 eine solche Bewegung gewachsen ist, spricht erstens für die Weitsicht des „Frühstarters" und zweitens dafür, dass die kommunale Wasserwirtschaft das Phosphorrecycling als Mission der Daseinsvorsorge mit Leidenschaft und Sachverstand angenommen hat.

Ob wir mit der Kreislaufwirtschaft in einer erneuerten sozialen Marktwirtschaft die bedrohte Schöpfung retten, wird einzig und allein von Menschen entschieden. Davon handelt vom ersten bis zum siebenten Kapitel unser Buch. Wir geißeln jene, die nichts oder viel zu wenig tun. Aber noch viel mehr müssen wir jene loben, die den Wechsel von der linearen zur zirkularen Wirtschaft maßgeblich voranbringen. Das Recycling von Phosphor ist für uns auch wegen seiner Symbolkraft als Lebenselement ein Leuchtturm auf diesem Weg in eine lebenswerte Zukunft. Dafür stehen stellvertretend für viele Ungenannte jene, die die Thüringer Kooperation zu diesem Thema vorangebracht haben: Werner Waschina, Gerd Hauschild, Steffen Rothe und Andreas Stausberg. Diese vier Werkleiter von Thüringer Zweckverbänden können sich guten Gewissens „Baumeister" der kommunalen Klärschlammkooperation in Thüringen nennen. Auch der KKT-Verbandsvorsitzende Dietrich Heiland, seine Stellvertreter Jürgen Hofmann und Klaus-Dieter Matern stehen für diesen Pioniergeist. Nach der Thüringer Klärschlammkonferenz 2018 erweiterte sich der Lenkungskreis zur KKT-Gründung um die vier Werkleiter Christian Döhring, Peter Kahlenberg, Mirko Rechner und Matthias Vogt. Spätestens damit wurde es zu einer ganz Thüringen umfassenden Kooperation.

Ganz ohne Genderdruck noch eine erfreuliche Abschlussinformation. Nach den vielen hier genannten Männern ist ab 1. Mai 2022 Katrin Pauli – eine Naumburgerin mit einer beeindruckenden Wasserbiografie – die neue KKT-Geschäftsleiterin.

5.5.4 Wer heute etwas erfindet, muss das komplette Recycling ganz vorn in sein Pflichtenheft schreiben. Beim revolutionären Carbonbetonprojekt wurde das in Dresden erfolgreich umgesetzt[117]

Rund 3000 der insgesamt knapp 40.000 Brücken auf den Bundesfernstraßen sind marode. Ihr Status liege in der Bandbreite von „nicht ausreichend" bis „ungenügend", sagte der

---

[117] Wir danken Sandra Zagermann und Dr. Frank Schladitz von der Technischen Universität Dresden, die uns für diesen Exkurs zum Carbonbeton umfassend informiert haben. Frau Zagermann und Herr Dr. Schladitz sind zudem im C3 – Carbonbeton Composite e. V., Dresden engagiert (Dr. Schladitz ist der Geschäftsführer), bei dem das Carbonbetonprojekt angesiedelt ist.

Geschäftsführer der Autobahn GmbH, Stephan Krenz, in einem Interview mit der *Welt am Sonntag*.[118]

Über den Zustand der Infrastrukturen für die Daseinsvorsorge in Deutschland könnte man jetzt Dutzende Seiten füllen: Das in die Jahre gekommene Schienennetz der Deutschen Bahn AG, unfassbar viele Funklöcher, langsame Internetverbindungen, tausende Kilometer löchriger Straßen, Wasser- und Abwassernetze aus dem vorvorherigen Jahrhundert und nicht zuletzt zahlreiche Krankenhäuser, bei denen die Pandemievolllast den Investitionsstau ins Scheinwerferlicht rückt.

Das ist für die viertgrößte Industrienation der Welt eine Schande.

Wir behalten die Brücken im Blick. Bei vielen könnte auf den eigentlich fälligen Abriss verzichtet werden, was Steuergelder in beträchtlichem Umfang sparen könnte. Sanierung wäre in vielen Fällen nämlich möglich. Allerdings nicht mit dem guten alten Stahlbeton, der Mitte des 19. Jahrhunderts seinen weltweiten Siegeszug begann.

Stahlbeton ist von vorgestern. Das neue Zauberwort heißt Carbonbeton. Selbst gut informierte Zeitgenossen bekennen mehrheitlich, dass sie mit diesem Begriff wenig anfangen können. Einer der Autoren aber schon.[119] Seit Anfang 2014 ist er Mitglied in einem Beirat des Bundesministeriums für Bildung und Forschung (BMBF), der für das „Zwanzig20"-Konsortium „Carbon Concrete Composite C3" berufen wurde. Den etwas sperrigen Titel ersetzen wir im Folgenden immer durch das Kurzwort C3. Es gehört zu einem größeren Vorhaben des Ministeriums, das unter der Dachmarke „Zwanzig20" implementiert wurde. Zentrales Ziel ist die Förderung industrienaher Forschung in den neuen Ländern. Gerade in diesem Segment bestehen große Disparitäten zwischen dem Osten und dem Westen Deutschlands. Das zeigen u. a. folgende Zahlen: In Westdeutschland gibt es 9,1 Beschäftigte in Forschung und Entwicklung je 1000 Einwohner. Dieser Wert liegt im Osten bei 4,5. Noch deutlicher wird dieses strukturelle Defizit beim Vergleich der Gesamtausgaben. Lediglich acht Prozent davon sind dem Osten zuzurechnen. Diese Situation ist Teil der strukturellen Defizite des Wirtschaftsstandorts neue Länder. Der große Abstand zum Westen Deutschlands hat sich seit der Wende nur wenig geändert. Leistungsfähige Ressourcen für Wissenschaft und Technik aber werden immer wichtiger.[120] Deshalb gibt es seit 2000 die große BMBF-Innovationsinitiative „Unternehmen Region", unter deren Dach auch die „Zwanzig20"-Förderung entstanden ist. Viel Geld für Vorhaben, die den Platz Deutschlands unter den führenden Wissenschafts- und Industrienationen auch in Zu-

---

[118] Das Interview wurde am 15. August 2021 veröffentlicht. https://www.n-tv.de/wirtschaft/Tausende-deutsche-Bruecken-sind-marode., Internetrecherche am 07.11.2021.

[119] Michael Schäfer.

[120] Alles gleich, alles anders? Ein Status quo-Vergleich 2003–2013 für die neuen Länder aus kommunaler und kommunalwirtschaftlicher Sicht, Studie des Verbundnetz für kommunale Energie (VfkE), VNG – Verbundnetz Gas AG, Leipzig, Unternehmenskommunikation. Die Zahlen aus dem Jahr 2013 sind auch aktuell, also im Jahr 2021 weitestgehend unverändert. Siehe dazu unter anderem Jahresbericht der Bundesregierung zum Stand der Deutschen Einheit vom 07.07.2021, https://www.bmwi.de/Redaktion/DE/Publikationen/Neue-Laender/2021-jahresbericht-der-bundesregierung-zum-stand-der-deutschen-einheit-jbde.html, Internetrecherche am 20.09.2021.

kunft sichern sollen. Dies aber nicht nur mit einer gerechteren Ressourcenverteilung zwischen west- und ostdeutschen Ländern, sondern um die besonderen, aber nicht immer sichtbaren Innovationspotenziale der neuen Länder zu heben. Deshalb sind alle Projekte bei ostdeutschen Universitäten und Fachhochschulen angesiedelt – natürlich in enger Kooperation mit ihren besten wissenschaftlichen Partnern im Westen – und es kommen als Industriepartner bevorzugt kleine und mittelständische Unternehmen aus dem Osten zum Zuge.

Gefördert werden durchweg Erfindungen und Technologien im industrienahen Bereich mit Quantensprungpotenzial. Die schnelle Überführung in die Praxis hat einen herausgehobenen Stellenwert.

„Zwanzig20 hat das Ziel, ohne thematische Vorgaben die großen gesellschaftlichen und wirtschaftlichen Herausforderungen ins Visier zu nehmen. Gewollt waren Radikalität im Denken, die Bereitschaft, Grenzen der Disziplinen, Technologien und Branchen zu überwinden und neue Formen der wissenschaftlichen und unternehmerischen Zusammenarbeit zu erproben. Denn nur so entstehen disruptive Neuerungen", sagte uns der Begründer des Förderwettbewerbs Zwanzig20, Hans-Peter-Hiepe. Der Referatsleiter im BMBF erinnert sich: „Wir waren uns sehr sicher, dass wir Projekte und Konzepte aus dem Bereich der „Energiewende" bekommen werden. Umso enttäuschter war auch die Jury, dass viele Vorschläge eher konservativ und am politischen Rahmen orientiert waren. Deshalb mussten wir Dynamik und Mut mit der Intention erzeugen, dass von den Forschern und Unternehmern bestehende Strukturen und Regelungen ernsthaft infrage gestellt werden."

Die Autoren haben das C3-Projekt ausgewählt, weil damit sehr gut ihre Forderung illustriert werden kann, dass die vollständige stoffwirtschaftliche Rückgewinnung der eingesetzten Materialien ganz am Anfang eines Entwicklungszyklus stehen muss. Sie kennen sicher den Begriff Pflichtenheft. Dort muss der Wissenschaftler oder Konstrukteur genau definieren, wie und womit er eine ihm übergebene Aufgabenstellung zu lösen gedenkt. Das C3-Projekt – die Grundidee, nämlich die Substitution des Stahls im Beton durch Carbon, ist seit Jahrzehnten bekannt – musste dazu eine Vielzahl von Einzelschritten definieren. Etwa die Frage, welche Carbonfaser für welchen Einsatzzweck geeignet ist und in welcher Konfiguration (z. B. stab- und mattenförmige Bewehrungen) sie für jede nur denkbare Verwendung eingesetzt werden muss. Wie bei jeder technischen Entwicklung müssen die Prinzipien theoretisch vorgedacht werden. Es folgen die Laborphasen, Pilotanlagen und am Ende der großtechnische Einsatz. Bei einem Baustoff mit extrem hohen Sicherheitsanforderungen gibt es allein schon für Nachweisführungen aller Art umfängliche Kataloge. Denn nur anhand objektiver Messergebnisse dürfen Genehmigungen für die Zulassung eines Baustoffs erteilt werden. Die wiederum gibt es nicht pauschal, sondern für typische Einsatzfälle. Die Anforderungen für den Bau einer Brücke sind selbstredend andere als für ein Einfamilienhaus.

Weiter ins Detail müssen wir nicht gehen. Für die Erfordernisse der Kreislaufwirtschaft war bei C3 ab Projektgewinn klar, dass die Rückgewinnung der Carbonfasern gewährleistet sein muss. Folgerichtig wurde der praktische Nachweis schon in der ersten Entwicklungsphase erbracht. Erst auf dieser Grundlage begann die systematische Forschungs- und

Entwicklungsarbeit. Wir wissen jetzt, dass Carbonbeton in allen nur denkbaren Einsatzfällen den guten alten Stahlbeton ersetzen kann. Dieses Ergebnis kann man mit aller Zurückhaltung revolutionär nennen.

Hans-Peter Hiepe argumentiert als Spezialist für Innovationsförderung im BMBF zum Erfordernis der Kreislaufwirtschaft ähnlich rigoros wie die Autoren: „Ich habe immer behauptet, dass der alte Gegensatz von Ökologie und Ökonomie gar nicht mehr besteht, da unökologische Produktionsweisen und Produkte ohnehin keine Zukunft mehr auf den Märkten haben. Deshalb müssen wir gerade im Osten mit den bestehenden strukturellen Defiziten nicht nur wettbewerbsfähige, sondern auch nachhaltige Strukturen in Wirtschaft und Wissenschaft schaffen. Natürlich wird in der realen Welt auch immer wieder dagegen verstoßen, aber ich habe mich immer bemüht, nicht mit „ökologischem Sendungsbewusstsein", sondern mit Blick auf erfolgsträchtige Marktchancen, Förderprogramme zu konzipieren. Gute Projekte zur Kreislaufwirtschaft finden sich im Förderportfolio von „Unternehmen Region" auch deshalb immer wieder, weil es im Osten gute Leute und fachliche Kompetenz mit Tradition dafür gibt, in Freiberg, in Zittau, Nordhausen, Cottbus, Magdeburg und in vielen anderen Orten. Bei C3 habe ich schnell verstanden, dass die CO_2-Reduzierung – neben der Revolution in der Architektur – ein extrem toller „Nebeneffekt" ist. Umso mehr störte mich, dass anfangs viel zu zögerlich die Umsetzung in industrielle Prozesse, Produkte, Unternehmen in den Blick genommen wurde. Hier war ich ungeduldig. Kreislaufwirtschaft funktioniert nur, wenn sie den Weg aus dem Labor in die Wirtschaft auch wirklich findet. Dies wird jetzt konsequent beherzigt. Es ist ein gutes Gefühl, dass wir mit C3 eine glückliche Hand hatten. Man darf nicht vergessen, dass die Entscheidungen zu den Zwanzig20-Projekten in den Jahren 2012, 2013 getroffen wurden. Zu dieser Zeit stand das Thema Kreislaufwirtschaft in der öffentlichen Debatte wahrlich nicht im Zentrum", erinnert sich Hans-Peter Hiepe.[121]

Beim Projekt Carbonbeton hatte das Recycling in allen Entwicklungsphasen herausragende Bedeutung. Nach der grundsätzlichen Bestandsaufnahme des Anfangs gibt es jetzt auch zu sehr vielen Details Klarheit. Besonders wichtig ist die Erkenntnis, dass die Carbonfaser nicht nur als Kohlenstoff komplett zurückgewonnen werden kann. Die Fasern können auch in vielen Varianten in Kombination mit Beton neuerlich zum Einsatz kommen. Solche Antworten im *Detail* können erst Zug um Zug in der Produkt- und Verfahrensentwicklung gewonnen werden bzw. auch erst im Rahmen des großtechnischen C3-Einsatzes. Mit jeder neuen Anwendung stellen sich auch neue Fragen an das Recycling. Entscheidend aber war, dass schon 2014/2015 geklärt wurde, dass das Carbon vollständig zurückgewonnen werden kann. Danach ging es nicht mehr um das „Ob", sondern um das „Wie" bei verschiedensten Anwendungsfällen.

---

[121] Hiepe gilt zu Recht als Vater von Zwanzig20. Er hat die Vorhaben über mehrere Jahre begleitet. Quasi bis sie den Kinderschuhen entwachsen waren. Damit war der wichtigste Teil der Mission erfüllt. Hans-Peter Hiepe hat sich danach anderen Herausforderungen in seinem Ministerium zugewandt. Eigens für unser Buch und das Beispiel hat er sich im November 2021 noch einmal an die Anfänge erinnert und das Projekt in einem größeren gesellschaftlichen und wirtschaftlichen Zusammenhang aus heutiger Sicht noch einmal bewertet. Dafür bedanken wir uns ganz herzlich.

Illustriert wird das mit dem folgenden Auszug aus einem Statusbericht, der das Datum 20. September 2021 trägt: „Für Carbonbeton ist für alle eingesetzten[122] Materialien der Abbruch und Rückbau sowie die Zerkleinerung und Sortierung möglich. Die Herstellung von recycelten Produkten wurde mit Demonstratoren sowie Prototypen und Kleinstserien nachgewiesen". Gegenwärtig fallen in Deutschland vor allem rund 5000 Tonnen Abfälle aus carbonfaserverstärkten Kunststoffen (CFK) zum Beispiel in der Luft- und Raumfahrt und der Medizintechnik an. Mit großer Sicherheit kann aus den Erfahrungen im Baubereich geschlossen werden, dass bei der Herstellung von Bewehrungen aus Carbon auf recycelte Fasern der unterschiedlichen Branchen zurückgegriffen werden kann. Diese sektorübergreifenden Nutzungsmöglichkeiten kommen unserem Verständnis des „Cradle to Cradle" schon sehr nahe, denn die Nutzung des zurückgewonnenen Materials vollzieht sich auf der Ebene des Ersteinsatzes.

Ähnlich bewerten wir auch den Satz aus dem Statusbericht, wonach in Zukunft die Herstellung von Carbon mit Holzabfallprodukten aus der Papierherstellung möglich sein wird. Auch die synthetische Gewinnung von Carbon ist eine realistische Variante, um unabhängig vom fossilen Erdöl zu werden.

Das C3-Team hat 2021 das Projekt „WIR recyceln Fasern" etabliert. In der Region Elbtal Sachsen soll eine Kreislauf- und Ressourcenwirtschaft für Faserverbundwerkstoffe entwickelt werden, also weit über das Bauwesen hinaus. Das ist sehr ambitioniert und geht weit über den unmittelbaren Ansatz des C3-Förderprojekts hinaus.

Carbonbeton darf nicht auf den Aspekt vollständige Rückgewinnung und Primärnutzung der Carbonfasern reduziert werden. Erst recht nicht in einem Buch zur Kreislaufwirtschaft.

Der Schritt vom Stahl- zum Carbonbeton ist ein Schritt mit den Siebenmeilenstiefeln an den Füßen. Mit den maroden Brücken hatte unser Exkurs begonnen. Sie sind deshalb marode, weil der Stahlbeton bei Weitem nicht die Lebensdauer erreicht, die seine Erfinder bei der Erfindung vermutet hatten. Selbst die sehr dicke Einbettung der Armierungen in Beton bringt gegen alle damaligen Annahmen nicht den „ewigen" Schutz vor Korrosion. Die Lebensdauer liegt oft nur zwischen 40 und 80 Jahren. Natürlich hinkt der Vergleich mit den gewaltigen Pyramiden von Gizeh. Die sind 4500 Jahre alt, weitgehend intakt und heute noch in Ägypten zu bestaunen. Aber niemand wird ernsthaft behaupten, dass Bauen mit Stahlbeton etwas mit Nachhaltigkeit zu tun hat. Dagegen spricht die für ein Bauwerk lächerlich geringe Lebensdauer. Selbst diese wenigen Jahrzehnte erfordern einen gewaltigen Materialaufwand. Mit im Bunde ist der Zement, denn dessen Produktion ist in der Industrie der Klimakiller Nummer eins.

Würden wir Stahl- durch Carbonbeton ersetzen, kämen wir mit 50 Prozent des aktuellen Betonbedarfs über die Runden. Zehn Prozent der weltweiten CO_2-Emissionen entfallen auf die Stahl- und Zementherstellung. Da wir auch 50 Prozent des erzeugten Stahls beim Bauen verbrauchen, könnte der derzeitige Anteil der Stahl- und Zementproduktion von 10 Prozent am weltweiten CO_2-Ausstöße fast halbiert werden.

---

[122] Interner Bericht des C3-Konsortiums an den Beirat des Bundesforschungsministeriums, dem der Autor bis zu dessen Entlastung im April 2022 angehörte.

Das ist das Potenzial der vollständigen Substitution von Stahlbeton. Technologisch wären wir dazu schon heute in der Lage. „Dank" der steigenden Stahlpreise ist Carbonbeton in Relation zu seinem stählernen Vorfahren kaum teurer. Vergleichen wir den ökologischen Fußabdruck „nur" unter dem Aspekt Lebensdauer, müsste das Bauen mit Stahlbeton mit einer kurzen Übergangsfrist verboten werden. Denn statt 40–80 Jahre schaffen wir mit Carbonbeton mindestens zwei Jahrhunderte. Auch das Erdöl als Rohstoff könnte man in Bälde streichen. Carbon „geht" auch synthetisch. Die ebenso mögliche Gewinnung aus Abfällen der Papierindustrie wäre ein weiterer Beitrag zum Siegeszug der Kreislaufwirtschaft.

Zu guter Letzt die maroden Brücken. Carbon hat eine enorm hohe Zugfestigkeit, bis zu sechsmal höher als Stahl. Deshalb eignet es sich auch ganz hervorragend für die Sanierung tragender Teile. Von der Decke bis zur Brücke. Mit geringen Querschnitten und Volumen könnten stabilisierende Lagen mit der vorhandenen Brückenkonstruktion verbunden und so deren weitere Nutzung ermöglicht werden. Das muss schnellstens praktiziert werden. Viele der maroden Brücken sind auf konventionelle Weise nicht zu sanieren. Also Stilllegung bzw. Abriss wegen Einsturzgefahr – und das 3000-mal? Können Sie sich die weltweit viertgrößte Wirtschaftsmacht ohne seine Hauptverkehrsadern für den Straßenverkehr – Bundesstraßen und Autobahnen – ernsthaft vorstellen?

Es gibt ja noch die Eisenbahn? Aber von den 25.700 Eisenbahnbrücken in Deutschland sind rund 1000 in so schlechtem Zustand, dass eine Sanierung wirtschaftlich nicht mehr möglich ist. Also auch dort Abriss.[123] Jetzt bekommen Sie Albträume!

Dass mit Carbonbeton Autobahn- oder Eisenbahnbrücken saniert werden können, wissen wir seit einigen Jahren. Aber erst seit 2020 werden – leider immer noch auf der Grundlage von Einzelfallentscheidungen – erste Projekte realisiert. Dabei handelt es sich ausschließlich um die Sanierung von Bauwerken aus Stahlbeton. Deren Tragfähigkeit und Sicherheit werden mit der Verstärkung durch Carbonbeton wieder auf den gesetzlich geforderten Standard gebracht. So die Bogenbrücke in Naila (Bayern), eine Autobahnbrücke (BAB 648) über die Nidda (Hessen), eine Fußgängerbrücke in Naumburg (Sachsen-Anhalt) und eine Brücke über das Alte Fließ im Zuge der Staatsstraße 109 in Kleinsaubernitz (Sachsen).

Diese Sanierung in Kleinsaubernitz verlief im Jahr 2020 so überzeugend, dass der Auftraggeber, das Sächsische Staatsministerium für Wirtschaft, Arbeit und Verkehr, erstmals einen kompletten Neubau im Jahr 2021 auf den Weg brachte. Es geht um die Brücke über das Kuppritzer Wasser in Wurschen (Landkreis Bautzen) im Zuge der Staatsstraße 111. Das Vorhaben ist Teil eines Programms, das 100 Bauwerke im Zuge sächsischer Staatsstraßen umfasst. Die wissenschaftliche und gutachterliche Zuarbeit zum Projekt übernehmen die CARBOCON GmbH aus Dresden sowie das Institut für Massivbau der Technischen Universität Dresden. Die Mitwirkung erfolgt insbesondere durch Laborversuche

---

[123] Für mehr als 1000 Eisenbahnbrücken wäre eine Sanierung zu teuer – Bahnblogstelle, https://bahnblogstelle.com/27347/schieneninfrastruktur-mehr-als-tausend-bahnbruecken-in-schlechtem-zustand, Internetrecherche am 9. November 2021.

und Untersuchungen der Baustoffe. Darüber hinaus geben die Partner fachliche Hilfestellung bei der Überwachung der Bauausführung. Nach Abschluss der Arbeiten ist die Durchführung eines Langzeitmonitorings geplant.

Deutschland ist zwar beim Erfinden noch relativ weit vorn in der Welt, aber nicht beim Genehmigen. Das dauert, was zumeist nicht an denjenigen liegt, die die Ampel auf grün oder rot schalten, sondern an dem dahinterliegenden gewaltigen Wust an Vorschriften, an deren Sinnhaftigkeit selbst die exekutierenden Behörden oft zweifeln. Aber sie *müssen* sie exekutieren. Die dort Tätigen wären in den meisten Fällen gerne mutiger, denn als Experten kennen sie die Bedeutung des Genehmigungsgegenstandes und wissen auch, dass im weltweiten Wettlauf um neue ökologische Technologien und Produkte die Ersten im Rennen auch die wirtschaftlichen Nutznießer revolutionärer Ideen sind. Diese Zeilen wurden am 8. Dezember 2021 zu Papier gebracht. Das ist das Datum, an dem in Deutschen Bundestag der Kanzler und die Minister der neuen Ampelregierung vereidigt wurden. In ihrem Koalitionsvertrag steht das Versprechen, unser Land von überbordender Bürokratie zu befreien und Genehmigungsverfahren zu beschleunigen. Das ist überfällig und davon würden nicht zuletzt auch die Forscher und Ingenieure rund um den Carbonbeton profitieren. Ebenso die Frauen und Männer in den Genehmigungsbehörden, die stolz darauf sein können, diese Technologie in Deutschland wissenschaftlich befördert zu haben. Schon deshalb haben sie auch an der schnellen praktischen Nutzung größtes Interesse.

Als das C3-Förderprojekt im Jahr 2014 in Dresden begann, war Deutschland auf diesem Gebiet die unangefochtene Nummer eins in der Welt. Diesen großen Vorsprung hat die Nummer zwei, Südkorea, seitdem fast aufgeholt. Dort gibt es etliche tolle Referenzprojekte, und junge Forscher, die Baugeschichte schreiben wollen, zieht's zunehmend nach Seoul und weniger nach Dresden. Ihnen fällt der Transrapid ein. Das Beispiel passt. Aber das politische Versagen hat beim Carbonbeton eine ganz andere Dimension. Es geht ja wirklich um die Schöpfung. Da wiegt die Ertüchtigung der Eisenbahninfrastruktur, dazu gehören die Sanierung und auch der Neubau von Brücken, deutlich schwerer als die Magnetschwebebahn. Seit 40 Jahren hören wir in Sonntagsreden die Forderung, den Güterverkehr weitestgehend von der Straße auf die Schiene zu verlagern. In der Realität verlief der Transfer in die entgegengesetzte Richtung. Da muss es nicht wundern, dass der Verkehr der einzige Wirtschaftssektor ist, in dem die CO_2-Emissionen seit Jahren nicht gesenkt werden konnten. Die Trendwende muss jetzt radikal und schnell kommen. Dazu könnte eine generelle Genehmigung für die Brückensanierung mit Carbonbeton einen wichtigen Beitrag leisten.

Zweihundert Jahre Raubbau an der Natur und Ressourcenverschwendung sind eine Realität. Was nutzt aber die Umkehr 5 vor 12, wenn die Genehmigung für die rettende Technologie erst 5 nach 12 erteilt wird? Haben diejenigen, die umständliche hinderliche Regeln in Gesetze und Vorschriften gießen, das aber auch zum Positiven ändern könnten, etwa eine andere Erde?

5.5.5 „NochMall" für ein erfülltes zweites Leben

Jeden Tag eine gute Naht! Und das bereits seit über 30 Jahren. Das ist das Motto von Dagmar Kinter. Die Gründerin von „tjuub"[124] haben wir gefunden, als wir im Internet nach einer verständlichen Erklärung für den englischen Begriff Upcycling suchten. Das, was sich dazu paragrafenverliebte Juristen ausdachten, haben wir nicht verstanden. Dagmar Kinter macht das, was in unendlichen Schachtelsätzen und vielen Einerseits und Andererseits weltfremd beschrieben wird, selbst. Und kann es deshalb so erklären, dass die Autoren und ihre Leser es auf Anhieb kapieren

Sie näht bereits seit ihrer Kindheit, was das Zeug hält. Angefangen bei Puppenkleidern und individuellen Teenieoutfits hat sie sich heute voll und ganz der Upcyclingschneiderei verschrieben. Trendige Accessoires aus gebrauchten Fahrradschläuchen, Planen und Werbebannern bestimmen die Erfolgsgeschichte der Unternehmerin. 2014 gründete sie in Brandenburg an der Havel ihre Manufaktur. Für Dagmar Kinter ist Upcycling ein Wortspiel der englischen Wörter „up", also „nach oben", und „recycling", zu Deutsch: „Wiederverwertung". Aber keine einfache Reproduktion, sondern eine Aufwertung. Die Neukreation hat einen höheren Wert als zuvor. Aus vermeintlichen Abfallprodukten oder unnützen Gegenständen werden neue Gebrauchsgegenstände. Kunststoffe, die ansonsten im besten Fall im gelben Sack gelandet wären, feiern Auferstehung als neue Verpackungen oder sogar als Taschen. Ein gutes Beispiel sind beschädigte und für Bau und Logistik nicht mehr nutzbare Euro-Paletten. Daraus werden schon in größerem Stil Tische oder sogar Betten gefertigt. In großen Städten wie Berlin oder Hamburg sieht man Upcycling Möbel mittlerweile an jeder Ecke. Es gibt unendlich viele kreative Möglichkeiten aus alt neu zu machen.[125]

Große Pläne und „Trippelschritte" – die Kombination bringt's
Um wirkliche Kreislaufwirtschaft schnell in ins Leben zu bringen, braucht man den ganz großen Plan. Aber man braucht auch Pragmatismus und den Mut zu scheinbar kleinen Lösungen. Für das große Ziel müssen viele Blumen blühen. Das von uns beschriebene „Phosphor aus Exkrementen" ist revolutionär und bahnbrechend. Gesellschaftlich aber ist es ähnlich gewichtig, wenn Sie oder wir konsequent unseren Abfall trennen, mit dem eigenen Stoffbeutel im Supermarkt einkaufen oder mit dem Fahrrad zur Arbeit fahren. Das übergreifende Projekt, möglichst alle bei der Wertschöpfung verwendeten Stoffe in ihren atomaren Urzustand zurückzubringen, muss sich bei der Mehrheit der Erdenbürger im Bewusstsein verankern. Nur dann entsteht daraus auch individuelles Tun. Das sind unendlich viele Trippelschritte: Mut und Tatkraft. Für diese bedarf es begnadeter Physiker, innovativer Anlagenbauer, mutiger Ingenieure, aber auch Frauen wie Dagmar Kinter. Nur aus

---

[124] Dagmar Kinter hat unsere Frage, was „Tjuub" eigentlich heißt, am 04.09.2021 per E-Mail wie folgt beantwortet: „Nichts weiter als das eingedeutschte englische Wort tube, das für Schlauch steht. Bicycle inner tube – das ist in der korrekten Übersetzung ein Fahrradschlauch."
[125] Vgl. https://tjuub.de/pages/upcycling, Internetrecherche am 04.10.2021.

dieser Kombination werden Quantensprünge. Aus scheinbar kleinen, oft belächelten Ökonischen wachsen funktionierende Kreislaufwirtschaftsmodelle.

Befördert auch durch das wachsende Bedürfnis, Konsumwünsche nicht mehr mit den weltweit angesagten Marken – auch die werden am Ende zumeist weggeworfen –, sondern individuell *und* nachhaltig zu befriedigen.

Diese wichtigen Prozesse werden oft durch juristische Normierungen stranguliert. Der deutsche Drang, noch das allerletzte Detail zu regeln, erweist sich als Doppelbremse: für die Kreativität und für die schnelle Umsetzung in die Praxis.

Viel wichtiger als kleinteilige und -geistige Regelungswut sind grundlegende Weichenstellungen. Zum Beispiel mit eindeutigen Vorgaben für das lange Leben von Produkten inklusive des Prinzips, dass seltene Reparaturen nur einen Bruchteil des Neupreises kosten dürfen.

Aus Alt mach Neu – Eine gute, aber lange vergessene Idee
Langlebigkeit. Das war auch nach dem Start der industriellen Revolution und sogar bis in die 60er-Jahre des deutschen Nachkriegskapitalismus vielerorts Standard. Nicht nur im Westen, auch in der realsozialistischen DDR. Dort weniger aus der gutbürgerlichen Tradition, sondern dem permanenten Mangel an hochwertigen Konsumgütern. Deshalb wurde fast alles im klassischen Wortsinn repariert, denn auch neue Teile waren eine Rarität.

Wer heute „Upcycling" als Weltrettungsinnovation bejubelt, der hat nicht mehr erlebt, oder vergessen, dass die aus Echtholz gefertigte Couchgarnitur immer wieder vom Polsterer mit neuem Stoff bespannt wurde oder der Motor im zwanzig Jahre alten PKW nicht selten eine Laufleistung von einer Million Kilometer erreichte. Der Übergang in die radikale Wegwerfgesellschaft war eher schleichend. Für die Rückkehr zu den „alten" Tugenden brauchen wir das Überschalltempo. Und ja, Priorität haben natürlich die kompletten Stoffkreisläufe. Deshalb steht in unserer exemplarischen Bestandsaufnahme in diesem Abschnitt des Buches das Phosphoratom mit der Nummer 15 im Periodensystem an prominenter erster Stelle.

Die deutliche Verlängerung der Lebensdauer von Gütern ist aus dreierlei Gründen nicht Kreislaufwirtschaft zweiter Klasse. Erstens ist die lange – ebenso die zweite oder gar dritte und vierte – Verwendung per se schon die hohe Schule und steht deshalb auf Platz 2 im EU-Ranking der Kreislaufwirtschaft (wir erinnern an Punkt 5.4 in diesem Kapitel). Zweitens steigen für die so am Leben erhaltenen Produkte die Chancen, nach der möglichst langen Existenz eine dann technologisch machbare und zudem wirtschaftliche Rückgewinnung der enthaltenen Stoffe zu erleben. Drittens verbannen wir mit dem Ritterschlag für einen neuen Zyklus materieller Güter das altbewährte Aufarbeiten aus seiner heute unverdienten Schmuddelecke. Mit Omas aufpoliertem Sekretär macht man neuerdings Staat.

Dieser neue Stolz ist auch ein wichtiger Katalysator für den überfälligen Wechsel zur Kreislaufwirtschaft weit über das Gründerzeitsofa oder die aufgemotzte Wanduhr anno

1900 hinaus. Deshalb packt eine neue Initiative der Berliner Stadtreinigung (BSR) die Hauptstädter mit dem Stichwort Sperrmüll an der Ehre.[126] Rund 69.000 t fallen pro Jahr (2019) in Berlin an. Die Gesamtmenge an Hausmüll in der Hauptstadt betrug im gleichen Jahr. 1,39 Mio. t. Damit ist der Sperrmüll mit einem Anteil von rund 5 Prozent eine der kleineren Positionen. Davon werden derzeit ca. 66 Prozent energetisch verwertet.[127] Besser als Deponie, aber in der EU-Abfallhierarchie ist das eben nur der vorletzte Platz.

Kein Flohmarktgeruch
Hier beginnt die Geschichte der NochMall. So der doppelsinnige Name des Gebrauchtwarenkaufhauses der BSR, des größten kommunalen Kreislaufwirtschaftsunternehmens Europas. Eröffnet wurde die in Deutschland einmalige Oase der Neubelebung[128] am 8. August 2020. Während überall in Berlin tüchtige Einzelhändler wegen Corona das Handtuch werfen mussten, startete die NochMall mit stattlichen 2000 Quadratmetern Verkaufsfläche auf zwei Etagen. Ein schickes Café inklusive. Im Sortiment: Möbel, Kleidung, Haushaltswaren, Elektro- und Haushaltsgeräte, Spielzeug, Bücher und vieles mehr. Und weil es nicht nur darum geht, möglichst viele Tonnen Müll vor dem „Scheiterhaufen" zu bewahren, gibt es Workshops zur Verwandlung von Kleidung in Rucksäcke mit Hilfe von „geretteten" Nähmaschinen, „Reparaturcafés", Vorträge und Diskussionen mit Experten der Kreislaufwirtschaft und auch Verkaufsflächen für hochwertige Upcyclingprodukte von Berliner Start-ups. Das alles ist auch handfeste (Kreislauf-)Wirtschaftsförderung! Die NochMall versteht sich als „Erlebnisort für Kreislaufwirtschaft und Abfallvermeidung".

Trotz widriger Coronabedingungen kann Geschäftsführer Frieder Söling bei unserem Besuch der NochMall im Berliner Bezirk Reinickendorf[129] am 28. September 2021 auf ein bemerkenswertes erstes Jahr verweisen. Ausgestattet mit dem Startkapital soll die BSR-Tochter als eigenständige GmbH mittelfristig ein ausgeglichenes Ergebnis erwirtschaften und ohne weitere finanzielle Unterstützung der Mutter auskommen. Die 20 Mitarbeiter werden, das ist bekanntlich nicht selbstverständlich, nach dem Einzelhandelstarif bezahlt. Laut Wirtschaftsplan soll sich das Handelsdomizil der Berliner Kreislaufwirtschaft ab 2026 selbst tragen. Berücksichtigt man den schlechtestmöglichen Eröffnungstermin mitten in der Pandemie, ist die erste Jahresbilanz mehr als bemerkenswert, auch wenn

---

[126] Aus Sperrmüll ein zweites Produktleben! Zu dieser Initiative der Berliner Stadtreinigung unter dem Namen „NochMall" informierten uns Andreas Thürmer, Prokurist, Leiter Vorstandsbüro und Leiter u. a. des Bereiches Kommunikation, und Frieder Sölling, Geschäftsführer der NochMall GmbH, und begleiteten uns auch bei einem Besuch des Kaufhauses im Berliner Bezirk Reinickendorf.
[127] https://www.berlin.de/sen/uvk/umwelt/kreislaufwirtschaft/abfallbehoerde/abfallbilanzen/, Internetrecherche am 12.01.2022.
[128] Zum Erscheinungstermin unseres Buches hat es hoffentlich schon viele Nachahmer gefunden.
[129] Mit dabei war Andreas Thürmer, Leiter des Bereichs Strategie, Organisation und Kommunikation. In dieser Funktion versorgte er uns mit vielen Informationen zur Einordnung des Projekts in das strategische BSR-Porfolio.

der Weg noch weit ist. Zudem reüssiert die NochMall gegen alle – hier kurz dokumentierten – Berliner Handelstrends:

‚Sehr geehrte Kunden, ab Montag, den 12.07.2021 ist unser Store in der Mall of Berlin vorerst auf unbestimmte Zeit geschlossen.' Diese Notiz klebt an der Schaufensterscheibe eines Uhrengeschäfts im Obergeschoss eines der größten Shoppingcenter der Stadt. Nur wenige Menschen schlendern vorbei. Eine Etage höher wirkt die Passage noch verlassener, mit bunten Plakaten wird der Leerstand kaschiert. Beim Rundgang durch die Mall zählen wir rund 40 leerstehende Läden, von ungefähr 260. Die Zahl will der Eigentümer auf Anfrage nicht öffentlich kommentieren.

In anderen Shoppingcentern sieht es ähnlich aus. Zum Beispiel im Boulevard Berlin in Steglitz. ‚Man sieht wenig Menschen. Es ist alles leer', schildert eine Kundin ihre Eindrücke. ‚Das ist schon erschreckend. Die Geschäfte haben so zu kämpfen. Es ist eine Katastrophe.' Beim Rundgang zählen wir etwa 20 leere Geschäfte von insgesamt 110. Das Centermanagement äußert sich nicht dazu. Aktuelle Zahlen zur Kundenfrequenz und zu Leerständen wollen die meisten Centerbetreiber nicht veröffentlichen."[130]

„Analoges" Wachstum gegen den Trend
Sie erinnern sich an unsere Kurzskizze zur Kreislaufwirtschaft als neue lebensfähige Wirtschaftsform: Kapitalismus mit einem neuen Verständnis von Wachstum, etwas weniger rentierlich, aber mit hoher Lebensqualität inklusive Spaßfaktor.

Die NochMall ist einer von vielen Beweisen, dass das tatsächlich machbar ist. Wachstum gegen den Trend zum Online- zulasten des Einzelhandels. Mit von A–Z wiederbelebten Produkten. In einmaliger Atmosphäre, mit dem Duft von Echtholz, in harmonisch-hellen Farben.

Die „Reinkarnation" von Dingen. Dieses Konzept ging in Berlin nicht mit didaktisch erhobenem Zeigefinger an den Start. Das Motto lautet: Ökologisches Handeln muss auch Spaß machen. Also weg vom Schmuddelimage vieler Flohmärkte oder den einseitigen Funktionalitäten von Sozialkaufhäusern. Natürlich findet man bei NochMall sehr viel Preiswertes. Aber auch das mit 1300 Euro ausgepreiste Designersofa. Dass dieser Anspruch ein neues Bewusstsein weckt, hat die einjährige NochMall-Geschichte schon bewiesen. Die Zahl der Menschen, die gebrauchte, aber werthaltige Dinge ins Kaufhaus bringen, steigt. Wohlgemerkt: Die tun das – und oft mit erheblichem Aufwand, siehe das erwähnte Sofa – auf eigene Kosten und verschenken Produkte an das BSR-Kaufhaus, die bei den einschlägigen Internetplattformen noch ordentliche Erlöse auf's Privatkonto brächten.

In Berlin gibt es keine kostenlose Abholung von Sperrmüll am Straßenrand. Denn im Nu würden die Kurzzeitlager zu illegalen Müllplätzen. Die Bürgerinnen und Bürger können ihren Sperrmüll von der BSR kostenpflichtig aus der Wohnung abholen lassen oder

---

[130] Barthel, Ute: Einkaufszentren in der Corona-Krise: Ladenschluss für Shoppingcenter?, 19.08.2021, https://www.rbb24.de/wirtschaft/thema/corona/beitraege/2021/08/berlin-shopping-malls-zukunft-touristen-einkaufszentrum-kunden-fehlen.html.

können den alten Sessel oder Kleiderschrank kostenlos auf einem Recyclinghof abgegeben. Die Verwertung ist teuer und endet auch jetzt noch in den meisten Fällen im Feuer. Der Anteil aber sinkt. Inzwischen sind drei der insgesamt fünfzehn Annahmestellen von Sperrmüll auch die Adresse für Produkte mit der zweiten (NochMall)-Chance. Zusammen mit der Direktabgabe beim Kaufhaus kommen damit Mengen zusammen, mit denen man bei vielen Positionen täglich das Sortiment wechseln kann. Das etabliert Stammkundschaft und reduziert die Kosten für die Sperrmüllentsorgung.

„Sperrmüll zur Handelsware – auch für die anspruchsvolle Kundschaft". Bei dieser Überschrift darf man sich gern an das „Schwerter zu Pflugscharen" erinnern. Letzteres steht im gesellschaftspolitischen Verständnis auf einer ganz anderen Ebene. Eine existenzielle Dimension aber hat der eine wie der andere Slogan. Und in beiden Fällen steht auf dem Etikett „Kreislaufwirtschaft". Das ist ein Gütesiegel. Und die erwähnte Melange aus großen Würfen und unendlich vielen Trippelschritten. Die NochMall ist beides. Die quantitative Dimension ist (noch) übersichtlich. Das Potenzial für das neue Bewusstsein aber riesig.

„Greenwashing" – der Ablasshandel des 21. Jahrhunderts
„Sobald das Geld im Kasten klingt, die Seele in den Himmel springt!" Der umtriebige Ablasshändler begann im Jahr 1504 seinen Ablasshandel, zunächst für den Deutschen Ritterorden. Das Geschäftsmodell war sehr einfach und deshalb auch so erfolgreich. Sündenerlass gegen Bares. Je schlimmer die Verfehlung, umso teurer. Das Modell funktionierte für alle Klassen und Stände. Kein Tag ohne Sünde. Das produzierte „Deals" in hohen Frequenzen und füllte die Kassen. Ablassbriefe wurden schnell zum Vorläufer des deutschen Normenwesens. Denn jede Sünde hatte einen exakt normierten Preis. Auch die Instrumente waren standardisiert. Dafür steht der Tetzelkasten mit der Teufelsfratze auf dem Deckel, der in ungezählten Exemplaren mit Tetzels Jüngern durch die deutschen Lande tourte.

Weil vor Gott jeder gleich war, musste das System soziale Gerechtigkeit vorgaukeln. Der Adlige zahlte je Sünde zehn, der Kaufmann drei und der Handwerker einen Gulden. Wer nichts hatte, musste weiter seinen Rosenkranz beten oder in die Hölle fahren.

Die „Staffelpreise" kaschierten, dass die „Chancen" zu den wirklich großen Schweinereien in den gesellschaftlichen Hierarchien von unten nach oben nicht linear, sondern exponentiell wachsen. Der Bettelmann stibitzte aus Hunger ein Stück Brot. Der Graf meuchelte bei seinen Raubzügen ins nachbarschaftliche Fürstentum schon mal hunderte oder gar tausende von Menschen.

Tetzel avancierte für den organisierten Ablasshandel der katholischen Kirche zu einer Art Guru. Weil er als „Einzelkämpfer" mit dem riesigen Anfall an Sünden überfordert war, mussten Wanderprediger rekrutiert werden.

Die Geldbuße für schwere und schwerste Verfehlungen in der im 16. Jahrhundert beginnenden frühbürgerlichen Epoche markiert auch den unmittelbar folgenden Übergang zum Kapitalismus. Dort bekam schließlich alles seinen Preis. Moralische und ethische Normen wurden monetär regelrecht unterwandert und faktisch außer Kraft gesetzt.

Für Luther war gerade der Ablasshandel Anlass, Ursache und auch Gegenstand der 95 Thesen, die er 1517 an die Tür der Schlosskirche zu Wittenberg genagelt haben soll.

Diese welthistorische Kirchenreformation hat die Monetarisierung unserer Welt nicht aufhalten können. Weder im 16. noch bis ins heutige Jahrhundert.

Ablasshandel zur Finanzierung des Luxuslebens katholischer Kirchenfürsten im Mittelalter. Ob dieses Modell Pate für heutige Geldsammelaktionen gestanden hat? Schneeballprinzip, Drückerkolonnen – das sind Begriffe von heute. Aber genauso hat es Johannes Tetzel mit seinen Wanderpredigern doch auch organisiert.

„Die Wirtschaftsprüfungsgesellschaft PwC erwartet, dass 2025 insgesamt mehr als 50 Prozent des europäischen Fondsvermögens in ESG-Fonds[131] steckt. Nach Angaben des europäischen Fondsverbands EFAMA wurden allein 2020 in Europa 1,2 Billionen Euro in Fonds investiert, die ESG-Kriterien bei der Auswahl ihrer Investitionen berücksichtigen. Das Ganze hört sich nach Zukunft an, aber ist es das auch?"[132]

Solchen Fragen gehen wir im nächsten Kapitel nach. Nachhaltigkeit, Klima- und auch Weltrettung – diese Begriffe haben seit einigen Jahren Hochkonjunktur. Vom Weltkonzern bis zum Einmannbetrieb – nahezu jedes Unternehmen, DAX-Unternehmen oder Ich-AG „garniert" seine Selbstdarstellung mit solchen Bekundungen. Oft ist es ernst gemeint, sehr häufig aber auch Etikettenschwindel. Für dieses deutsche Sprachbild, entstanden lange, bevor Umweltschutz salonfähig wurde, gibt es ein weltweit genutztes Ökologiesynonym: „Greenwashing".

Nun zeigen wir in Kap. 6 die „Mogelpackungen". Wir untersuchen dabei auch, ob solche Investitionen, die in der EU unter dem Kürzel ESG auf dem Vormarsch sind, in diese Kategorie gehören. An diesem Beispiel illustrieren wir auch, dass solche Fragen oft nicht mit einem klaren Ja oder Nein beantwortet werden können.

Für die Mogelpackungen gilt aber *auch*: Das ist der Ablasshandel des 21. Jahrhunderts. Es reinigt die Seele, wenn man als Konsument der gehobenen Ausführung eine Kundenkarte für den Biomarkt besitzt. Auf diese Weise bekommt auch der Fahrer des Oberklassen-SUV für den Transport der Biokartoffeln die Absolution.

Und die Schlachthofbesitzer, die mit Subunternehmen aus Osteuropa Sonderprofite in der Bilanz präsentieren – kein Wunder bei Hungerlöhnen und Wuchermieten für schäbige Massenunterkünfte – berichten bei Großpartys zu runden Geburtstagen mit dem bio-vegan gepolten Sternekoch, dass sie ihr sauer verdientes Geld nur noch in nachhaltige Fonds investieren. Ein EU-Siegel namens ESG verhilft ihnen zu reinem Gewissen.

---

[131] ESG – dieses Investment basiert auf dem EU-Aktionsplan „Finanzierung nachhaltiges Wachstum". Dabei geht es um Umwelt, Soziales und gute Unternehmensführung. ESG ist die Übersetzung aus dem Englischen. Der Plan wurde im Jahr 2018 verabschiedet.

[132] Beck, Andreas: ESG: Nachhaltiges investieren lohnt nicht, Berliner Zeitung, 4. November 2021, S. 24.

5.6 Epilog: Mit eindeutiger Semantik gegen Ankündigungsrituale und leere Versprechungen

1) 2. März 1972. Diese Jahreszahl durchzieht unser Buch wie ein roter Faden. Sie ist für unser Thema das wichtigste Datum. An diesem Tag wurde der Bericht des Club of Rome zu den „Grenzen des Wachstums" veröffentlicht. Nur wenige Apologeten des unbegrenzten Wachstums schworen damals geschockt von monströsen Fakten ihrem Irrglauben ab. Die meisten von ihnen machten nicht nur weiter wie bisher. Sie erhöhten sogar noch das Tempo. Mit allen Folgen, die wir im Kap. 3 detailliert dokumentiert haben. Weil das erschreckend und gegen jede Vernunft ist, fragten wir wieder und wieder, ob das „Citius, altius, fortius" – das „Höher, schneller, stärker" – „nur" das Grund- und Bewegungsgesetz des Kapitalismus ist oder die universale Triebfeder der Spezies Mensch. Sind wir genetisch geradezu verdammt, solange weiterzurennen, bis unserer Spezies die Luft ausgeht? Wir haben uns für drei Antworten entschieden. Lesen Sie das bitte auch als drei Hoffnungen und als drei Hypothesen: Erstens scheint uns belegt, dass es den genetischen Antrieb zum „Immer mehr" tatsächlich gibt. Zweitens zeigen viele Fakten, dass sich dieser Antrieb erst mit dem Kapitalismus zu seinem gewaltigen Zerstörungspotenzial global entfalten und zu einer existenzbedrohenden planetaren Bedrohung werden konnte. Drittens sehen wir, dass sich seit Beginn des 21. Jahrhunderts der Trend verstärkt, sich der Gefährdung nicht nur bewusst zu werden, sondern dagegen Maßnahmen zu ergreifen. Das ist zumindest ein Indiz, dass das menschliche Hirn die Gier kontrollieren könnte.

2) „Das Kapital hat einen Horror vor Abwesenheit von Profit wie die Natur vor der Leere. Mit entsprechendem Profit wird Kapital kühn. Bei 300 Prozent (und mehr), so Marx im ersten Band des Kapital, existiert kein Verbrechen, das es nicht riskiert, selbst auf Gefahr des Galgens."[133] Diese ungezügelte Entfaltung geißelte 150 Jahre später Papst Franziskus: „Ebenso wie das Gebot „du sollst nicht töten" eine deutliche Grenze setzt, um den Wert des menschlichen Lebens zu sichern, müssen wir heute ein Nein zu einer Wirtschaft der Ausschließung und der Disparität der Einkommen sagen: Diese Wirtschaft tötet."[134] Sein Glaubensbruder, Kardinal Reinhard Marx, leitet aus dieser Wertung ab, dass Wirtschaft kein Selbstzweck sei, sondern als Dienerin der Menschlichkeit zu fungieren habe. Das ist ein moralischer Indikativ. Diese Komponente und/oder Motivation wollen wir nicht negieren. Wir haben aber Grund zu der Annahme, dass das Kapital vor dem realen Bedrohungsszenario aus faktenbasierter Kausalität fähig ist, sein Profitstreben diesen Bedingungen anzupassen. Seine Wandlungsfähigkeit hat es in der 200-jährigen Geschichte bewiesen. Würde es sich jetzt nicht anpassen, wäre die „Alternative" gar kein Profit wegen physischer (Selbst-)Vernichtung.

---

[133] Marx, Karl; Engels, Friedrich: Das Kapital, Gesammelte Werke, Band 23, Marx, Dietz Verlag, Berlin, 1975, S. 799.

[134] Papst Franziskus: Evangelii gaudium. Die Freude des Evangeliums, Adlerstein Verlag, Wiesmoor, 1. Auflage 2015, S. 33.

3) Bei der neuerlichen[135] und gründlichen Lektüre des ersten Bandes des marxschen *Kapital* im Rahmen der Vorstudien zu diesem Buch haben wir viel besser die semantische Strenge verstanden, mit der Marx das begriffliche Gerüst für seine Mehrwerttheorie etabliert. Das realisiert er im harten Disput mit den angesagten Ökonomen seiner Zeit. Diese semantische Präzision wäre den heutigen Geisteswissenschaften zu wünschen. Nicht zuletzt wegen der weiterwachsenden Komplexität von Sachverhalten, mit denen sich viele wissenschaftliche Einzeldisziplinen befassen, ist begriffliche Eindeutigkeit die zwingende Voraussetzung für die gebotene interdisziplinäre Bearbeitung der Themen. Im akademischen Betrieb des 19. Jahrhunderts waren Disputationen unter Wissenschaftlern verschiedener Fachdisziplinen Höhepunkte im universitären Leben. Diese streitigen Austausche begannen mit der Frage „Worüber reden wir heute eigentlich?". Das ist bewusst etwas flapsig formuliert. Gemeint ist, dass die Inhalte der grundlegenden Begriffe präzise *vor* der substanziellen Debatte geklärt werden mussten. Die eine Fakultät hatte diese Sicht, die andere jene. Dafür musste der gemeinsame Nenner gefunden werden. Erst dann begann der konstruktive Streit. Dieser Abgleich findet aktuell kaum noch statt. Deshalb haben Worthülsen, Plattitüden, Phrasen Hochkonjunktur. Geredet wird viel, geklärt wird wenig. Jeder hat am Ende ein anderes Verständnis. Aber wegen des ungeklärten Begriffs hält er seine Interpretation für die einzig wahre – das „Ringparabel"-Phänomen! Das ist schon in der rein intellektuellen Austauschphase schlimm. Verheerend wird es, wenn aus den unterschiedlichen Verständnissen Handlungen abgeleitet werden. Das erleben wir seit Ausbruch der Coronapandemie schon zwei Jahre lang, Stand heute, Februar 2022. Schon die beteiligten Experten (das sind Wissenschaftler, echte, aber auch sogenannte) versäumen es, sich auf eindeutige Begriffe zu verständigen. Dazu kommen die Politiker. Die reden mit den Experten und versuchen deren Ratschläge in politisches Handeln zu übersetzen. Aber was soll herauskommen, wenn schon das Verständnis der zentralen Begriffe mangels semantischer Klärung diffus oder gar widersprüchlich ist?
4) Dieses Corona-Beispiel ist nur die Spitze des Eisbergs. Der genannte Webfehler betrifft alle Debatten zu Problemen, die dringend gelöst werden müssen. Dies, der gängige Populismus und das Unwesen der Formelkompromisse sind wichtige Ursachen für den Stillstand, die Reformunfähigkeit der Gesellschaften in den entwickelten westlichen Ländern, und dies seit Jahrzehnten. Wir wissen alles, aber wir tun nichts. Auch davon handelt unser Buch zur Kreislaufwirtschaft.
5) Deshalb hatten wir den Anspruch auf semantische Klarstellungen. Begonnen haben wir mit dem Begriff Daseinsvorsorge, der von einem der beiden Buchautoren schon vor einigen Jahren für das *Gabler Wirtschaftslexikon* definiert wurde. Im Kontext mit der Arbeit an diesem Buch wurde klar – siehe die Aussage von Reinhard Marx im ers-

---

[135] Neuerlich deshalb, weil wir uns natürlich schon im Studium mit diesem Band regelrecht gequält haben. Das wurde nicht besser, als wir unsere Doktorarbeiten schrieben, und einige Jahrzehnte später ist dieses Werk noch immer keine erbauliche Lektüre. Mit dem Wissen und den Erfahrungen aus 50 Berufsjahren lesen wir die Schrift aber anders und gewinnen neue Erkenntnisse.

ten Punkt dieses Epilogs –, dass der formulierte Anspruch, Wirtschaft müsse dem Menschen dienen, eine Erweiterung des Daseinsvorsorgebegriffs nach sich ziehen *muss*. Dieser Begriff muss unter Würdigung von globalen, den Bestand der Zivilisation bedrohenden Entwicklungen (in erster Linie der Klimawandel und der außer Kontrolle geratene Natur- und Ressourcenverschleiß) um eine globale Dimension erweitert werden. Folglich wird für die Gesamtheit der wirtschaftlichen Betätigungen gefordert, dass die Erzielung und erst recht die Maximierung von Gewinnen nur zulässig sind, wenn jedwede Gefährdung von Mensch und Natur grundsätzlich ausgeschlossen wird. Das ist der erste zentrale Aspekt.

6) Aus diesem erweiterten Verständnis haben wir die Definition des Begriffs Kreislaufwirtschaft abgeleitet. Wenn das genannte Erfordernis konsequent beachtet und umgesetzt wird, kann und darf es etwas anderes als Kreislaufwirtschaft gar nicht geben. Nach dieser Klarstellung zeigen wir in unserer Definition die wichtigsten Prämissen zu deren Etablierung.

7) Der zweite herausgehobene Aspekt unserer Begriffsbestimmung ist das **erweiterte Verursacherprinzip.** Das „verabschiedet" sich von der schwammigen Ausformulierung des Begriffs im Umweltrecht, wonach jeder, der mit seinen Produkten oder bei deren Herstellung Schäden verursacht, für deren Beseitigung aufkommen muss. Aus einer schwammigen, unbestimmten Begriffsbestimmung kann ja gar nichts anderes folgen als eine ebensolche Umsetzung. Diese Verpflichtung zur Schadensbeseitigung ist deshalb eine, die in erster Linie auf dem Papier steht. Dass wir uns davon abgrenzen, machen wir mit dem Attribut *erweitert* deutlich. Der wichtigste Inhalt lautet, dass es nicht darum geht, zu reparieren, wenn der Schaden eingetreten, das „Kind in den Brunnen gefallen" ist. Wir dürfen dieses Thema nicht vom Ende, sondern müssen es vom Anfang her denken. Die Kosten für die stoffliche Rückgewinnung müssen vollständig in den Preisen für alle Produkte und Leistungen enthalten sein. Mit dieser Forderung beseitigen wir die Standardausrede für ungenügendes Recycling: „Das ist zu teuer!" Wir sind überzeugt, dass Markt und Wettbewerb, ergänzt durch ordnungspolitische Maßnahmen und temporäre staatliche Anreize, für marktfähige Kosten sorgen. Wir haben an einem konkreten Beispiel, dem Phosphorrecycling, gezeigt, wie Recyclingtechnologien wirtschaftlich etabliert werden können. Kosten- und damit Preiserhöhungen können in einer Übergangsphase nicht ausgeschlossen werden. Selbstverständlich plädieren wir dafür, dass soziale Härten beim Endverbraucher kompensiert werden.

Literatur

Flachowsky, Sören: Saubere Stadt. Saubere Weste? Die Geschichte der Berliner Stadtreinigung von 1871 bis 1955 mit dem Schwerpunkt Nationalsozialismus, Berliner Wissenschafts-Verlag GmbH, 2021, S. 28–33

Gates, Bill: Wie wir die Klimakatastrophe verhindern. Welche Lösungen es gibt und welche Fortschritte nötig sind, Piper Verlag GmbH, München, 2021

Geissdoerfer, Martin; Savaget, Paulo; Bocken, Nancy M. P.; Hultink, Erik Ja: The Circular Economy – A new sustainability paradigm? in: Journal of Cleaner Production. Band 143, Februar 2017

Hawking, Stephen: Kurze Antworten auf große Fragen, Cotta'sche Buchhandlung, Stuttgart, 2018

Heinrich Heine: Zur Teleologie (Fragment), in: Sämtliche Werke, Band 2 (Tragödien, Romanzero, Shakespeares Mädchen und Frauen), von Petersdorf, Bodo (Hrsg.), Weltbild Verlag, Augsburg, 1985

Klein, Naomi: Die Entscheidung. Kapitalismus vs. Klima, S. Fischer Verlag GmbH Frankfurt am Main, 1. Auflage 2015

Krause, Johannes; Trappe, Thomas: Hybris. Die Reise der Menschheit zwischen Aufbruch und Scheitern, Propyläen, Berlin, 2021

Kurth, Peter; Oexle, Anno; Faulstich, Martin: Praxishandbuch der Kreislauf- und Rohstoffwirtschaft, Springer Fachmedien Wiesbaden GmbH, 2018

Lacy, Peter; Rutqvist, Jakob; Buddemeier Philipp: Wertschöpfung statt Verschwendung: die Zukunft gehört der Kreislaufwirtschaft, Redline, München, 2015

Marx, Karl; Engels, Friedrich: Das Kapital, Gesammelte Werke, Band 23, Marx, Dietz Verlag, Berlin, 1975

Marx, Karl; Engels: Manifest der Kommunistischen Partei, Friedrich Nikol Verlagsgesellschaft, Hamburg, 2020

Marx, Reinhard: Das Kapital: Plädoyer für den Menschen, Pattloch, München, 2008

Meadows, Dennis; Meadows, Donella; Zahm, Erich; Milling, Peter: Die Grenzen des Wachstums, Reinbek bei Hamburg, Rowohlt Taschenbuch Verlag, 1973

Meadows, Donella; Randers, Jörgen; Meadows, Dennis: Grenzen des Wachstums. Das 30-Jahre-Update, Hirzel Verlag, Stuttgart, 4. Auflage, 2012

Papst Franziskus: Laudato si, Verlag Katholisches Bibelwerk, Stuttgart, 2015

Papst Franziskus: Evangelii gaudium. Die Freude des Evangeliums, Adlerstein Verlag, Wiesmoor, 1. Auflage 2015

Patel, Raj; Moore, Jason: Entwertung. Eine Geschichte der Welt in sieben billigen Dingen, Rowohlt Berlin Verlag GmbH, 1. Auflage 2018

Rau, Thomas; Oberhuber, Sabine: Wie wir es schaffen, die Ressourcenverschwendung zu beenden, die Wirtschaft zu motivieren, bessere Produkte zu erzeugen, und wie Unternehmen, Verbraucher und die Umwelt davon profitieren, Ullstein Taschenbuch Verlag, Berlin, 2. Auflage, 2019

Schätzing Frank: Was, wenn wir einfach die Welt retten? Handeln in der Klimakrise, Kiepenheuer & Witsch, Köln, 2021

Schmidt-Salomon, Michael: Keine Macht den Doofen. Eine Streitschrift, Piper Verlag GmbH, München, 2021

Schwägerl, Christian: Menschenzeit. Zerstören oder gestalten? Die entscheidende Epoche unseres Planeten, Riemann Verlag, München, 2010

Wagenknecht, Sahra: Freiheit statt Kapitalismus, Eichborn AG, Frankfurt am Main, 2011

6 Etikettenschwindel: Wenn Recycling und Kreislaufwirtschaft in grellen Buchstaben auf Hochglanzpapier stehen, ist Vorsicht angesagt

6.1 Prolog: Wohin gehört eine sogar doppelte „Mogelpackung" auf der nach oben offenen Tetzel-Sündenskala?

Wenn es irgendwo auf unserer Erde gebebt hat, lesen oder hören Sie, dass die Stärke des Bebens „laut der nach oben offenen Richterskala"[1] 6,5 betragen hat. Das sind schon heftige Erschütterungen.

Johann Tetzel – wir haben ihm und seinem im Jahr 1504 gestarteten Ablasshandel am Ende des vorigen Kapitels einen längeren Absatz gewidmet – hat dieses klerikale Geschäftsmodell zum Nutzen des Deutschen Ritterordens und des eigenen Portemonnaies erfunden. Die einfache und deshalb so erfolgreiche Formel für den Sündenerlass gegen Bares lautete: „Je größer die Verfehlung, umso teurer wird's." Die Höhe des für eine Vergebung fälligen Salärs war für gängige Sünden definiert. Ob es Höchstbeträge gab, ist nicht überliefert. Wir vermuten aber, dass der geschäftstüchtige Tetzel clever genug war, viel Luft nach oben zu lassen. Er kannte die Menschen. Noch bei jeder Untat waren sich die Anständigen sicher, sie sei nicht mehr zu übertreffen. Bis sie eines „anderen" belehrt wurden.

Es gibt also gute Gründe für unsere Annahme, dass auch die Tetzel-Sündenskala eine nach oben offene war. Allerdings nicht wie bei Richters Erdbebenranking aus mathematisch-geologischen Gründen. Zu welchem Bösen Menschen im Detail fähig sind, bleibt auch in der katholischen Kirche trotz der bekannten sieben Todsünden eher unbestimmt.

In unserem Buch geht es um das Überleben der Menschheit. Das sind derzeit 7,8 Mrd. Erdenbürger. Wer deren Existenz gefährdet, wäre im biblischen Verständnis sicher ein

---

[1] Die Skala wurde von Charles Francis Richter und Beno Gutenberg am California Institute of Technology 1935 entwickelt, vgl. https://de.wikipedia.org/wiki/Richterskala, Internetrecherche am 07.02.2022.

Todsünder der schlimmeren Art. Rein faktisch scheint es auf den ersten Blick egal, ob die Tat in brutaler Offenheit oder nach dem Schlucken von Kreide passiert. Beim zweiten Hinsehen zeigt sich der Unterschied. Die unverhüllte Aktion böte immerhin eine Chance zur Gegenwehr und zur Entlarvung des Missetäters.

„Mogelpackungen". Der Begriff hat seinen Ursprung unter anderem bei luftigen Umkartons, die mehr Inhalt verheißen, als drin ist. Aber wir benutzen ihn ohne Differenzierung auch für Handlungen, die die menschliche Existenz gefährden. „Mogelpackungen" oder auch „Greenwashing" – das hört sich recht harmlos an. Es kann aber auch sehr schlimm sein. Das wird mit diesen Worten verniedlicht. Das Böse wird geschönt, und das ist gewollt.

Unser Beispiel: Die „entwickelten" Länder des globalen Nordens lagern nicht nur große Teile ihrer oft dreckigen Produktionsprozesse in den globalen Süden aus. Sie entsorgen dort auch erhebliche Mengen ihres Abfalls. Bekannt sind die großflächigen Elektromülldeponien in afrikanischen Ländern. Genauso skandalös ist der „Export" von Plastikmüll vor allem in Länder Asiens. Deshalb setzen wir das Wort in Anführungszeichen. Der kaufmännisch-seriöse Begriff hat den Gebrauch für diese Machenschaften nicht verdient.

Kunststoffmüll nach Malaysia und in weitere Staaten (dazu gehörte bis zum Erlass eines „Import"-Verbots im Jahr 2018 auch China) ist nach moralischen Maßstäben genauso zu verurteilen wie Elektronikschrott nach Afrika. Aber nach Gesetzeslage wäre es legal. Jedenfalls dann, wenn unser Wohlstandsmüll in den Empfängerländern nachweislich in zertifizierten Anlagen recycelt würde.

Es wäre unter Beachtung der genannten Prämisse sogar eine doppelt „gute" Tat: Denn die Lieferung kommt in die offizielle Ausfuhrstatistik und stärkt den tadellosen deutschen Ruf als Exportweltmeister. Das zweite Häkchen für ein gutes Werk gibt es in der deutschen Recyclingstatistik. Die Rückgewinnungsquote steigt. Damit werden wir in der Kreislaufwirtschaft immer besser. Egal, was mit dem Müll am Zielort passiert! Die Nachweis- und Kontrollsysteme sowie die Recyclinginfrastruktur in den Zielländern sind mangelhaft bis marode bzw. gar nicht vorhanden. Es gibt keine unabhängigen Kontrollen, dafür blühen Korruption und mafiöse Strukturen. Das wird unter den Tisch gekehrt.

Real wird nur ein kleiner Teil der Abfälle tatsächlich im geforderten Niveau recycelt. Große Mengen aber werden unter niedrigen Umweltstandards verbrannt oder deponiert und im schlimmsten Falle so, wie sie sind, in Flüsse und Meere verklappt.

Diese Beschreibung betrifft nicht die Anständigen, die sich an die Regeln halten. In Pflicht und Verantwortung sind jene, die Regeln erlassen, von denen jeder weiß, dass sie zumeist das Papier nicht wert sind, auf dem sie stehen. Und natürlich auch die, welche die systemischen Fehler inklusive der kriminellen Komponenten schamlos zum eigenen Vorteil ausnutzen

Betroffen von den Folgen – u. a. Luftverschmutzung, Mikroplastik im Hauptnahrungsmittel Fisch, giftige Müllhalden – ist die Bevölkerung der „Import"-Länder.

„Ausgeführt" werden in erster Linie **Verpackungsabfälle:** Polyethylen, Polypropylen und Polystyrol – vorwiegend aus gewerblicher Herkunft. Die „Export"-Entsorger sind neben Deutschland nahezu alle west-, zentral- und nordeuropäischen Länder. Große Mengen kommen auch aus den USA, Japan und Australien.

Malaysia, dieses Land steht beispielhaft für die anderen Adressen, dient als Müllkippe für nahezu die gesamte „entwickelte" Welt. Warum wird nicht dort recycelt, wo der Abfall anfällt? Eine rhetorische Frage! Trotz langer Transportwege über die Meere ist das „Verschieben" in die „Dritte Welt" einfach deutlich billiger. Die dramatischen Folgen hat eine gerade veröffentliche Studie des Alfred-Wegener-Instituts in Bremerhaven noch einmal deutlich gemacht. Danach hat die Plastikverschmutzung in den vergangenen Jahren exponentiell zugenommen. Dies habe die Auswertung von 2592 Untersuchungen aus den 60er-Jahren bis 2019 gezeigt. Der Mikroplastikgehalt – das sei die gefährlichste Konfiguration, die sich nach dem Verklappen in die Meere entwickele (der Müll zersetzt sich nicht, sondern wird in immer kleinere Einzelteile zerlegt, die in allen Lebewesen eine verheerende Wirkung entfalten) – werde sich in den nächsten 30 Jahren verdoppeln. Bei 90 Prozent aller Meereslebewesen und Pflanzen könnten schon jetzt Auswirkungen nachgewiesen werden. Auch in der Tiefsee, die 70 Prozent der Erdoberfläche ausmacht, sammele sich immer mehr Kunststoffabfall.[2]

Natürlich gibt es Verträge wie das „Basler Übereinkommen über die Kontrolle der grenzüberschreitenden Verbringung gefährlicher Abfälle und ihrer Entsorgung" (Basler Konvention), die den „Export" von Abfällen regeln. Über 180 Staaten haben dieses internationale Umweltabkommen unterzeichnet. Seit 2019 enthält die Basler Konvention auch Vorgaben zum weltweiten Handel mit Plastikabfällen. Diese Regelungen wurden in Teilen von der EU übernommen und sind seit dem ersten Januar 2021 in Kraft. Aktuell wird außerdem die EU-Abfallverbringungsverordnung umfassend überarbeitet, die „Ex- und Import" von Abfällen regelt.

Die bürokratische Mühe, die den Missbrauch nicht verhindert, könnte man sich sparen. Der „Export" von Abfall aus Deutschland und der gesamten EU über deren Grenzen gehört ganz einfach verboten! Das fordert der NABU. Wir schließen uns an. Der NABU verweist auf das Näheprinzip der Kreislaufwirtschaft. Daraus müsse folgen, dass die EU-Länder ihre Abfälle selbst verwerten, und zwar dort, wo sie entstehen.

Ein Verbot der Plastikmüll-„Exporte" hätte positive Effekte sowohl in den Einfuhr- als auch in den Herkunftsländern. In den „Import"-Ländern verringern sich die negativen ökologischen und sozialen Folgen der Mülltransfers. In den Exportländern stärkt das Ausfuhrverbot die Kreislaufwirtschaft. Wenn deutschem Plastikabfall der Weg über die Grenzen versperrt ist, entsteht starker Handlungsdruck, Abfälle zu vermeiden und die Recyclingstrukturen in Deutschlands auszubauen.[3]

---

[2] Plastikflut auf hoher See, Berliner Zeitung vom 09.02.2022.
[3] Alle in diesem Prolog verwendeten Fakten zu den Müll-„Exporten" in die Dritte Welt basieren auf folgenden Internetquellen: https://www.nabu.de/umwelt-und-ressourcen/abfall-und-recycling/26205.html, Internetrecherche am 07.02.2022; https://www.destatis.de/DE/Presse/Pressemitteilungen/2021/03/PD21_N016_51.html, Internetrecherche am 07.02.2022.

2019 – aktuellere Zahlen für den EU-Raum liegen nicht vor – war Deutschland unter den Mitgliedsländern mit 1,05 Mio. t Tonnen die Nummer eins beim „Export" von Kunststoffmüll. Für derart amoralische Praktiken sollten Begriffe wie „Mogelpackung" oder „Greenwashing" künftig nicht mehr verwendet werden.

Wo man formal-legale, in der Sache aber kriminelle Müllexporte inklusive des gleich doppelten Betrugs auf der nach oben offenen Tetzel-Sündenskala platzieren müsste? Es ist eine Todsünde!

6.2 E-Mobilität für einen weltweiten Individualverkehr mit westlicher PKW-Ausstattung – eine Weltrettungslüge

Von den 59 Mio. Kraftfahrzeugen sind 48 Mio. PKW – rund 81 Prozent.[4] Bezogen auf den Verbrauch von Ressourcen und deren stoffliche Rückgewinnung sind die PKW beim Thema Auto für uns die wichtigste Größe. Das Bundesumweltministerium hat für 2019 eine bemerkenswerte Statistik veröffentlicht. Danach wurden in diesem Jahr rund 3 Mio. Autos (in erster Linie PKW) endgültig außer Betrieb gesetzt. Aber nur 16,7 Prozent dieser Fahrzeuge, rund 500.000, wurden in Deutschland durch zugelassene Schredder- und Demontageanlagen verwertet. Für diesen Prozess gibt es eine EU-Recyclingquote, die bei 95 Prozent liegt. 2019 hat Deutschland 93,6 Prozent erreicht. Diese Werte könnte man unter Nutzung von Scheuklappen sehr optimistisch lesen und aus dieser eingeschränkten Perspektive sogar „verschmerzen", dass die fast 100-prozentige hohe EU-Vorgabe um 1,4 Prozent verfehlt wurde. Also endlich mal ein positives Häkchen?

Weiten wir den Blick, müssen uns die 2,5 Mio. Autos ins Auge fallen, die sich in Deutschland „amtlich" aus ihrem Autoleben verabschiedet haben, aber putzmunter in alle Welt „exportiert" wurden. Sie erinnern sich, dass wir solche Fahrzeuge, die bei uns wegen desolater Emissionswerte und mangelnder Verkehrssicherheit von allen Straßen verbannt wurden, am georgisch-russischen Grenzübergang im Kaukasus getroffen haben (Kap. 5). Es waren vor allem Lastkraftwagen, und fast alle trugen deutsche Aufschriften auf ihren Aufbauten und Planen.

Nach unserem Prolog zum „Export" von Kunststoffmüll ist das der nahtlose Übergang in die automobile Welt. Von einer „Mogelpackung" zur nächsten. Dabei gehen wir schon davon aus, dass die 500.000 Altautos, die in Deutschland verbleiben, ganz ordentlich verwertet werden. Gerade bei Metallen sind die Rückgewinnungsquoten bei uns beachtlich und wohl auch verlässlich. Aber kaum einer hat die 2,5 Mio. PKW im Blick, die im Ausland weiter die Luft verpesten, das Klima schädigen und am Ende ihres langen Autolebens in den meisten Fällen nicht nach soliden Standards recycelt werden.

Zurück nach Deutschland und zum PKW. 48 Mio. sind zugelassen. 80 Prozent der erwachsenen Bürger haben einen vor der Tür oder in der Garage. Die durchschnittliche

---

[4] https://www.kba.de/DE/Presse/Pressemitteilungen/2021/Fahrzeugbestand/fahrzeugbestand_node.html, Internetrecherche am 24.02.2022.

Nutzungsdauer pro Jahr liegt bei zehn Prozent. Das ist schon per se eine gewaltige Ressourcenverschwendung. Aber noch gewichtiger sind die Infrastrukturen – Straßen, Tankstellennetze, Park- und Standplätze in öffentlichen Räumen usw. –, die in erster Linie kommunal errichtet und betrieben werden müssen, um einem Bedarf nach Mobilität Rechnung zu tragen, der gern mit dem Begriff individuelle Freiheit verknüpft wird. Wir vergessen leider zu oft, dass damit nicht die Rechte anderer – im konkreten Fall sogar einer Mehrheit – beeinträchtigt werden dürfen. Das aber ist bekanntlich der Fall. Wer keinen eigenen fahrbaren Untersatz hat und per pedes, Fahrrad und mit Bus und Bahn unterwegs ist, wird trotzdem mit schlechter Luft malträtiert und von Verkehrslärm belästigt.

Wer die in unserem Buch hinreichend illustrierten Grenzen des Wachstums ernst nimmt und sich für deren Einhaltung engagiert, der muss Szenarien, wie wir sie gerade für Deutschland skizziert haben, für unseren Planeten hochrechnen. Denn natürlich ist der hoch industrialisierte Westen – *auch* mit seinen blitzenden privaten PKW – das Traumziel für Milliarden Erdenbürger, die in Afrika und Asien eine Existenz des Mangels fristen. Dort kommen die Bilder unserer Luxuskarossen an, nicht die von Dauerstaus auf Autobahnen und in Innenstädten. Wie schön wäre es, wenn man in Afrika auf Smartphones und Tablets Videos sehen könnte, die eine ÖPNV-Traumlandschaft in Deutschland zeigen, die die Menschen in Conakry oder Lagos in Begeisterung versetzen würde.

Für uns – um auf den Punkt zu kommen – ist schon die Vorstellung, dass „nur" die Hälfte aller 7,8 Mrd. Erdenbürger ein eigenes Auto hätte (deutlich weniger als die Deutschen mit 80 Prozent), eine Horrorvision. Bei dieser Einschätzung spielt die Frage, ob diese Autos fossil, mit Ökostrom oder Wasserstoff angetrieben würden, eine untergeordnete Rolle. Wir haben für die reale Umsetzung eines solchen Szenarios weder die Ressourcen noch den Platz, aber auch keinen Mobilitätsbedarf. Die Erfindungen der Herren Otto und Diesel waren Quantensprünge in der Menschheitsgeschichte. Was über viele Jahrzehnte auch im übertragenen Sinne der Antrieb für technologischen Fortschritt, Mobilität und Spezialisierung war, erwies sich zunehmend als Irrweg. Raum- und Verkehrsplaner, Soziologen und Ressourcenforscher wissen das seit Jahrzehnten und haben kluge Konzepte zum Umsteuern entwickelt. Umgesetzt wurde davon nur wenig.

Die übergreifende Wahrheit lautet, dass der Verkehr für jedermann aus *objektiven* Gründen global nur mit vorwiegend öffentlichen Angeboten möglich ist. Bei dieser Grundsatzaussage könnte man es belassen. Wir haben dennoch einige Teilaspekte untersucht, um auch im Detail zu zeigen, warum es zu einem attraktiven öffentlichen Verkehr keine Alternative gibt und wir mit dessen Ausbau in den Hochindustrieländern *jetzt* und mit aller Kraft beginnen müssen.

Wir haben die Annahme, 50 Prozent der Weltmenschen bekämen einen eigenen PKW, „nur" unter dem Aspekt Materialverbrauch einmal hochgerechnet.

Unsere Tabelle zeigt in der ersten Spalte den gerundeten Bedarf für die Herstellung eines gängigen Elektroautos mit einer Masse von einer Tonne. Bei 3,9 Mrd. PKW kommen wir zu den Ergebnissen in Tab. 6.1.

Tab. 6.1 Eigene Tabelle zum geschätzten Materialbedarf für 3,9 Mrd. Elektroautos[a]

Material	Materialbedarf für ein Auto	Weltproduktion des Metalls 2021	Davon Verbrauch für 3,9 Mrd. Autos	Weltreserven des Metalls lt. Prognose 2021
Stahl[b]	600 kg	1,9 Mrd. t	2,3 Mrd. t	180 Mrd. t
Kupfer[c]	68,8 kg	28 Mio. t	268,3 Mio. t	870 Mio. t
Lithium[d]	13 kg	90.000 t	50 Mio. t	80 Mio. t

[a]Für die Erstellung der Tabelle wurden verschiedene Quellen aus dem Internet genutzt, Internetrecherche am 02.02.2022.
[b]https://www.stahl-online.de/tag/worldsteel, https://de.statista.com/statistik/daten/studie/153890/umfrage/reserven-an-eisenerz-nach-laender. Die Rohstahlerzeugung der 64 Länder, die an worldsteel berichten, hat sich 2021 im Vergleich zum Vorjahr um 3,7 % auf 1,9 Mrd. t erhöht. https://www.voestalpine.com/blog/de/mobilitaet/automotive/die-rolle-von-stahl-in-der-elektromobilitaet, Internetrecherche am 23.03.2022.
[c]https://de.statista.com/statistik/daten/studie/37022/umfrage/produktion-von-kupfer-weltweit/. Derzeit werden die weltweiten Kupfervorräte auf 870 Mio. t geschätzt (US-Geological Survey [USGS], 2020): Der jährliche Kupferbedarf beträgt 28 Mio. t, https://www.kupferinstitut.de/kupferwerkstoffe/kupfer/vorkommen, https://www.kupferinstitut.de/anwendungen/elektrotechnik-und-energie/elektromobilitaet.
[d]https://de.statista.com/statistik/daten/studie/159933/umfrage/laender-mit-den-groessten-lithiumreserven-weltweit/.Die Reserven in den vorhandenen Minen werden auf rund 17 Mio. t geschätzt (Stand: Januar 2020). Das Weltvorkommen aus kontinentalen Solen, geothermischen Solen, aus dem Hectoritmineral, aus Ölfeldsolen und aus dem magmatischen Gestein Pegmatit ist auf 80 Mio. t geschätzt worden, https://pubs.usgs.gov/periodicals/mcs2020/mcs2020-lithium.pdf, Quelle: U.S. Geological Survey, Mineral Commodity Summaries, January 2020.

Diese Fakten machen unser Anliegen anschaulich.[5] Der Mensch des 21. Jahrhunderts muss mobiler sein als jemals zuvor. Seine Bedürfnisse sind ganz anders als die der Jäger der Urgesellschaft, die dem Mammut in langen Fußmärschen nachstellten. Bei 7,8 Mrd. Erdbewohnern kann das Paar Füße nicht durch vier Räder für jeden ersetzt werden, wie unsere Zahlen zu den Ressourcen belegen. Deren Menge ist selbst bei gleichbleibender Bevölkerungszahl nicht statisch. Dazu nur eine Illustration: Der VW „Golf", deutscher Prototyp des Autos für jedermann, hatte in seiner Version 1 in den 80er-Jahren des vorigen Jahrhunderts noch 214 Meter Elektrokabel unter der Haube. In der aktuellen Version beträgt die Länge der Kupferleitungen fast 1,6 Kilometer.[6]

---

[5] Natürlich ist der Sachverhalt im Detail viel komplizierter und komplexer. 3,9 Mrd. Autos kann man nicht in einem Jahr produzieren, was unser Maßstab ist. Aber es wird deutlich, dass allein in Relation zu den verfügbaren Ressourcen eine weltweite PKW-Ausstattung nach deutschem Standard eine Vorstellung fernab jeder Realität ist.
[6] https://www.sueddeutsche.de/wirtschaft/autoindustrie-studie-rohstoffe-1.5399378, Internetrecherche am 12.02.2022.

Der von uns abgelehnte „Umtausch" von PKW mit Verbrennungsmotoren gegen elektrisch betriebene wird von den Befürwortern mit der Reduktion der Emissionen begründet. Auf dem „Reißbrett" käme man für jeden so ersetzten Verbrenner beim CO_2 auf die Nullmarke. Vorausgesetzt, es wird für das Aufladen der Akkus nur Strom aus erneuerbaren Energien genutzt. Schon diese Annahme wird in den nächsten Jahrzehnten reine Theorie bleiben. Die uns verkündeten Zuwächse bei den Erneuerbaren haben die Erzeugungskapazitäten im Fokus, nicht den realen Energiemix. Die Schönredner können die Frage „Was ist, wenn die Sonne nicht scheint, und der Wind nicht weht?" nicht mehr hören. Die Antwort darauf spiegelt aber die Realität: Dann kommt der Strom im Ladekabel aus einem französischen Atomkraft- oder einem polnischen Kohlekraftwerk.

Unberücksichtigt in vielen Rechnungen bleibt auch, dass bei der Herstellung eines Elektroautos die Schadstoffemissionen fast doppelt so hoch sind wie bei einem Benzin- oder Dieselauto. Bei unserem Beispiel von 1 Mio. PKW pro Jahr wären das für Deutschland 12 Mio. t Schadstoffe pro Jahr *zusätzlich* (vgl. Tab. 6.2).

Diese Werte müssten in eine CO_2-vergleichende Gesamtbilanz zwischen E-Autos und Verbrennern integriert werden. Eine solche aber gibt es nicht, unter anderem weil niemand die Herkunft der elektrischen Antriebsenergie kurz- und mittelfristig seriös beziffern kann.

Höhere Emissionen bei der Herstellung, Mehrbedarf an Ressourcen, ungeklärte Recyclingfragen – die Transformation zur E-Mobilität hat viele Fragezeichen. Zu guter Letzt werden auch die öffentlichen Kassen ganz erheblich belastet.

Die Fördersätze für Elektrofahrzeuge unter 40.000 Euro Nettolistenpreis betragen bis zu 9000 Euro für einen rein elektrischen Antrieb und bis zu 6750 Euro für ein Hybridelektrofahrzeug (Plug-in-Hybride).

Für E-Autos teurer als 40.000 Euro schießt der Staat (also wir Steuerzahler) bis zu 7500 Euro für einen rein elektrischen Antrieb und bis zu 5625 Euro für die hybride Variante zu.

Zusätzlich ist jeder, der ein Elektroauto kauft, zehn Jahre lang von der Kraftfahrzeugsteuer befreit. Rechnen wir der Einfachheit halber mit einem Hubraum von 1000 cm^3 und setzen den fälligen Betrag mit einem Mittelwert von 5 Euro je 100 cm^3 an, so sind das bei 10 Mio. E-Autos in zehn Jahren 500 Mio. weniger Steuereinnahmen. Tritt damit eine sinnvolle Lenkungswirkung ein, wäre das eine akzeptable Größenordnung, auch mit Blick auf die derzeitige deutsche Gesamtverschuldung von rund 2,3 Billionen Euro. Aber gelenkt wird mit diesem Anreiz in die falsche Richtung.

Tab. 6.2 Eigene Tabelle zu den jährlichen CO_2-Emissionen bei der Produktion von 1 Mio. Elektroautos in Deutschland im Vergleich mit der Herstellung von Benzin- bzw. Dieselautos[a]

Typ	Emissionen je Auto	Emissionen bei 1 Mio. Autos
Elektroauto	12 t	12 Mio. t
Benzinauto/Diesel	7 t	7 Mio. t

[a]https://www.produktion.de/technik/zukunftstechnologien/mobilitaet-der-zukunft/elektroautos-wie-sauber-sind-sie-wirklich-103.html, Internetrecherche am 19.03.2022.

6.3 Der Stopp der Erderwärmung durch die Reduktion klimaschädigender Emissionen ist für uns „nur" ein Teil des Projekts Kreislaufwirtschaft. Das ist in der Politik noch nicht angekommen. Dafür steht das rückwärtsgewandte Vorhaben, Verbrennerautos durch „Stromer" zu ersetzen, wie kein zweites

Die Tab. 6.3 stützt sich auf Angaben des Umweltbundesamtes und belegt die Klimawirkung einzelner Verkehrsmittel anhand ihres Anteils an den CO_2-Emissionen in Deutschland.

Dass die PKW in Deutschland beim Verkehr den mit Abstand größten Anteil an den CO_2-Emissionen haben, hat vorstehende Tabelle belegt. Im Jahr 2018 betrugen die CO_2-Emissionen von Personenkraftwagen in privaten Haushalten in Deutschland rund 110,8 Mio. t CO_2.[7]

Im besten Fall, also beim vollständigen Ersatz der Verbrenner-PKW, könnte man 110,8 Mio. t CO_2-Emissionen einsparen. Aber auch dies nur unter der mittelfristig völlig unrealistischen Annahme, dass die Akkus nur mit Strom auf Basis erneuerbarer Energien beladen würden. Gleichzeitig aber würde mit dem steigenden Verbrauch von Ressourcen – siehe dazu u. a. Tab. 6.1 – der ökologische Fußabdruck weiter vergrößert.

Tab. 6.3 Eigene Tabelle zu den durchschnittlichen Treibhausgaseemissionen einzelner Verkehrsmittel im Personenverkehr in Deutschland 2019

Verkehrsmittel	CO_2-Emissionen (Gramm pro Personenkilometer)[a,b]
PKW	154
Linienbus, Nahverkehr	83
Fernbus	29
Eisenbahn, Nahverkehr	5
Eisenbahn Fernverkehr	32
Tram und U-Bahn	55
Flugzeug	230

[a]g/Pkm = Gramm pro Personenkilometer; CO_2, CH_4 und N_2O angegeben in CO_2-Äquivalent inklusive der Emissionen aus der Bereitstellung und Umwandlung der Energieträger in Strom, Benzin, Diesel, Flüssig- und Erdgas sowie Kerosin, https://www.umweltbundesamt.de/themen/verkehr-laerm/emissionsdaten#verkehrsmittelvergleich_personenverkehr_grafik, Internetrecherche am 19.02.2022.
[b]https://www.mein-klimaschutz.de/unterwegs/a/einkauf/welches-verkehrsmittel-verursacht-im-vergleich-mehr-co2, Internetrecherche am 22.11.2021.

---

[7] https://de.statista.com/statistik/daten/studie/484072/umfrage/co2-emissionen-pkw-in-privaten-haushalten-in-deutschland, Internetrecherche am 01.03.2022.

Plädoyer für den öffentlichen Verkehr der Zukunft

Eine Studie des Umweltbundesamtes von 2020 über die ökologische Bewertung von Verkehrsarten hat zur Klimawirkung im Personenfernverkehr festgestellt, dass „der Pkw-Verkehr mit seiner niedrigen durchschnittlichen Auslastung auch das größte Minderungspotenzial hat. Selbst bei einer maximalen Auslastung hat er eine höhere spezifische Klimawirkung als Bahn und Fernlinienbus in der Status-quo-Betrachtung. Auch ein im Freizeit- oder Urlaubsverkehr besser ausgelasteter Pkw schneidet deutlich schlechter ab als der Schienenfernverkehr oder Fernlinienbus".[8]

Die Auswirkungen auf das Klima zeigen wir in Tab. 6.4.

Wir heben aus dieser Übersicht hervor, dass bei Reduzierung der Klimawirkung des motorisierten Individualverkehrs durch E-Autos deren Anteil an den Wegen und der Verkehrsleistung unverändert bleibt. Das gilt auch für den Platzbedarf bei einer 1:1-Ersetzung von Verbrennern durch E-Autos. Die Größenordnungen werden in einer vergleichenden Untersuchung der Technischen Universität Berlin aus dem Jahr 2020 zur Flächengerechtigkeit im urbanen Raum gezeigt (vgl. Tab. 6.5).

Diese Zahlen bedürfen keiner Kommentierung. In einer eigenen abschließenden Tabelle (Tab. 6.6) vergleichen wir den motorisierten Individualverkehr mit dem öffentlichen Verkehr aktuell und ergänzend für die Reduzierung des motorisierten Individualverkehrs um 80 Prozent.

Für das Szenario „80-prozentige Reduktion des MIV" haben wir durchgängig den Bestwert ermittelt. Das war nach den sektoralen Befunden auch zu erwarten. Intention unserer Tabelle ist es, Trends abzubilden. Die objektiv vorhandenen Unterschiede zwischen urbanen Räumen und ländlichen Regionen konnten wir deshalb vernachlässigen.

Tab. 6.4 Wege, Verkehrsleistungen und Klimawirkung im Personenverkehr in Deutschland – Anteile je Verkehrsart[a]

Verkehr	Anzahl Wege	Verkehrsleistung	Klimawirkung
Fußverkehr	20,1 %	2,4 %	0,0 %
Fahrradverkehr	10,1 %	2,9 %	0,2 %
Öffentlicher Nahverkehr	12,2 %	7,7 %	3,6 %
Motorisierter Individualverkehr (MIV)	57,3 %	66,4 %	75,3 %
Öffentlicher Fernverkehr	0,2 %	4,0 %	1,5 %
Flugverkehr	0,1 %	16,7 %	9,4 %

[a]Anmerkungen: Werte für 2017; Verkehr im Inland; Flugverkehr einschließlich Strecke bis zum ersten Auslandsflughafen; Klimawirkung aus Fahrzeugnutzung (TTW), Energiebereitstellung (WTT), Fahrzeugbereitstellung, Infrastrukturbereitstellung und zusätzlicher Klimawirkung des Flugverkehrs (EWF), Quellen: Nobis (2019), Radke (2018), Statistisches Bundesamt (2018), Statistisches Bundesamt (2019), VDV (2019), eigene Berechnung.

---

[8] https://www.umweltbundesamt.de/publikationen/oekologische-bewertung-von-verkehrsarten, S. 116, Internetrecherche am 12.02.2022.

Tab. 6.5 Spezifischer Mindestplatzbedarf (fließender Verkehr)

Verkehrsart	Fläche
Fuß	0,8 m²
Rad	7,5 m²
Motorisierter Individualverkehr (MIV)	28 m²
ÖPNV	
Bus	2,1 m²
Tram	1,2 m²
U-Bahn	5,0 m²

[a]https://www.forschungsinformationssystem.de/servlet/is/57050, Stand 2018, Internetrecherche am 12.01.2022.

Für eine seriöse und objektive Bewertung müssen wir jetzt definieren, welche Mobilitätsbedarfe der öffentliche Verkehr, der den motorisierten Individualverkehr zu 80 Prozent ersetzen soll, befriedigen muss. Dabei geht es um folgende Aspekte:

(1) Art der Bedarfe
(2) Qualitative Anforderungen
(3) Verbleibende Bedarfe, die durch den motorisierten Individualverkehr effizienter befriedigt werden können

Tab. 6.7 zeigt unsere tabellarische Darstellung zu diesen Kategorien.

Es wäre wirklichkeitsfremd anzunehmen, dass alle Mobilitätsbedarfe mit öffentlichen Verkehrsleistungen abgedeckt werden können. Wir haben deshalb ergänzend zu dem ÖV-Kanon Bedarfe identifiziert, die eher Einzelfallcharakter haben und deshalb unter Effizienzaspekten auch individuell realisiert werden sollten. Unsere Annahme, dass der motorisierte Individualverkehr zu 80 Prozent durch öffentliche Verkehre ersetzt werden sollte, halten wir für realistisch. Diese wurde für *künftige* Angebotsstrukturen definiert, die in einem längeren Zeitraum – wir hatten als Transformationszeitraum an anderer Stelle 25 Jahre genannt – etabliert werden müssten. Dabei geht es in erster Linie um die Errichtung neuer und die Modernisierung bestehender Infrastrukturen (vorrangig Schienen, aber auch der Umbau von Straßen mit dem Vorrang von ÖV, Fußgänger- und Fahrradverkehr) und um die Beschaffung von Fahrzeugen, die den neuen quantitativen und qualitativen Anforderungen an den ÖV entsprechen.

Mit diesem umfassenden Umbau würden schrittweise die Voraussetzungen dafür geschaffen, dass der ÖV am Ende 80 Prozent des bisherigen Individualverkehrs mit den definierten Standards aufnehmen kann. Dieser Anteil wird in Städten höher, im ländlichen Raum niedriger als 80 Prozent sein.

Für die Durchsetzung dieser Transformationsziele wird folgender Mix sorgen. Der Umstieg von privat auf öffentlich wird mit den schon bekannten drei Treibern stimuliert:

6.3 Der Stopp der Erderwärmung durch die Reduktion klimaschädigender Emissionen ...

Tab. 6.6 Eigene Tabelle zum Vergleich von öffentlichem Verkehr (ÖV) und motorisiertem Individualverkehr (MIV) nach ausgewählten Parametern[a] (erstens nach Ressourcenbedarf und Verkehrsleistung, zweitens mit einer komplexen Effizienzbewertung (Aufwand-Nutzen-Relation = ANR)

Ressourcenbedarfe und Emissionen	MIV bei aktueller Relation ÖV/MIV	ANR	ÖV[b] bei aktueller Relation ÖV/MIV	ANR	ÖV bei Reduktion MIV um 80 Prozent	ANR
Ressourcenbedarf für Herstellung Verkehrsmittel	Sehr hoch	Sehr niedrig	Sehr niedrig	Mittel	Niedrig	Sehr hoch
Ressourcenbedarf für Recycling	Sehr hoch	Sehr hoch	Sehr niedrig	Mittel	Niedrig	Sehr niedrig
Emissionen absolut	Sehr hoch	Sehr niedrig	Niedrig	Mittel	Niedrig	Sehr hoch
Emissionen je Fahrgast	Sehr hoch	Sehr niedrig	Sehr niedrig	Hoch	Sehr niedrig	Sehr hoch
Bedarf Verkehrsfläche je Fahrgast (laufender Verkehr)	Sehr hoch	Sehr niedrig	Sehr niedrig	Hoch	Sehr niedrig	Sehr hoch
Bedarf Fläche ruhender Verkehr (Parkplätze Wohnort, Arbeitsort, Freizeit)	Sehr hoch	Sehr niedrig	Sehr niedrig	Hoch	Sehr niedrig	Sehr hoch
Geschwindigkeit	Sehr niedrig	Sehr niedrig	Niedrig	Mittel	Sehr hoch	Sehr hoch
Beförderungskapazität (Fahrgast je Verkehrsmittel	Sehr niedrig	Sehr niedrig	Sehr hoch	Sehr hoch	Sehr hoch	Sehr hoch

[a]Nachdem wir bisher sektorale Vergleiche für die einzelnen Verkehrsarten im Personenverkehr dokumentiert haben, bewerten wir mit dieser Tabelle qualitative Relationen. Und zwar im Vergleich von öffentlichem Verkehr und motorisiertem Individualverkehr einmal für die aktuellen Strukturen, zum anderen für eine 80-prozentige Reduzierung des MIV bei gleichzeitiger Ausweitung des ÖV in dem Umfang, dass die bisher durch den MIV realisierten Leistungen vollständig durch den ÖV erbracht werden.
[b]Aus rein praktischen Gründen, also um die Evaluierung übersichtlicher zu machen, subsumieren wir nichtmotorisierte Individualverkehre in die Kategorie „Öffentlicher Verkehr". Das ist zum einen wegen des geringen Ressourcenverbrauchs und der geringen Umweltbelastung zulässig, zum anderen werden ja auch für diese Verkehre öffentliche Infrastrukturleistungen benötigt.

Erstens Freiwilligkeit

Das definiert sich in erster Linie durch die Qualität der Angebote: hohe Frequenzen, durchgängige Verfügbarkeit (vor allem in den Städten), Sauberkeit und Pünktlichkeit der Verkehrsmittel, nahtlose Übergänge zwischen verschiedenen Verkehrsmitteln durch digital gesteuerte Mobilitätsketten, guter Service, höhere Geschwindigkeiten in Relation zum MIV, Staufreiheit, hoher Umweltstandard (saubere Luft, geringer Lärm), Umwidmung frei werdender Verkehrsflächen für Wohnen, Erholung usw.

Tab. 6.7 Eigene Tabelle zur grundlegenden Bestimmung der Bedarfe, zu den dazu bestehenden Anforderungen und der Benennung der Rest- und Sonderbedarfe im Rahmen der weiter bestehenden MIV-Strukturen mit einem Circaanteil von 20 Prozent an den personenbezogenen Verkehrsleistungen

Art der Bedarfe	Qualität der Anforderungen[a]	Rest- und Sonderbedarfe zur Realisierung durch MIV
Berufsbezogene Mobilität regional	– Sitzplatzgarantie auch in den „Rushhours" zu Arbeitsbeginn und -ende – Mindestens Zehn-Minuten-Taktung – Digitalisierte Ticketbezahlung nach tatsächlicher Nutzung (alternativ: regionale Pauschaltickets für alle Verkehrsmittel und Ziele oder kostenlose Angebote) – Maximal fünf Minuten Fußweg ab Wohnort bzw. Arbeitsstätte	– Berufs- und Privatverkehr aus gesundheitlichen Gründen und wegen abgelegener Wohnlage – Sondergenehmigungen für Beschäftigte mit Verpflichtung zu hoher Verfügbarkeit und schneller Einsatzfähigkeit (z. B. Polizei, Ärzte, Feuerwehr, Nachtarbeiter, private und professionelle Pflegekräfte) – Die Realisierung dieser Sonderbedarfe kann alternativ durch eigene Fahrzeuge oder durch Miet- und Sharingangebote erfolgen
Private Mobilität inkl. Mobilität überregional	– Haus-Haus-Verkehre zu allen inländischen Urlaubs- und Erholungsgebieten – Mindestens 60-Minuten-Taktung – Mindestens 60-Minuten-Taktung in Städteverkehren ab 50.000 Einwohner – Preise maximal 50 % in Relation zu MIV – Shuttle-, Kleinbus- und Transporterangebote für kinderreiche Familien (z. B. Urlaube, Erholung, Sperrguttransporte, Kleinumzüge)	

[a]Wir formulieren hier jeweils nur einige Anforderungen mit *exemplarischem* Anspruch. Das ist legitim für ein Unterkapitel in einem Buch zur Kreislaufwirtschaft, in dem keine detaillierten verkehrspolitischen Konzepte entwickelt werden können.

Zweitens ökonomische Hebel

Große Unterschiede zwischen den Preisen für ÖV und MIV, Maut, hohe Besteuerung von Verkehrsmitteln des MIV (mit Ausnahme von Verkehrsmitteln, zu deren Nutzung es u. a. wegen gesundheitlicher oder spezifischer lokaler Gegebenheiten keine Alternativen gibt). Attraktive Miet- und Sharingangebote, auch von öffentlichen Verkehrsunternehmen zur Marktlenkung (unter vergleichbaren Wettbewerbsbedingungen).

Drittens ordnungpolitische Regulierung
MIV-Verbotszonen, verkehrsberuhigte Zonen, absoluter Vorrang von ÖV (inklusive Fußgänger und Radfahrer), harte und konsequente Sanktionierung von Verstößen bei hoher Kontrolldichte.

Die Wertung „Weltrettungslüge" betrifft den PKW-Individualverkehr. Für unsere Mobilität brauchen wir weiter Autos: CO_2-neutral und komplett recyclingfähig
Schon ganz am Anfang der gesellschaftlichen Diskussion zum Ersatz fossiler Brennstoffe haben kluge Wissenschaftler einen „technologieneutralen" Ansatz gefordert. Schon Goethe wusste: „Eines schickt sich nicht für alle."[9] Für PKW, LKW, Schiffe und Flugzeuge sind unterschiedliche Antriebe absehbar. Identisch für alle Arten von Verkehr und Transport gelten u. E. folgende Prämissen:

(1) CO_2-neutral
(2) Komplett recycelbar
(3) Absolutes Primat des öffentlichen Verkehrs bei weitgehender Reduktion des Individualverkehrs (Anteil maximal 20 Prozent)
(4) Umbauzeitraum: 25 Jahre

Mit dieser klaren Ansage hätte man das Geld des Steuerzahlers schon vor Jahrzehnten in den Ausbau einer öffentlichen Verkehrsinfrastruktur kanalisieren müssen, die die Mobilitätsbedürfnisse des 21. Jahrhunderts und die Prämissen der Kreislaufwirtschaft unter einen Hut bringt.

Dann gäbe es *heute* die Angebote, die den *grundsätzlichen* Ausstieg aus dem Individualverkehr in erster Linie per Einsicht und Vernunft bewirken würden. Der „Rest" wäre von Markt und Wettbewerb bewältigt worden. Allein die Planungs- und Investitionssicherheit über ein Vierteljahrhundert hätte bewirkt, dass die private Wirtschaft für die nötigen Quantensprünge bei Fahrzeugen, „intelligenten" Verkehrswegen und Leitsystemen ihre geballte Innovationskraft entfaltet hätte. Wir sind uns sicher, dass die deutsche Automobilwirtschaft diese Aufgabe gelöst hätte. Nicht mehr der einzelne PKW, sondern komplexe Verkehrslösungen wären der deutsche Exportschlager mit gewaltiger Symbolkraft für die neue Kreislaufwelt.

Die Weichenstellung für diese neue mobile Ära wurde vor Jahrzehnten verpasst. Aber selbst die jetzt erreichte höchste ökologische Alarmstufe für den Planeten Erde ist kein Anlass, wenigstens jetzt umzusteuern. Im Gegenteil. Die Politik subventioniert mit der E-Mobilität die Fortsetzung des Irrweges Individualverkehr. VW und Toyota können ihren perversen Wettstreit, wer pro Jahr die *meisten* PKW auf der Welt produziert, fortsetzen. Im Rahmen der politisch gesetzten Rahmenbedingungen ist das die logische Konsequenz.

---

[9] Johann Wolfgang von Goethe über Selbsthilfe (gutzitiert.de), https://www.gutzitiert.de/zitat_autor_johann_wolfgang_von_goethe_thema_selbsthilfe_zitat_18727.html, Internetrecherche am 25.02.2022.

Bevor es mit uns zu Ende geht, noch mal Spaß mit dem 400-PS-E-Auto von null auf hundert in zwei Sekunden. Formel-1-Beschleunigung auf einer öffentlichen Straße, und fast lautlos! Ähnlich wie kurz vor dem Untergang der Titanic.[10]

6.4 Mogelpackungen, Greenwashing: Von symbolischen Absichtserklärungen über das Schönreden von Kleinigkeiten bis zur unverschämten Lüge

„Mogelpackung". Wir bleiben dabei: dieser Begriff verniedlicht Missetaten, die eindeutig im Reich der Lüge angesiedelt sind. Aber auch in den Abgründen ist Differenzierung gefordert. In Religion und Alltag wird zwischen Notlügen und Todsünden unterschieden. In diesem Rahmen haben wir für unser Thema „Mogelpackungen" die drei Graduierungen definiert. Die Übergänge zwischen weniger bis ganz schlimm sind fließend. Das zeigen die Beispiele, die wir für jede Kategorie ausgesucht haben.

Stufe 1: Symbolische Absichtserklärungen
- **Nachhaltige Fonds**
  Ein typischer Fall sind symbolische Absichtserklärungen bei den sogenannten nachhaltigen Fonds. Anleger würden sich neben den klassischen Kriterien der Rentabilität, Liquidität und Sicherheit auch von ökologischen, sozialen und ethischen Aspekten bei ihren Investmententscheidungen leiten lassen. Sie betrachten, wie nachhaltig Unternehmen hinsichtlich ökologischer und sozialer Verträglichkeit sowie der guten Unternehmensführung wirtschaften. Ziel sei es, „den Übergang zu einem globalen Wirtschaftsmodell zu beschleunigen, das mit den Erfordernissen der Uno-Ziele für nachhaltige Entwicklung im Einklang steht, wobei die Finanzwirtschaft ein wichtiger Katalysator für den Wandel ist".[11] Die Wahrheit sieht allerdings anders aus. Laut der

---

[10] Das ist eine sachliche Bestandsaufnahme, keine „Ökopanik". Wir zählen einfach nur eins und eins zusammen und kommen nach der Analyse zur Schlussfolgerung, dass die Politik eine folgenschwere Fehlentscheidung getroffen hat, den Individualverkehr durch elektrischen Antrieb zu „retten", anstatt endlich die längst überfällige Mobilitätswende einzuleiten. Das ist für uns Politikversagen. Dass uns das auch emotional sehr berührt, sehen Sie daran, dass uns dazu spontan die Bilder der rauschenden Ballnacht auf der sinkenden Titanic in den Sinn gekommen sind. Unsere Betroffenheit hat auch einen sehr konkreten Grund. Als Berliner sind wir quasi die Nachbarn der ersten E-Autofabrik, die Elon Musk unter dem Label „Tesla" im Frühjahr 2022 in Grünheide, 25 Kilometer von der Berliner Landesgrenze entfernt, in Betrieb genommen hat. Bei der Erteilung der Betriebsgenehmigung am 4. März 2022 durch das Land Brandenburg haben die verantwortlichen Politiker euphorisch die historische Dimension dieser Ansiedlung bejubelt. Dass wir sie grundsätzlich für falsch halten, wird Sie nach unseren Darlegungen nicht wundern. Aber auch direkt bezogen auf den Standort gibt es viel zu kritisieren. Lesen Sie dazu unsere Anmerkungen im folgenden Kapitel unter Punkt 7.5. Vorab nur der Hinweis, dass der Bund und das Land Brandenburg dieses Projekt eines der reichsten Männer der Welt mit einem einstelligen Milliardenbetrag gefördert haben.
[11] www.boerse-frankfurt.de/nachhaltigkeit, Internetrecherche am 22.11.2021.

Ratingagentur Morningstar entsprechen derzeit nur 3,6 Prozent der 5700 in Europa angebotenen Fonds und ETFs der strengen Klassifizierung nach Artikel 9 („Impactfonds", die konkrete Nachhaltigkeitsziele verfolgen).

- **Das MSC-(Marine Stewardship Council-)Siegel**
Es gilt heute als das bekannteste und am weitesten verbreitete Siegel für Fischprodukte und Meeresfrüchte. Ziel des MSC-Siegels ist es, umweltschonende, bestandserhaltende und beifangarme Fangmethoden zu zertifizieren und damit für den Endverbraucher zu kennzeichnen. Das Siegel verspricht, dass der gekaufte Fisch umweltschonend gefangen wurde. Es gibt aber viel Kritik an diesem Nachhaltigkeitsversprechen, weil beim Fang mit Grundschleppnetzen – bei MSC zulässig – der Meeresboden und damit wichtige Grundlagen der weltweiten Nahrungskette zerstört werden. Die Untersuchung einer NABU-Organisation zu den Anstrengungen MSC-zertifizierter Fischereien, den Beifang seltener und streng geschützter Wale, Delfine, Seevögel und Meeresschildkröten zu verhindern, ergab: Nur 3 der 23 untersuchten Fischereien wurden als gut bewertet und nur eine Fischerei konnte nachweisen, dass Beifangraten im Rahmen der MSC-Zertifizierung rückläufig sind.[12]

- **Daimler-Erklärung für soziale Verantwortung**
Hinterfragt wird die im Februar 2021 vom Daimler-Konzern verabschiedete „Grundsatzerklärung für Soziale Verantwortung und Menschenrechte". Man wolle mit der Umwelt in allen Bereichen verantwortungsvoll umgehen, heißt es. Rohstoffe müssten „effizient und sparsam gefördert werden, um negative Folgen für die Umwelt zu vermeiden und/oder zu minimieren".[13] Die größten Umsatzzuwächse erzielte der Konzern aber mit SUVs, also der Klasse mit dem höchsten Ressourcenverbrauch bei der Herstellung und im Betrieb (2020: rund 42 Prozent).

Stufe 2: Schönreden von Kleinigkeiten
- **Die Umbenennung von „British Petroleum" in „Beyond Petroleum"**
Die „Substanz" ist das neue Logo: eine Sonne umgeben von grüner Biomasse. Der Konzern verdient weiterhin über 90 Prozent seines Umsatzes mit fossilen Brennstoffen.
- **Die „nachhaltigen" Kreuzfahrtschiffe von AIDA**
Kreuzfahrtschiffe der AIDA-Flotte werden damit beworben, dass sie für nachhaltige Kreuzfahrten stehen. Man bezieht sich dabei auf die „AIDAnova", die 2018 als erstes Kreuzfahrtschiff der Welt in Dienst gestellt wurde, das vollständig mit emissionsarmem Flüssigerdgas (LNG) betrieben wird. Sie ist allerdings das einzige von 13 Schiffen, welches die Kriterien der Nachhaltigkeit erfüllt. Der Rest wird weiter mit Schweröl betrieben. Die Umweltschutzorganisation „Transport und Environment" belegte in einer Studie im Jahr 2019, dass 47 Kreuzfahrtschiffe des britisch-amerikanischen Unternehmens Carnival pro Jahr zehnmal so viel giftiges Schwefeldioxid ausstoßen wie die rund 260 Mio. europäischen PKW (siehe dazu Kap. 7).

---

[12] https://www.nabu.de/news/2019/02/25954.html, Internetrecherche am 22.02.2022.
[13] https://www.sueddeutsche.de/wirtschaft/autoindustrie-studie-rohstoffe-1.5399378, Internetrecherche am 18.02.2022.

Stufe 3: Unverschämte Lügen
- **Die Rettung des Regenwaldes per Biergenuss**
Ein Kasten Bier – ein Quadratmeter Regenwald! Das war der Werbespruch. Doch der umweltbewusste Biertrinker wurde komplett getäuscht. Beim ersten Projekt 2002 pflanzte Krombacher gar keine Bäume, sondern spendete 4 Mio. Euro für einen Nationalpark in Zentralafrika. Damit hat der Partner WWF Ranger ausgestattet, die gegen Wilderer vorgehen sollen.[14] Der Regenwald indes wird weiter rapide dezimiert.
- **Die Kohlerichtlinie der Deutschen Bank**
Die Deutsche Bank hat seit gut drei Jahren eine Kohlerichtlinie, die Kredite für neue Kohleminen und Kraftwerke untersagt. Das hinderte sie aber nicht daran, zwischen 2016 und 2019 rund 69 Mrd. Dollar in fossile Energieträger zu investieren.[15]

6.5 Epilog: Zum Verbot der Lüge gehört auch der Selbstbetrug

(1) Das Konsumverhalten in den westlichen Industrieländern hat sich unter den Prämissen einer Wegwerfgesellschaft und des Irrglaubens an grenzenloses quantitatives Wachstum herausgebildet und verstetigt. Dass es hier einen Paradigmenwechsel geben muss, wird niemand bestreiten. Weniger ist kein Synonym für schlechter oder gar für Askese. Zum einen, weil die Transformation zur Kreislaufwirtschaft auch die Grundlage für ressourcenschonende Produktzyklen ist. Altes kann auch weiter durch Neues ersetzt werden; Mode wird bei Rückgewinnung der Stoffe (im wörtlichen und übertragenen Sinne) nicht abgeschafft.

(2) Der private PKW steht wie kein anderes Gut für den Konsumwahn der Industriegesellschaft. Ein vorwiegend nicht genutzter Artikel – ca. 90 Prozent ihrer Produktlebenszeit stehen diese Autos im Durchschnitt still und verbrauchen dafür gigantische Areale von Verkehrsflächen, die man für den Bau neuer Wohnungen, für Spielplätze und Grünflächen viel besser nutzen könnte – gilt als das Symbol für Wachstum und Fortschritt. Gerade im autoverliebten Deutschland, wo man sogar darauf stolz ist, dass wir fast die Einzigen weltweit sind, die ihrem Irrglauben an grenzenloses Wachstum mit dem Verzicht auf ein Tempolimit auf Autobahnen traurige Symbolkraft verleihen.

(3) Weil die privaten Personenkraftwagen von Benzin und Diesel angetrieben werden und deshalb hohe CO_2-Emissionen verursachen, sind sie in Verruf geraten. Deren Ersetzung durch Elektroautos wird als ökologische Großtat gefeiert. Für die Autoren ist diese Transformation das Synonym schlechthin für falsche Weichenstellungen.

(4) Unter Nutzung des positiven Drucks zur Reduzierung schädlicher Emissionen hätte es die reale Chance gegeben, mit der Transformation vom PKW-lastigen Individual- zum

---

[14] https://www.wiwo.de/technologie/wirtschaft-von-oben/wirtschaft-von-oben-19-borneo-hier-waechst-der-krombacher-regenwald-heute-heran/24695432.html, Internetrecherche am 22.02.2022

[15] https://greenwire.greenpeace.de/Greenwashing-Deutsche-Bank, 13.04.2021, Internetrecherche am 22.11.2021.

6.5 Epilog: Zum Verbot der Lüge gehört auch der Selbstbetrug

maßgeschneiderten öffentlichen Verkehr zu beginnen. Stattdessen werden Milliarden Euro verschleudert, um diesen ökologischen Rückschritt öffentlich zu fördern.

(5) Es wird viel zu wenig getan gegen den Klimawandel und für die Kreislaufwirtschaft. Dieses Versagen von Politik und Wirtschaft wird systematisch kaschiert und vernebelt. Mogelpackungen, Etikettenschwindel! Es gibt ein riesiges Arsenal von Methoden des Tricksens und Täuschens. Die Autoren haben eine Grobsortierung in drei Kategorien erdacht – „Symbolische Absichtserklärungen", „Schönreden von kleinen Taten", „Unverschämte Lügen" – und präsentieren Beispiele.

(6) „Du sollst nicht falsch Zeugnis reden wider Deinen Nächsten!" So lautet das achte der zehn biblischen Gebote. Dagegen verstoßen die „Erfinder" der Ökomogelpackungen, und deren Zahl ist Legion!

Wir müssen dieses Gebot aus gegebenem Anlass aber noch um den Aspekt Selbstbetrug erweitern. Dafür sind wir Menschen sehr anfällig. Nicht zuletzt wegen des beruhigenden Effektes trennen wir mit Leidenschaft unseren Müll und fahren danach mit dem zwei Tonnen schweren SUV – natürlich elektrisch – zum Biomarkt. Mülltrennen ist richtig. Es ist nur zu wenig, um Absolution für unsere vielfältigen Umweltsünden zu bekommen. Es gibt keinen Grund für eine „Friede-Freude-Eierkuchen-Mentalität". Sie lähmt unsere Bereitschaft, den beklagenswerten Zustand unserer Erde mit Tatkraft zu verbessern.

(7) „Wir sind ein Teil der Natur" und „Die Natur ist ein Teil von uns". Das ist das Motto eines kanadischen Modelabels. Ob es nur auf der Verpackung steht, wissen wir nicht. Aber wir plädieren für kompromisslose Kontrolle und den Wegfall *aller* überflüssigen und nicht recycelbaren Verpackungen und eine sanktionsbewehrte Tiefenprüfung aller ökologischen Versprechen.

7

Die Strategie ist klar. Jetzt zählt „nur" noch das politische Wollen zur Umsetzung

7.1 Prolog: Die sieben Plagen der Apokalypse und der „heilige" deutsche Wald

Vier Mal wird die Heilsgeschichte des Christentums erzählt. Entstanden sind diese Evangelien zwischen 100 und 200 nach Christus. Jeder der vier Evangelisten – Markus, Matthäus, Lukas und Johannes – erzählt auf seine Weise vom Leben Jesu auf Erden. Im Johannes-Evangelium wird über die Apokalypse berichtet und ihre sieben Plagen:

(1) Schlimme Geschwüre an denjenigen Menschen, die das Zeichen des Tieres tragen
(2) Meerwasser wird zu Blut und Tod aller Meereslebewesen
(3) Flüsse und Quellen werden zu Blut
(4) Sonne versengt Menschen mit großer Hitze
(5) Reich des Tieres wird verfinstert
(6) Austrocknung des Stromes Euphrat
(7) Größtes Erdbeben seit Menschengedenken vernichtet alle Inseln und Berge; großer Hagel fällt auf die Erde hernieder

Natürlich sind die Prophezeiungen nicht wörtlich zu nehmen. Aber beschreiben sie nicht plastisch im übertragenen Sinne die Plagen, die unsere Erde des 21. Jahrhunderts bedrohen? Die Übel, wir haben sie im dritten Kapitel ausführlich beschrieben, sind schon seit geraumer Zeit nicht mehr nur in schaurigen Fernsehbildern aus Afrika, Kalifornien oder Grönland zu besichtigen. Sie sind in Deutschland angekommen. Im Juni 2021 gab es die größte Flutkatastrophe seit Menschengedenken in Teilen von Rheinland-Pfalz und Nordrhein-Westfalen. Schon seit Jahrzehnten stirbt der Wald, des Deutschen Heiligtum, zwischen Zugspitze und der Insel Rügen. Es begann schon in den 70er-Jahren des vorigen

Jahrhunderts. Giftige Emissionen und in der Folge saurer Regen. **Waldsterben** – dieses urdeutsche Wort wurde nicht nur in Mittel- und Nordeuropa, wo es geprägt wurde, sondern weltweit zum Synonym für die globale Umweltkrise. Im Englischen und Amerikanischen hat es als Lehnwort einen festen Platz gefunden.

In Europa bekamen die Wälder dank effektiver Maßnahmen gegen die Luftverschmutzung in den 80er- und 90er-Jahren eine Atempause. Die Lage von Fichten, Eichen und Buchen in Deutschland wurde sogar besser.

Um die giftigen Schwefeldioxide und Stickoxide hatte man sich gekümmert. Das CO_2 strömte dafür umso kräftiger in die Atmosphäre. Quasi als „gesetzter" Bestandteil unserer Atemluft. Zusammen mit Methan – die Klimawirkung dieses Gases ist 28-fach stärker als die von CO_2 – ist CO_2 Hauptverursacher der Erderwärmung. Beide Gase bewirken in der Atmosphäre, dass immer größere Teile der von der Erde reflektierten Wärmestrahlung nicht mehr ins Weltall entweichen können. Die Lufthülle unseres Planeten wirkt wie die Folie über dem Frühbeet, deshalb auch der Begriff Treibhausgase. Der Temperaturanstieg macht den Wäldern vor allem in den deutschen Mittelgebirgen, aber auch in den waldreichen flachen Ländern Brandenburg und Mecklenburg-Vorpommern mehr zu schaffen als der saure Regen der 70er- und 80er-Jahre. Selbst wenn wider Erwarten das Ziel erreicht würde, die Erwärmung bis 2050 auf 1,5 Grad Celsius im Vergleich mit der Zeit vor der Industrialisierung zu begrenzen, müssen die von Fichten und Kiefern geprägten „Plantagenwälder" komplett erneuert werden. Die irreparabel geschädigten Bestände sowieso, aber auch alle anderen Monokulturen. Der *neue* deutsche Wald muss ein naturnaher Mix aus vielen Baumarten werden. Er ist widerstandsfähig gegen Hitze und lange Trockenperioden, Naturraum, CO_2-Speicher und natürlich auch Rohstoff. Aber nicht wie heute als „Massenbaumhaltung" für möglichst profitablen Holzeinschlag, sondern als das beschriebene Multitalent. Wirtschaft und Umweltschutz passen zusammen. Man muss es nur wollen.

Dieser Umbau kostet Milliarden und dauert viele Jahrzehnte. Auch wenn er gelingt, müssen wir in großen Teilen unseres Landes für einige Jahrzehnte auf unsere Ruhe und Kraft bringenden Wanderungen durch den deutschen Wald verzichten.

7.2 Die Weltrettung gibt es nur mit einem kooperativen Ansatz

Ist ein System, in dem eine einzelne Partei über Jahrzehnte die Führung hat, per se zu verdammen? Das ist die fast einhellige Sicht westlicher Politik auf China. Müssten wir diesen Maßstab nicht auch darauf anwenden, dass sich in den USA, dem Vorbild für die Demokratie westlicher Prägung schlechthin, schon seit Mitte des 19. Jahrhunderts zwei Parteien, Demokraten und Republikaner, in der Machtausübung ablösen? Und gäbe es dafür nicht nach der kurzen „Ära" des Donald Trump – sie endete mit dem von ihm initiierten Sturm seiner Anhänger auf den heiligen Tempel der Demokratie, das Capitol (Heimstatt der Gesetzgebung durch Repräsentantenhaus und Senat) – sogar einen gewichtigen Grund?

Mit diesen Fragen wollen wir zeigen, dass wir es mit den alten ideologielastigen, nur schwarz und weiß kennenden Denkmustern nicht schaffen, die konzertierte Weltaktion zur Rettung unseres Planeten auf den Weg zu bringen. Der „gute" Westen gegen den „Rest", die schlechte Welt?

Was wir brauchen, das ist eine Prioritätenliste von Werten und daraus abzuleitenden Prämissen für das Handeln. Zu einem nicht nur romantischen Freiheitsbegriff muss auch das Recht zum Überleben gehören. Ist die heilige Freiheit der Demonstration dem über- oder untergeordnet? Das ist keine rhetorische, sondern eine praktische Frage. Die Antwort liegt auf der Hand. Daraus aber abzuleiten, dass sie „nachgeordnete" Werte degradiert, ist nicht nur undialektisch, es ist auch absurd. Denn die alles überragende Mission, die Schöpfung zu bewahren, heiligt natürlich nicht alle Mittel. Das zutiefst humane Ziel schreit geradezu nach Solidarität und Empathie. Nur wer blockiert oder sich sogar aktiv entgegenstellt, müsste im Interesse der fast 7,8 Mrd. zählenden Weltbevölkerung mit starken Sanktionen rechnen.

„Demokratien [im westlichen Sinne – Anm. der Autoren] können sich nicht durch Gewalt und Unterdrückung behaupten wie Diktaturen. Sie werden auf Dauer auch nicht durch moralische Ansprachen und Propaganda begründet und verteidigt. Der Kern ihrer Daseinsberechtigung liegt darin, dass sie glaubhaft und dauerhaft den Menschen einen Rahmen von gerechtem Chancenausgleich, eine stabile Rechtsordnung, persönliche Freiheit, Friedenssicherung nach innen und außen, eine verlässliche soziale Daseinsvorsorge und gute Zukunftsaussichten für die nächsten Generationen garantieren. Ob die westlichen Demokratien dies alles noch für die Mehrheit ihrer Bevölkerungen leisten, ob sie wirklich als Modell für alle Gesellschaften der Erde taugen, das ist der Kern ihrer heutigen Infragestellung und Krise."[1]

Erinnern wir uns an die Ringparabel von Gotthold Ephraim Lessing. Jeder der drei Söhne erhielt vom Vater einen Ring, der seinem Träger die Kraft geben sollte, Gott und den Menschen angenehm zu sein. Da keiner der Söhne wusste, welches der wahre Ring ist, gab es nur einen Weg dies zu beweisen – durch eigenes vorbildliches Tun.

Die drei Ringe stehen in Lessings Gleichnis für die drei großen Religionen: Christentum, Judentum, Islam. Heute symbolisieren sie unsere Welt: Die westlichen Industriestaaten mit den USA an der Spitze, die nicht westlichen Industrie- und Schwellenländer – in diesem Cluster die neue Supermacht China und die „alte" Großmacht Russland – und die sogenannte Dritte Welt. Letztere ist abgehängt, und dies vor allem deshalb, weil das Abendland durch ihre Ausplünderung zu märchenhaftem Reichtum gekommen ist. Getreu der Parabel müssen „wir begreifen, dass es andere Formen des Menschseins gibt, auch andere Interpretationen der kodifizierten universellen Werte, die in einer multipolaren Welt Geltung beanspruchen. Wir brauchen sie **alle** [Hervorhebung der Autoren] für den Schutz des Klimas und der natürlichen Lebensgrundlagen. Wir müssen ohne eigene Sinn-

---

[1] Vollmer, Antje: Hybris des Westens. Überheblich und unfähig aus Fehlern zu lernen: Das ist die Lage der liberalen Demokratien westlichen Zuschnitts 30 Jahre nach dem Sieg im kalten Krieg. Was tun?, Berliner Zeitung vom 30./31. Januar 2021.

und Identitätskrise, aber auch ohne Dünkelhaftigkeit umgehen lernen mit den Faktoren des Relativismus und der Ungleichzeitigkeit, damit es nicht zum Kampf der Kulturen kommt. Was wir brauchen, ist Selbstbewusstsein mit Augenmaß und nicht weniger als eine politische Relativitätstheorie."[2] „Wenn schon Wettbewerb der Staaten, dann nicht im zerstörerischen Gegeneinander, sondern im Miteinander um den besten und schnellsten Beitrag zur Verhinderung der Klimakatastrophe und zum Stopp ökologischer Zerstörung, zur Beseitigung globaler Armut, zum Abbau militärischer Spannungen, zur Ausweitung der realen Möglichkeiten jedes Menschen und aller Völker auf ein selbstbestimmtes Leben in Sicherheit und Würde."[3]

„Rote Kapitalisten" – Wie die chinesische Wirklichkeit unsere alten Denkmuster konterkariert

Globale Kooperation statt besserwisserischer Konfrontation! Diese Forderung ist an alle, aber ganz besonders an uns „Westler" zu adressieren. China ist nicht der „Westen", aber das Land funktioniert im Ökonomischen deutlich kapitalistisch. Schon aus diesem Satz folgt das Verbot, schwarz-weiß zu malen und plakative Vorurteile zu bemühen. Das gilt immer, aber es gilt ganz besonders, das soll der folgende Exkurs zeigen, für China. Das Land repräsentiert mit rund 1,4 Mrd. Einwohnern als bevölkerungsreichste Nation 18 Prozent aller Menschen auf unserem Globus und hat mit der langjährigen Industriemacht Nr. 1, den USA, fast gleichgezogen. Ohne den asiatischen Riesen mutiert jeder Weltrettungsplan zur Makulatur. Deshalb müssen die politischen Spezifika zur Kenntnis genommen werden. Übergreifende Ziele sind ohne Kompromisse nicht zu erreichen. Das hat mit Opportunismus und falscher Toleranz nichts zu tun. Humanistisch motivierter Pragmatismus hat schon in den heftigsten Zeiten des Kalten Krieges gut funktioniert. Seinerzeit galt es, die Welt vor der Zerstörung durch ein nukleares Inferno zu bewahren. Diese Bedrohung ist bekanntlich nicht vom Tisch. Nur wissen wir inzwischen verlässlich von einer noch größeren Gefahr: der absehbaren Vernichtung allen Lebens durch den „Wachstums"-Wahnsinn.

Für beide Szenarien hat die asiatische Volksrepublik eine herausgehobene Bedeutung. Die Mischung aus Kapitalismus „Made in China" und kommunistischer Ideologie ist nicht nur einzigartig. Sie ist auch sehr effizient, wenn es darum geht, das zerstörerische „Höher, schneller, stärker" durch die radikale Wende zur Kreislaufwirtschaft abzulösen. China ist seit Jahren der größte Verbraucher und damit auch Vernichter von Ressourcen.

---

[2] Volmer, Ludger: Der Raum der anderen. Die Demokratien des Westens müssen ihren Hochmut gegenüber anderen Staaten der Welt ablegen. Es ist Zeit für eine politische Relativitätstheorie und für Selbstbeschränkung, Berliner Zeitung, 6./7. Februar 2021, S. 3.
[3] Brie, Michael: Die Grundtorheit des Westens. 1989/90 wurde die große Chance ausgeschlagen, ein gemeinsames Haus Europa aufzubauen, die ökologische Wende zu initiieren und eine aktive Friedenspolitik einzuleiten. Stattdessen wurde und wird bis heute im Namen des Antikommunismus die „Westernisierung der Welt" betrieben, Berliner Zeitung, 4. März 2021, S. 3.

Denn das Land befindet sich wie der Westen im quantitativen Wachstumswahn: Noch gelten die Prinzipien der Linearwirtschaft mit ihrem Irrglauben an Grenzenlosigkeit. Dieser Kurs ist aber zugleich die größte Gefahr für das bemerkenswert stabile Regime. Die zunehmende Verknappung und Verteuerung der Rohstoffe bedrohen das ökonomische Fundament der roten Kapitalisten existenziell. Das hat man in Peking erkannt. In einer für das Abendland unfassbaren Geschwindigkeit und Radikalität hat das Umsteuern in Richtung Nachhaltigkeit begonnen: Die anstehende Zulassungssperre für Benzin- und Dieselautos, ÖPNV zu 100 Prozent mit Elektrobussen in Megametropolen, Hochgeschwindigkeitsschienentrassen wie am Fließband, Halbierung des Fleischkonsums sind markante Stichworte.

Zugleich sehen wir eine neue Etappe im Kampf um die Kontrolle über fossile Brenn- und strategische Rohstoffe in erster Linie zwischen den USA und China. Letztlich geht es um die globale wirtschaftliche, politische und militärische Vorherrschaft. In einer Situation, in der nur durch gemeinsames Handeln vor allem der Industrie- und Schwellenländer der Zerstörung der Natur ein Ende gesetzt werden kann, vertieft sich der Konflikt zwischen China und dem Westen. Dabei folgt der Politikansatz des Westens dem alten und vielfach gescheiterten Schema: Zum einen wird das Gespenst des Kommunismus heraufbeschworen, obwohl China nur noch in den Dokumenten der Partei und den Reden ihrer Führer kommunistisch ist. Was als Kampf der Ideologien dargestellt wird, ist in Wahrheit ein Kampf um die globale Hegemonie. Es stimmt, dass China die westliche Demokratie als Form der Gesellschaft ablehnt und die Forderungen nach dem Schutz der Menschenrechte in China als äußere Einmischung zurückweist. Nach der jüngsten krachenden Niederlage des Westens bei der Etablierung demokratischer Verhältnisse in Afghanistan und dem Scheitern ähnlicher Vorhaben im arabischen Frühling oder in zentralafrikanischen Ländern hat das Vertrauen in die Einzigartigkeit dieses Modells und in die wirtschaftlichen, politischen und militärischen Fähigkeiten seiner Propagandisten einen schweren Rückschlag erlitten. Der Politikansatz, China als systemischen Gegner zu behandeln und dann zu hoffen, dass dessen Führung sich dieser Art Druck beugt, kann nicht erfolgreich sein.

„Der Aufstieg Chinas ist neben seiner Tüchtigkeit der Hybris des Westens zuzuschreiben. Dieser wollte das Land entwickeln, um neue Absatzmärkte zu erhalten, keinesfalls aber einen Konkurrenten auf dem Weltmarkt. Nun kann China sogar mit dem Containerhafen von Piräus und Beteiligungen am Eisenbahnnetz Infrastrukturvermögen auf dem alten Kontinent kaufen. Wieso? Weil Griechenland, vom Westen in die Schuldenfalle getrieben, sein Tafelsilber veräußern muss. Und die Werte? Warum soll China westliche Standards übernehmen, wenn sein Wirtschaftswachstum – aus westlicher Sicht das Kriterium für Fortschritt – größer ist als bei uns? Beweist sich im chinesischen Wirtschaftswunder nicht sogar, dass der Konfuzianismus und die asiatischen Werte unter manchen Aspekten den christlich-abendländischen Denkweisen überlegen sind? Zeigt sich die fernöstliche Harmonielehre nicht gerade bei der Bewältigung der Menschheitskrisen wie der aktuellen Pandemie wirksamer als der individuelle und nationale Egoismus im Westen?

Und die universellen Menschenrechte? Sie sind längst zum Kampagnenmotiv geworden. Auch hier demonstriert der Westen doppelte Standards. Die UNO sieht die politischen und sozialen Menschenrechte als gleichwertig. China meint, zur Erfüllung der sozialen, die politischen vorenthalten zu dürfen. Ist die Kritik des Westens aber legitim, wenn dieser zwar die Freiheitsrechte hochhält – falls er nicht gerade Militär- oder Feudalregimes fördert –, aber systematisch die sozialen verletzt?"[4]

Aber über diesen politischen und moralischen Abwägungen, die wir gerade aus einem Text des Grünenpolitikers Ludger Volmer zustimmend zitiert haben, steht die Macht des Faktischen: Trotz erster gegenläufiger Tendenzen ist China derzeit Spitzenverbraucher bei allen strategischen Ressourcen und trägt mit 30 Prozent Anteil zu den weltweiten Schadstoffemissionen bei. Das Ergebnis sind gravierende Umwelt- und Gesundheitsschäden. Nicht nur in China, sondern auch in den Ländern, aus denen China seinen Ressourcenbedarf deckt. Im In- und Ausland verbrauchte die Supermacht zwischen 2011 und 2015 für ihre Bauprojekte ein Viertel des weltweit geförderten Sandes und 60 Prozent der Zementweltproduktion.

Von 2006 bis heute entstanden 60 neue Flughäfen. Bis 2025 sollen weitere 125 folgen.

50 Prozent des Weltstahls kommt aus chinesischen Hochöfen. Das Eisenerz wird zum größten Teil importiert. China ist der weltgrößte Verbraucher von fossilen Brennstoffen.

Im Jahr 2015 verkündete die Führung des Landes eine Umorientierung auf erneuerbare Energien. Zu diesem Zeitpunkt wurden 72 Prozent der Elektroenergie in Kohlekraftwerken erzeugt. Aber schon 15 Jahre später, 2030, will das Land 42 Prozent des Strombedarfs aus erneuerbaren Energien decken.

Dazu wird allerdings auch die Energie aus Kernkraft gerechnet. Bis 2030 sollen 30 neue Atomkraftwerke gebaut werden. Das mag man kritisieren. Aber diese Meiler emittieren kein CO_2. In Relation zu dessen weltweitem Ausstoß hat der chinesische Paradigmenwechsel in der Energiepolitik eine riesige Bedeutung. Wenn sich die Machthaber in Peking ums eigene Überleben kümmern, dann **muss** sich das hoch industrialisierte Abendland darüber freuen.

Wegen des gewaltigen Anteils am Ressourcenverbrauch und der Emission von Gasen, die die Erderwärmung befördern, ist der offenbare ökologische Kurswechsel des Landes positiv zur Kenntnis zu nehmen. Wir müssen aber bedenken, dass China wegen innerer wirtschaftlicher, sozialer und politischer Zwänge den quantitativen Wachstumspfad nicht von jetzt auf gleich verlassen kann. Die Kluft zwischen Stadt und Land ist noch immer riesig. Auch die Ungleichheit zwischen Armen und Reichen ist noch lange nicht beseitigt. Über 375 Mio. Wanderarbeiter sind ein ernsthaftes soziales und damit auch politisches Problem. Ende der 70er-Jahre des vorigen Jahrhunderts begann eine gewaltige Binnenmigration vom Land in die Städte. Der Anteil der in Städten lebenden Chinesen erhöhte sich von 18 (1978) auf 61 Prozent im Jahr 2020. 150 der 600 Städte in China hatten 2018 mehr als 1 Mio. Einwohner. Diese Entwicklung und die internationalen Projekte der Seidenstraße verschlingen auch in Zukunft gewaltige Mengen an Sand und Zement. Zur chinesischen Wahrheit gehört auch, dass das Land zur Verwirklichung seiner wirtschaftlichen, sozialen und militärischen Ziele weltweit seine strategischen Positionen ausgebaut und Billionen Dollar in moderne Infrastruktur vor allem in Afrika, Asien und Süd- und Osteuropa investiert hat. Gerade im Ausland auch zulasten der Umwelt.

---

[4] Volmer, Ludger: Der Raum der anderen, ebenda, S. 3.

7.2 Die Weltrettung gibt es nur mit einem kooperativen Ansatz

Im eigenen Land hingegen wurde die chinesische Führung zunehmend mit dem Unmut vor allem der neuen Mittelschicht über gravierende Umwelt- und Gesundheitsschäden konfrontiert. Als 2019 der Generalsekretär der Kommunistischen Partei, Xi Jinping, die CO_2-Neutralität seines Landes ab 2060 verkündete und damit die skizzierte Wende einleitete, war das eine Weltsensation.

Mindestens ebenso sensationell war eine Nachricht am Rande der Weltklimakonferenz im Oktober 2021 in Glasgow. Die beiden größten Rivalen beim Ringen um die globale Vorherrschaft, die USA und China, vereinbarten, sich *gemeinsam* für einen besseren Klimaschutz einzusetzen. Das gab der chinesische Klimagesandte Xie Zhenhua bekannt. Der frühere Außenminister und jetzige Sondergesandte der USA für das Klima, John Kerry, bestätigte die Abmachung. Beide Länder hätten sich verpflichtet, die Kooperationen miteinander und auch mit anderen Partnern zu intensivieren, um die im 2015 geschlossenen Pariser Klimaabkommen festgeschriebenen Ziele umzusetzen. „Beide Seiten erkennen an, dass es eine Kluft zwischen den gegenwärtigen Bemühungen und den Zielen des Pariser Klimaabkommens gibt", sagte Xi. „Als die zwei großen Mächte in der Welt müssen wir die Verantwortung übernehmen, mit anderen Seiten bei der Bekämpfung des Klimawandels zusammenzuarbeiten."[5] Beim Ausstoß von Treibhausgasen sind die USA und China die größten Klimasünder weltweit.

Treiber des neuen chinesischen Umweltbewusstseins sind in erster Linie nationale Interessen. Dieses „China First" darf uns nicht stören, wenn unter dieser Überschrift der Kohleausstieg bis 2060 verkündet wird. Wer schwadroniert, dass dieses Ziel 30 Jahre später als in Deutschland erreicht wird, möge bitte einmal die absoluten Mengen und die derzeitigen Relationen zwischen fossilen und erneuerbaren Energien vergleichen. Zehn Milliarden Tonnen CO_2 emittierte China im Jahr 2020, die Bundesrepublik 739 Millionen. Zehn Prozent weniger in China – das sind 135 Prozent der Jahresmenge in Deutschland.

Auch zum Thema Kreislaufwirtschaft hören wir Bemerkenswertes. Im Jahr 2009 hat China das Circular-Economy-Förderungsgesetz verabschiedet. Seitdem gelte das Land in Asien als Wegbereiter der Kreislaufwirtschaft. 2014, fünf Jahre nach der Verabschiedung, erklärte der chinesische Premierminister Li Keqiang: „Wir haben die Entschlossenheit, den Willen und die Fähigkeiten, eine ökologische, kreislauffähige und kohlenstoffarme Entwicklung zu vollziehen."[6]

Seit 2013 arbeitet die China Association of Circular Economy (CACE), die nicht nur aus Regierungsmitarbeitern, sondern auch aus Unternehmern und Akademikern besteht, an der Förderung der Circular Economy. Die CACE erwarte, dass deren Output im Zeitraum 2010–2015 von einer Billion auf 1,8 Billionen Yuhan, das sind 293 Mrd. Dollar, steige.[7]

---

[5] UN-Klimagipfel in Glasgow: China und USA schließen Klima-Vereinbarung, https://www.tagesschau.de/ausland/asien/china-usa-klimaschutz-103.html, Internetrecherche am 12.01.2022.

[6] Lacy, Peter; Rutqvist, Jakob; Buddemeier Philipp: Wertschöpfung statt Verschwendung: die Zukunft gehört der Kreislaufwirtschaft, Redline, München, 2015, S. 275 f.

[7] Ebenda, S. 268 f.

Was in Deutschland seit vielen Jahren Pflicht ist, wird in China jetzt Schritt für Schritt eingeführt. So müssen z. B. in Shanghai seit Juli 2019 alle privaten und gewerblichen Abfälle getrennt werden: in die Kategorien Wiederverwertbares, Nassmüll, Trockenmüll und Gefahrabfälle. Zusammen mit einem umfassenden Kontrollsystem und scharfen Geldstrafen kann nicht nur nach chinesischen Maßstäben von einer Revolution gesprochen werden. Bis Ende 2020 sollen in 46 Großstädten Trennungssysteme für Hausmüll eingeführt werden.[8]

Sie erinnern sich, dass viele Jahre lang große Mengen an Kunststoffabfällen aus Europa nach Asien, vor allem nach China und Malaysia „exportiert" wurden. Offiziell zum Recycling, in Wirklichkeit wurde das Gros in die großen asiatischen Flüsse verklappt, die den Müll in den Pazifik transportierten. Noch 2016 kamen aus Deutschland 560.000 t. China hat diese höchst fragwürdigen „Importe" im Jahr 2018 verboten. Bis dahin verdienten ganze Regionen in China ihren Lebensunterhalt mit dem Abfall aus aller Welt.[9] Das recycelte Rohmaterial konnte China für seine Billigplastikprodukte gut gebrauchen. Heute importiert China statt Abfall Recyclingtechnik. Florian Werthmann, Geschäftsführer der auf Abfall- und Kreislaufwirtschaft spezialisierten Unternehmensberatung Ecologicon, sieht in China steigende Chancen für Technologien zur E-Schrottaufbereitung inklusive Batterierecycling sowie End-of-Life-Lösungen für Fahrzeuge.[10] Shanghai mit seinen offiziell 24 Mio. Einwohnern war im September 2019 Gastgeber für das von der Friedrich-Ebert-Stiftung und der Shanghai Academy of Social Sciences ausgerichtete Forum „China und Deutschland auf dem Weg in die Kreislaufwirtschaft", an dem von deutscher Seite auch der Verband kommunaler Unternehmen (VKU) beteiligt war.

Angesichts des anhaltenden Baubooms in China gibt es bemerkenswerte Fortschritte bei der Verwertung von Bauschutt. Erprobt wird ein abgestuftes Gebührensystem, das von der Zusammensetzung des Abfalls abhängt. Zugleich werden vielerorts Recyclinganlagen erbaut, die beispielsweise Füllmaterialien für Baugruben liefern.

Umweltsünden von Firmen und Privatpersonen werden mit Hilfe einer Datenbank öffentlich dokumentiert. Die Verstöße erscheinen als Negativpositionen in den sogenannten Sozialkreditsystemen.

---

[8] Vgl. https://www.bvse.de/recycling/recycling-nachrichten/5399-china-baut-abfallwirtschaft-massiv-aus.html, Internetrecherche am 12.01.2022.

[9] Das chinesische Importverbot für Plastikmüll hat erhebliches Gewicht. Es ist aber zu befürchten, dass sich andere „Abnehmer" finden. Von 1950 bis heute stieg die weltweite Kunststoffproduktion von 1,5 Mio. auf 400 Mio. t. Davon landen nach Gebrauch immer noch riesige Mengen über die großen Ströme Asiens, Afrikas und Südamerikas in den Weltmeeren. 75 Prozent des dortigen Mülls sind Kunststoffe. Pro Jahr sind das 4,7 bis 12,8 Mio. t. Diese Überbleibsel unserer Wegwerfgesellschaft kosten jährlich 135.000 Meeressäugern und Millionen von Seevögeln das Leben. https://www.nabu.de/natur-und-landschaft/meere/muellkippe-meer/muellkippemeer.html, Internetrecherche am 12.01.2022.

[10] Vgl. https://www.ifat.de/de/presse/newsroom/presseinformationen-weltweit/china-treibt-kreislaufwirtschaft-massiv-voran.php, Internetrecherche am 12.01.2022.

Auch im Bereich erneuerbarer Energien kann China Erfolge vorweisen. Die installierten Kapazitäten haben sich von 470 Gigawatt im Jahr 2015 auf 648 Gigawatt 2020 erhöht. Im weltweiten Vergleich steht China beim Aufwuchs erneuerbarer Energien inzwischen auf Platz 1.

Angesichts dieser Fakten ist es ein großer Fehler, China noch immer als Giftnation abzustempeln. In der Partei- und Staatsführung gibt es starke Strömungen, die für einen langfristig tragfähigeren Kurs ökologischer Modernisierung arbeiten. Entwickelt sich das politische System weiter, von einer veralteten sozialistischen Entscheidungsstruktur hin zu einer Meritokratie der Wissenschaftler, Denker und grünen Unternehmer, entsteht eine erstaunliche Systemalternative. Eine Demokratie westlichen Zuschnitts zeichnet sich in China nicht ab. Wenn das System beginnt, sich von Korruption, Willkür und Repression wegzubewegen und im Format des Einparteiensystems wirklich effektive Entscheidungsprozesse entwickelt, könnte das den Westen auf ungekannte, nämlich politische Art herausfordern. Der Tag könnte kommen, an dem China nicht mehr nur die billigste Spielart des Materialismus anzubieten hat, die mit Umweltzerstörung erkaufte Massenproduktion, sondern eine Wende zu einem modernen Konfuzianismus vollzieht, der das Dienen, das langfristige Denken und die Belohnung echter Leistung in den Vordergrund rückt. Bisher ist die Aura des Landes so klein, weil es keinen chinesischen Lebensstil gibt, den der Rest der Welt nachahmen will. Das könnte sich ändern, wenn China zeigt, dass es aus seiner Ideologie heraus in der Lage ist, ein humanes und ökologisches Staatswesen zu entwickeln. Insofern sind bereits die Grundzüge eines Systemwettbewerbs angelegt: Die westlichen Demokratien müssen beweisen, dass sie trotz ihrer kurzen politischen Zyklen in der Lage sind, langfristige Probleme zu lösen.[11]

Notwendig ist zunächst die Verabschiedung von alten Denkmustern und alten Feindbildern. Das haben wir exemplarisch für China gezeigt.

7.3 Versus die sieben apokalyptischen Plagen: Sieben Prämissen für einen Plan zur Rettung der Schöpfung

Mit dem raschen Übergang zur Kreislaufwirtschaft – wir erinnern daran, dass dazu auch die erneuerbare Energieerzeugung vor allem aus Sonne und Wind gehört – können wir die Schöpfung retten. Die festliche, aber folgenlose Übergabe von voluminösen Empfehlungen in schmucken Einbänden ist von vorgestern. Die Initiatoren müssen die konsequente Beachtung von Prämissen zur Umsetzung garantieren. Welche das sein müssen, haben wir versucht, für ein globales Herangehen zu entwickeln. Auch unter Beachtung unserer Forderung, dass die westlichen Industrieländer eine Vorreiterrolle einnehmen müssen.

---

[11] Schwägerl, Christian: Menschenzeit. Zerstören oder gestalten? Die entscheidende Epoche unseres Planeten, Riemann Verlag, München, 2010, S. 241 f.

> **Prämisse 1**
> Integraler Bestandteil der konsequenten und schnellen Transformation in die Kreislaufwirtschaft ist der Stopp der menschengemachten Erderwärmung durch radikale Reduktion der klimaschädigenden Emissionen durch die Umstellung der Energieerzeugung auf erneuerbare Energieträger. Das ist das zentrale Ziel. Erreicht werden kann es global nur, wenn der „Westen" auf diesem Weg unter Überwindung der alten Feindbilder und Blockstrukturen vorangeht. Das ist eine politische und moralische Verpflichtung, denn er ist historisch der Verursacher der bestehenden Äquidistanzen.

Es muss sie geben, die Vorreiterrolle der Reichen und Starken. Vorreiterrolle heißt nicht Dominanz. Letztere prägt aktuell die internationalen Beziehungen. Das gilt auch für China: „Wir sind stark, also wollen wir auch bestimmen, jedenfalls in unserem Umfeld, der pazifischen Region."

Der Westen, in erster Linie die USA, fürchtet um seine Vorherrschaft. Bleiben beide in diesem Muster, wird aus Eskalation Aggression. Ein Bündnis der westlichen Pazifikanrainer gegen China ist die falsche Antwort, das kooperative Signal von der Klimakonferenz 2021 in Glasgow das richtige.

Der Westen muss bei der Transformation zur Klimawirtschaft auch generell, aber nicht nur wegen seiner ökonomischen politischen und militärischen Stärke vorangehen. Diese Verpflichtung ergibt sich in erster Linie aus seiner aus der Historie abgeleiteten moralischen Verpflichtung zur Kompensation der Äquidistanzen, deren Verursacher er ist. Alle Länder müssen in die Prozesse integriert werden. Natürlich unter Beachtung der konkreten Umstände: Einheitlichkeit im Ziel, Differenziertheit im Weg und in der Art der Mitwirkung. Nötig ist eine dialektische Sicht. „Es geht nur global" und „Jede Industrienation muss mit gutem Beispiel vorangehen" sind zwei Seiten einer Medaille.

Der Slowene Slavoj Žižek steht in der ersten Reihe der lebenden Philosophen der Welt. Wir haben in seinem exklusiven Essay für die *Berliner Zeitung* – Anlass war der russische Überfall auf die Ukraine am 24. Februar 2022 – einen Gedanken gefunden, der zu unserem Thema passt und unsere eigene Argumentation zur Zusammenarbeit mit der Dritten Welt mit einem interessanten Gedanken bereichert: „Vergessen Sie die **russische Wahrheit**", das ist nur ein bequemer Mythos, um die eigene Macht zu rechtfertigen. Putin agiert jetzt als verspätete Kopie des westlichen imperialistischen Expansionismus. Um ihm also wirklich etwas entgegenzusetzen, sollten wir Brücken zu den Ländern der Dritten Welt bauen, von denen viele eine lange Liste völlig berechtigter Beschwerden gegen die westliche Kolonialisierung und Ausbeutung haben. Es reicht nicht aus, „**Europa zu verteidigen**": Unsere eigentliche Aufgabe besteht darin, die Länder der Dritten Welt davon zu überzeugen, dass wir ihnen angesichts unserer globalen Probleme eine bessere Wahl als Russland oder China bieten können. Und die einzige Möglichkeit, dies zu erreichen, besteht darin, uns weit über den politisch korrekten Postkolonialismus hinaus zu verändern und Formen des Neokolonialismus konsequent auszurotten, selbst wenn sie sich als humanitäre Hilfe tarnen. Wenn wir das nicht tun, werden wir uns sehr wundern, warum die Menschen in der Dritten Welt nicht sehen, dass wir bei der Verteidigung Europas auch für ihre Freiheit kämpfen. Sie sehen es nicht, weil wir es nicht wirklich tun. Sind wir bereit, es zu tun? Ich bezweifle es."[12]

Wenn es nicht gelingt, das von Žižek geforderte neue Verhalten gegenüber der Dritten Welt umzusetzen, wird sich seine Skepsis bestätigen. Das wäre das Aus für alle globalen Weltrettungskooperationen.

Diese Dritte Welt ist objektiv Teil des gesellschaftspolitischen Umbauprozesses und kein Verschiebebahnhof. Wenn 80 Prozent des Plastikmülls über die großen Ströme Asiens, Afrikas und Südamerikas in den Weltmeeren landen – dass der Westen diese kriminellen Akte Export und Entwicklungshilfe nennt, geißelt der slowenische Weltdenker –, sind sie als Problem doch nicht verschwunden. Die katastrophalen Folgen dessen, den eigenen Dreck möglichst weit weg vor andere Türen zu kehren, kommen wie ein Bumerang auf uns zurück.

Aktuell aber wird sogar der „Export" gebrauchter Textilien – die meisten auf dem Primark-superbillig-Niveau – je nach Grad der Dreistigkeit als Entwicklungshilfe oder gar als Downcycling, also das zweite Leben der Produkte, mit dem Touch von Kreislaufwirtschaft verkauft. Damit will man den immer schnelleren Frequenzen von Produktion und Konsumtion den „Charme" von Kreislaufwirtschaft verpassen. Afrika ist aber nicht die euphemistisch verbrämte Müllhalde des Westens. Wirklich Schluss mit dieser Dekadenz ist erst dann, wenn wir nur noch Hosen und Kleider produzieren, die eine lange Lebensdauer haben und mit dieser Eigenschaft ein zweites, drittes oder gar viertes Leben führen können. Erst dann werden die Materialien, alle sind selbstverständlich nachwachsend, zurückgewonnen. Das ist das Aus für billiges Plastik in unseren Textilien.

Wir brauchen globale Lösungen. Der erneuerte Kapitalismus kann nur mit dem Anspruch, die Probleme in dieser Dimension zu bewältigen, die Welt retten. Solidarität *muss* das zentrale Verhaltensmuster aller Mitglieder der Weltgemeinschaft werden. Gemeinsame übergreifende Interessen wie der Stopp der Erderwärmung haben absolute Priorität. Dieses Verständnis muss in einer dialektischen Interaktion der einzelnen Nationen untereinander und mit der Weltgemeinschaft implementiert werden. Das Motto lautet: „Wir sitzen alle in einem Boot!"

Unter dieser Prämisse geht es in erster Linie um die Wechselbeziehungen von „Erster" und „Dritter" Welt. Das Verständnis und die Bereitschaft der Dritten Welt müssen durch ökonomische Transfers von „Reich" nach „Arm" befördert werden. Das ist aus historischer Perspektive recht und billig. Es ist die vermutlich eher marginale Rückzahlung der Schulden, die durch die koloniale und neokoloniale Ausplünderung entstanden sind. Begliche man sie alle, wäre auch das nicht der Untergang des Abendlandes. Aber diese Komplettüberweisungen sind gar nicht nötig. Wichtiger sind flankierende Maßnahmen: Know-how-Transfers, Bildungsrevolutionen vor Ort, internationale Arbeitsteilung auf

---

[12] Žižek, Slavoj: Der Kampf der Großmächte, Berliner Zeitung, 5./6. März 2022, S. 16.

Augenhöhe – um nur einige Stichworte zu nennen. Und natürlich kostet das auch Geld, das in die Schulden- und Rückzahlungsbilanz eingeht.

Zweitens ist diese Erste Welt – damit meinen wir die westlichen Industrieländer – der Hauptverursacher des Problems. Es gibt noch einen dritten Grund, der für die Industrieländer keine finanzielle Belastung ist, sondern erheblichen Nutzen bringt. Die Staaten, die am schnellsten die Kreislaufwirtschaft implementieren und „vorbildliche Null-CO_2-Unternehmen und -industrien aufbauen, werden in kommenden Jahrzehnten in der Weltwirtschaft führend sein. Die reichsten Länder haben die besten Voraussetzungen, um innovative Klimalösungen zu entwickeln. Sie sind es, die staatliche Fördermittel haben, Forschungslabore, öffentlich geförderte Forschungszentren sowie Start-ups, die kluge Köpfe aus aller Welt anziehen, und darum müssen sie auch führen".[13]

Für die schnelle Trendwende zur Kreislaufwirtschaft wäre schon sehr viel gewonnen, wenn die beiden weltweit größten Volkswirtschaften, die USA und China, auf diesem Weg pragmatische Kooperationen eingehen. Gegenstand könnten beispielsweise gemeinsame Forschungen zur Entwicklung von Recyclingtechnologien und -anlagen sein. Zudem wären Regeln vorstellbar, die Produkte, die den Erfordernissen der Kreislaufwirtschaft genügen, im Ex- und Import präferieren. Dies bis zum Verbot von Erzeugnissen, die nicht auf hohem Niveau recycelt werden können. Natürlich kann man mit diesen Zielen internationale Verträge schließen, denen möglichst alle UNO-Länder beitreten. Eine schöne Vorstellung. Die an Worten reichen und an Taten armen Weltklimakonferenzen zeigen seit dem Start im Jahr 1979, dass von solchen Formaten wenig zu erwarten ist. Wenn sich aber die beiden ökonomischen Supermächte zunächst bilateral auf ein konkretes Regelwerk zur Implementierung der Circular Economy einigen würden, entstünde durch die Kraft des Faktischen ein gewaltiger Handlungsdruck. Sich dem zu widersetzen, hätte für die vielen kleinen und mittleren Länder, die am globalen Waren- und Leistungsaustausch teilnehmen, negative ökonomische und politische Konsequenzen. Zudem könnte das Zusammengehen beider Megastaaten beim Stopp von Erderwärmung und Ressourcenvernichtung einen gewaltigen quantitativen Schub zur Erreichung dieser Ziele bringen.

Solche pragmatischen Zweckbündnisse der Stärksten – wir haben diesen Ansatz im Zusammenhang mit der Weltklimakonferenz in Glasgow im Herbst 2021 gewürdigt – sind auch der einzige Erfolg verheißende Weg aus der wieder zunehmenden Konfrontation hin zur Kooperation. Wer denkt – außer dem gerade zitierten Philosophen aus dem Süden Europas – bei der Belagerung ukrainischer Städte durch russische Truppen an die Dritte Welt? Aber diese Sicht ist zentral. Wir haben leider noch größere Probleme als die unsägliche Invasion in Osteuropa. Je größer die Probleme, umso größer sind auch die Konfliktpotenziale. Wir müssen uns dieser Hierarchie bewusst werden. Einigkeit des Westens mit der Dritten Welt gab es, als am 2. März 2022 141 Staaten – niemand hatte diese Einmütigkeit auch nur erhofft – in der UNO-Vollversammlung gegen Russland als Aggressor vo-

---

[13] Gates, Bill: Wie wir die Klimakatastrophe verhindern. Welche Lösungen es gibt und welche Fortschritte nötig sind, Piper Verlag, München, 2021, S. 49 f.

tierten und die sofortige Beendigung des Krieges forderten. Das könnte der symbolische Beginn einer neuen blockübergreifenden Allianz der Taten gewesen sein!

Wir hatten an anderer Stelle über eine wertebasierte Hierarchie menschheitsbedrohender Konflikte gesprochen. Das eine ist das nukleare Inferno eines Weltkrieges, das andere die Vernichtung des irdischen Lebens durch ein ebenso brutales Umweltdesaster. Ein wichtiger Unterschied liegt „nur" in Zeitläufen. Wenn wir langfristig überleben wollen, muss zuerst ein kollektives Sicherheitssystem etabliert werden, dass jede Art von Kriegen ausschließt. Die einfache „Formel": humanistische Kooperationen! Sind die etabliert, haben wir sogleich auch die Strukturen, die wir zur Umsetzung unseres Plans zur Abwendung des ökologischen Desasters brauchen. Schaffen wir das eine nicht, misslingt auch das andere. Das UNO-Votum gegen Putin und seine Unterstützer – nicht gegen Russland und sein Volk – muss materialisiert werden. Im ersten Schritt geht es um ein weltweites System der kollektiven Sicherheit mit einem kompromisslosen Sanktionsmechanismus. Jede Art von militärischer Gewaltanwendung ist verboten. Wer Menschen tötet, ist ein Verbrecher. Auf die Tat folgt unmittelbar die Strafe. Ob ein Weltgericht zuständig ist, entscheidet nicht der Mörder. Die Kooperation braucht Zeit und deshalb Vertrauen.

Dazu muss es eine Idee geben, wie China und auch Russland dauerhaft zum integralen Bestandteil globaler Kooperation werden. Das schafft der Westen nicht, indem er Chinas Infrastrukturprojekte in der Dritten Welt bekämpft. Er muss endlich mit ähnlichen Projekten seine Ausbeutungsschulden zurückzahlen. China allein kann die Dritte Welt nicht für eine nachhaltige Zukunft modernisieren. Das impliziert eine Zusammenarbeit des Westens mit China. Die neuen Infrastrukturen dürfen nicht in Konkurrenz zueinander errichtet werden. Sie müssen sich ergänzen. Und Russland? Autokraten vom Schlage Putins sind sehr schwer bis gar nicht belehrbar. Erfolg könnten nur Initiativen haben, die den *Völkern* im Riesenreich klar machen, dass sie neben dem schon bestehenden Ungemach (vor allem die Selbstbedienung der Führungskaste an den Ressourcen des Landes und die wachsenden Demokratiedefizite) noch viel größeren Schaden erleiden, wenn die Vorschläge nicht angenommen und umgesetzt werden. Wir haben 1989/90 gesehen, dass Diktatoren die allergrößte Angst davor haben, von ihren eigenen Völkern entthront und bestraft zu werden. Russland hat 146 Mio. Einwohner.

Konfrontation und, noch schlimmer, Aggression wie der am 24. Februar 2022 begonnene russische Einmarsch in die Ukraine, haben im 21. Jahrhundert nichts zu suchen. Das gilt nicht nur Russland, es gilt ohne jeden Unterschied für alle. Und es betrifft direkte Attacken genauso wie Stellvertreterkriege, wie zum Beispiel seit 2015 im Jemen. Angesichts dieser schlimmen Realitäten behalten es hoffentlich alle dauerhaft im Bewusstsein, dass es neben der drohenden Klimakatastrophe (im untrennbaren Kontext mit allen weiteren existenziellen Bedrohungen unseres Planeten, die Thema unseres Buches sind) das gleichrangige und ebenso reale Szenario einer Weltvernichtung durch einen nuklearen Weltkrieg gibt. Deshalb ist mitten in der gefährlichen Atmosphäre eines Krieges in Europa der aktuelle Olof-Palme-Bericht ein dringend notwendiger Appell, trotz Aggression und Gewalt am Oberziel ***einer globalen Kooperation*** festzuhalten. Denn das ist tatsächlich alternativlos für das Überleben der Menschheit. „Die Welt", so der Olof-Palme-Bericht,

„steht an einem Scheideweg. Sie steht vor der Wahl zwischen einer Existenz auf der Grundlage von Wettbewerb und Aggression oder einer Existenz, die auf einer transformativen Friedensagenda und gemeinsamer Sicherheit beruht. Im Jahr 2022 ist die Menschheit mit den existentiellen Bedrohungen eines Atomkriegs, des Klimawandels und von Pandemien konfrontiert. Hinzu kommt eine toxische Mischung aus Ungleichheit, Extremismus, Nationalismus, geschlechtsspezifischer Gewalt und schrumpfenden demokratischen Handlungsspielräumen. [...] Unser neuer Bericht *Gemeinsame Sicherheit 2022* erscheint zu einer Zeit, in der die internationale Ordnung vor großen Herausforderungen steht. Wir sind Zeugen einer globalen Krise, die durch die Unfähigkeit gekennzeichnet ist, den Klimawandel zu stoppen, durch ein lückenhaftes und ungleiches globales Vorgehen gegen die Covid-19-Pandemie und durch eine lange Liste von Konflikten, bei denen die internationale Gemeinschaft versagt hat. Schon vor dem Ausbruch der Covid-19-Pandemie fühlten sich mehr als sechs von sieben Menschen weltweit unsicher."[14]

Diese Kernaussagen der aktuellen Wortmeldung des Olof Palme International Centre, des Weltgewerkschaftsbundes und des Internationalen Friedensbüros entspricht genau den Auffassungen, die wir an vielen Stellen dieses Buches niedergelegt haben. Nur ein weltumspannendes Miteinander kann das Leben auf dieser Erde retten! Gemessen an den gerade skizzierten gewaltigen Dimensionen von zwei planetaren Zerstörungsszenarien ist der zu Unrecht hochgelobte „Green Deal" der EU wie der Versuch, einen Waldbrand mit der Gießkanne zu löschen, und nicht die behauptete kühne Strategie.

Es ist maximal der erste Schritt, und selbst der ist halbherzig. Hier nur das Stichwort „Reform der Agrarsubventionen". In Wirklichkeit sind das Etikettenschwindel und Mogelpackung in einem. Das Projekt begünstigt weiterhin die umweltschädigende Massenproduktion. Von einer Trendwende kann keine Rede sein. Der Abgrund ist in Sicht, aber wir rasen weiter darauf zu. Nicht mit 200, sondern „nur" mit 180 Stundenkilometern. Dieses Tempo bestimmt in erster Linie der „alte" Westen. „Die neuen Industrieländer wie China und Indien pochen darauf, dass Europa und Amerika einen Großteil der Emissionen seit 1800 verursacht haben. Es sind ca. drei Viertel der Gesamtmenge. Amerika und Europa verweisen dagegen darauf, dass die Emissionen der Zukunft ganz maßgeblich aus den heutigen Schwellen- und Entwicklungsländern kommen. Es sind bereits jetzt gut sechzig Prozent."[15]

In einem kleinen Teil der Erde, repräsentiert weitgehend durch die Staatengruppe der G7, „liegen alle Verbrauchswerte, ob für Energie oder Agrarfläche, um ein Vielfaches über dem Verbrauch anderer Erdregionen: Der Adel prasst, das Landvolk hungert. Wenn aber viele Milliarden Menschen in Asien und Südamerika so leben wollen wie die eine Mil-

---

[14] Der Olof-Palme-Bericht: Gemeinsame Sicherheit 2022, Berliner Zeitung vom 23./24. April 2022, S. 24/25. Nach der u. E. treffenden globalen Lagebeschreibung formulieren die Autoren konkrete Vorschläge für eine grundlegende Trendwende unter folgenden vier Hauptüberschriften: 1. Stärkung der globalen Architektur für den Frieden, 2. Eine neue Friedensdividende, 3. Wiederbelebung der nuklearen Rüstungskontrolle und Abrüstung, 4. Neue Militärtechnologien und Weltraumwaffen.
[15] Ebenda, S. 69.

liarde Amerikaner und Europäer, wo liegt dann das Maß? Wo liegen die Grenzen, sollen wir die Erde nicht von einem Schutthaufen herab regieren? Es bedeutet auf jeden Fall, dass jeder Mensch ein gleiches Recht auch auf die Ressourcen dieser Erde hat […]. Das ist die neue Gleichheitsformel. Weil aber die Unterschiede im materiellen Verbrauch weltweit noch so groß sind, gibt es eine globale vorrevolutionäre Stimmung. Sie kann sich auf verschiedene Weise entladen: als Ressourcenkrieg oder Effizienzrevolution, als Weltwirtschaftsimplosion oder als Kreativitätsexplosion."[16]

Wir sehen das Erfordernis, die solitäre Sicht auf den Klimawandel (das Thema ist per se schon hochkomplex, es ist eine gewaltige Herausforderung, aber es ist als „Einzelfall" nicht zu bewältigen) durch die Integration in den Transformationsprozess zur Kreislaufwirtschaft zu ersetzen. Im ersten Schritt ist das eine intellektuelle Aufgabe: Worin bestehen die Interaktionen? Wo sind die wechselseitigen Bedingtheiten? Wie muss ich vorgehen, um die „bloße" Reduktion von CO_2-Emissionen mit Effekten zur stofflichen Rückgewinnung zu verbinden? Ein gutes Beispiel ist das von uns vorgestellte Projekt Carbonbeton. Die Verwendung von kohlenstoffbasierten Armierungen führt zu großen Einsparungen von Beton. Weniger Beton = weniger Zement = weniger CO_2-Emissionen.

Diese komplexen Zusammenhänge werden jetzt erstmals auch mit einer Studie belegt, die Anfang 2022 im Magazin Environmental Science & Technology veröffentlicht wurde. Die Forscher des Stockholm Resilience Center (SRC) stellten fest, dass die gewaltige Zunahme bei der Produktion und dem Einsatz umweltschädigender Stoffe – in erster Linie Chemikalien und Kunststoffe – schon längst einen sicheren Handlungsspielraum für die Menschheit verlassen habe. Insgesamt gebe es weltweit bereits um die 350.000 Chemikalien und die Zahl steige täglich. Seit 1950 habe sich die Produktion von Chemikalien verfünfzigfacht, bis 2050 werde sie sich noch einmal verdreifachen. Dies gäbe Grund zur Beunruhigung. Dafür steht ein objektives Kriterium, die im Buch schon erwähnten, im Jahr 2009 definierten neun planetaren Belastungsgrenzen.[17] Die SRC-Studie belegt, dass nunmehr auch die fünfte dieser roten Linien überschritten wurde. Bisher betraf das den Klimawandel, die biogeochemischen Kreisläufe, die Landnutzungsänderung und die Unversehrtheit der Biosphäre. Für weitere Grenzen gibt es partielle Überschreitungen. Für das Einbringen täglich neuer Substanzen sehen die SRC-Forscher jetzt aber die Alarmstufe rot. Je mehr Grenzen überschritten werden, desto mehr gerate die Stabilität der Erde ins Wanken. Der Planet entferne sich unumkehrbar von seinem stabilen Zustand, der für das Leben existenziell sei.

Ein konkreter Vorschlag der schwedischen Wissenschaftler – damit sind wir bei unserem Thema – betrifft die schnelle Umsetzung der Kreislaufwirtschaft. So wie es Klima-

---

[16] Ebenda, S. 195.

[17] Diese neun Grenzen betreffen den Klimawandel, die Versauerung der Ozeane, den stratosphärischen Ozonabbau, die atmosphärische Aerosolbelastung, den Süßwasserverbrauch, die Landnutzungsänderung, die Unversehrtheit der Biosphäre und die Einbringung neuartiger schädlicher Substanzen, biogeochemische Flüsse https://www.bmuv.de/themen/nachhaltigkeit-digitalisierung/nachhaltigkeit/integriertes-umweltprogramm-2030/planetare-belastbarkeitsgrenzen, Internetrecherche am 31.12.2021.

ziele zur Begrenzung der Treibhausemissionen gebe, sei in Zukunft auch eine stärkere Regulierung und eine feste Obergrenze für die Produktion und Freisetzung von Chemikalien erforderlich.[18]

Das Wichtigste haben die Forscher leider nicht erwähnt: Die von ihnen postulierte Kreislaufwirtschaft ist vor allem der Garant dafür, dass die Stoffe in Kreisläufen bleiben. Damit richten sie weder auf der Erde noch in der Atmosphäre Schaden an. So bekämpft man das Übel gleich an der Wurzel!

> **Prämisse 2**
> In den bürgerlichen Demokratien nach westlichem Muster gilt das Prinzip, dass alle Staatsgewalt vom Volk ausgeht. Dieser unumstößliche Grundsatz verpflichtet die Politik, ausschließlich solche Entscheidungen zu treffen, die sich auf die existenziellen Interessen und objektiven Bedürfnisse der Menschen gründen. Diese grundlegenden Interessen haben Vorrang vor allen Partikularinteressen. Das betrifft auch die per se legitimen Gewinnerzielungsinteressen der Wirtschaft.

Die Beachtung und Umsetzung dieser Prämisse sind – obwohl „nur" als Nummer zwei genannt – der Gradmesser, ob die Abgeordneten mit dem Mandat der jeweiligen Völker den Willen des **Souveräns** zum Beispiel im Bundestag in Berlin, den Unterhäusern in London und Tokio oder dem Repräsentantenhaus in Washington tatsächlich zum Maß aller Dinge machen.

Worin dieses Maß besteht, ist in der Definition von Daseinsvorsorge im *Gabler Wirtschaftslexikon* – darauf haben wir uns bei der Bestimmung des Begriffs Kreislaufwirtschaft bezogen – nachzulesen. Der zunächst ausschließlich auf die konkreten Bedürfnisse vor Ort fokussierte Begriff Daseinsvorsorge ist 2021 um einen übergreifenden Aspekt ergänzt worden: „Dieses auf die unmittelbare Erbringung der oben definierten Leistungen fokussierte Verständnis muss unter Würdigung von globalen, den Bestand der Zivilisation bedrohenden Entwicklungen (in erster Linie der Klimawandel und der außer Kontrolle geratene Natur- und Ressourcenverschleiß) für eine übergreifende globale Dimension erweitert werden. Damit wird für die Gesamtheit der wirtschaftlichen Betätigungen gefordert, dass die Erzielung und erst recht die Maximierung von Gewinnen nur zulässig sind, wenn jedwede Gefährdung von Mensch und Natur grundsätzlich und nachweislich ausgeschlossen wird."[19]

Dass alle Staatsgewalt im Kapitalismus vom Volk ausgeht, daran hegten Karl Marx und Friedrich Engels im *Manifest der Kommunistischen Partei* berechtigte Zweifel. Für sie war, davon zeugen die folgenden Zeilen, der kapitalistische Staat ein Konstrukt zur Durch-

---

[18] Vgl. Matera, Elena: Belastungsgrenzen sind überschritten, Berliner Zeitung, 25.01.2022, S. 22.
[19] Schäfer, Michael: Autorendefinition Daseinsvorsorge, Gabler Wirtschaftslexikon, https://wirtschaftslexikon.gabler.de/definition/daseinsvorsorge-28469, Internetrecherche am 25.01.2022.

setzung der Interessen der Besitzer an den Produktionsmitteln: „Die Bourgeoisie [Synonym sind Kapital bzw. Eigentümer am Produktivvermögen – Anm. der Autoren] [...] erkämpfte sich endlich seit der Herstellung der großen Industrie und des Weltmarktes im modernen Repräsentativstaat die ausschließliche politische Herrschaft. Die moderne Staatsgewalt ist nur ein Ausschuss, der die gemeinschaftlichen Geschäfte der ganzen Bourgeoisklasse verwaltet."[20]

Diese Bewertung basiert auf den Analysen, die die Autoren des Manifests gründlich und obendrein mittendrin, in England, vorgenommen haben. Sie waren Augen- und Ohrenzeugen der Etablierung der neuen Gesellschafts- und Wirtschaftsordnung im Mutterland des Kapitalismus. Die Rolle des Staates war nicht anders als in allen vorherigen Gesellschaftsformationen. Das Sagen hatten immer jene, die die wirtschaftliche Macht hatten. Das war ein Muss, denn diese ökonomischen Potenziale konnten sich nur in dieser Konstellation optimal gewinnbringend entfalten. War das nicht gewährleistet, haben die wirtschaftlich Mächtigen an den Scheitelpunkten von Gesellschaftsordnungen mit Revolutionen dafür gesorgt, dass der Gleichklang hergestellt wurde. So hat die Bourgeoisie den Adel mitsamt Feudalstaat im besten Falle zur schmückenden „Deko" gemacht. Dafür stehen bis heute Monarchien wie in Großbritannien, den Niederlanden oder Dänemark. Die Monarchen werden aus Steuergeld alimentiert und dürfen die Repräsentanten des Kapitals beim Antritt ihrer Regierungsgeschäfte schmückend begleiten.

Zum Verständnis des modernen Kapitalismus in der etablierten Wirtschaftswissenschaft haben wir bei Ulrike Herrmann[21] folgendes gelesen: „Der Mainstream der weltweit meinungsbildenden Ökonomen vertritt" laut Herrmann „eine Theorie, in der der heutige, der globale Kapitalismus gar nicht vorkommt. Es sei eine Theorie ohne Großkonzerne, ohne Produktion, ohne Kredite – ja ohne Geld. Zu dieser Neoklassik zählten sich etwa 85 Prozent der Ökonomen."[22]

Kritiklos werde zum Beispiel unterstellt, dass der Freihandel grundsätzlich effizient sei. In jedem Lehrbuch werde Ricardos[23] Theorie der komparativen Kostenvorteile ausbuchstabiert. Aber Ricardo lebte in einer Zeit, als es nur kleine Firmen gab. Er hätte sich niemals vorstellen können, dass 200 transnationale Konzerne etwa 10 Prozent der gesamten weltweiten Wirtschaftsleistung produzieren. „Geschätzte 50 Prozent des globalen Handels finden nicht mehr zwischen den Ländern statt – sondern innerhalb von grenzüberschreitenden Großkonzernen."[24]

---

[20] Marx, Karl; Engels, Friedrich: Manifest der Kommunistischen Partei, in MEW, Band 4, Dietz Verlag, Berlin, 1975, S. 464.

[21] Herrmann, Ulrike: Kein Kapitalismus ist auch keine Lösung. Die Krise der heutigen Ökonomie oder Was wir von Smith, Marx und Keynes lernen können, Piper, 3. Auflage, 2021.

[22] Kein Kapitalismus, ebenda, S. 232.

[23] Gemeint ist David Ricardo (1772–1823). Der Brite zählt zu den wichtigsten Vertretern der klassischen Nationalökonomie. Für Karl Marx waren die Werke von Ricardo und Adam Smith die wichtigsten Quellen für die Entwicklung seiner Kapitalismustheorie.

[24] Kein Kapitalismus, ebenda, S. 239.

Dass das Kapital heute fast nach Belieben schalten und walten könne, zeigt Ulrike Herrmann an zwei Beispielen. Das eine sei der Derivatehandel. Diese Transaktionen sind weltweit in den dafür relevanten Staaten zugelassen. Seit 1982 durften auch Terminkontrakte auf Aktien abgeschlossen werden, obwohl dies volkswirtschaftlich nutzlos sei und allein der Spekulation diene. Und nun kommt der Beleg für die Rolle der Staaten: Auch nach der weltweiten Wirtschafts- und Finanzkrise 2007/2008 – verschuldet durch gigantische ungedeckte Spekulationen – ging das „Spiel" trotz der politischen Schwüre, das Finanzkapital zu zügeln, munter weiter. „Im ersten Quartal 2017 betrug der Nominalwert der außerbörslich gehandelten Derivate 500 Billionen Dollar. Mit einer Absicherung von realen Geschäften realer Firmen haben diese Wetten nichts zu tun, denn die weltweite Wirtschaftsleistung betrug 2017 insgesamt nur rund 74 Billionen Dollar."[25]

Das zweite ist der hochgelobte Aktienhandel. „Von 1988 bis 2018 ist der deutsche Aktienindex DAX von 1000 auf knapp 12.500 Punkte (Februar 2018) gestiegen, hat sich also mehr als verzwölffacht. Doch die deutsche Wirtschaftsleistung hat sich im gleichen Zeitraum nominal nur verdoppelt. Auch die Aktienkurse bewegen sich in einer virtuellen Welt, die sich von Realität längst entkoppelt hat."[26]

Das irreale Spiel ging also weiter, obwohl es den Völkern und Ländern große Schäden zufügte und nur einer verschwindend geringen Minderheit nutzte, die sich aus den Superreichen und ihren Spekulanten formierte. Das ist Beweis genug, wessen Interessen die westlichen Staaten des Kapitals dienen. Aber Ulrike Herrmann hat ihrem Buch trotzdem den Titel „Kein Kapitalismus ist auch keine Lösung" gegeben. Ihre daraus zitierten Bestandsaufnahmen und der dialektische Titel stehen für das Dilemma, in dem auch wir uns befinden: Wir sehen keine realistische Alternative zu diesem Wirtschafts- und Gesellschaftssystem! Wir nehmen den aktuellen Status quo gleichwohl deprimiert zur Kenntnis. Ulrike Herrmann hat recht.

Der aktuelle und wegen seiner Dimension traurigste Beleg ist die 1:1-Transformation des Individualverkehrs von den Verbrennern zur E-Mobilität. Dass wir dafür im Kap. 6 den Begriff „Mogelpackung" verwendet haben, ist eigentlich eine unzulässige Verniedlichung.

Aber diese „Großtat" wird uns mit dem Hinweis auf die Schlüsselrolle der Autobauer für die deutsche Wirtschaft als patriotische Großtat serviert. Das zeigt, wem auch unser deutscher Staat letztlich dient, jedenfalls bis jetzt.

Der Zwang zur Umkehr um des Überlebens willen betrifft uns alle. Also wird's erstens an guten Ideen nicht mangeln. Zweitens werden solche Ratschläge auch aus den Reihen der Eigentümer kommen. Vor allem von den Klügsten. Deren Motivation hat gewaltige Schubkraft. Sie wollen weiter gutes Geld verdienen. Und dazu müssen sie überleben. Diese Kombination stimmt uns nach der Derivatedepression leicht optimistisch!

Unsere Prämisse gibt die Richtung vor. Ob diese eingeschlagen wird, dafür gibt es ein ebenso einfaches wie unbestechliches Kriterium: das berühmte „Cui bono?" – wer hat den

---

[25] Ebenda, S. 223.
[26] Ebenda, S. 224.

Vorteil, wem nutzt es? Den 99 Prozent der 7,8 Mrd. Erdbewohner oder einem Prozent der Eigentümer des Produktivvermögens?

Das Umsteuern zum Primat der Interessen der überwältigenden Mehrheit ist eine gewaltige Herausforderung. Sie ist nur zu bewältigen, wenn wir wörtlich nehmen, was in unserem Grundgesetz – ganz ähnlich auch in den Verfassungen der bürgerlich-demokratisch konstituierten westlichen Industrieländer – wie folgt formuliert ist: „Alle Staatsgewalt geht vom Volke aus. Sie wird vom Volke in Wahlen und Abstimmungen und durch besondere Organe der Gesetzgebung, der vollziehenden Gewalt und der Rechtsprechung ausgeübt."[27] Das bedeutet praktisch, dass Gesetze in den gewählten Parlamenten „gemacht" und nicht von der Exekutive vorgegeben, von den Repräsentanten des Souveräns – das ist das Volk – mehr oder minder „abgenickt" und von nicht immer ganz unabhängigen Gerichten interpretiert und manchmal auch verworfen werden. Die Dominanz von Exekutive und Judikative haben wir nicht überzeichnet. Das ist die Wirklichkeit, in Deutschland und im ganzen „Westen". Mit dieser Wertung schlagen wir das System nicht in Acht und Bann. Es ist das Beste, was wir auf unserem Erdenrund haben. Einiges muss korrigiert werden, ohne den Kapitalismus infrage zu stellen. Vor allem muss die Legislative wieder an die Spitze. Nur sie hat das Mandat des Souveräns, des Volkes. Deshalb müssen wir das System wieder vom Kopf auf die Füße stellen. Wenn alle Macht vom Volke ausgeht, dann sind erstens die Parlamente gemeint. Nicht die Weltwirtschaftsgipfel in Davos oder obskure Meetings der „Bilderberger".[28] Zweitens verliert die repräsentative Demokratie in den Gesellschaften des 21. Jahrhunderts immer mehr an Legimitation. Stichworte sind die immer geringere Beteiligung an Wahlen und die schwindende Bedeutung der Parteien. Welche Rolle Basisdemokratie spielen *muss*, haben wir im vorangegangenen Kapitel erläutert. Wie das organisiert werden könnte, lesen sie wenig später in diesem letzten Abschnitt des Buches.

Unser Befund zum Zustand unserer Demokratie ist übertrieben? Diese Bewertung haben wir am 27. Januar 2022 notiert. Am Tag zuvor tagte der Deutsche Bundestag zum ersten Austausch über die Einführung einer Impfpflicht zum Schutz vor dem Coronavirus. Das wurde Orientierungsdebatte genannt. Denn anders als *immer* stand kein Gesetzentwurf zur Diskussion, den die Ministerialbürokratie hinter verschlossenen Türen (wer sonst noch eingeflüstert oder gar die Feder geführt hat, weiß nur der Wind) aufgeschrieben hat. Die neue Bundesregierung hatte sich dazu bekannt, dass diese Entwürfe im Parlament erarbeitet werden sollen: partei- und fraktionsübergreifend, Entscheidung unter den verschiedenen Varianten ohne den üblichen Meinungs- und Abstimmungszwang in den Fraktionen in geheimer Abstimmung.

---

[27] Grundgesetz für die Bundesrepublik Deutschland, Deutscher Bundestag, Berlin, 2021, Artikel 20, Absatz 2, S. 29.
[28] Wer mehr und vor allem Seriöses zu diesem Stichwort lesen will, empfehlen wir folgendes Sachbuch: Wisnewski, Gerhard: Drahtzieher der Macht. Die Bilderberger – Verschwörung der Spitzen von Wirtschaft, Politik und Medien, Knaur Taschenbuch, München, 2010.

Bei diesem Plan tönten die Opposition und die große Mehrheit der Medien sehr laut und unisono, dass sich die Regierung vor der Verantwortung drückt.

Das, was sie geißeln, das ist (oder besser wäre) das einzige demokratische Verfahren. Wo sonst, wenn nicht im Deutschen Bundestag, werden Gesetze nicht nur verabschiedet, sondern auch gemacht. Wenn dazu Expertise aus den Ministerien gebraucht wird, dann wird sie unter Federführung der Abgeordneten und ihrer Ausschüsse beauftragt. Das Beispiel ist nicht einsam. Egal, an welchem Tag wir den Zustand der Demokratie nur hier in Deutschland beschrieben hätten, wir hätten immer einen eindeutigen Beleg dafür gefunden, dass sie nicht so funktioniert, wie sie muss!

> **Prämisse 3**
> Die gesellschaftspolitische Grundlage für die radikale Implementierung der Kreislaufwirtschaft ist die Vereinigung von Ökologie, Ökonomie und sozialer Gerechtigkeit unter dem Titel „Erneuerte Soziale Marktwirtschaft".

Zum Zusammenhang von Ökologie und Sozialem müssen wir zunächst semantische Ungereimtheiten beseitigen. Natürlich lautet unser Votum, dass Kreislaufwirtschaft und mithin auch der Stopp des von Menschen verursachten Klimawandels im Kapitalismus möglich sind, aber eingebettet in eine größere gesellschaftspolitische Diskussion. Zu diesem Plädoyer gehört auch unser neuer Begriff **„erneuerte soziale Marktwirtschaft"** – basierend auf unserem erweiterten Daseinsvorsorgeverständnis. Daraus leitet sich das Soziale direkt ab: Wenn nur solche wirtschaftlichen Betätigungen zulässig sind (bzw. sein sollen), die dem Menschen dienen, dann ist Ökologie integraler Bestandteil des Sozialen. Mithin ist die Forderung vor allem von einigen Politikern von Bündnis90/Die Grünen nach einer **ökologischen und sozialen Marktwirtschaft** zunächst ein „weißer Schimmel".

Es gibt aber ein dialektisches „Andererseits". Nämlich die auch transitive Verwendung des Begriffs Ökologie für alle Maßnahmen, mit denen der Zustand der Umwelt in allen Facetten positiv beeinflusst wird bzw. werden soll. Aus dieser Sicht ist Ökologie zum einen fester Bestandteil des Sozialen: Jede Aktivität, die nicht ökologisch ist, ist auch nicht sozial. Zum anderen ist sie auch Voraussetzung für eine soziale Gesellschaft. Das ist keine Wortklauberei, sondern die notwendige Unterscheidung zwischen dem definierten sozialen Status und Maßnahmen zu dessen Zielerreichung. Mit dieser semantischen Klarstellung machen wir deutlich, dass das Ökologische in unserem Begriff **„erneuerte soziale Marktwirtschaft"** enthalten ist.

Die französische Philosophin Corine Pelluchon illustriert und ergänzt unsere theoretisch entwickelte Sicht, indem auch sie zunächst auf das Soziale in der Ökologie hinweist. „Ökologie lässt sich nicht auf den Kampf gegen den Klimawandel und die Erosion biologischer Vielfalt reduzieren. Es geht auch darum, wie wir die Ressourcen und Lasten im Kampf gegen den Klimawandel aufteilen. Ökologie hat eine soziale Dimension. Sie zwingt uns, unsere Arbeitsweisen und unsere Produktionsmethoden zu ändern. Sie betrifft auf ganz existentielle Weise auch unsere Beziehungen zu anderen Lebewesen. Weil Ökologie Teil unserer Existenz ist, kann sie nicht außerhalb der Politik stehen. Wir dürfen Ökologie nicht politisieren – wir müssen Politik ökologisieren. Die emanzipatorische Kraft der Ökologie ist wichtig."[29] Pelluchon fordert eine neue Art der Politik auf Ebene der staatlichen **Normen**. „Sie lässt sich nicht einfach auf den Abbau von Ungleichheiten beschränken. Wir müssen über Gerechtigkeit gegenüber künftigen Generationen und gegenüber Tieren sprechen. Ökologisches Denken erfordert eine anthropologische Revolution dahingehend, wie wir unseren Platz in der Welt und in der Natur verstehen. Daher kann unsere Denkweise nicht von Neoliberalen gepachtet oder von Profit, Herrschaft und Wettbewerb geprägt sein. Diese Art des Denkens verwandelt alles – unsere Beziehung zur Natur, zu anderen Lebewesen, zur Politik, zur Arbeit – in eine Art Kriegszustand."[30]

Was daraus folgt? Wir brauchen Lösungen, die darauf basieren, dass wir in die Natur eingeschlossen, ein Teil von ihr sind und mit ihr in wechselseitiger Durchdringung leben. Diese Konzepte müssen auch die Wechselwirkungen der Natursysteme untereinander und mit den Sozialsystemen berücksichtigen. „Es gibt nicht zwei Krisen nebeneinander, sondern eine einzige und komplexe sozio-ökonomische Krise. Die Wege zur Lösung erfordern einen ganzheitlichen Zugang, um die Armut zu bekämpfen, den Ausgeschlossenen ihre Würde zurückzugeben und sich zugleich um die Natur zu kümmern […]. Daher ist eine Wirtschaftsökologie notwendig, die in der Lage ist, zu einer umfassenderen Betrachtung der Wirklichkeit zu verpflichten. Damit eine nachhaltige Entwicklung zustande kommt, muss der Umweltschutz Bestandteil des Entwicklungsprozesses sein und darf nicht von diesem getrennt betrachtet werden."[31]

Die Forderung nach einer **sozialen Transformation** zur Kreislaufwirtschaft steht innerhalb des Dreiklangs von Ökologie, Ökonomie und sozialer Gerechtigkeit im Zentrum. Die vielfältigen und komplexen Interaktionen dieser drei Faktoren können nicht mathematische modelliert werden. Deshalb brauchen wir, soll die Transformation gelingen, ein permanentes Austarieren. Dafür gibt es als Konstante nur das Primat des Sozialen.

Der soziale Aspekt hat derzeit nur bei den Maßnahmen Bedeutung, die den Klimawandel betreffen. Dabei liegt der Fokus auf den Themen CO_2 (Emissionshandel) und Energie (Erneuerbare Energien Abgabe – EEG – und Stromsteuer). Wir konzentrieren uns bei unseren Überlegungen ebenfalls auf die Transformation zu den „Erneuerbaren", weil hier der Endverbraucher direkt betroffen ist. Die Versuche, soziale Härten abzumildern, sind inkonsistent und bürokratielastig. Dafür stehen die aktionistischen Versuche, die weltweit stark steigenden Energiepreise vor allem für Verbraucher mit kleinen Arbeitseinkommen sozial abzufedern.

Ein Treiber der Preissteigerungen sind bekanntlich Abgaben, mit denen erneuerbare Energien gefördert und sparsamer Verbrauch stimuliert werden sollen. Dass parallel die

---

[29] Diez Georg: „Wir müssen Kritik postkolonialer und feministischer Denkerinnen ernst nehmen", Interview mit der französischen Philosophin Corine Pelluchon, Berliner Zeitung, 15./16. Januar 2022, S. 12 f.

[30] Ebenda. S. 12.

[31] Papst Franziskus: Laudato si, Über die Sorge für das gemeinsame Haus, Verlag Katholisches Bibelwerk, Stuttgart, 3. Auflage, 2015, S. 124–126.

Weltmarktpreise durch die Decke schießen, war nicht vorgesehen. „Konzepte" nach dem eindimensionalen „Aus A folgt B" sind das Gegenteil von Komplexität. Trotz dieser Erkenntnis folgen alle politischen Reparaturversuche diesem linearen Prinzip: Pauschale Einmalzahlungen, Sozialpreise, Appelle an die Anbieter von ganz billig bis zum „moralischen" Stadtwerk – nichts funktioniert richtig. Grundlegende soziale Disparitäten auf der großen Ebene der gesellschaftlichen Verteilung sind nicht mit „Zuschüssen" zu heilen. Das bläht die Sozialhaushalte weiter auf, packt das Übel aber nicht an der Wurzel. Zudem wird folgender Aspekt gar nicht berücksichtigt: Teil der explodierenden Energiepreise sind Steuern, Abgaben und Umlagen, derzeit stattliche 41 Prozent des Strompreises. Erhöht sich der Nettoanteil, so steigt auch der vom Staat kassierte Teil. Für ihn ist das eine willkommene Einnahme. Aber dieser Effekt ist doch gar nicht bezweckt. Andererseits ist es grundsätzlich richtig, mit Abgaben – das ist in dem genannten Paket in erster Linie die sogenannte EEG-Umlage, die zur Förderung der erneuerbaren Energien verwendet wird – auf einen sparsamen Ressourcenverbrauch einzuwirken. Im Sinne unseres erweiterten Verursacherprinzips ist das aber nur die zweitbeste Lösung, gerade bei Strom und Gas, die einem starken Wettbewerb unterliegen. Weil sich das Energiebeispiel sehr gut eignet, um bisherige praktische Umsetzungen kritisch zu beleuchten, dürfen wir dort noch einige Sätze verweilen. Im Jahr 2000 wurde unter Kanzler Gerhard Schröder zum ersten Mal der Ausstieg aus der Kernenergie zur Stromerzeugung – der sogenannte Atomkonsens – beschlossen. Wohl unter dem heftigen Druck der Betreiber der Kernkraftwerke (KKW), die ihre Extraprofite aus bereits abgeschriebenen Anlagen im Auge hatten, wurde der Beschluss im Jahr 2010 unter Kanzlerin Angela Merkel revidiert. Dieser einmalige Vorgang machte als „Ausstieg aus dem Ausstieg" Geschichte. Nach dem Reaktorunfall von Fukushima verkündete Angela Merkel schon einen Tag nach dem Super-GAU, dass sich Deutschland nun endgültig aus der Kernenergie als Energieträger verabschieden werde. Spätestens in diesem Jahr hätte zum kategorischen Nein zum Atom auch die gesetzliche Vorgabe formuliert werden müssen, dass in unserem Hochindustrieland in mehreren Etappen, z. B. 2020, 2030, 2040, der Anteil erneuerbarer Energien auf am Ende 80 Prozent steigen muss. Damit hätten die Energieunternehmen eine langfristig verlässliche Planungsgrundlage gehabt. Investitions- und Abschreibungszyklen bei Energieerzeugungsanlagen betragen im Regelfall 25–30 Jahre. Wenn man sich darauf verlassen kann, dass eine solche Vorgabe für solche Zeiträume eingehalten wird, dann hätten die Versorger ohne einen Euro an Subventionen dafür gesorgt, dass das 80-Prozent-Ziel erreicht wird. Sie wollen doch mit dem Verkauf von Strom Geld verdienen.[32] Das ist Marktwirtschaft!

Nach unserem Verursacherprinzip hätten die Eon, RWE & Co. im Jahr 2011 oder kurz danach laut unserer fiktiven gesetzlichen Vorgabe auch nachweisen müssen, dass die in Windrädern und Sonnenkollektoren verbauten Stoffe weitestgehend recycelt werden, wenn deren Leben beendet ist. Dafür wären die Betreiber verantwortlich gewesen. Statt-

---

[32] Leider hat die deutsche Energiepolitik der letzten Jahrzehnte immer wieder ihre Vorgaben in deutlich kürzeren Abständen als den genannten Investitionszyklen geändert und z. B. in Steinkohlekraftwerke investiert, die nach der Ausstiegsentscheidung 2011 plötzlich auf dem Index standen.

dessen wurde die EEG-Umlage, übrigens schon im Jahr 2000, „erfunden". Damit wurde der Weg ins neue Zeitalter der Erneuerbaren mit dem Geld aller Stromverbraucher gepflastert. Verbunden mit der Einspeisevergütung per Gesetz, ein Paradigmenwechsel zu den Erneuerbaren mit einer einmaligen Null-Risiko-Garantie für die involvierten wirtschaftlichen Akteure. Kein Wunder, dass EE-Anleihen schon zum Zeitpunkt ihrer „Geburt" überzeichnet waren. Das ist das Gegenteil von Marktwirtschaft!

Hätte man den privatwirtschaftlichen Weg beschritten, so wäre das mit großer Wahrscheinlichkeit mit stabilen Strompreisen gelungen. Denn der EE-Strom hätte mit den konventionellen Angeboten – national und international – konkurrieren müssen. Das hätten die Stromkonzerne hingekriegt. Druck auf die Hersteller der Windräder und Kollektoren, temporär „nur" marktübliche Verzinsungen (zwar ein Absturz, aber doch keiner in den Ruin). Wir hätten viele Milliarden Euro Subventionen gespart.

Und die Einflussnahme auf den Verbrauch über den Preis? Eine übersichtliche Ökoabgabe hätte das bewirkt. Die Einnahmen – deshalb Abgabe und nicht Steuer – hätte man benutzen können, um soziale Härten zu mindern. Den „Rest" hätte man beispielsweise in die öffentliche Grundlagenforschung für die Energieerzeugung der Zukunft kanalisieren können.

Dieses Szenario ist leider fiktiv. Real aber sind soziale Härten wegen der steigenden Energiepreise. Hier plädieren wir für die gerade erwähnte Ökoabgabe. Dazu könnte man die bisherige Stromsteuer umfunktionieren, deren Einnahmen erstaunlicherweise in die Rentenversicherungskasse fließen. Das ist zwar im Grundsatz zulässig, denn die Verwendung von Steuern hat mit der Quelle der Erhebung nichts zu tun. Aber abwegig dürfen wir das bei einem Produkt, das im Zentrum der Energiewende liegt, schon nennen. Die EEG-Umlage gehört abgeschafft. Bei mehr Steuergerechtigkeit durch die stärkere Belastung der besonders Reichen können wir evtl. noch nötige öffentliche Mittel aus dieser Quelle finanzieren.

Beim Stichwort Energie ein kurzer Einschub, der dem 2. Februar 2022 gewidmet ist. An diesem Tag hat die EU-Kommission Erdgas und die Kernkraft mittelfristig als förderwürdige ökologische Energien eingestuft.[33] Der heftige Disput zu dieser Entscheidung wäre sachlicher, hätte man mit Beginn der Ära der Atomkraftwerke unser erweitertes Verursacherprinzip angewendet. Dann wäre klar, dass die Verursacher, die Energiekonzerne, für den nuklearen Abfall zuständig sind. Für die Beseitigung/Verwertung und für alle Kosten. Beweisen können wir es nicht. Aber wir sind uns sicher, dass wir heute nicht über hoch radioaktive Brennelemente reden würden, die hunderttausende von Jahren sicher verwahrt werden müssen. Stattdessen hätte die Atomwirtschaft längst eine Technologie entwickelt, mit der aus den Uranstäben – in den KKW werden gerade 3–5 Prozent des radioaktiven Materials energetisch verwertet – das nicht genutzte Uran zurückgewonnen

---

[33] Wir verweisen auf unsere in Kap. 5 niedergelegte differenzierte Sicht zur künftigen Nutzung der Kernenergie. Dort haben wir diese Option bejaht, aber mit viel weitreichenderen Prämissen als die Kommission.

und wieder in den Kreislauf gebracht worden wäre.[34] Statt des Paradebeispiels für die Privatisierung von Gewinnen und der Sozialisation der Verluste (denn die Gesellschaft trägt für die Zwischen- und Endlager den Löwenanteil der Kosten) hätten wir eine Sternstunde der Kreislaufwirtschaft erlebt. Wegen des weitgehenden Wegfalls der Langzeitlagerung verbrauchter Brennelemente könnten wir entspannter und objektiver über den Platz von Atomstrom im künftigen Energiemix diskutieren.

Weil unser erweitertes Verursacherprinzip leider nicht angewendet wurde, hatten die KKW-Betreiber keinen Grund, sich ums Recycling zu kümmern. Neues Uran war auf dem Weltmarkt billiger. So funktionieren Marktwirtschaft und mithin Kapitalismus, wenn keine strengen Regeln zur Durchsetzung ökologischer Ökonomie erlassen werden.

Der oben skizzierte und leider fiktive Weg zur sozialverträglichen Transformation zu den „Erneuerbaren" wurde vermutlich nicht einmal diskutiert. Schade, denn diese Option hätte den Betroffenen, den rund 18 Prozent der arbeitsfähigen Menschen in Deutschland, die als Vollbeschäftigte unter und entlang der Armutsgrenze zu verorten sind, genützt. Addiert man dazu die Empfänger von Zuwendungen nach Sozialgesetzbuch II und ähnlichen Kategorien landen wir bei gut 25 Prozent der Erwachsenen. Für dieses sozial schwache Klientel wurden und werden stattdessen Zuwendungssysteme mit unfassbarem Bürokratieaufwand etabliert, an denen permanent justiert wird, weil Einflüsse wie die steigenden Energiepreise nicht vorgesehen sind.

Auch in anderen westlichen Industrieländern wird wegen sozialer Schieflagen an falschen Stellschrauben gedreht. Im Blick sind die Auswirkungen, aber nicht die Ursachen für die strukturelle Ungerechtigkeit bei der Verteilung des gewaltigen Reichtums dieser Gesellschaften. Das Herumdoktern an Symptomen hat System. Es ist kein Zufall, dass in erster Linie die Masse der Steuerzahler – abhängig Beschäftigte, kleine und mittlere Selbstständige – zur Kasse gebeten werden. Die großen Vermögen bleiben außen vor. Da die Armut tendenziell wächst, erhöht sich die Belastung derer, die sich nicht wehren können, weil die Steuern und Abgaben vor der Auszahlung von Lohn und Gehalt abgezogen werden. Das ist die eine Ungerechtigkeit. Eine andere fatale Folge wird zumeist übersehen. Der hohe Anteil an Sozialleistungen in den Bundeshaushalten mindert seit Jahrzehnten die öffentlichen Investitionen. Das Ergebnis ist allerorten zu besichtigen. Es sind die sozial Schwachen, die unter diesem Investitionsstau am meisten leiden. Sie sind auf die unzureichende ÖPNV-Infrastruktur angewiesen. Sie wohnen in schlecht sanierten Problemkiezen und ihre Kinder bevölkern die Schulen mit kaputten Toiletten, undichten Fenstern und mangelhafter IT-Ausstattung.

Wir schreiben hier über die soziale Dimension der Transformation zur Kreislaufwirtschaft. Die derzeit praktizierte Korrekturmethode mit dem Fokus auf einkommensschwache Bürger muss beendet werden. Die Disparitäten bei der Allokation von Einkommen und Vermögen, also die *strukturelle* Ungerechtigkeit, die weiter zunimmt, können nur via Primärbesteuerung deutlich reduziert werden. Das zeigt der aktuelle Ungleich-

---

[34] Im Kap. 5 hatten wir über eine neue Generation von Kernkraftwerken berichtet. Im Labor- und Pilotstadium konnte eine energetische Nutzung des Urans im Bereich von 90 Prozent gezeigt werden.

heitsbericht von Oxfam.[35] Demnach verfügen etwa 2000 Milliardäre über mehr Vermögen als 60 Prozent der Weltbevölkerung. Zudem hat sich die Zahl der Milliardäre seit der Finanzkrise 2008 fast verdoppelt.

Während sich der Reichtum der weltweit zehn reichsten Milliardäre seit 2008 auf 1,12 Billionen Dollar verdoppelt hat, hat sich in diesem Zeitraum laut der Oxfam-Studie vom 17. Januar 2022 die Zahl der Menschen in Armut um weitere 160 Mio. Menschen erhöht. Es dauerte nur neun Monate, bis das Vermögen der reichsten 1000 Milliardäre, hauptsächlich weiße Männer, nach anfänglichen Einbußen den Stand von vor der Coronakrise erreicht hatte. Für die ärmsten Menschen der Welt werde die Erholung über ein Jahrzehnt dauern.[36]

Auch in Deutschland habe die Konzentration der Vermögen weiter zugenommen. Hierzulande hätten die zehn reichsten Personen ihr kumuliertes Vermögen von 144 Mrd. Dollar auf etwa 256 Mrd. gesteigert, sagt der Bericht, der unter dem Titel „Ungleichheit tötet" veröffentlicht wurde. Dies sei ein Anstieg um fast 40 Prozent.[37] In Österreich und Deutschland besitzen die reichsten 10 Prozent mehr als 50 Prozent des Nettovermögens.

„Laut aktuellem Armutsbericht des Wohlfahrtsverbandes stieg die Armutsquote in Deutschland auf ein Rekordniveau. 16,1 Prozent der Menschen sind bundesweit von Armut betroffen. Spätestens die Pandemie hat uns gezeigt: Armut ist kein individuelles Versagen und auch kein genetischer Defekt. Sie ist ein strukturelles Problem. Eigentum, Zugang zu Ressourcen, Bildung. Diese Faktoren entscheiden, wer welche Ansprüche an das Leben stellen kann."[38]

Die Zunahme der Disparitäten ist ökonomisch und mathematisch gesetzmäßig. Selbst bei identischen Verzinsungen auf Riesenvermögen und kleine Ersparnisse sind 3 Prozent von einer Milliarde nun mal mehr als für 10.000 Euro. Zudem repräsentieren die in Rede stehenden großen Vermögen gewaltige Wertschöpfungspotenziale mit ganz anderen Renditen, als sie der Kleinanlieger mit einem konservativen Rentenfonds erzielt. Die Ausbeutung des doppelt freien Lohnarbeiters ist auch im 21. Jahrhundert die einzig relevante Quelle für Reichtum. Wer ein Buch mit Karl Marx auf dem Cover schreibt, muss auf diese Kernwahrheit des Kapitalismus hinweisen. Unser Kronzeuge ist der französische Wirtschaftswissenschaftler Thomas Piketty. In seinem 2014 in Deutschland erschienenen Buch *Das Kapital im 21. Jahrhundert* knüpft er an die grundlegenden Analysen von Karl Marx an und setzt sie für das 21. Jahrhundert fort. Er belegt das Fortbestehen der wesentlichen

---

[35] Oxfam ist ein internationaler Verbund verschiedener Hilfs- und Entwicklungsorganisationen. Oxfam arbeitet laut eigener Aussage weltweit dafür, dass sich Menschen in armen Ländern nachhaltige und sichere Existenzgrundlagen schaffen können, Zugang zu Bildung, gesundheitlicher Versorgung, Trinkwasser und Hygieneeinrichtungen sowie Unterstützung bei Krisen und Katastrophen erhalten. Ein weiteres wichtiges Ziel ist Geschlechtergerechtigkeit. https://de.wikipedia.org/wiki/Oxfam, Internetrecherche am 25.01.2022.

[36] https://www.zeit.de/news/2022-01/17/oxfam-corona-pandemie-verschaerft-soziale-ungleichheiten, Internetrecherche am 18.01.2022.

[37] Die Kluft wird größer, Berliner Zeitung vom 18.01.2022, S. 6.

[38] Tröger, Mandy: Armut und Armutszeugnis, Berliner Zeitung vom 18.01.2022, S. 6.

Merkmale des Kapitalismus auch im Zeitalter von Globalisierung, Digitalisierung und weiterwachsenden regionalen Disparitäten in der Wertschöpfung. Er widerlegt jene Aussagen, die das Hier und Heute mit den Attributen postindustriell und postkapitalistisch beschreiben.

Piketty verknüpft die marxsche Mehrwerttheorie mit den grundlegenden wissenschaftlichen Erkenntnissen zum Wirtschaftswachstum und zur Einkommensverteilung und leitet daraus seine Kernthese ab, wonach Ungleichheit ein *notwendiges* Merkmal des Kapitalismus sei. Die dramatisch wachsende – der Autor bezeichnet sie sogar als exzessiv – Ungleichheit in dieser Wirtschaftsordnung könne nur durch Regulierungsmechanismen gelöst werden. Ansonsten würde die demokratische Grundordnung, also das kapitalistische System, gefährdet. Wolle man es reformierend bewahren (das ist unsere Intention), sei dafür das zentrale Instrument die Steuerpolitik. Piketty fordert eine jährliche, progressive Vermögensteuer von bis zu 2 Prozent und eine progressive Einkommensteuer mit einem Spitzensatz von 80 Prozent. Dass dies gerecht sei, begründet er wie schon Marx damit, dass die ungleiche Verteilung auf dem Fortbestand von Ausbeutungsverhältnissen basiert. Der 1971 im französischen Clichy geborene Piketty lehrt als Professor an der École d'Économie de Paris und der École des Hautes Études en Sciences Sociales (EHESS). Bereits im Alter von 22 Jahren wurde er mit einer Arbeit über Umverteilung promoviert. Danach, von 1993 bis 1995, lehrte er als Assistant Professor am weltberühmten Massachusetts Institute of Technology (MIT).

Mit *Das Kapital im 21.Jahrhundert* gelangte Piketty in die erste Reihe der weltweit angesehensten Wirtschaftswissenschaftler. Der über alle Lager gerühmte Paul Krugman bezeichnete es in der *New York Times* als „das wichtigste Buch des Jahres 2014, vielleicht des Jahrzehnts"[39]. Branko Milanovic von der Weltbank sieht darin „einen Wendepunkt in der ökonomischen Literatur" und für Steven Pearlstein, Kolumnist der *Washington Post*, ist das Werk der „Triumph der Wirtschaftsgeschichte über das theoretische, mathematische Modellieren, das in den letzten Jahren die Ökonomie dominierte".

Die über den ganzen Globus verbreiteten Aussagen Pikettys basieren in erster Linie auf der Auswertung von Einkommensstatistiken aus den vergangenen drei Jahrhunderten. Die Befunde Pikettys haben damit eine solide empirische Grundlage. Nobelpreiswürdig ist der erstmalige Nachweis, dass Wirtschafts- und Finanzkrisen jene begünstigen, die über Vermögen verfügen. Bei geringem Wirtschaftswachstum in Phasen der Rezession stagnieren die Löhne, während die Vermögen weiterwachsen.

Im Durchschnitt und inflationsbereinigt habe das Wirtschaftswachstum in den letzten drei Jahrhunderten pro Jahr rund 1,5 Prozent betragen. Im gleichen Zeitraum seien laut Piketty die Vermögen um durchschnittlich 4,5 Prozent vor Steuern gestiegen. Auch für den Nichtökonomen ist plausibel, dass ab einer bestimmten Vermögensgröße diese Werte diversifiziert und damit weniger krisenanfällig angelegt werden können. Da dieses Kapital zumeist vererbt werde, wüchsen die Disparitäten generationsübergreifend, wie der Autor belegt.

---

[39] https://unternehmerinkommune.de/rezensionen/das-kapital-im-21-jahrhunder

Wissenschaftliche Anerkennung hat Piketty auch für sein zweites großes Werk bekommen, das 2019 in der französischen Erstausgabe und 2020 in deutscher Übersetzung unter dem Titel *Kapital und Ideologie* erschienen ist. Gegenstand ist der Zusammenhang zwischen den jeweils bestehenden Eigentumsverhältnissen einerseits und den vorherrschenden ideologischen und politischen Strömungen andererseits. Mit diesem Anspruch musste Piketty die Analyse in den Sklavenhaltergesellschaften ab der Antike beginnen und in der Jetztzeit beenden.

Seine daraus abgeleitete Kernforderung lautet, das Eigentum sozialer zu machen. Das ist auch der wesentliche Inhalt des Begriffs **erneuerte soziale Marktwirtschaft,** den wir in diesem Buch geprägt haben. Piketty fordert Mitbestimmung und Sozialföderalismus.

Nach Piketty muss der Paradigmenwechsel bei der Allokation von Einnahmen und Vermögen in erster Linie in der starken progressiven Besteuerung von Eigentum bestehen. Nur so würden eine „allgemeine" Kapitalausstattung für jedermann und permanente Güterzirkulation ermöglicht. Ergänzend plädiert Piketty für ein System progressiver Einkommensbesteuerung und kollektiver Regulierung von CO_2-Emissionen. Damit ließen sich die Sozialversicherungen und das Grundeinkommen, die Ökologiewende und die Durchsetzung des gleichen Rechts auf Bildung finanzieren. Die Globalisierung müsse durch weltweit verbindliche Abkommen neu organisiert werden. Im Zentrum sollen quantitative Zielvorgaben für Sozial-, Fiskal- und Klimagerechtigkeit stehen.

Piketty geht es um eine *radikale* Reformation des kapitalistischen Wirtschaftssystems. Neuauflagen des „kommunistischen Desasters" schließt er grundsätzlich aus.

Die Analysen des Franzosen sind brillant. Aber auch Piketty bleibt (wie viele andere renommierte Kapitalismuskritiker) weitgehend schuldig, *wie* der Reformprozess in der notwendigen globalen Dimension, also mit universeller Einmütigkeit im Detail, umgesetzt werden soll. Was nutzt uns der Konsens zu allgemein beschriebenen Wegen? Erst bei der Umsetzung scheiden sich die Geister.

Dass die Welt ungerecht ist, wissen wir seit Jesus![40] Daran haben sich vermutlich auch einige der Superreichen erinnert, die sich in einem internationalen Bündnis namens „Patriotic Millionaires" versammelt haben. Das im deutschsprachigen Raum bekannteste Gesicht dieser über 100 Milliardäre und Millionäre ist die österreichischen BASF-Erbin Marlene Engelhorn. Spätestens seit Mai 2021 steht ihr Name für Klassenverrat und zwar der oberen Klasse. Die 29-jährige Germanistikstudentin aus Wien ist zukünftige Millionenerbin und will 90 Prozent ihres Erbes abgeben. Von Philanthropie à la Bill Gates hält sie nichts. Vermögen sei keine Privatangelegenheit, sondern eine demokratische. Deshalb müsse man sich bei der primären Umverteilung auf die oberen 10 Prozent der Vermögen konzentrieren. Mit diesem Ziel vernetzt sich Engelhorn mit anderen ihrer sozialen Klasse aus Deutschland, Österreich und der Schweiz. Ihr Ziel ist es, Möglichkeiten zu finden, wie

---

[40] Piketty, Thomas: Das Kapital im 21. Jahrhundert, C. H. Beck München, 8. Auflage, 2016; Piketty, Thomas: Kapital und Ideologie, C. H. Beck, München, 2020, vgl. dazu auch die Rezension zu beiden Büchern von Michael Schäfer im Blog UNTERNEHMERIN KOMMUNE; Lesetipps; Juni, 2020.

sie ihr Vermögen und ihre Klassenprivilegien für soziale Gerechtigkeit einsetzen können. „Die meisten von uns können sagen, dass ihr Vermögen während der Pandemie gewachsen ist, obwohl die Welt in den zwei Jahren immenses Leid durchgemacht hat. Aber nur wenige von uns können ehrlich sagen, dass wir unseren gerechten Anteil zu den Steuern beigetragen haben."

Das steht in einem offenen Brief dieser „Patriotischen Millionäre", der am 19. Januar 2022 veröffentlicht wurde. Vorgeschlagen wird dort u. a. eine dauerhafte Vermögenssteuer für die Reichen. Mit dem Geld, geschätzte 2,5 Billionen Dollar pro Jahr, könnten 2,3 Mrd. Menschen aus der Armut geholt werden.[41]

Ähnliche Einsichten hat auch der Milliardär und erfolgreiche Investor Warren Buffett zum Besten gegeben. Er räumt ein, dass er seinen Reichtum nur erlangen konnte, weil er in den USA geboren wurde, dort auch lebt und Geschäfte macht. „Ich persönlich glaube, dass ich mein Einkommen zu einem wesentlichen Teil der Gesellschaft zu verdanken habe. Würde man mich irgendwo in Bangladesch oder Peru aussetzen, würde man schnell feststellen, wie wertlos mein Talent in der falschen Umgebung ist. Ich würde nach dreißig Jahren immer noch ums Überleben kämpfen."[42]

Der Kreis der Wortmeldungen schließt sich in Berlin. Dort wurde am 22. Januar 2022 Friedrich Merz zum neuen Vorsitzenden der Bundes-CDU gewählt. Auf einem digitalen Parteitag und mit 95 Prozent der Delegiertenstimmen. Ein unerwartet klares Votum. In seiner Rede überraschte er mit Aussagen zu seinem Staatsverständnis, die dem neoliberal etikettierten Politiker kaum jemand zugetraut hat: „Die Sozialpolitik ist nicht der Reparaturbetrieb des Kapitalismus. Das Soziale ist konstitutiver Bestandteil unserer marktwirtschaftlichen Ordnung", so Merz. Das alte Versprechen der christlichen Soziallehre und der evangelischen Sozialethik, nämlich die Beteiligung der Arbeitnehmerinnen und Arbeitnehmer am Produktivkapital unserer Volkswirtschaft, sei bis heute uneingelöst. Die CDU stehe vor einer Neuauflage von „Wohlstand für alle".[43]

Kommen Thomas Piketty, die „Patriotischen Millionäre", Warren Buffett und Friedrich Merz bei der Transformation zur Kreislaufwirtschaft unter einen Hut? Unter der Annahme, dass alles ernst gemeint ist, sehen wir jedenfalls viele Übereinstimmungen. Auf dieser Grundlage könnte als Erstes begonnen werden, Verteilungsgerechtigkeit im globalen Maßstab zu organisieren. Die Metapher des dicken Brettes, das man durchbohren muss, ist für diese Aufgabe nicht stark genug. Es ist mehr die Besteigung des Mount Everest ohne Sauerstoff mit anschließender Mondlandung auf einen Ritt. Immerhin: Beides allein wurde schon geschafft!

---

[41] https://www.fr.de/zukunft/storys/arm_reich/marlene-engelhorn-millionenerbin-tax-me-now-umverteilung-was-wuerdest-du-machen-90971520.html, Internetrecherche am 20.01.2022; Schlüter, Christian: Reiche für Reichensteuer, Berliner Zeitung vom 19.01.2022.

[42] Herrmann, Ulrike: Kein Kapitalismus ist auch keine Lösung. Die Krise der heutigen Ökonomie oder Was wir von Smith, Marx und Keynes lernen können, Piper, 3. Auflage, 2021, S. 235.

[43] Otto, Ferdinand: Der CDU-Chef entdeckt das Produktivkapital, Zeit Online, 22.01.20220; Internetrecherche am 24.01.2022.

Es geht darum, Eigentum und Einkommen so umzuverteilen, wie es Piketty vorgeschlagen hat. Wenn das gelingt, sind die beiden weiteren Aspekte – Chancengerechtigkeit und Leistungsgerechtigkeit – fast ein „Kinderspiel". Denn dann haben die heute Armen (jedenfalls in der großen Mehrheit) so viel Geld im Portemonnaie und auf der hohen Kante, dass ihre Kinder mit gleichen Chancen an einem guten Bildungsangebot teilhaben können. Dann liegt es „nur" noch am Talent und am individuellen Wollen, ob Universitäten und berufliche Ausbildungen gut absolviert werden. Dann sind die Voraussetzungen für alle vergleichbar, und der Wettbewerb bei der Erbringung von Leistungen ist fair.

Unterhalb dieser grundsätzlichen Forderung nach Umverteilung gibt es aber noch die sozial-emotionale Akzeptanzebene, die in der Diskussion zu wenig oder zu einseitig belichtet wird. In ihrem 2021 erschienenen Buch *Die Selbstgerechten* weist Sahra Wagenknecht darauf hin, dass die weniger Begünstigten mit zunehmender Aversion reagieren, sobald auch nur das Wort Klima falle. Denen entgehe es nicht, dass „die hochtrabende Weltrettungs-Rhetorik am Ende nur darauf hinausläuft, dass ihre Heizung, ihr Strom, ihr Essen und ihre Urlaube noch teurer werden sollen. Für diese Klientel bleibe auch das schicke E-Auto trotz Staatssubventionen unerschwinglich. „Auch dass die Veganer-Bewegung unseren Planeten erlöse, scheint unwahrscheinlich. Wenn die Methanausdünstungen heimischer Kühe durch die schwarzen Rauchschwaden zusätzlicher schwerölgetriebener Containerschiffe ersetzt werden, die gefüllt mit Soja, Reisprotein, Amaranth und Quinoa die Weltmeere kreuzen, dürfte der Effekt eher gegenteilig sein. Auch scheint schwer vorstellbar, dass Enten und Hühnchen das Klima mehr belasten als industriell hergestellte, hochverarbeitete Fleischersatzprodukte, über deren CO_2-Bilanz man auffällig wenig liest."

Was wenige Sätze später folgt, sind erstens ein klares Bekenntnis von Sahra Wagenknecht zur Kreislaufwirtschaft und zweitens interessante Anregungen für ein neues Verständnis von Wachstum: „Es stimmt, dass wir kein Wachstum in dem Sinne brauchen, dass mit den heutigen Technologien immer mehr produziert werden sollte. Schon ein globales Weiter-so auf dem heutigen Level wäre tödlich." Man könne aber nicht annehmen, dass die ärmeren Regionen ein Einfrieren ihrer Konsumtion auf heutigem Niveau akzeptieren. Deshalb benötige man auch in Zukunft Wachstum, allerdings anders als in der Vergangenheit. „Ein Wachstum, das nicht auf Verschleiß setzt, sondern auf langlebige Konsumgüter, deren Materialien anschließend möglichst komplett wiederverwendet werden können. Ein Wachstum, das auf neuen Technologien beruht, mit denen wir das Zeitalter des Raubbaus an unseren natürlichen Lebensgrundlagen und der Verfeuerung fossiler Brennstoffe beenden können. Schlüssel für eine umweltverträgliche Ökonomie sind folgerichtig nicht Anreize für Verzicht, sondern wirtschaftliche Innovation."[44]

> **Prämisse 4**
> Die Transformation zur Kreislaufwirtschaft muss auf einem ausgewogenen Mix aus Freiwilligkeit, dem Einsatz ökonomischer Hebel und politischer Regulierung basieren.

---

[44] Wagenknecht, Sahra: Die Selbstgerechten, Campus, Frankfurt am Main, 2021, S. 284 f.

Den Namen Walter Benjamin haben Sie schon gehört. Aber viel mehr gibt das verblasste Abiturwissen nicht her? So ist es jedenfalls uns ergangen. Dann haben wir in der legendären Buchhandlung von Knabes Jugendbücherei am Weimarer Markt *Die Säufer der Philosophie* entdeckt. Mit Marx auf dem Titel. Wir haben das Buch gedreht. Dann hieß es – mit dem Bild von Simone de Beauvoir – *Die Säuferinnen der Philosophie*.[45] Was vorn und was hinten ist, haben wir bis heute nicht erschlossen. Wir ignorieren *mannhaft* den zu erwartenden Shitstorm und zitieren „nur" den Herrn, Walter Benjamin. Schuld sind die Verleger. Sie präsentieren nämlich sieben saufende Philosophen, aber nur vier saufende Philosophinnen. Bei 7:4 mussten wir für uns für den Mann entscheiden. Natürlich hat es auch inhaltlich gepasst: „Der Begriff des Fortschritts ist in der Idee der Katastrophe zu fundieren. Dass es so weiter geht, ist die Katastrophe."[46] Dieser Satz stammt von Walter Benjamin (1892–1940). Der Philosoph bezog sich dabei auf die im 19. Jahrhundert in den großen Städten gebauten Passagen. Diese waren für ihn mit ihrer üppigen und luxuriösen Zurschaustellung von Waren das Symbol schlechthin für den Konsumdruck des Kapitalismus. Die lineare Weiterentwicklung dieses Besitz- und Kaufwahns, apostrophiert als Fortschritt, wäre für ihn besagte Katastrophe gewesen.

Die Passagen waren für ihn stets mehr als nur Konsumtempel. Benjamin wollte „raus aus der kapitalistisch strukturierten Moderne". Dabei war für ihn entscheidend, dass alles, was es für eine neue Gesellschaft braucht, schon in der bestehenden angelegt ist – in gewisser Weise brauche es also gar nichts Neues. Aus dieser Perspektive ist die NochMall der Berliner Stadtreinigung, die wir im fünften Kapitel vorgestellt haben, der kapitalistische Konsumtempel der Nachhaltigkeit, also ein *echter* Fortschritt.[47]

Das „Es geht alles so weiter", und dies sei der Fortschritt, ist eines der größten Hindernisse für den Sieg der Kreislaufwirtschaft. Dass der erlauchte Zirkel der Weltökonomie zu 85 Prozent aus „Wissenschaftlern" besteht, die ihre Prognosen für heute und morgen aus den Kapitalismusanalysen von Ricardo und Smith des 19. Jahrhunderts ableiten, haben Sie gerade von Ulrike Herrmann gehört. Es muss nicht wundern, dass diese Experten – vorwiegend Männer – Bücher wie das mehrfach erwähnte *Grenzen des Wachstums* aus dem Jahr 1972 ignorieren. Hätten sie es gelesen, gäbe es unter ihrer Ägide Dutzende kluger Doktorarbeiten, aus den wir zitieren könnten, wie eine Welt gut existieren und sich entwickeln kann, wenn Wachstum in seiner *qualitativen* Dimension der Treiber ist. Die fehlenden Dissertationen können wir mit diesem Buch nicht kompensieren. Aber ein paar Gedanken wollen wir zu Papier bringen. Hoffentlich gibt es noch ehrgeizige, hochintelligente, kreative und zum Sprengen von Systemen fähige Doktoranden, die den Verlockungen der freien Wirtschaft widerstehen und den bitteren Berufsweg über lausig besoldete befristete Anstellungen wählen. Solche Leute brauchen wir, sonst schreiben wir das Folgende für den Papierkorb:

---

[45] Fredrich, Benjamin (Hrsg.): Die Säufer der Philosophie/Die Säuferinnen der Philosophie, Katapult-Verlag, Greifswald, 2020.

[46] Ebenda, S. 194.

[47] Vgl. ebenda, S. 193.

Wir wissen aus der Menschheitsgeschichte, vor allem aber aus der über 200-jährigen Kapitalismushistorie, dass die Befriedigung materieller Bedürfnisse über ein Grundniveau (Waren, Kultur, Bildung, Gesundheit usw.) hinaus kein dauerhaftes Wohlbehagen bringt. Der emotionale Kick beim Kauf eines neuen Kleidungsstückes wird immer kleiner und kurzlebiger, je kürzer die Frequenzen beim Erwerb sind. Das haben Psychologen bewiesen. Ebenso, dass bei Missachtung dieser Weisheit aus dem Kaufakt schnell ein Kaufrausch wird – ganz im Sinne der Wachstumsfetischisten. Aber welche emotionale Wucht kann sich im Gegensatz dazu entfalten, wenn nach dem fünften Nein eines Änderungsschneiders der sechste sagt, dass er den Lieblingspullover, der an den ersten Kuss einer langen und schönen Beziehung erinnert, wieder in Form bringt!

Aus der Antike wissen wir, dass Zivilisationen in ihren Blütezeiten bevorzugt ideellen Genüssen frönten: Denken war „in", ebenso lesen, die schönen Künste, Geselligkeit, gemeinsame freie Diskussionen über das Wohl und Wehe des Staatswesens in den Arenen. In diesen Zeiten hatte Eigentum einen angemessenen Platz. Angemessen, weil die in der Prämisse formulierte Sozialverpflichtung ganz selbstverständlich gelebt wurde:

> „Die Römer achteten sehr genau darauf, dass die Grundversorgung der Bevölkerung mit öffentlichen Dienstleistungen erste Priorität vor den Interessen Einzelner hat: Aus dem zentralen Wasserspeicher, der von einem Aquädukt gespeist wurde, gingen drei Leitungen ab: Die oberste für einige reiche privilegierte Privatabnehmer, die mittlere für öffentliche Anlagen (beispielsweise Bäder), die unterste für das Trinkwasser in den öffentlichen Straßenbrunnen. Bei Wasserknappheit versiegte zuerst die oberste Leitung für die Reichen und zuletzt die Leitung, die alle öffentlichen Brunnen für „Otto-Normalverbraucher" versorgte."[48]

Ein dritter und hier letzter Gedanke: Weniger Konsum in Frequenz und Volumen, stattdessen Projektion auf Qualität, Ästhetik, Langlebigkeit, Reparaturfähigkeit. Das schont nicht nur die Ressourcen, sondern ist auch gut für's Gemüt. Schöne Formen, vor allem aber verlässlicher Gebrauchswert – damit entstehen emotionale Beziehungen zu den Dingen. Nicht nur im „Schwabenland" können Sie noch Menschen finden, die mit glücklichen Augen von ihrem „Daimler" berichten, der nach zwei Jahrzehnten die Marke von einer Million Kilometer geknackt hatte, und dies mit Originalmotor und Getriebe. Die Kleinigkeiten, die sonst noch passierten, hat der tüchtige Kfz-Mechaniker in der Vertragswerkstatt *repariert*. Was im Regelfall nicht bedeutete, ganze Baugruppen auszutauschen, weil eine Feder gebrochen war …

Dass dies *überwunden* wurde, wurde als Fortschritt gefeiert. Das ist pervers. Wir müssen die Geschichte der Langlebigkeit „nur" revitalisieren. Vermutlich nicht eins zu eins, sondern mit einigen Modifikationen. Für das neue E-Auto mit dem Stern und dem Baujahr 2022 wird das leider nicht zutreffen. Auch wenn's bestritten wird, vermuten wir auch für dieses Modell eine limitierte Grenznutzungsdauer und Sollbruchstellen. Worauf wir hoffen? Auf einen E- oder Wasserstoffkombi, ausgeliefert 2025 an eine Sharingstation, der

---

[48] Schäfer, Michael: Kommunalwirtschaft. Eine gesellschaftspolitische und volkswirtschaftliche Analyse, Springer Gabler, Wiesbaden, 2014, S. 30.

trotz vieler Fahrer und einer Auslastung von 95 Prozent zehn Jahre später 2 Mio. Kilometer auf dem Tacho und keine Reparatur, sondern nur Wartungskosten „produziert" hat.

Diese neuen Erzählungen werden zum Symbol eines neuen Fortschritts. Aber sie schreiben sich nicht von allein. Sie folgen im besten Fall der optimalen Melange aus freiwilligem Handeln, kluger ökonomischer Stimulierung und langfristig verlässlichen ordnungspolitischen Rahmensetzungen. Wenn wir es richtig interpretieren, wird genau das von jenen erwartet, die wir gern und populistisch als raffgierige Eigentümer und willfährige Erfüllungsgehilfen pauschal in die Schäm-dich-Ecke packen. Diese pauschale Kapitalismuskritik ist schon sachlich falsch. Sie verprellt zudem viele Vertreter dieser Klasse, die den Fortbestand unserer Zivilisation zum Gegenstand ihres Denkens und Handelns machen.

Bei unseren Recherchen haben wir in einer seriösen Quelle gefunden, dass ein respektabler Teil dieser Menschen sogar für klare staatliche Vorgaben plädiert:

„Politische Interventionen können die Übernahme von Circular-Economy-Geschäftsoptionen beschleunigen [...]. 83 Prozent der von uns [gemeint sind die Autoren des Buches Wertschöpfung *statt Verschwendung* – Anm. der Autoren] befragten CEOs sind der Meinung, dass Regierungen und politische Kräfte für eine verstärkte Nachhaltigkeit mehr tun müssen als den privaten Sektor zu stärken. Rund 85 Prozent verlangen deutlichere politische und wirtschaftliche Signale für die Unterstützung umweltfreundlichen Wachstums. Und 81 Prozent glauben, dass die Regierungen einen politischen Rahmen für wirtschaftliche Entwicklung innerhalb der Grenzen von Umwelt- und Ressourcenbeschränkungen für die Weltwirtschaft schaffen müssen. Darüber hinaus erklärten 84 Prozent, dass klare globale Vereinbarungen und internationale Gesetze zum Klimawandel ihnen helfen würden, ihre Bemühungen zu verstärken. Kurz gesagt, die Unternehmensführer glauben, dass sie ohne eine größere behördliche Intervention auf globaler, nationaler und lokaler Ebene keine kollektive und transformative Wirkung erzielen können."[49]

Diese Sätze sollten in Lebensgröße und Sichtweite in allen Zimmern der Bundestagsabgeordneten an die Wand projiziert werden. Damit sie nicht vergessen, was sie in ihren Fraktionen und Ausschüssen auf den Weg bringen müssen. Unser Buch erscheint im Oktober 2022. Erste Entwürfe könnten also ab dem ersten Quartal 2023 im Bundestag behandelt werden.

> **Prämisse 5**
> Die globale Aufgabe Rettung der Schöpfung mittels der schnellstmöglichen Transformation zur Kreislaufwirtschaft impliziert den Zwang zur weltweiten Kooperation. Ohne Ansehen der Personen, der politischen Systeme und der staatlichen Konstrukte.

---

[49] Lacy, Peter; Rutqvist, Jakob; Buddemeier Philipp: Wertschöpfung statt Verschwendung: die Zukunft gehört der Kreislaufwirtschaft, Redline, München, 2015, S. 268.

Bei den meisten der seit Jahrzehnten stattfindenden staatlich-politischen Aktivitäten gegen die Umweltzerstörung, vorwiegend initiiert vom Westen, sehen wir folgende drei Merkmale: Erstens bewegen sie sich in den weltanschaulichen und ökonomischen Rastern, die sich mit dem Kapitalismus herausgebildet haben. Deshalb spielen auch bei Maßnahmen zum Wohl aller einseitige Vorteilsgewinnung, Machterhalt und -zuwachs eine dominierende Rolle. Zweitens sollen das letzte Wort die Guten haben, und die Guten, das ist der Westen. Drittens werden für diese Aktivitäten – einigen darf die gute Absicht nicht abgesprochen werden – in den allermeisten Fällen tradierte Strukturen genutzt. Vor allem deshalb, weil sie vom Westen geschaffen wurden und er deshalb – wen wundert's – dort das Sagen hat. Die für unser Thema wichtigsten Konstrukte sind die UNO mit dem durchaus einflussreichen Sicherheitsrat. Es folgen die Foren G7 und G 20, die Europäische Union (EU), die Weltbank, der Internationale Währungsfonds (IWF) und die alljährlichen Weltwirtschaftsgipfel in Davos, die Weltklimakonferenzen und last but not least die Münchner Sicherheitskonferenz.

Über jede einzelne dieser Organisationen und Foren existieren dutzende Bücher. Uns geht es aber nicht um die Details, sondern wir wollen grundlegende Überlegungen zur Schlagkraft darlegen. Deshalb konzentrieren wir uns exemplarisch auf die G7 und G20.

Die G7 (Gruppe der Sieben) wurde 1975 als informeller Zusammenschluss der bedeutendsten Industrienationen der westlichen Welt etabliert. Wichtigste Plattform sind regelmäßige (im Regelfall jährliche) Gipfeltreffen der Staats- und Regierungschefs.

Zum Gremium gehören Deutschland, Frankreich, Italien, Japan, Kanada, Großbritannien und die Vereinigten Staaten von Amerika. Die Europäische Kommission hat einen Beobachterstatus.

Die G7-Staaten repräsentieren 10 Prozent der Weltbevölkerung und 45 Prozent des weltweiten Bruttonationaleinkommens. Soweit die Fakten.[50]

Dass sich die wichtigsten westlichen Industrieländer in den Hochzeiten des Kalten Krieges und der Spaltung der Welt in zwei feindliche Blöcke informell regelmäßig trafen, um ihre Finanz-, Währungs- und Wirtschaftspolitik abzustimmen, ist logisch. Nichts dagegen, dass sie auch darüber berieten, wie sie ihre gewaltige Wirtschaftskraft im Kampf gegen das kommunistische System nutzen können. Aber das brach 1989/90 zusammen und der Westen jubelte öffentlich über Gorbatschows Plan für ein gemeinsames Haus Europa. Das wurde nie gebaut. Denn es wäre ein heterogenes Konstrukt geworden. Daran hatte der Westen kein Interesse. Er fühlte sich als Sieger. Es gab keinen Grund, auf Formate zu verzichten, mit denen der Kommunismus bezwungen wurde.

Mit diesen Instrumenten rückte der Westen Russland – wider alle Verabredungen im Zusammenhang mit dem am 12. September 1990 in Moskau abgeschlossenen Zwei-plus-Vier-Vertrag – militärisch auf die Pelle. Alle östlichen Nachbarn wurden NATO-Mitglieder. Damit kam das Militärbündnis an die russischen Landesgrenzen. Dies habe Moskau mit einer Unterschrift unter die NATO-Russland-Grundakte am 27. Mai 1997 in Paris völkerrechtlich akzeptiert. Diese Interpretation ist problematisch, denn sie negiert, dass diese

---

[50] Vgl. https://de.wikipedia.org/wiki/G7, Internetrecherche am 26.01.2022.

Vereinbarung in der Ära von Boris Jelzin zustande kam. Russland war unter seiner Führung weitgehend handlungsunfähig, es war schwach, zur Gegenwehr nicht fähig. Kein Vergleich mit dem Zustand des Landes bei den Zwei-plus-Vier-Verhandlungen.

Dass sich Russland 1998 der G7 zugesellen durfte, war aus heutiger Sicht nach der Unterschrift unter das Papier mit der NATO vermutlich in erster Linie eine symbolische Geste. Also kein ernsthafter Versuch, Strukturen aufzubrechen, die mit dem Ende des Kalten Krieges ihre Legitimation weitgehend verloren hatten. Nach der Annexion der Krim wurde Russland am 25. März 2014 aus dem illustren Zirkel eliminiert. Eine nachvollziehbare Reaktion des Westens. Vermutlich hat damit Russlands Rückzug aus der Weltgemeinschaft einen weiteren Impuls bekommen. Ein Mosaikstein in der „Logik" Putins, dass seine Missachtung des Völkerrechts damit legitimiert sei, dass sich der Westen nicht an Absprachen halte und Russland politisch und militärisch provoziere. Wir können es nicht oft genug wiederholen: Es gibt *keinen* Grund für das Führen von Kriegen und das Töten von Menschen!

Daraus folgt die Frage, wie wir im Kontext des Themas unseres Buches zu globalen Lösungen zur Rettung des irdischen Lebens kommen wollen, wenn wir an gestrigen Strukturen festhalten. Deren Geburtshelfer waren die Todfeindschaften von Staatengruppen im Kampf um die Weltherrschaft.[51]

Todfeindschaften, nukleare Fähigkeiten auf jeder Seite zur vielfachen Vernichtung allen Lebens – das können nicht die Fundamente sein, auf denen wir den *gemeinsamen* Kampf gegen die Erderwärmung und die Ressourcenvernichtung erfolgreich führen.

Nun zur G20 (Abkürzung für Gruppe der Zwanzig), die 1999 als informeller Zusammenschluss von 19 Staaten und der Europäischen Union etabliert wurde. Sie repräsentiert die wichtigsten Industrie- und Schwellenländer und soll dem Austausch über Wirtschafts- und Finanzfragen und weitere globale Themen (Klima, Frauenrechte, Bildung, Migration, Terrorismus) dienen.

In den G20-Staaten leben knapp unter zwei Drittel der Weltbevölkerung. Sie erwirtschaften über 85 Prozent des weltweiten Bruttoinlandsprodukts (BIP), bestreiten rund drei Viertel des Welthandels und sind für rund 80 Prozent der weltweiten CO_2-Emissionen verantwortlich.[52]

Im Gegensatz zum elitären und nahezu hermetisch abgeschlossenen G7-Forum erfüllt G20 nach Länderstruktur und den dazugehörigen politischen und ökonomischen Parametern nahezu ideale Voraussetzungen, um sich den großen Bedrohungsfragen zu widmen

---

[51] Für unsere Betrachtungen lassen wir jede Bewertung über gut oder böse, demokratisch legitimiert oder diktatorisch verfasst beiseite. Das sind für jede ernsthafte Debatte zulässige, zentrale Kategorien und Fragen. Für unsere Frage, in welchen kooperativen Strukturen wir die Welt retten können, spielen sie aber eine untergeordnete Rolle.

[52] Gruppe der zwanzig wichtigsten Industrie- und Schwellenländer – Wikipedia, https://de.wikipedia.org/wiki/Gruppe_der_zwanzig_wichtigsten_Industrie-_und_Schwellenl%C3%A4nder, Internetrecherche am 26.01.2022.

und zu verbindlichen Lösungen zu finden. Diese 20 Länder[53] haben zumindest im Grundsatz ähnliche Interessen, und vor allem tragen sie Verantwortung für 75 Prozent der höchst gefährdeten Menschheit.

Wir haben die unendlichen Palaver der Weltklimakonferenzen mit ihren fast 200 Teilnehmern vor Augen. Dort stehen die Gegensätze zwischen Erster und Dritter Welt, zwischen groß und klein zwischen arm und reich im Zentrum. Deshalb dominieren der Streit um die Kommata, die Rechthaberei oder die Ängste der Kleinen, von den Großen über die Tische gezogen zu werden. In dieser Struktur kann es nichts werden, so unsere Überzeugung.

Warum also kalibriert man die G20 mit einer Art „Rütli-Schwur" nicht auf die Themen Kreislaufwirtschaft und Klima. In ihrer Zusammensetzung ist auch unter Beachtung der historisch entstandenen Disparitäten vergleichsweise wenig Konfliktstoff. Denn der afrikanische Kontinent ist „nur" mit Südafrika vertreten. Alle weiteren Länder und die vielen Kleinstaaten vor allem im pazifischen Raum könnten mit folgender Solidaritätsbekundung und -leistung symbolisch ins Boot geholt werden: „Ja, wir Großen, vor allem die aus Europa, wissen um unsere Schuld und die daraus erwachsene Verantwortung. Wir übernehmen jetzt erst einmal euren Part als Schuldabtrag und Vorleistung. Auf diese Weise schaffen wir es, die Erderwärmung bis 2050 auf 1,5 Grad Celsius zu senken. Zusätzlich reduzieren wir bis zu diesem Datum auch den Rohstoffverbrauch um die Hälfte. Im Dezember 2050 treffen wir uns dann alle unter dem Dach der UNO: Dort stoßen 194 Länder auf den epochalen Erfolg an und bereden, wie wir die Rettung der Schöpfung nunmehr alle miteinander verstetigen."

Natürlich ist das noch ein frommer Wunsch. Wir könnten uns ein solches Abschlusskommuniqué aber auch praktisch vorstellen. Es gibt keine unüberwindbaren Hindernisse. Kein Land hätte Schaden, alle wären Nutznießer. Menschheits- vor Partikularinteressen! So würde es gehen.

Erfüllt werden müsste „nur" eine einzige Voraussetzung. Die Ersetzung des Prinzips der Konfrontation durch das der Kooperation. Dann hätten wir die neue G20. Sie gewänne eine globale wirkmächtige Dimension. Und wenn sich Mitglieder dieses Forums zum Beispiel regional zu Unterkooperationen formieren, dann wäre das bei Beachtung der großen Ziele nur gut. An dieser Stelle noch einmal der Begriff „Klimaklub". Wir hatten dabei am Anfang dieses Kapitels das Duo USA–Volksrepublik China im Auge. Damit könnten man quasi als Startformation gleich zwei Fliegen mit einer Klappe schlagen: Mit dem ersten Abkommen würde man den CO_2-Emissionen gewaltig zu Leibe rücken. Mit dem zweiten Vertrag könnte man die pazifische Streitaxt begraben.

Ähnliche, aber nicht ganz so weitgehende Gedanken hatte der schon mehrfach zitierte Christian Schwägerl schon vor einem guten Jahrzehnt: „Eine weltweite Reform des Finanzsystems, die den Sekundenrhythmus überwindet und der Wirtschaft tragfähige

---

[53]Es sind in alphabetischer Reihenfolge Argentinien, Australien, Brasilien, Deutschland, die EU, Frankreich, Indien, Indonesien, Italien, Japan, Kanada, Mexiko, Russland, Saudi-Arabien, Südafrika, Südkorea, Türkei, Großbritannien, USA und die VR China.

Zeiträume verschreibt, in der sie planen und handeln soll, ist ein notwendiger Schritt. Das hieße, dass auf den G20-Treffen die Gegenwartspräferenz der heutigen Wirtschaft durch eine Langfristpräferenz ersetzt wird und die Vereinten Nationen die Menschenrechte erweitern: Jeder Mensch hat das Recht darauf, an den Reichtümern der Erde teilzunehmen, aber nur in dem Umfang, in dem dies jeder Mensch tun könnte, ohne dauerhafte Schäden zu verursachen."[54]

Einen anderen, aber eben auch auf Kooperation basierenden Ansatz haben wir in *Die Zeit* gelesen. Das Blatt votiert für einen „Kurswechsel in der Klimadiplomatie". Eine Koalition ambitionierter Klimaschützer müsse sich auf strengere Emissionsstandards verständigen und den eigenen, sauberen Markt durch einen Klimazoll vor der schmutzigeren Konkurrenz aus dem Ausland schützen. „Das Konzept geht auf den amerikanischen Wirtschaftsnobelpreisträger William Nordhaus zurück. Durch einen Klimazoll rechnet es sich für die chinesischen Hersteller, ihre Produktion ebenfalls umzustellen. Der Mechanismus ist in der Wirtschaftstheorie als **California effect** bekannt: Als Kalifornien in den 1970er Jahren strengere Abgasnormen einführte, zogen andere US-Bundesstaaten bald darauf nach, um den Marktzugang nicht zu verlieren.

Wenn der Klimaclub groß genug wäre, dann könnte er dem Rest der Welt seine strengeren Standards faktisch aufzwingen. Aber: Wie groß ist groß genug? Ein deutscher Alleingang würde niemanden beeindrucken. Ein gesamteuropäischer Klimaclub hätte schon eine ganz andere Wirkung. Und wenn es gelänge, die Amerikaner an Bord zu holen, dann könnte sich kaum ein Land der Marktmacht eines solchen Wirtschaftsgiganten mit einem jährlichen Bruttoinlandprodukt von insgesamt 40 Billionen Dollar entziehen. Auch China nicht."[55]

Gute Ideen. Nur das Ende ist von gestern. Es geht nichts *gegen* China. Das Land muss in jeden Club.

> **Prämisse 6**
> Die grundlegenden Maßnahmen und Ziele zur „Weltrettung" müssen im globalen Maßstab verbindlich, aber unter Beachtung nationaler und regionaler Spezifika, normiert werden. Sie sind mit konkreten qualitativen und quantitativen Standards, den Zeitpunkten ihrer Umsetzung und der Definition von harten Sanktionen zu untersetzen.

Die Weltgemeinschaft schafft es in den meisten Fällen leider nicht, aus dem wissenschaftlichen Nachweis gravierender Bedrohungsszenarien *verbindliche* Maßnahmen im globalen Maßstab abzuleiten. Aber es gab sie, die Ausnahme. Nicht auf einem „Neben-

---

[54] Menschenzeit, a. a. O., S. 276 f.
[55] Schieritz, Mark: Sanfter Zwang. Deutschland ist zu klein, um allein das Weltklima zu retten, deshalb muss es auf ganz andere Mittel setzen, Die Zeit, 35/2021 vom 26. August 2021.

kriegsschauplatz", sondern im Zentrum der planetaren Bedrohung. Das Stichwort lautet FCKW. 1987 hatte sich die Weltgemeinschaft im Montrealer Protokoll nahezu komplett auf das globale Verbot des Einsatzes von Fluorchlorkohlenwasserstoffen (FCKW) verständigt. Anlass war die beängstigend schnelle Ausdehnung des sogenannten Ozonlochs über der Antarktis. Dies war der Indikator dafür, dass unsere Ozonschicht in der Atmosphäre – sie schützt vor den gefährlichen UV-Strahlen der Sonne – schwindet. Ursache für diese Schädigungen war der massenhafte Einsatz und Ausstoß von FCKW z. B. als Kühlmittel oder Treibgas in allen Arten von Sprays.

Dass es beim FCKW ausnahmsweise so schnell ging, könnte auch daran liegen, dass objektive Erfordernisse und persönliche Betroffenheit eines Mächtigen ihre Wege kreuzten. „Das Ende der FCKW-Emissionen und des Ozonlochs passierte wirklich sehr schnell: In 20 Jahren – von der Erkenntnis zur Lösung: dadurch, dass Margaret Thatcher Chemikerin war und Ronald Reagan Hautkrebs hatte. Da hat sich die Konferenz der Staaten beeilt, globale Regeln zu erlassen. Das führt uns zurück auf den globalen CO_2-Preis. Es wäre die schnellste Schraube, wenn es einfach zu teuer würde, diese verdammte Kohle aus dem Boden zu holen."[56]

Absichtserklärungen mit Umsetzungsschwüren gab es schon viele. Aber das Protokoll von Montreal ist bis heute die einzige globale Vereinbarung, die tatsächlich auch weitestgehend konsequent umgesetzt wurde: Ohne die 1987 beschlossenen Maßnahmen wäre allein durch den ungebremsten FCKW-Ausstoß bis 2021 die weltweite Durchschnittstemperatur um katastrophale 2,5 Grad Celsius zusätzlich angestiegen. In den 2040er-Jahren wäre die Ozonschicht sogar ganz zusammengebrochen. Dies hat ein Forschungsteam unter Leitung von Paul Young an der Universität Lancaster ermittelt. Erst das FCKW-Verbot habe im Kampf gegen die Klimakatastrophe diese großen Effekte erzielt. Dies beweise, dass es der Menschheit durch Kooperationen auf der Grundlage *verbindlicher* Vorgaben gelingen kann, globale Gefahren für unseren Heimatplaneten abzuwehren. Das Montrealprotokoll sei fünfmal so effektiv für den Klimaschutz gewesen wie das Kyotoprotokoll, das als erstes globales Abkommen den Ausstoß von CO_2 in Industrieländern begrenzen sollte.[57,58]

---

[56] „Ohne Mikroben können wir einpacken." Interview mit der Meeresbiologin Antje Boetius. Tagesspiegel vom 28.11.2021, S. S1.

[57] Ozonschicht: FCKW-Verbot hat noch drastischere Klimaerwärmung verhindert, heise online, Internetrecherche am 25.01.2022.

[58] 2019 verzeichnete die NASA die kleinste Ausdehnung seit der Entdeckung des Lochs Anfang der 1980er-Jahre. Damals registrierten Forscher über der Polregion einen massiven Verlust von Ozon, einem gasförmigen Molekül, das vor allem in der Stratosphäre vorkommt. In einer Höhe zwischen 10 und 50 Kilometern über der Erdoberfläche absorbiert die Ozonschicht einen Teil der ultravioletten Strahlung der Sonne und bewahrt uns so vor starkem Sonnenbrand, vermehrtem Hautkrebs oder Ernteverlusten. Verbot von FCKW – Balsam für die Schutzschicht der Erde – Wissen – SZ. de, https://www.sueddeutsche.de/wissen/verbot-von-fckw-balsam-fuer-die-schutzschicht-der-erde-1.2125944, Internetrecherche am 25.01.2022.

Die neun planetaren Belastungsgrenzen wiederum stehen dafür, dass gesicherte wissenschaftliche Erkenntnisse nur zögerlich und halbherzig zu wirksamen Maßnahmen führen. Definiert wurden sie im Jahr 2009. Die damals definierten Schwellenwerte sind mehrheitlich und zum Teil sehr deutlich überschritten worden. Zwar wurden sie 2015 aktualisiert, aber viele Experten fordern ihre Verschärfung. Das wird beispielhaft an der Kategorie Süßwasserverbrauch festgemacht. Die Spatzen schreien es vom Himmel, dass in den bevölkerungsreichsten Regionen der Notstand herrscht. Umsteuern sei nicht mehr möglich. Aber genau für diese Kategorie sagt der aktuelle Statusbericht, dass *global* die Grenze noch nicht überschritten sei.[59] „Der Bach war im Durchschnitt 30 Zentimeter tief, und trotzdem ist die Kuh ertrunken", kommentiert sarkastisch der Volksmund.

Das statistische Paradoxon könnte auch als Plädoyer für Standards verstanden werden, die für die globale Ebene verbindlich definiert – zum Beispiel Begrenzung der Erderwärmung bis zum Jahr 2050 auf 1,5 Grad Celsius –, aber mit regionalen Differenzierungen untersetzt werden. In der Summe muss es wieder stimmen.

Die Menschheitsgeschichte von der Antike bis zur Jetztzeit ist geprägt von der Formulierung wohlklingender Postulate. Leider haben sich jene, an die sie adressiert waren, in der Mehrheit nicht daran gehalten. Aber auch die Verfasser der edlen Regeln waren nicht nur Überzeugungstäter mit großen Idealen. Das geflügelte Wort vom „Öffentlich Wasser predigen und heimlich Wein saufen" ist die Kurzfassung für viele Inkongruenzen von Wort und Tat. Nicht nur in der katholischen Kirche. Auch dazu hat Heinrich Heine einen drastischen Vers geschrieben:

> Gott gab uns nur einen Mund,
> Weil zwei Mäuler ungesund.
> Mit dem einen Maule schon
> Schwätzt zu viel der Erdensohn.
> Wenn er doppelmäulig wär,
> Fräß und lög er auch noch mehr.
> Hat er jetzt das Maul voll Brei,
> Muß er schweigen unterdessen,
> Hätt er aber Mäuler zwei,
> Löge er sogar beim Fressen.[60]

Ähnlich deftiges, aber leider Wahres haben Sie von Heine schon im Kap. 5 zum Stichwort Gier gelesen. Die menschliche Neigung zum Lügen ist davon nicht zu trennen. Je größer die Gier, umso größer (im Regelfall) auch die Lüge.

Das betrifft nicht die Moralisten, die mit ihren zu Papier gebrachten Regeln die Welt verbessern wollten. Von der Beschreibung des Paradieses in der Bibel (800 v. Chr.) über

---

[59] https://de.wikipedia.org/wiki/Planetare_Grenzen#, Internetrecherche am 25.01.2022.
[60] Heinrich Heine: Zur Teleologie (Fragment), in: Sämtliche Werke, Band 2 (Tragödien, Romanzero, Shakespeares Mädchen und Frauen), von Petersdorf, Bodo (Hrsg.), Weltbild Verlag, Augsburg, 1985, S. 119.

Utopia von Thomas Morus (1516), *Die Sonnenstadt* von Tommaso Campanella (1623), *Christianopolis* von Johann Valentin Andreae (1619), *Nova Atlantis* von Francis Bacon (1626) bis hin zum *Kommunistischen Manifest* von Karl Marx und Friedrich Engels (1848).

Danach beginnt die Neuzeit. Zuerst gab es die „Erklärung der Menschen- und Bürgerrechte" vor der Französischen Nationalversammlung, am 26. August 1789. Was folgte, hier nur als Auswahl: Die „Bill of Rights", beschlossen im Kontext zur Revolution in Frankreich vom amerikanischen Kongress am 25. September 1789. Die „Civil Rights Act" wurde vom amerikanischen Kongress am 9. April 1866 in Kraft gesetzt und normierte gleiche Rechte für alle, theoretisch auch die Schwarzen.

Die Erfahrungen von zwei grausamen Weltkriegen finden sich wieder in der „Allgemeinen Erklärung der Menschenrechte", verkündet von der Generalversammlung der Vereinten Nationen am 10. Dezember 1948. Artikel 1: „Alle Menschen sind frei und gleich an Würde und Rechten geboren", Artikel 3: Jeder hat das Recht auf Leben, Freiheit und Sicherheit der Person".[61] 1945 wurde der Zweite Weltkrieg mit rund 70 Mio. Toten beendet. Nach dieser apokalyptischen Erfahrung gab es von 1946 bis 1950 weltweit aber schon wieder neue kriegerische Auseinandersetzungen, denen rund 2 Mio. Menschen zum Opfer fielen.[62]

Für unseren Kontinent stammt das jüngste Bekenntnispapier für das Gute aus dem Jahr 2009: Am 1. Dezember trat die „Charta der Grundrechte der Europäischen Union" in Kraft.[63]

Im Jahr 2021 fand Bestsellerautor Ferdinand von Schirach viel Publizität mit seinem Vorschlag, die Charta aus 2009 um sechs neue Artikel zu ergänzen: Artikel 1 – Umwelt: Jeder Mensch hat das Recht, in einer gesunden und geschützten Umwelt zu leben; Artikel 2 – Digitale Selbstbestimmung: Jeder Mensch hat das Recht auf digitale Selbstbestimmung. Die Ausforschung oder Manipulation von Menschen ist verboten; Artikel 3 – Künstliche Intelligenz; Artikel 4 – Wahrheit: Jeder Mensch hat das Recht, dass Äußerungen von Amtsträgern der Wahrheit entsprechen; Artikel 5 – Globalisierung: Jeder Mensch hat das Recht, dass ihm nur solche Waren und Dienstleistungen angeboten werden, die unter Wahrung der universellen Menschenrechte hergestellt und erbracht werden; Artikel 6 – Grundrechtsklage.[64]

---

[61] Allgemeine Erklärung der Menschenrechte, Büchergilde Gutenberg, Frankfurt am Main, Wien, Zürich, 2020, S. 8 ff.

[62] https://de.statista.com/statistik/daten/studie/1112151/umfrage/todesopfer-durch-buergerkriege-und-zwischenstaatliche-konflikte/, Internetrecherche am 24.01.2022.

[63] Kriege sind die schlimmsten Heimsuchungen der Menschheit. Natürlich würdigen wir ohne Wenn und Aber, dass wir in Mittel- und Nordeuropa seit 1945 die längste Friedensperiode seit Menschengedenken erleben. Aber zur Wahrheit und damit zum Hintergrund der EU-Grundrechtecharta aus 2009 gehört auch, dass in den sogenannten Jugoslawienkriegen der 90er-Jahre des letzten Jahrhunderts über 200.000 Menschen ihr Leben ließen. Hinzu kamen Millionen von Flüchtlingen und Vertriebenen.

[64] Schirach, Ferdinand von: Jeder Mensch, Luchterhand, 2021, S. 18 f.

Ergänzend zu den Überschriften haben wir hier nur bei den Artikeln den Inhalt genannt, die für unser Thema Bedeutung haben. Und wir lassen den Initiator zu Wort kommen, der im Interview mit *Die Zeit* die Frage „Warum braucht es überhaupt neue Grundrechte, ist nicht alles längst geregelt?" wie folgt beantwortete: „Der Einwand ist falsch. Nehmen wir nur das Umweltrecht. Viele Menschen glauben, es gäbe längst ein solches Grundrecht. Aber das stimmt nicht. Die Grundrechtecharta der EU enthält nur ein Ziel zur Verbesserung der Umweltqualität, jedoch kein Recht der Menschen darauf. Das Gleiche gilt für unser Grundgesetz. Selbst die Rechte im Klimaschutzgesetz sind nicht einklagbar."[65]

Der Bestsellerautor hat unsere Zustimmung. Natürlich müssen grundlegende Rechte auch einklagbar sein. Wir aber meinen, dass wir uns endlich darauf konzentrieren müssen, dass wir zusammen mit den Grundrechten auch *konkret* definieren, welche Standards bis wann umgesetzt werden müssen und welche harten Sanktionen beim Verfehlen dieser Ziele fällig werden. Nur dann hat es Sinn, alte und gute Grundsätze um neue zu ergänzen. Unser kurzer Streifzug durch die Geschichte von ehrenwerten Postulaten von den alten Griechen bis zur neuen Ampelkoalition in Berlin Ende 2021 beweist doch vor allem eines: Empören und Kodizes reichen nicht. Sie bewegen – auch noch so gut gemeint – zu wenig.

Unsere in der ersten Prämisse gestellte Forderung nach **Verbindlichkeit** muss komplex verstanden und umgesetzt werden. Erstens geht es um die gesetzliche Pflicht! Zweitens müssen Grenzwerte dynamisch, also nach dem jeweiligen Stand der wissenschaftlichen Erkenntnis, regelmäßig aktualisiert werden! Drittens sind eindeutig definierte Standards nötig! Viertens müssen diese Standards – dafür steht exemplarisch der Süßwasserverbrauch – je nach Erfordernis regional differenziert werden! Fünftens gilt das Prinzip: „Keine Normierung ohne harte Sanktionen!"

Das heißt unter anderem, dass diejenigen, welche die auf diversen Weltkonferenzen definierten Klimaziele bis 2050 verfehlen (inzwischen auf globaler und nationaler Ebene mit Zwischenetappen untersetzt), für ihr unsolidarisches Verhalten bestraft werden. Diese Art von Fehlverhalten hat Ähnlichkeit mit Selbstmord. Mit einem großen Unterschied: Wer Suizid begeht, schadet ihm Regelfall nur sich selbst. Die kollektive Verweigerung ganzer Staaten aber reißt auch jene in den Abgrund, die mit ihren Maßnahmen zeigen, dass sie den Ernst der Lage begriffen haben.

Dass sich Länder nicht an Regeln halten, hat auch methodische Gründe: zum Beispiel zu lange Zeiträume bis zur Zielerreichung, zu pauschale Zielvorgaben. Wir empfehlen deshalb, finale- und Zwischenziele zu definieren, auch für die Implementierung der Kreislaufwirtschaft. Die Staffelung ist auch deshalb geboten, weil sich aus technologischen, investiven und sozialen Aspekten Übergangsphasen ergeben. Wir müssen akzeptieren, dass es nicht alles auf einmal geben kann. Damit gewinnt der Begriff Resilienz – er stammt aus der Psychologie und beschreibt die Fähigkeit des Menschen, sich an die Widrigkeiten des Lebens anzupassen – eine neue Dimension. Der Abschied vom Zweitwagen in der be-

---

[65] Wefing, Heinrich: Endlich unser Europa, Interview mit Ferdinand von Schirach, Zeit Online, 31. März 2021, www.zeit.de, Internetrecherche am 21.01.2022.

tuchten Familie aus dem reichen Westen kann zu Panikattacken bis hin zur Schockstarre führen. Welche emotionalen Reaktionen bleiben da für die Bewohner des Südseeatolls, das mit dem Anstieg der Weltmeere in zwanzig Jahren als unterseeisches Riff endet?

Was wir unter der Prämisse Standards, Konsequenz, Zeitpläne und Sanktionen brauchen, ist mutiges Handeln! Genau mit dieser Forderung endet das Essay, das Stéphane Hessel 2010 unter dem Titel *Empört Euch!* veröffentlichte.[66] Es wurde zum Weltbestseller. Die letzten beiden Sätze: „Neues schaffen heißt Widerstand leisten. Widerstand leisten heißt Neues schaffen."[67]

> **Prämisse 7**
> Kreislaufwirtschaft wird nur Wirklichkeit mit direkter politischer Teilhabe aller Menschen. Nur so entsteht massenhaftes Engagement für eine nachhaltige neue Welt. Wir brauchen eine qualitativ andere Balance von repräsentativer- und Basisdemokratie mit dem Primat der Subsidiarität. Kern des Konzepts muss sein, dass die Legislative den Platz einnimmt, der ihr gebührt. Erst dahinter dürfen sich Exekutive und Judikative sortieren.

Im Jahr 2012 wurden zum ersten Mal die Ergebnisse des „World Happiness Report" veröffentlicht. Dieser für die Vereinten Nationen federführend vom Earth Institute der renommierten Columbia Universität erstellte Bericht verbindet unter anderem Daten von Sozialsystemen und Arbeitsmarkt mit Befragungen über die Selbstwahrnehmung der Menschen. Bei den ersten beiden Ausgaben des Berichts, 2012 und 2013, landete Dänemark auf dem ersten Platz. Wir haben uns alle folgenden Bestandsaufnahmen bis 2021 (nur im Jahr 2014 wurde der Glücksstatus nicht untersucht) angeschaut. Von Anfang an liegen immer die skandinavischen Länder auf den vorderen Plätzen. Permanent dabei sind auch die Schweiz und Neuseeland. Der Report 2020,[68] für den 156 Länder untersucht wurden, nennt für die Plätze 1–10 folgende Länder: Finnland, Dänemark, Schweiz, Island, Norwegen, Niederlande, Schweden, Neuseeland, Österreich und Luxemburg. Deutschland finden wir an Rang 17.

Schon mit dem Start der weltweiten Glückserhebung formulierte einer der Buchautoren die Hypothese, dass das Maß an Glücksempfinden direkt damit korreliert, dass in den führenden Ländern gerade auf kommunaler Ebene ein hohes Maß an bürgerschaftlichen Mitwirkungs- und Gestaltungsmöglichkeiten besteht. Seine vergleichenden Studien zu

---

[66] Das 14-seitige Essay des 93-jährigen französischen Humanisten war auch das Vermächtnis des Widerstandskampfes in der Résistance. Hessel, Stephane: Empört Euch! Ullstein Buchverlage, Berlin, 2010, 8. Auflage, 2011.

[67] Ebenda, S. 21.

[68] Wir haben bewusst diesen Report ausgewertet, weil der Bericht 2021 wegen der Coronapandemie Sondereffekte abbildet. Somit ist der Vergleich mit den Erhebungen seit 2012 problematisch. Allerdings sieht auch der Report 2021 die genannten Länder auf den Spitzenplätzen.

den kommunalen Strukturen in elf europäischen Ländern haben diese Annahme gestützt. Der wohl wichtigste Beleg besteht darin, dass zu den jeweils zehn glücklichsten Ländern (eigentlich Menschen!!!) seit 2012 aus Europa immer Dänemark, Schweden, Island, Norwegen, Finnland und die Schweiz gehörten.[69]

Kommunale Mitwirkung und Teilhabe – dieses Postulat steht in Deutschland im schon erwähnten Artikel 28, Absatz 2 des Grundgesetzes.[70] Dieses Prinzip wird immer mehr ausgehöhlt. Das ist wissenschaftlich und praktisch belegt. Deshalb hat der Autor auch den Begriff von den vier Totengräbern der kommunalen Selbstverwaltung geprägt: strukturelle Unterfinanzierung, rechtliche Bevormundung, Überregulierung, weitgehende Außerkraftsetzung der Subsidiarität. Die Erosion des Prinzips der kommunalen Selbstverwaltung sei die zentrale Ursache dafür, dass Deutschland unter den europäischen Ländern die Plätze im hintersten Teil des UNO-Glücksreports quasi abonniert hat.

Familie und Kommune – das sind die Fundamente unserer Gesellschaft, und nur wer ihnen dauerhafte Stabilität verleiht, kann das auch für das ganze Land bewirken. Die logische Konsequenz aus dieser Wahrheit wäre, die Kommunen umfassend zu befähigen, diese definierte Rolle zu unser aller Nutzen auch auszufüllen. Das heißt angemessene Finanzausstattung. Das heißt auch, die kommunale Selbstverwaltung ohne permanente Eingriffe übergeordneter Ebenen so organisieren zu können, dass die aktive und umfassende Mitwirkung der Menschen mobilisiert werden kann.

Warum die Verwirklichung dieser Vision glücklicher macht? Dass die nordeuropäischen Länder in der Spitzengruppe sind, liegt daran, dass Gemeinsinn, Solidarität und individuelle Gestaltungs- und Mitwirkungsmöglichkeiten dort einen herausgehobenen Stellenwert haben. Diese Faktoren haben in der Bewertung des „World Happiness Report" einen zentralen Platz.

Aus einer sehr interessanten Perspektive, nämlich der der Hirnforschung, hat Gerald Hüther, einer der bekanntesten Forscher auf diesem Gebiet, untersucht, was Glück und Gestaltungsmöglichkeiten miteinander zu tun haben: „Die vorherrschende Devise zur Bekämpfung der inzwischen auf allen Ebenen unserer gesellschaftlichen Entwicklung zutage getretenen Schwierigkeiten lautet: noch mehr vom Alten. Noch mehr Vorschriften, noch mehr Kontrolle, noch mehr Einsparungen bei gleichzeitiger Forderung nach mehr Wachstum. So werden sich die Probleme unseres Bildungs- und Gesundheitswesens, unserer

---

[69] Michael Schäfer ist der Autor der im Text genannten Studien zu kommunalen Strukturen in elf europäischen Ländern, die er 2016/17 für die Rosa-Luxemburg-Stiftung verfasst hat. Dort konnte er u. a. nachweisen, dass in allen skandinavischen Ländern das Prinzip der kommunalen Selbstverwaltung viel konsequenter umgesetzt wird als in Deutschland. Die Kommunen erhalten von den Zentralstaaten erhebliche Teile der dort angesiedelten Haushalte zur nahezu freien Verfügung. Damit können die Bürger vor Ort gemeinsam und gleichberechtigt mit den von ihnen gewählten Amts- und Mandatsträgern entscheiden, wie diese Mittel ausgegeben werden. Im Ergebnis wird erheblich mehr Geld für die schwächsten Glieder der Gesellschaft, die Kinder und die Alten verwendet, und zwar auf Grundlage einer Willensentscheidung *aller* Bürger in den jeweiligen kommunalen Gebietskörperschaften. Teilhabe heißt dort also nicht mitreden, sondern mitentscheiden und mitgestalten.

[70] Grundgesetz für die Bundesrepublik Deutschland, Deutscher Bundestag, Berlin, 2019, S. 35.

sozialen Absicherung, unseres Finanzwesens und Politikbetriebs nicht beheben lassen. In diesem Mahlstrom ständig wachsender und immer neuer ökonomischer und sozialer Probleme laufen vor allem unsere Kommunen – unsere Städte, Dörfer und Gemeinden – zunehmend Gefahr, ihre Eigenständigkeit zu verlieren und das, was sie leisten sollten, nicht mehr leisten zu können."[71]

„Was Kommunen also brauchen, um zukunftsfähig zu sein, wäre eine andere, für die Entfaltung der in den Bürgern angelegten Potenziale günstigere Beziehungskultur. Eine Kultur, in der jeder Einzelne spürt, dass er gebraucht wird, dass alle miteinander verbunden sind, voneinander lernen und miteinander wachsen können."[72]

„Wenn Kommunen oder ihre kleineren Einheiten, die Familien, aufhören, diesen sozialen Lernraum bewusst zu gestalten, verliert die betreffende Gemeinschaft das psychoemotionale Band, das ihre Mitglieder zusammenhält. Solche Gesellschaften beginnen dann gewissermaßen von innen heraus zu zerfallen."[73] „Überall dort, wo Angst geschürt, Druck gemacht, genau vorgeschrieben und peinlich überprüft und kontrolliert wird, wo Mitdenken nicht wertgeschätzt wird und eigene Verantwortung nicht übernommen werden kann, verliert der Innovationsgeist der Mitglieder einer solchen Gemeinschaft die thermische Strömung, die gebraucht wird, um seine Flügel zu entfalten."[74]

In Deutschland dürfen wir nach Artikel 5 des Grundgesetzes unsere Meinung in Wort und Schrift frei äußern.[75] Das ist ein hohes Gut, und es wird auch konsequent umgesetzt. Aber zwischen Mitreden und Mitgestalten liegen Welten. Die Begriffe Mitwirkung und Teilhabe meinen um vieles mehr: Gestaltung, aktive Einflussnahme auf das, was wirklich passiert. Mit dem konkreten Wissen vor Ort. Und nicht gegängelt von Menschen, die ganz weit weg an ihren Schreibtischen im „Raumschiff Berlin" sitzen. Nach diesem alten Muster werden wir die radikale Wende zur Kreislaufwirtschaft nicht schaffen. Wie man wirkliche Teilhabe organisieren kann, das können wir ganz konkret bei unseren Nachbarn im Norden lernen. Vor Ort in den Kommunen und nicht bei Protokollbesuchen mit gestelztem Austausch beim Vier-Gänge-Menü.

Damit ist (fast) alles gesagt. Deshalb gibt's am Ende nur vier kurze Anmerkungen, die bis dato noch kein Thema waren:

Was wir brauchen!
Das ist endlich ein ehrliches und konsequentes Bekenntnis zur Basisdemokratie. Eben nicht geprägt von der panischen Angst vor Machtverlust, sondern von dem Wissen, dass „die da unten", also ganz viele Menschen, nur darauf warten, nach ihrer Einschätzung gefragt zu werden. Wenn sie merken, dass ihre Meinung ernst genommen wird – das heißt

---

[71] Hüther, Gerald: Kommunale Intelligenz. Potenzialentfaltung in Städten und Gemeinden, Edition Körber-Stiftung, Hamburg, 2013, S. 7 f.
[72] Ebenda., S. 9.
[73] Ebenda., S. 15.
[74] Ebenda., S. 80 f.
[75] Grundgesetz, a. a. O., S. 17.

nicht, dass sie auch 1:1 umgesetzt wird –, dann werden sie auch mitmachen. Zum Beispiel bei scheinbar unbedeutenden Kreislaufwirtschaftsprojekten dort, wo sie wohnen und arbeiten. Herrscht eine solche Atmosphäre, dann werden die Container zur Abfalltrennung nicht mehr vermüllt, sondern sortenrein befüllt.

Das ist die Abkehr von Demagogie, Selbstgefälligkeit und Kapitalinteressen, aber auch von egozentrisch-arroganten Sichten von Lifestyle-Linken.

Das sind stattdessen basisdemokratische Aktivitäten mit dem Anspruch, politischen Druck mit politischer Mitgestaltung und der Übernahme von Verantwortung zu verbinden.

Das sind wahre und emotionale Erzählungen darüber, dass wir auf dem langen Weg auch schnelle Erfolge erzielen können. Denn leider sieht und spürt man durchschlagende Effekte bei der Implementierung der Kreislaufwirtschaft oft erst nach Jahren oder gar Jahrzehnten.

Wir müssen im Auge behalten, das wir mit den ersten Schritten zunächst nur das Abwärtstempo in den Abgrund reduzieren. Danach wird es also weiterhin noch viel zu heiße Sommer mit Verboten, den Gartenrasen zu sprengen, geben. Genau zu diesem Zeitpunkt kommt der Gedanke: „Es hat doch alles keinen Zweck."

Um den zu verscheuchen, muss es die erwähnten schnellen Erlebnisse geben. Zur Belohnung für die ersten Schritte in die richtige Richtung: Wir verzichten auf das eigene Auto und im Gegenzug „liefert" das kommunale Verkehrsunternehmen pieksaubere Busse und Bahnen.

Oder: Unser erster Frust über die Einführung der überfälligen PKW-Maut im innerstädtischen Verkehr bekommt zeitgleich folgende Antwort: ÖPNV in der Stadt und ins Umland zum Nulltarif. Dicht getaktete Angebote, 24-stündige Verfügbarkeit!

Mit der heiligen Zahl **Sieben** endet die Vorstellung des von uns erdachten Kanons der Vorgaben für ein Umsetzungskonzept. Das Vorhaben, unsere Welt für viele Generationen lebenswert zu halten, könnte gelingen. Die Prämissen müssen „nur" konsequent umgesetzt werden. Dann folgen auf die erlebten sieben mageren nun die sieben fetten Jahre.

Vertrauen wir der Kraft des Menschen. Dann werden sich auch die Prophezeiungen der Bibel erfüllen.

7.4 Ein titanisches Projekt. Ob wir dafür in Deutschland über das geeignete politische Führungspersonal verfügen?

1972. In diesem Jahr, wir haben es an anderer Stelle schon erwähnt, erschien die aufrüttelnde Denkschrift des Club of Rome – „Grenzen des Wachstums".

In diesem Jahr schlossen die BRD und die DDR zwei Abkommen, die in ihrer historischen Bedeutung nicht hoch genug eingeschätzt werden können: den Grundlagenvertrag und das Transitabkommen. Es sind die beiden wichtigsten Verträge der neuen Ostpolitik, die der damalige Bundeskanzler Willy Brandt noch als Regierender Bürgermeister Westberlins, später als Außenminister gegen heftigste Widerstände auf den Weg gebracht hat:

7.4 Ein titanisches Projekt. Ob wir dafür in Deutschland über das geeignete politische ...

- Sein Treffen am 19. März 1970 mit dem DDR-Ministerpräsidenten Willi Stoph in Erfurt
- Seine Begegnung mit dem KPdSU-Generalsekretär Leonid Breshnew in Moskau im August 1970, bei dem er um Zustimmung zur Normalisierung der Beziehungen zwischen beiden deutschen Staaten warb
- Sein weltweit beachteter und gewürdigter Kniefall vor dem Mahnmal für den Aufstand im Warschauer Ghetto bei seinem Polenbesuch im Dezember 1970

Welche Rolle das Manifest des Club of Rome bis zum Ende der Kanzlerschaft Willy Brandts spielte, müssen im Detail Historiker untersuchen. Für uns korrespondiert im weiten Sinne dieser Weckruf mit der neuen Ostpolitik. Wenn der Zustand unselig ist – und das galt seinerzeit für das geteilte Deutschland und für den Zustand unseres Planeten –, ist Handeln gefragt. In einer revolutionären, wir nennen es auch systemsprengenden, Dimension. Insofern taugt die neue Ostpolitik als Vorbild wie als Gleichnis. Mit ihr wurde der fast für die Ewigkeit zementierte Status quo[76] – und zwar nicht nur in Deutschland, sondern in Europa und weltweit – in nur wenigen Monaten 1989/90 beendet. Von deutschem, oder besser ostdeutschem Boden aus wurde die Welt verändert. Unvorstellbar ohne die neue Ostpolitik von Willy Brandt. Seine Politik war eben nicht nur neu, sie war revolutionär! Sie hat maßgeblich die irrationale Konfrontation zwischen zwei Weltsystemen mit der allgegenwärtigen Möglichkeit des atomaren Infernos beendet.

Warum sie über Willy Brandt, seine Ostpolitik und den Mauerfall in diesem Buch über Kreislaufwirtschaft lesen? Erstens wegen der existentiellen Dimension dieser Themen. Zweitens um zu zeigen, dass für die Lösung von außergewöhnlichen Problemen nicht nur Konzepte, sondern Menschen der außergewöhnlichen Art vonnöten sind. Der eine, der weltpolitische Konflikt ist leider wieder präsent. Die von Willy Brandt geöffnete Tür wurde durchschritten. Leider hat sich danach keine Frau oder Mann seines Formats gefunden, der sie weit genug offen gehalten hat.

Wir reden hier und heute aber über gleich zwei *realistische* globale Vernichtungsszenarien. Ein Mensch brandtscher Statur wird dafür nicht reichen. Auf der Weltbühne ist aber aktuell niemand, der dieses Format hat, zu erblicken.

In Deutschland war Willy Brandt der letzte, der große Konflikte nicht nur erkennen konnte, sondern auch bereit und befähigt war, sich zu deren Lösung an die Spitze einer starken Bewegung zu stellen. Helmut Schmidt, Helmut Kohl, Gerhard Schröder, Angela Merkel.[77] Was sollte über diese Kanzler in den Geschichtsbüchern unter der Rubrik „Bahnbrechende Taten zum Nutzen des deutschen Volkes und der Völker der Welt" (allein Deutschlands wirtschaftliche Stärke impliziert diese auch globale Sicht) stehen? Die

---

[76] Noch am 18. Januar 1989 verkündete SED-Generalsekretär Erich Honecker auf einer Tagung des Zentralkomitees dieser Partei, dass die Berliner Mauer auch noch in 50 oder 100 Jahren bestehen werde. Das war knapp neun Monate vor deren Fall am 9. November. Aber im Januar hat niemand der Prognose Honeckers ernsthaft widersprochen.

[77] Olaf Scholz lassen wir hier weg, denn ein begründetes Urteil über seine 2021 begonnene Kanzlerschaft kann seriös erst am Ende der ersten Legislatur, 2025, gesprochen werden.

Exekution des NATO-Doppelbeschlusses, die Agenda 2010, die Entscheidungen in der Flüchtlingskrise 2015?

Erwarten Sie von uns an dieser Stelle bitte keine ausdifferenzierte Antwort. Wir erinnern nur an den Maßstab – das ist die Rettung der Schöpfung. Diesem Anspruch werden die genannten politischen Leistungen viel zu wenig gerecht.

Mit dieser Messlatte werden wir den genannten Politikern nicht gerecht? Widerspruch! Der Amtseid der deutschen Bundeskanzler lautet wie folgt: „Ich schwöre, dass ich meine Kraft dem Wohle des deutschen Volkes widmen, seinen Nutzen mehren, Schaden von ihm wenden, das Grundgesetz und die Gesetze des Bundes wahren und verteidigen, meine Pflichten gewissenhaft erfüllen und Gerechtigkeit gegen jedermann üben werde. So wahr mir Gott helfe."[78]

Wir müssen die Probleme auch lösen wollen
Warum Politik in Deutschland – und das gilt für alle anderen westlichen Demokratien – in Fragen zum Sein oder Nichtsein so handlungsschwach, lethargisch, unambitioniert, ja auch verantwortungslos agiert? Wir denken unter den genannten Stichworten auch an die DDR und an deren intellektuell wie moralisch dürftige Machthaber. Wir haben auch nicht vergessen, dass uns die Wertungen zur politischen Klasse bis 1989 mindestens die berufliche Stellung gekostet hätten. Gefängnishaft wäre auch eine Option gewesen. Auch 2022 – 32 Jahre nach der deutschen Vereinigung – ist das Recht auf freie Meinungsäußerung, das wir auch mit diesem Buch nutzen, ein hohes Gut und mit Blick in die Welt alles andere als selbstverständlich.

Die angesichts gewaltiger Probleme unverständliche Untätigkeit hat die namhafte Historikerin Annette Kehnel, die Professorin ist an der Universität Mannheim Inhaberin des Lehrstuhls für Mittelalterliche Geschichte, sehr prägnant auf den Punkt gebracht: „Ich glaube, dass wir die Probleme der Gegenwart lösen können, aber wir müssen es auch *wollen* [Hervorhebung der Autoren]. Der Wille zu Veränderungen oder zu einem Systemwechsel war nur leider noch nie so gering wie heute. Wir kleben am Ist-Zustand wie ein Kaugummi unter der Schulbank. Wir wollen da nicht weg."[79] Dass es auch daran liegt, dass die politischen Entscheider der Realität entrückt sind, erklärt sie mit folgendem Beispiel: „In den mittelalterlichen Benediktiner-Klöstern gab es keine hierarchiefreien Räume. Aber der Abt als Vorsteher des Klosters hatte von Zeit zu Zeit auch Küchendienst. Und dann kam er mit den Küchenjungen ins Gespräch."[80]

Die Abschottung von den konkreten Realitäten ist für Hans-Christian Lange eine wesentliche Ursache für falsche Entscheidungen. Lange, früher Kanzleramtsberater und Topmanager, jetzt Politaktivist, zieht folgendes Fazit, das er auf viele Insidererlebnisse in

---

[78] Grundgesetz, a. a. O., Artikel 54, S. 52.
[79] Hunke, Jörg: Der Wille zu Veränderungen war noch nie so gering, Interview mit Annette Kehnel, Berliner Zeitung vom 03.08.2021.
[80] Ebenda.

den Zirkeln der politischen und wirtschaftlichen Macht gründet: „Eliten haben eine phänomenale Autonomie und Unabhängigkeit entwickelt. Sie können sich praktisch vollkommen abkoppeln von den Gesellschaften, denen sie ihr Geld und ihren Einfluss zu verdanken haben."[81]

Die von uns beschriebene Untätigkeit der politischen und wirtschaftlichen Eliten bei praktisch allen großen Weltproblemen findet in der Grundstimmung der Bürger eine ebenso deutliche wie bedrückende Reflexion. Dies belegt der Munich Security Report 2022, der auf der Münchner Sicherheitskonferenz (18.–20. Februar 2022) vorgelegt wurde. Die auf einer Befragung von 12.000 Menschen aus aller Welt basierende Studie diagnostiziert ein Gefühl „kollektiver Hilflosigkeit".

Ebenso wie einzelne Menschen könnten ganze Gesellschaften von dem Eindruck befallen werden, die Herausforderungen nicht bewältigen zu können, die sich ihnen stellen. 2022 ist der Bericht mit dem Titel „Turning the tide, unlearning helplessness" überschrieben: Den Lauf der Dinge ändern, Hilflosigkeit ablegen. Laut Bericht drohe die zunehmende Flut von Krisen uns zu überwältigen. Für die negative Grundstimmung seien besonders liberale Demokratien anfällig. Das Gefährliche an dieser Gefühlslage bestehe in der wachsenden Überzeugung, dass die Welt die Herausforderungen der Menschheit nicht annehme, obwohl die Ressourcen, Strategien und Instrumente zu ihrer Bewältigung vorhanden seien. Ulrike Franke, Sicherheitsexpertin bei dem europäischen Thinktank European Council on Foreign Relations (ECFR), erklärte, dass dieser Befund der „Hilflosigkeit" an den Sicherheitsbericht von 2020 anknüpfe, der „Westlessness" zum Thema hatte. Mit diesem später viel zitierten Kunstwort wurde schon vor zwei Jahren ein weitverbreitetes Gefühl des Unbehagens und der Rastlosigkeit beschrieben, und zwar vor allem mit Blick auf die wachsende Unsicherheit über die Zukunft und auch die Bestimmung des Westens. Franke liest den Bericht 2022 als Aufforderung an den Westen, die Problematiken der Welt wieder mehr in den Griff zu bekommen.[82]

Raus aus der „Blase" und Schluss mit der Titanic-Mentalität
Neben Ignoranz, Arroganz und Inkompetenz ist es das lang andauernde Politikerleben in der „Blase", das es rhetorisch brillanten Interessenvertretern recht leicht macht, die für ihre Gruppe nützlichen Handlungen auszulösen. Zudem ist erwiesen, dass bei den allermeisten Entscheidungen die Haut Vorrang vor dem Hemd hat und der Weitblick am Tellerrand endet. Der Alltag mit vielen Widrigkeiten siegt bei den meisten Entscheidern im Wettstreit mit düsteren Zukunftsszenarien. Die Psychotherapeutin Katharina Simons hat dieses Phänomen für unser Thema anschaulich beschrieben: „Es gibt finanzstarke Lobbyisten, die gezielt Mechanismen einsetzen, um einen Diskurs zu begründen, der die Menschen vom effektiven Klimaschutz ablenken soll. Etwa mit der Strategie, immer wieder

---

[81] Kühlem, Max: „Was aus dem Osten an Protesten kommt, wird einseitig abgeurteilt", Interview mit Hans-Christian Lange, Berliner Zeitung vom 14./15.08. 2021.
[82] https://www.dw.com/de/munich-security-report-diagnose-einer-verunsicherten-allianz/a-6071620, Internetrecherche am 15.02.2022.

die Nachteile zu betonen. Ein Argument ist der vermeintliche Wohlstandsverlust. Typische Sätze: Das können sich die kleinen Leute nicht leisten. Es werden gezielt psychologische Knöpfe gedrückt. Das Bedürfnis nach Gerechtigkeit ist ein Grundbedürfnis. Wenn etwas als ungerecht markiert ist, löst das Wut und Empörung aus. Menschen handeln lieber in Gemeinschaft. Mit Aussagen „Warum muss Deutschland das machen und China nicht" wird dieses Bedürfnis angesprochen. Es ist besonders perfide, wenn die Klima**schmutz**lobby genau diese Knöpfe drückt. Man versucht, Politik für mehr Klimaschutz zu verhindern. Deswegen nennt man solche Taktiken auch Verhinderungsdiskurse."[83]

Diese plastische Schilderung zeigt, dass wir endlich weg müssen von der Titanic-Mentalität. Der Weltuntergang wird nicht fröhlich. Auch wenn bei den berühmten Katastrophenfilmen „The Day After" (1983) mit dem Szenario Atomkrieg oder „The Day After Tomorrow" (2004) über schmelzende Polkappen, die Überflutung von New York und die komplett mit Eis bedeckte Nordhalbkugel am Ende Überlebende die Hauptrolle spielen.

Ebenso fatal sind Szenarien, die dem Individuum zeigen, dass es mal wieder nur den kleinen Leuten an den Kragen geht. Beispielhaft einige „Ideen" von Bündnis90/Die Grünen: Der Liter Benzin soll 5 Mark kosten (1998), „Veggie-Day" und Sofortverbot von Ölheizungen (2014), Verbot von Fleischsonderangeboten (2016).

Allerdings haben solche Ankündigungen eine immer geringere Halbwertzeit. Ein kurzer Aufschrei, in den analogen Medien und natürlich zunehmend im Netz, dann wird die „nächste Sau durchs Dorf getrieben". Es gelingt immer seltener, große Themen für längere Zeit öffentlich zu platzieren. Nur die Älteren werden sich daran erinnern, dass in den 80er-Jahren nach dem NATO-Doppelbeschluss vom 12. Dezember 1979 zur Aufstellung neuer mit Atomsprengköpfen bestückten Mittelstreckenraketen in Westeuropa eine Massenbewegung entstand. (West)deutscher Höhepunkt war der 22. Oktober 1983. An diesem Tag gingen bundesweit bei den „Volksversammlungen für den Frieden" etwa 1,3 Mio. Menschen auf die Straße. Mehr als eine halbe Million von ihnen allein im Bonner Hofgarten. Auch in Hamburg, Berlin und Süddeutschland demonstrierten die Menschen gegen die geplante Stationierung neuer Atomraketen. Zwischen Stuttgart und Neu-Ulm, wo die neuen Atomraketen stationiert werden sollten, bildeten die Rüstungsgegner eine 108 Kilometer lange Menschenkette.

36 Jahre später, am 24. September 2019, mobilisierte das Menschheitsthema Klimawandel bei der bislang größten Kundgebung von „Fridays for Future" gerade einmal 70.000 Menschen. Das war am Welttag dieser Bewegung – mit der geballten Mobilisierungskraft des Internets mit seinen sozialen Medien im Rücken.

Allerdings gab es danach den 27. Februar 2022. Der russische Einmarsch in die Ukraine, dieser eklatante Bruch des Völkerrechts mobilisierte 500.000 Menschen in Berlin zu einem Protestmarsch gegen diesen Krieg und für das Recht des ukrainischen Volkes auf

---

[83] „Dem Klimawandel fehlt definitiv der Krisencharakter. Die Berliner Psychotherapeutin Katharina Simons über die Gründe, warum viele Menschen nicht auf die Bedrohung reagieren", Berliner Zeitung vom 01.01.2021.

7.4 Ein titanisches Projekt. Ob wir dafür in Deutschland über das geeignete politische …

Selbstbestimmung. Dieses Votum ist beeindruckend. Die planetare Bedrohung ist viel größer. Aber deren Mobilisierungskraft ist dazu eher indirekt proportional. Wir hoffen, dass die weltweiten und starken Proteste gegen den russischen Angriff auf die Ukraine auch ein neues Bewusstsein dafür schaffen, dass diese Aggression auch in einem größeren Zusammenhang zu bewerten ist. Stabile Lösungen wird es nur gehen, wenn sich die Völker der Welt dazu massenhaft artikulieren.

Warum machtvolle Protestbewegungen, die immer noch am nachdrücklichsten ihre Wirkung auf der Straße entfalten, offenbar – bis auf Ausnahmen – der Vergangenheit angehören, verlangt nach Deutung. Hans Herbert von Arnim, der unermüdliche Streiter für mehr direkte Bürgermitwirkung, präsentiert in einem seiner zahlreichen Bücher zu diesem Thema – *Volksparteien ohne Volk* aus dem Jahre 2009 – folgende Erklärung:

„Es wird deutlich, dass dem Bürger sein Einfluss nur vorgegaukelt wird und er in Wahrheit praktisch nur die Rolle eines Zuschauers einnimmt. Nicht einmal, wer Abgeordneter wird und wer regieren soll, kann der Bürger bestimmen. Und alle Versuche, unsere demokratische Infrastruktur zu verbessern, brechen sich am egoistischen Widerstand der politischen Klasse, der wohl nur durch die organisatorische Stärkung des Volkes selbst überwunden werden kann, etwa durch direkte Demokratie und Reformen des Wahlrechts."[84]

Gregor Gysi legte im Jahr 2022 in der Talkshow „Markus Lanz" nach: „30 Prozent unserer Bevölkerung haben jedes Vertrauen zu den etablierten Parteien, von AFD bis zur Linken, verloren. Wir müssen einen Weg finden, Vertrauen wiederherzustellen. Falsche Sprache, falsche Beweggründe, Unehrlichkeit – das betrifft die Politik in Gänze. Und ein Hauptmangel besteht darin, dass uns als Politiker diese 30 Prozent, fast alle Nichtwähler, nicht interessieren. Weil ja nur die Wähler entscheiden, wie die Sitze verteilt werden."[85]

Weil die Parteien versagen, wurde ein Buch mit dem originellen Titel *Liebeserklärung an eine Partei, die es nicht gibt* geschrieben. Dort haben wir folgende Situationsbeschreibung gefunden: „Unsere Zeit schreit nach Politik. Ob Klimakrise oder das absurde Ausmaß globaler und nationaler Ungleichheit: Vor diesen existentiellen Herausforderungen stehen wir, weil politische Entscheider:innen und Institutionen sich ihrer Kernaufgabe verweigern. Seit Jahrzehnten ist die Politik viel zu häufig Sachwalterin kurzfristiger meist einseitiger ökonomischer Interessen. Sie schützt die Interessen der wenigen zum Schaden der vielen."[86] Ausweg sei die Etablierung eines völlig neuen Typs von Parteien. Was dazu unter der großen Überschrift „Transformative Parteien" von den beiden Autoren zur Etablierung neuer kraftvoller Bewegungen zu Papier gebracht wird, ist eine Mischung aus frustrierenden eigenen Erfahrungen und Regeln der System- und Managementtheorie, die ohne konkreten Plan unsortiert und diffus präsentiert werden.

---

[84] Armin, Hans Herbert von: Volksparteien ohne Volk, Bertelsmann, München, 2009, S. 10 f.
[85] Gregor Gysi bei Markus Lanz, Youtube, 09.01.2022, https://www.youtube.com/watch?v=SYh9rE0S5I, Internetrecherche am 08.09.2022.
[86] Burmester, Hanno, Holtmann, Clemens: Liebeserklärung an eine Partei, die es nicht gibt, Bastei Lübbe, Köln, 2021, S. 9.

Auch Peter Sloterdijk, bei dem man eigentlich immer fündig wird, bleibt vorwiegend deskriptiv. In seinem *Die schrecklichen Kinder der Neuzeit* gibt er zu Protokoll: Mit der französischen Revolution habe sich die sogenannte futuristische Wende endgültig durchgesetzt – jener Prozess, in dem die Wirklichkeit sich schneller bewegt als das allgemeine Bewusstsein. In der Jetztzeit seien wir am vorläufigen Tiefpunkt dieser Entwicklung angelangt. Das sei die philosophische „Beschreibung" des Zustandes, den wir im gesellschaftlichen Diskurs mit einem so profanen Diskurs wie „Werteverfall" übersetzen. „Waren Fortschritt und Reaktion die Leitbegriffe des 19., sind Pfusch und Reparatur die des 21. Jahrhunderts. Größere Politik scheint nur noch als ausgeweiteter Pannendienst möglich. Von dem phantasiert die wohlmeinende politische Theorie seit einer Weile unter dem Stichwort *Global Governance*. Das Wort bezeichnet ein Vorhaben, das praktisch und faktisch nicht gelingt, weil in der Welt der lokal zersplitterten Agenden immer anderes wichtiger zu sein scheint als die Sorge ums Ganze. Scheint eine effiziente Agentur für globale Probleme bis auf weiteres nicht etablierbar, stellt dies den systemischen *status quo* unter Beweis: Auf den nach wie vor anarchisch verfaßten bzw. unverfaßten höheren Ebenen des Weltgeschehens ist die Koordination von Störfall und Reparatur noch schwerer zu erreichen als auf nachgeordneten Stufen.

Dieser Wandel der Gestaltungskraft von Politik wird von den demokratischen Öffentlichkeiten der Gegenwart als ein defensives Hinterher-Regieren nach Zwischenfällen und Notständen wahrgenommen." Der altaufklärerische Glaube an eine garantierte Symmetrie von Problemen und Lösungen erodiere mit jedem Tag mehr. Aber zumindest sitze man in der ersten Reihe, wenn es gelte, dem überdehnten Staat bei der Selbstverwaltung seiner Ohnmacht zuzusehen. „Ins Gewesene blicken wir seit dem 19. Jahrhundert in der Dimension von Jahrmillionen zurück. In Kommendes wagt kaum jemand noch tiefer als wenige Jahrzehnte vorauszuschauen." „Kurzum, in unseren Tagen kann niemand wissen, was den Sachgehalt von sirenischen Wörtern wie „Nachhaltigkeit" und „Zukunftsfähigkeit" ausmacht. Dies ist der Zustand, auf den Heidegger anspielte, als er seine Bemerkung aussprach, nur noch ein Gott könne uns retten."[87]

Wir haben Sloterdijk etwas länger zitiert, weil wir seine Denkerqualitäten schätzen. Er kommt auch deshalb zu Wort, weil er unsere eigene Zerrissenheit spiegelt: Ist diese Welt zu retten? Und wenn ja, haben wir dafür das richtige politische Personal? Mit dieser Frage wird unser Buch in wenigen Seiten enden.

Politics und Policy

Sahra Wagenknecht versucht in ihrem 2021 erschienenen und wie immer polarisierenden Buch *Die Selbstgerechten* eine übergreifende, gesellschaftspolitische Begründung, warum die wirklich großen Menschheitsthemen in Relation zu ihrer Bedeutung im Diskurs eine untergeordnete Rolle spielen und deshalb kein massenhaftes Handeln bewirken. Das Letztere ist entscheidend. Wir erinnern: Die größte Demonstration von Fridays for Future hatte

---

[87] Sloterdijk, Peter: Die schrecklichen Kinder der Neuzeit, Suhrkamp, Berlin, 2014, S. 93 f, S. 485–488.

2019 in Berlin 70.000 Teilnehmer. Bezogen auf die erwachsenen Berliner waren das rund 1,5 Prozent. In Relation zu 60 Mio. volljährigen Bundesbürgern 0,1 Prozent, obwohl im ganzen Land dafür geworben wurde, nach Berlin zu kommen.

Am 22. Oktober 1983 hatten noch 1,3 Mio. Altbundesbürger gegen neue Atomraketen demonstriert, rund 4 Prozent der Erwachsenen: 4,0 zu 0,1. Das ist das Vierzigfache. Sahra Wagenknecht sieht einen Grund für diese Erosion des Protestes darin, dass „in unserem Land aus dem gesellschaftlichen Miteinander ein über weite Strecken feindseliges Gegeneinander geworden" sei. „Gemeinwohl und Gemeinsinn sind Worte, die aus der Alltagssprache nahezu verschwunden sind."[88] Dazu hätten die „Lifestyle-Linken" – Wagenknecht hat der Begriff „erfunden" – erheblich beigetragen. Sie wirft dieser selbstgerechten Klientel vor, dass sie uneinlösbare Forderungen formuliert und jeden moralisch ächtet, der dazu realistische Gegenpositionen entwickelt. „Die große Rolle, die Fragen der Symbolik und der Sprache im Politikverständnis der Lifestyle-Linken spielen, hängt sicher auch damit zusammen, dass sich hier ein riesiges Betätigungsfeld eröffnet, auf dem man ungestört Veränderungen durchsetzen kann, ohne jemals mit einer einflussreichen wirtschaftlichen Interessengruppe in Konflikt zu geraten oder die öffentlichen Kassen relevant zu belasten. Den Mindestlohn zu erhöhen oder eine Vermögenssteuer für die oberen Zehntausend einzuführen, ruft natürlich ungleich mehr Widerstand hervor, als die Behördensprache zu verändern, über Migration als Bereicherung zu reden oder einen weiteren Lehrstuhl für Gendertheorie einzurichten."[89]

Zum Personal noch folgende Sätze aus dem September 2021, kurz vor der Bundestagswahl: „Dann sitzt da dieser Tilman Kuban im Fernsehstudio, und du fragst dich: Was zum Teufel macht der dort? Warum um Himmels willen, wird er vielleicht bald im Bundestag sitzen? Und warum um alles in der Welt kann das nicht jemand anderes machen? Jemand, der weiß, wovon er spricht. Warum also nicht zum Beispiel dieser Markus Grotian, der direkt neben Kuban sitzt. [...] Markus Lanz im ZDF zeigt die Welt halt so, wie sie ist: Sie besteht aus Menschen, die wissen, wovon sie sprechen, wie dem Bundeswehr-Hauptmann Grotian. Und aus Menschen, die von diesen Dingen wenig wissen, aber gern im Bundestag entscheiden wollen, wie der Vorsitzende der Jungen Union, Tilman Kuban. Grotian schreibt seit Monaten Briefe an die Bundeskanzlerin, damit sie den afghanischen Ortskräften beim Überleben hilft, sammelt Spenden und bringt seine Leute in Kabul in sicheren Häusern unter. Und Kuban fällt zur lebensbedrohlichen Situation in Afghanistan der Satz „2015 darf sich nicht wiederholen" ein [...]. Dabei machen beide Männer Politik, doch es ist sehr unterschiedliche Politik. Im Englischen gibt es dafür eigene Begriffe: *politics* und *policy*. Der Bundeswehrhauptmann organisiert Mittel und Mehrheiten, um das Leben für eine Gruppe von Menschen besser zu machen, und er kümmert sich um Inhalte, um *policy*. Kuban macht Politik, die erst einmal keine Auswirkung hat, außer auf politische Posten und Positionen, er macht *politics*."[90]

---

[88] Die Selbstgerechten, a. a. O., S. 9.
[89] Ebenda, S. 39.
[90] Pletter, Roman: Schluss mit der Selbstbespiegelung, Die Zeit, 9. September 2021, Nr. 27, S. 14.

Im Grunde trifft diese Momentaufnahme des *Zeit*-Autors die politische Wirklichkeit. Man müsste folglich nur die Positionen tauschen! Kuban in die Bundeswehr und Grotian in den Bundestag. Ob beide in ihren Rollen so bleiben, wie sie sind? Zweifel sind angebracht. Schon mancher junge Kommunarde landete nach Parlamentsdisziplinierung als Bettvorleger. Ein Schicksal, das er mit vielen einer ganzen Aufbruchsgeneration, den 68igern, teilt.

Ihre quasi „Nachfolger", „Bündnis 90/Die Grünen", fühlen und geben sich als progressivster Teil der Ampel. Grün steht ja auch im Ampel-Wortsinn dafür, dass es endlich losgeht in diesem Land. Aber kaum sind sie in Amt und Würden, ereilt uns diese Nachricht:

Zu hohe Maßstäbe? Und eine rettende Idee aus dem antiken Griechenland.
„Derzeit ermittelt die Staatsanwaltschaft Berlin gegen den gesamten Bundesvorstand der Grünen. Der Vorwurf lautet: Die Parteispitze habe sich zu Lasten der Partei bereichert und sich unzulässigerweise einen Corona-Bonus in Höhe von 1500 Euro gegönnt [...]. Im Vergleich zu diesen Fällen – u. a. die CDU-Parteispendenaffäre – wirken diese aktuellen Politikskandale eher harmlos. Zum Verhängnis könnten den Grünen aktuell nur die eigenen hehren moralischen Ansprüche werden. Wer Christian Wulff das Bobbycar missgönnt, müsste für eine Summe von 1500 Euro eigentlich von allen politischen Ämtern zurücktreten und seinen politischen Ruhestand auf St. Helena antreten. Ganz so weit wird es aber vermutlich nicht kommen. Für uns Normalsterbliche bleibt die Ernüchterung: Der Griff in die Kasse fällt immer kleiner und läppischer aus. Die Eliten sind auch nicht mehr das, was sie mal waren. Das ist nicht nur schlecht für den Boulevard, sondern auch für all jene, die der politischen Klasse noch die Fähigkeit zum großen Wurf zutrauen."[91]

Diesem Trend folgt auch der erste Geniestreich der neuen, grünen Umweltministerin. Mehr dazu im nächsten Unterkapitel. Das jetzige beenden wir ziemlich ratlos – alles Deskriptive kriegt unser Häkchen, aber wo ist der Weg aus dem Dilemma? – mit einer Idee aus der Antike, die wir bei einem blitzgescheiten Intellektuellen der Jetztzeit gefunden haben: Bei Florian Felix Weyh und zwar in dessen Buch *Die letzte Wahl*.[92] Wir finden diesen Vorschlag so überzeugend und zugleich faszinierend, dass wir daraus einige längere Passagen zitieren. Wenn wir Ihnen dazu noch sagen, dass der 2007 bei Eichborn erschienene Titel nicht mehr lieferbar ist (10,40 Euro kostet das Buch gebraucht bei Medimops), werden Sie das Folgende mit noch größerem Interesse lesen. Denn es ist eine verblüffend einfache und zu 100 Prozent gerechte Lösung, mit der wir unser erkranktes demokratisches System nicht nur heilen, sondern sogar wieder vom Kopf auf die Füße

---

[91] Dohna, Jesko zu, Both Maximilian: Christian Wulff ist überall. Robert Habeck, Annalena Baerbock und Christian Wulff haben etwas gemein – einen mittelmäßigen Politikskandal. Den Grünen könnte der eigene Anspruch zum Verhängnis werden, Berliner Zeitung vom 22./23. Januar 2022, S. 23.
[92] Weyh, Florian Felix: Die letzte Wahl, Eichborn, Frankfurt am Main, 2007.

stellen können. Denn ins Deutsche übersetzt, heißt das griechische Wort Demokratie bekanntlich Volksherrschaft. Genau davon kann im ursprünglichen Wortsinn schon lange keine Rede mehr sein.

Im antiken Athen wurde Weyh fündig. „Bevor um 430 vor Christi das Wort Demokratie üblich wurde, sprach man von der Isonomie, der gesetzlichen Gleichheit aller Bürger ohne Rücksicht auf Geburt und Vermögen. Nach übereinstimmender Meinung antiker Philosophen (Platon, Aristoteles) wie Staatsmännern (Solon, Kleisthenes) konnte diesem Prinzip nur die **Ämterverlosung** gerecht werden, da sie sich der Einflussnahme einzelner Personen oder Gruppen entzog. Dabei machten die Athener keinen Unterschied zwischen Verwaltungsämtern und politischen Leitungsfunktionen, ja sie losten sogar alle Richter aus. In den Anfangsjahren zog man per Hand schwarze und weiße Bohnen aus einem verdeckten Gefäß, später entwickelte man einen raffinierten mechanischen Apparat aus Holz und Marmor, die Kleoteria, die innerhalb kurzer Zeit 6000 Richter aus 20.000 Bürgern zu ermitteln vermochte. Dass sich unter den 6000 Richtern etliche Menschen befanden, die weder intellektuell noch moralisch zum Richteramt befähigt waren, ließ sich leichten Herzens tolerieren, sie gingen bei der späteren Urteilsfindung per Mehrheitsprinzip in der Menge unter."[93]

Bei den Verlosungen zur Ratsversammlung habe die Relation von Mandatsträgern zur Anzahl der Lose 1:50 betragen. In dieser Proportion hätten Ausreißer deutlicher zu Buche geschlagen. Deshalb seien zusätzlich Ersatzkandidaten ausgelost worden. Zudem habe es nach der Verlosung eine Bürgerprüfung, die Dokimasia, gegeben. Hier wurde die Integrität jedes Ausgelosten anhand transparenter Regeln und Kriterien geprüft. Wer denen nicht entsprach, durfte sein Mandat nicht antreten.[94]

„Insgesamt", so Weyh, „kuriert die Verlosung so gut wie alle Schwächen der Wahl. Sie bringt hundertprozentig repräsentative Treuhänder der Macht hervor, ja das Parlament spiegelt die Alters-, Geschlechter-, Bildungs- und Wohlstandsverteilung der Bevölkerung wider, wofür schon die Gaußsche Normalverteilung sorgt. Hochbegabte, die, von den Massen beneidet, nie in Ämter gewählt werden, schaffen es mit zweiprozentiger Wahrscheinlichkeit ins Parlament, wo sie die Minderbegabten gleicher Anzahl intellektuell mehr als kompensieren. Wahlkämpfe mit ihrem Zwang zur Lüge und Verzerrung entfallen. Lobbyistischen Netzwerken wird der Boden entzogen, da sinnvollerweise niemand Bestechungskontakte pflegt, wenn er nicht weiß, wer im nächsten Parlament sitzt. Fraktionierungen und Parteiungen bilden sich erst nach der Delegiertenauslosung und besitzen keinerlei Machtmittel, die Abgeordneten zur Räson zu bringen. Natürlich können die Parteien weiterbestehen und darauf spekulieren, dass bei entsprechender Größe das Los auf einen bestimmten Prozentsatz ihrer Mitglieder fällt; doch auch dann haben sie keine

---

[93] Ebenda, S. 206.

[94] Weyh bezieht sich auf ein Verfahren, dass nach den Reformen des Kleisthenes um 500 vor Christi in Athen angewendet wurde. Für die Athener Ratsversammlung stellten die zehn Stadtteile je 50 Männer, die ausgelost wurden. Dazu wurden 50 Ersatzkandidaten ebenfalls per Los ermittelt.

Weisungsbefugnis. Das Mandat ist personalisiert und nicht austauschbar. Scheidet jemand vorzeitig aus, wird nachgelost. Planbare politische Karrieren wie heute sind unmöglich […]. Abgesehen von der geringen Wahrscheinlichkeit, dass das Los tatsächlich auf Herrn Adolf Schicklgruber aus Braunau fiele, befände er sich in einer ungünstigen Situation. Er könnte nicht als Außenseiter antreten, was jeder Volkstribun um seines Erfolgs willen tun muss; alle anderen 600 Losgewinner sind auch Außenseiter, es gibt kein publikumswirksam zu bekämpfendes Establishment."[95]

Weyh weist abschließend darauf hin, dass dieses antike Modell auch schon in der Neuzeit erfolgreich verwendet wurde. In Großbritannien wurden bis ins 17. Jahrhundert hinein viele kommunale Ämter ausgelost, teilweise selbst die Sitze im Londoner Unterhaus. Bis heute sei das Los die Ultima Ratio. 1973 habe sich nach einer Reichstagswahl in Schweden ein Patt zwischen dem sozialistischen und dem nichtsozialistischen Lager ergeben. Deshalb seien in der Legislatur etliche Entscheidungen per Münzwurf getroffen und akzeptiert worden. Weyh zitiert Montesquieu, der 1748 Folgendes geschrieben hat: „Das Auslosen ist eine Wahlform, die niemanden verletzt. Sie läßt aber jedem Bürger eine begründete Hoffnung, seinem Vaterland dienen zu können."[96]

Die überschaubaren Optionen direkter Demokratie in Deutschland finden sich auf Ebene der Kommunen und Länder. Dort gibt es Quoren, aber eher, um Volks- und Bürgerentscheide an hohen Beteiligungshürden scheitern zu lassen. Dass ein Staat mit einem verbal so hohen demokratischen Anspruch wie die Bundesrepublik Deutschland Volksentscheide auf Bundesebene nur für ein einziges Thema, nämlich die Neugliederung des Bundesgebietes, zulässt – alle anderen großen Themen werden damit ausgeschlossen[97] –, halten wir für demokratiefeindlich und nicht grundgesetzkonform. In Artikel 20, Abschnitt 2 steht, dass „alle Macht vom Volke ausgeht". Dieses Universalrecht wird schon im folgenden Satz weitgehend außer Kraft gesetzt. Denn er reduziert dieses Prinzip allein auf die Wahlen.[98] In deren Ergebnis formiert sich alle vier Jahre ein Bundestag, in dem aktuell sieben Parteien mit einer Gesamtmitgliederzahl von rund 1,22 Mio. vertreten sind. Das sind *zwei* Prozent der 60 Mio. Wahlberechtigten. Aber sie bestimmen – und nicht die Wähler –, wer sich überhaupt der Wahl stellen darf. Die 736 Bundestagsabgeordneten sind nicht das Abbild des Volkes, sie sind der lange Arm von Parteien, die wegen ihrer Mitgliederzahl Minderheitsstatus haben. Es sind deren Vorgaben – nicht die des Volkes –, auf deren Grundlage in Deutschland Gesetze gemacht werden. Mit direkter Volksdemokratie hat das wenig zu tun. Dass diejenigen, die in dieses System integriert sind, den Ruf nach direkter Demokratie fürchten wie der Teufel das Weihwasser, liegt auf der Hand.

---

[95] Ebenda S. 204 f.
[96] Ebenda, S. 207 f.
[97] Grundgesetz, a. a. O., S. 34 ff., Artikel 29.
[98] Ebenda, S. 29.

7.5 Die neue Ampel in Berlin: Hat sie bei Machtantritt schon auf grün als Synonym für „Fortschritt wagen" geschaltet? Welche Sofortmaßnahmen sie für die schnelle Transformation in die Kreislaufwirtschaft treffen sollte

Der 31. März 2022 war für dieses Buch der Redaktionsschluss. An diesem Datum ist die am 8. Dezember 2021 vereidigte neue Regierung der Bundesrepublik Deutschland 113 Tage im Amt. Schon nach 100 ist nach alter Regel die Schonzeit, die Einarbeitungs- und Probephase beendet.

Nachdem wir uns bisher der Transformation von der linearen in die Kreislaufwirtschaft auf globaler Ebene gewidmet haben, wollen wir am Schluss für dieses Thema ein 100-Tage-Fazit für die Ampelkoalition ziehen. Dabei orientieren wir uns am Koalitionsvertrag des ersten Regierungsbündnisses in der Republik, das unter Führung des Wahlgewinners, der SPD, mit Bündnis 90/Die Grünen und der FDP gebildet wurde. Zu Recht wurde diese sogenannte Ampel mit dem Attribut historisch versehen. Das vermutlich motivierte die drei Parteien, ihr Programm mit dem Satz „Mehr Fortschritt wagen" zu betiteln. Hält das Papier, was diese Überschrift verspricht?, lautet unsere erste Frage. Die zweite gilt dem, was seit dem 8. Dezember in den ersten einhundert Tagen dazu auf den Weg gebracht wurde.

„Mehr Fortschritt wagen" – Ob wir diesen Mut beim Thema Kreislaufwirtschaft gefunden haben

„Fünf Sätze, die wir im Koalitionsvertrag lesen wollen": Mit diesem Forderungskatalog wandte sich der Bundesverband Nachhaltige Wirtschaft (BNW) am 27. September 2021, einen Tag nach der Wahl zum Deutschen Bundestag, an die Öffentlichkeit. BNW-Geschäftsführerin Dr. Katharina Reuter erklärte einleitend Folgendes: „Egal welche Regierungskonstellation es am Ende macht, wir brauchen einen mächtigen Nachhaltigkeitsschub in fast allen Politikfeldern. Folgende Sätze müssen sich darum im Koalitionsvertrag wiederfinden:"

- **Erstens**: Wahre Preise: „Die Preise aller Energieträger und Rohstoffe werden künftig auch die gesellschaftlichen Schäden abbilden, die aus ihrer Produktion und Förderung entstehen."
- **Zweitens**: Energiepolitik: „Die Bundesregierung wird Sektorenziele über 2030 hinaus und den massiven Ausbau der erneuerbaren Energien für ein klimaneutrales Deutschland festlegen."
- **Drittens:** Circular Economy: „Kreislaufwirtschaft im Sinne des Green Deal wird als maßgebliche Steuerungs- und Koordinierungsaufgabe im Kanzleramt angesiedelt, Plastikstrategie und Recyclinglabel werden entwickelt."

- **Viertens:** Gemeinwohlorientiertes Wirtschaften und soziale Innovationen: „Die Bundesregierung entwickelt eine soziale Innovationstrategie für die Förderung nachhaltig wirtschaftender, gemeinwohlorientierter Unternehmen."
- **Fünftens:** Land- und Ernährungswirtschaft: „Die Bundesregierung vereinbart ein Ausbauziel von 30 Prozent für den ökologischen Landbau in Deutschland bis 2030."[99]

In Sachen Kreislaufwirtschaft wurde in Deutschland viel geredet und wenig getan. Angesichts dieser Ausgangslage sind die BNW-Vorgaben für einen Vierjahreszeitraum ambitioniert. Aber sie wären umsetzbar, wenn man nur wollte!? – Daran haben wir nach Lektüre jener Teile des Koalitionsvertrages, der unser Thema betrifft, große Zweifel. Die richtigen Stichworte haben wir fast alle gefunden, aber verpackt in die wohlbekannte Prosa der Beliebigkeit. Absichtserklärungen, „Bekenntnisse" zu Allgemeinplätzen wie den 17 globalen Nachhaltigkeitszielen der UNO, die 2016 für den Zeitraum bis 2030 in Kraft traten.[100] Diese 17 Ziele sind nicht mehr als Stichworte auf einem Abstraktionsniveau, das jede Verbindlichkeit ausschließt. Dem folgen nahezu alle Aussagen zu Nachhaltigkeit, Kreislaufwirtschaft und Klimawandel im Koalitionsvertrag. Keine konkreten Standards, keine Zielvorgaben. Nur bei der Klimapolitik wird es an zwei Stellen konkret: Klimaneutralität schon bis 2045 und einen Anteil erneuerbarer Energien an der Energieerzeugung von 80 Prozent bereits 2030. Es geht doch, wenn man will. Aber in der übergroßen Mehrheit wollte man nicht. Anders können wir diesen Koalitionsvertrag selbst bei allergrößtem Wohlwollen nicht bewerten. Als Beleg einige wenige, aber exemplarische Kostproben:

„**Wir wollen** das ökonomische und ökologische Potenzial des Recyclings umfassend nutzen, den Ressourcenverbrauch senken und damit Arbeitsplätze schaffen (Produktdesign, Recyclat, Recycling).

Die 17 Globalen Nachhaltigkeitsziele der Vereinten Nationen sind Richtschnur unserer Politik. Damit schützen wir die Freiheit und Chancen jetziger und kommender Generationen. Wir werden die Deutsche Nachhaltigkeitsstrategie und das Maßnahmenprogramm Nachhaltigkeit weiterentwickeln und die Governance-Strukturen überprüfen.

Wir fördern die Kreislaufwirtschaft als effektiven Klima- und Ressourcenschutz, Chance für nachhaltige Wirtschaftsentwicklung und Arbeitsplätze. Wir haben das Ziel der Senkung des primären Rohstoffverbrauchs und geschlossener Stoffkreisläufe. Hierzu passen wir den bestehenden rechtlichen Rahmen an, definieren klare Ziele und überprüfen abfallrechtliche Vorgaben. In einer „Nationalen Kreislaufwirtschaftsstrategie" bündeln wir bestehende rohstoffpolitische Strategien. Auf dieser Grundlage setzen wir uns in der EU für einheitliche Standards ein. Anforderungen an Produkte müssen europaweit im Dialog mit den Herstellern ambitioniert und einheitlich festgelegt werden. Produkte müssen

---

[99] 5 Sätze, die wir im Koalitionsvertrag lesen wollen, Bundesverband nachhaltige Wirtschaft, Pressemitteilung vom 27.09.2021.

[100] Die 17 Ziele für nachhaltige Entwicklung sind politische Zielsetzungen, die weltweit der Sicherung einer nachhaltigen Entwicklung auf ökonomischer, sozialer sowie ökologischer Ebene dienen sollen.

langlebig, wiederverwendbar, recycelbar und möglichst reparierbar sein. Wir stärken die erweiterte Herstellerverantwortung auf europäischer Ebene."[101]

Für uns waren das Ergebnis der Bundestagswahlen 2021, die schnelle Weichenstellung für eine noch nie gekannte politische Konstellation, das offenbar effektive und geräuschlose Aushandeln der Schwerpunkte für die 4-jährige Amtszeit nach 16-jähriger Verwaltung des Status quo Zeichen des Aufbruchs. Mit einem halben Jahrhundert Verspätung wird, so war unsere Hoffnung, der Weckruf des „Club of Rome" gehört, und die Aufholjagd zur Rettung der Schöpfung beginnt.

100 Tage Ampel. Vorfahrt für die „Circular Economy"?
Mit dem Koalitionsvertrag kam Ende November 2021 für uns die große Ernüchterung: Wo ist der Fortschritt? Wo ist das Wagnis? Was wir unter diesen Überschriften zur Kreislaufwirtschaft lesen, übersetzen wir mit „Es wird weiter so gewurschtelt wie bisher".

Zu den ersten 100 Regierungstagen liefern wir beispielhaft ein paar Stichworte:

- Ganz ohne Pandemie geht es auch in diesem Buch nicht: Es bleibt beim Coronakrisenchaos. Was soll eine Impfpflicht mit drei „Piksen", wenn in Israel schon die vierte Boosterrunde eingeleitet wird? Warum hören wir täglich amtliche Zahlen, von denen alle wissen, dass sie nicht stimmen?
- „Mit dem Recht auf Reparatur werden wir einen wichtigen Schritt aus der Wegwerfgesellschaft gehen", sagte Steffi Lemke, Bundesministerium für Umwelt, Naturschutz, Nukleare Sicherheit und Verbraucherschutz. „Sinnvoll ist ein Reparierbarkeits-Index, auf dem man erkennen kann, wie reparaturfreundlich ein Produkt ist."[102] Wir halten uns sehr zurück. Wir schreiben ja ein Sachbuch und keinen Text für's Kabarett. Mit einem Recht auf Reparatur raus aus der Wegwerfgesellschaft! Ist es wirklich so schwer zu begreifen, dass Instandsetzen nur ökonomisch und ordnungspolitisch gesteuert werden kann? Wenn der neue Staubsauger 100 Euro kostet, wird niemand das drei Jahre alte defekte Gerät für 90 Euro reparieren lassen. Das gilt genauso für Fernseher, Kühlschränke und Waschmaschinen. Wo leben Politiker, die mit solchen Botschaften an die Öffentlichkeit gehen?
- „Die EU-Kommission hat gegen Deutschland in dieser Woche [gemeint ist die erste Dezemberwoche 2021 – Anm. der Autoren] ein Klageverfahren eingeleitet. Der Grund: Die Bundesrepublik habe nicht genug unternommen, um artenreiches Grünland in den Natura-2000-Gebieten zu schützen, die auch in Berlin zu finden sind." In der Hauptstadt betreffe die Klage die Schutzgebiete Tegeler Fließtal, Spandauer Forst, Falkenberger Rieselfelder, Pfaueninsel und Grunewald, also fast alles, was die Hauptstadt an Naturräumen zu bieten hat. „Im Koalitionsvertrag spielt der Naturschutz fast keine Rolle", lautet der Kommentar von Juliana Schlaberg, Naturschutzreferentin des NABU Berlin.

---
[101] Koalitionsvertrag 2021 (bundesregierung.de), Internetrecherche am 31.01.2022.
[102] Reparatur soll einfacher werden, Berliner Zeitung vom 25.01.2022.

EU-Klagen zu solchen Themen sind wir gewöhnt. Wir erinnern an unseren Exkurs zur Gülle und die Übernitrierung großer Grundwasserreservoire in ganz Deutschland.

- Mit mehreren hundert Millionen Euro hat der Bund den Bau des weltweit größten Kreuzfahrtschiffs für 10.000 Passagiere gefördert, das in Wismar nicht fertiggestellt werden kann, weil der Werfteigentümer aus Hongkong Insolvenz angemeldet hat. Wieder einmal blutet der deutsche Steuerzahler für Subventionen ins Gestern. Der Schiffbau beschäftigt in Deutschland laut IG-Metall gerade noch 16.653 Menschen. Jeder Arbeitsplatz zählt, aber haben wir nicht gerade im Koalitionsvertrag gelesen, dass Nachhaltigkeit und Kreislaufwirtschaft im Förderfokus stehen? Die Umweltschutzorganisation „Transport und Environment" belegte in einer Studie im Jahr 2019, dass 47 Kreuzfahrtschiffe des britisch-amerikanischen Unternehmens Carnival pro Jahr zehnmal so viel giftiges Schwefeldioxid ausstoßen wie die rund 260 Mio. europäischen PKW. Die Carnival Corporation ist das größte Kreuzfahrtunternehmen der Welt. Berühmte Marken wie AIDA und Costa Cruises fahren unter dessen Dach. Die genannten 47 Luxusschiffe der Carnival Corporation verursachen im Jahr 2017 – darauf bezieht sich die Studie – mehr als 30 Mio. kg Schwefeldioxid. Insgesamt waren im genannten Jahr 203 Kreuzfahrtschiffe in europäischen Gewässern unterwegs, die 62 Mio. kg Schwefeldioxid[103] emittierten.[104] Ingenieure und hoch qualifizierte Facharbeiter, die Schiffe für 10.000 Passagiere bauen können, wären auch in der Lage, modernste Anlagen für die Rückgewinnung wertvoller Stoffe zu konstruieren und zu fertigen. Der Schiffbau hat in Europa laut allen Experten keine Zukunft. Also nutzen wir doch die Standorte und das vorhandene Reservoir der „Mangelware" Fachkräfte, um die neue Branche Kreislaufwirtschaftstechnik zu etablieren. Deutschland ist der größte Exporteur von Maschinen und Anlagen weltweit. Mit diesem Know-how und dieser Reputation können wir in dieser neuen Zukunftsbranche Weltmarktführer werden. Dafür werden öffentliche Anschubsubventionen dringend gebraucht und nicht für maritime Dreckschleudern.

- Auch für die mehr als fragwürdige Förderung der E-Mobilität – siehe Kap. 6 – werden Milliarden verschleudert, aber damit nicht genug. Für die unverantwortliche Fortsetzung des „Jedem-ein-Auto"-Kurses, der unserem geschundenen Planeten einen weiteren Todesstoß versetzt (eigentlich braucht es nur einen, aber der Zerstörungswahn kennt keine Grenzen), werden sogar elementarste Lebensbedingungen gefährdet. Direkt vor unserer Haustür, 25 Kilometer östlich von der Stadtgrenze Berlins entfernt. Für den Milliardär Elon Musk ist mit dem fatalen politischen Irrweg, das Elektroauto zum Symbol für Nachhaltigkeit zu machen, Deutschland zum Land seiner Träume geworden. Mit Begeisterung wird er im Koalitionsvertrag gelesen haben, dass die Ampelregierung jetzt noch einen Gang hochschaltet: „Wir unterstützen die Transformation

---

[103] Schwefeldioxid gilt wegen seiner schädigenden Wirkung auf Pflanzen – Stichwort „saurer Regen" – als gefährliches Umweltgift.

[104] In Schräglage, Berliner Zeitung vom 25.01.2022, vgl. dazu auch https://www.energiezukunft.eu/umweltschutz/kreuzfahrtschiffe-verpesten-europaeische-haefen, Internetrecherche am 10.12.2021.

des Automobilsektors, um die Klimaziele im Verkehrsbereich zu erreichen, Arbeitsplätze sowie Wertschöpfung hierzulande zu erhalten. Wir machen Deutschland zum Leitmarkt für Elektromobilität, zum Innovationsstandort für autonomes Fahren und beschleunigen massiv den Ausbau der Ladesäuleninfrastruktur. Unser Ziel sind mindestens 15 Millionen vollelektrische Pkw bis 2030. Für die Wertschöpfung dieser deutschen Schlüsselindustrie ist die regionale Transformation der KMU ebenso von zentraler Bedeutung. Wir werden daher den Wandel in den Automobilregionen hin zu Elektromobilität durch gezielte Clusterförderung unterstützen. Die Fortführung und Weiterentwicklung der Europäischen Batterieprojekte (IPCEI) sowie die Ansiedelung weiterer Zellproduktionsstandorte einschließlich Recycling in Deutschland sind von zentraler Bedeutung."[105]

Musk hat mit seinem Autokonzern Tesla im Jahr 2021 so viel Gewinn eingefahren wie niemals zuvor: 4,9 Mrd. Euro. Darüber freut sich Musk, und er wird sich vermutlich über die deutsche Politik köstlich amüsieren. 9000 Euro Steuergeld für jeden vollelektrischen PKW. Demnächst wird deshalb sein Gewinn noch einmal explodieren, denn der Amerikaner hat das geflügelte deutsche Wort „An der Quelle saß der Knabe" im übertragenen und auch im wörtlichen Sinne umgesetzt. In Kürze werden seine Autos in Brandenburg vom Band laufen, mitten im größten europäischen Markt, bei den autoverliebten Deutschen, die auch wegen der üppigen Förderung zutiefst überzeugt sind, dass sie mit der Verwandlung ihres Diesels in einem Tesla einen gewichtigen Beitrag zur Weltrettung leisten.

Die neue Fabrik steht in Grünheide, nahe der Stadt Fürstenwalde, an einer leider versiegenden Quelle. Brandenburg gehört zu den niederschlagärmsten Regionen Deutschlands. Die Ressourcen am Tesla-Standort reichen schon ohne das Werk vorne und hinten nicht. Aber inzwischen ist die Produktionsstätte so gut wie fertig. Die Landesregierung hat großzügige Sonder- und Ausnahmegenehmigungen erteilt und begeistert sich daran, die größte Ansiedlung seit der Wende 1989/90 ins Land geholt zu haben. Die alten Griechen nannten solche Segnungen Danaergeschenk. Musks Projekt ist eine solche „Gabe", die sich für den Empfänger als unheilvoll und schädlich erweist. Anstatt mal in die griechische Mythologie zu schauen, hat man in Potsdam und Berlin das Portemonnaie gezückt: „Der deutsche Steuerzahler wird Medienberichten zufolge einem der reichsten Menschen der Welt seine neue Fabrik in Brandenburg mitfinanzieren. Wie das Wirtschaftsmagazin Business Insider mit Verweis auf Regierungskreise berichtet, soll der US-Elektroautobauer Tesla mit einem einstelligen Milliardenbetrag vom deutschen Staat unterstützt werden. Das Vermögen von Elon Musk wird auf rund 200 Milliarden Euro geschätzt."[106]

---

[105] Koalitionsvertrag 2021 (bundesregierung.de), Internetrecherche am 31.01.2022.
[106] Steuerzahler soll Tesla-Fabrik mit Milliardenbetrag finanzieren, berliner-zeitung.de, https://www.berliner-zeitung.de/news/steuerzahler-wird-tesla-fabrik-mit-milliardenbetrag-finanzieren-li.137000, Internetrecherche am 31.01.2022.

Für den bei diesem Reichtum völlig unnötigen Geldstrom – zudem für einen automobilen Irrweg – bedankt sich der Amerikaner auf seine Weise: Er hat seine Fabrik in einem Wasserschutzgebiet errichtet, es wurden 55.000 Bäume gefällt, der jährliche Wasserbedarf beträgt 1,4 Mio. m³, das sind 55 Prozent des für die gesamte gewerbliche Nutzung verfügbaren Wassers aus dem Wasserwerk Erkner. Von dem bezogenen Wasser will Tesla gerade einmal 21 Prozent wiederaufbereiten. Andere Automobilbauer sind schon bei 100 Prozent und sogar schon bei einem mehrfachen Wasserumschlag angekommen. Die laut Baugesetz für Baumeinschlag und Bodenversiegelung geforderten ökologischen Ersatzleistungen müssten normalerweise ortsnah erbracht werden. Dem Milliardär wurde großzügig zugebilligt, neue Bäume 50 Kilometer entfernt von seinem neuen Autowerk zu pflanzen. Jeder Besitzer eines Einfamilienhauses kann ganz andere Geschichten über die rigiden Auflagen erzählen, die ihm die Umweltbehörden auferlegen, wenn ihm die Ausnahmegenehmigung für das Fällen nur eines einzigen Baums erteilt wird. Elon Musk macht sich um die Verwertung der alten Akkus seiner E-Autos keine Gedanken und er kümmert sich nicht um das Recycling des mit 76 giftigen Chemikalien belasteten Wassers seiner Autofabrik.[107]

Die Ignoranz des Kreislaufwirtschaftsgedankens ist bei der überschäumenden E-Mobilitäts-Euphorie in Deutschland leider kein Ansiedlungshindernis. Am 4. März 2022 hat der Brandenburger Ministerpräsident Dietmar Woidke bekannt gegeben, dass das Land die sogenannte „Gigafactory" in Grünheide genehmigt habe. Brandenburg wäre jetzt nicht mehr vor allem eine verlängerte Werkbank für Unternehmen in Westdeutschland. „Wenn man in Zukunft auf dieses Projekt zurückblickt, wird es eine Zeit vor Tesla geben und eine mit Tesla", sagte Woidke.[108] Wären wir zynisch, würden wir den letzten Satz so auslegen, dass er Raum für alle denkbaren Szenarien lässt. Vielleicht laufen in zehn Jahren die omnipotenten Transport-„Gefäße" für öffentliche Verkehre vom Band: tauglich für alle „Trassen" – Schiene, Straße, Wasser, Luft. Herr Musk wurde am 4. März für seine Innovationskraft gerühmt. Wenn sie sich in diese neue Richtung entfaltet, könnte Brandenburg tatsächlich Kreislaufwirtschaftsgeschichte schreiben. Vielleicht müssen aber in wenigen Jahren – die Brandenburger Sommer haben dann nach allen seriösen Szenarien[109] eine Hitze- und Trockenheitsgarantie – die Menschen in der Region ihr Trinkwasser einmal am Tag am Tankwagen streng rationiert

---

[107] Wollner, Hermann: Die Gigafactory als Gigaproblem, Berliner Zeitung, 19.01.2022. Der Autor, der in seinem ganzseitigen Beitrag die katastrophale Umweltbilanz der Tesla-Ansiedlung aufmacht, ist promovierter Agrarwissenschaftler und sorgt sich schon von Ausbildung und Berufs wegen um unsere Umwelt. Auch der Ministerpräsident des Landes Brandenburg, Dietmar Woidke, ist wie der Autor Hermann Wollner promovierter Agrarwissenschaftler. Aber er hat, wie wir an den Entscheidungen der Landesregierung zur Tesla-Ansiedlung sehen, eine ganz andere Sicht auf die Dinge.

[108] https://www.welt.de/wirtschaft/article237323453/Tesla-Genehmigung-da-Nicht-mehr-die-verlaengerte-Werkbank-des-Westens.html, Internetrecherche am 10.03.2022.

[109] Etliche Berechnungen stammen aus dem weltbekannten „Institut für Klimafolgenforschung". Es ist beheimatet in Potsdam, bekanntlich hat dort die Brandenburger Landesregierung ihren Sitz.

in Empfang nehmen. Diese zweite Variante ist keine Überspitzung übermotivierter Umweltaktivisten. Sie ist die sachliche Interpretation einer Entscheidung des Verwaltungsgerichts Frankfurt (Oder).[110] Geklagt hatten Grüne Liga und Naturschutzbund (NABU). Hintergrund: Der beantragte Jahresbedarf der Gigafactory (1,1 Mio. m^3) lag bei fast 50 Prozent der bis dato genehmigten Fördermenge im Bereich des zuständigen Wasserverbandes Strausberg-Erkner *vor* Tesla (2,65 Mio. m^3). Das Landesumweltamt Brandenburg addierte den Bedarf der Autofabrik zum bisherigen Volumen und erteilte eine neue Gesamtgenehmigung über 3,75 Mio. m^3 Jahresförderung. Die Kläger verwiesen auf jetzt schon bestehende Engpässe in den heißen Sommern (etwa Beregnungsverbote von Gärten und Grünanlagen) und die seit Jahren fallenden Pegelstände in den umliegenden Seen. Selbst ohne diese eindeutigen Indikatoren für zunehmenden Wassermangel wäre bei dem Großbedarf der Gigafactory eine Umweltverträglichkeitsprüfung ein Muss gewesen. Vor diesem Hintergrund erklärte das Gericht die Genehmigung für die neue Fördermenge durch das Landesumweltamt für „rechtswidrig und nicht nachvollziehbar". Die Entscheidung fiel auch am 4. März, nur wenige Stunden nach der vom Ministerpräsidenten verkündeten Betriebserlaubnis für das komplette Prestigeprojekt. Seit das Wasser in vielen Regionen Deutschlands knapper wird, hören wir immer häufiger die Hinweise auf ein ehernes Prinzip: Primat hat das Trinkwasser für die Menschen, dann kommen Landwirtschaft und Industrie. Das ist einsichtig. Eher nicht, warum man mit der finalen Betriebserlaubnis nicht bis zum Gerichtsentscheid gewartet hat.[111] Noch weniger, warum man die auf der Hand liegenden und schwerwiegenden Einwände offenbar nicht ernst genommen hat.

- Wir beschließen den schlaglichtartigen und nicht repräsentativen Blick auf die ersten 100 Ampeltage mit einem kleinen Ausflug zur DB AG. Vor vielen Jahren wurde für diesen Staatskonzern das hochlöbliche Motto „Von der Straße auf die Schiene"

---

[110] Die weiteren Aussagen zu diesem Sachverhalt in diesem Absatz stützen sich auf folgende Quelle: Metzner, Torsten: Kein Wasser für Tesla-Fabrik?, Der Tagesspiegel, 6. März 2022, Berlin, S. 14.

[111] Die Euphorie der Brandenburger Landespolitiker für das Autowerk von Elon Musk mag im tradierten Jahrhundertdenken des „Höher, schneller, stärker" auf den ersten Blick plausibel sein, ebenso, dass sich Ministerpräsident Woidke freut, dass sich zu deutschen Autohochburgen wie Wolfsburg, Stuttgart, Ingolstadt oder Köln ein Ort namens Grünheide gesellt hat und der Osten nicht mehr nur die verlängerte Werkbank des Westens ist. Das aber ist altes Denken. In Deutschland wurden schon Großinvestitionen gekippt oder modifiziert, um geschützte Tierarten nicht zu gefährden (oft genanntes Beispiel die Brutgebiete der Großtrappen beim Bau der ICE-Strecke Berlin-Hamburg). Aber in Grünheide geht es um das Trinkwasser für eine ganze Region! Deutschland soll, ja muss ein Industrieland bleiben. Aber doch keins von gestern. Neue Ansiedlungen darf es nur geben, wenn dort komplett kreislauffähige Produkte entwickelt und produziert werden. Die E-Autos von Herrn Musk aber sind ein Irrweg. Mit dem neuen Werk wird er sogar betoniert. Und dafür werden auch noch knappste Überlebensressourcen gefährdet. Beides kann nicht richtig sein. Das betrifft auch das „Argument", dass die Fabrik dann in Berlin oder anderswo in Deutschland gebaut worden wäre. Natürlich müssen dazu für Deutschland, die EU und möglichst auch global verbindliche Regeln für die zeitlich definierte Einführung der Kreislaufwirtschaft erlassen werden.

verkündet. Real ging es genau in die andere Richtung. Es scheint bei grundlegenden Dingen ein deutsches Prinzip zu sein: rechts blinken, links abbiegen. Von diesem „Gestaltungs"-Willen wird Sie der kurze Auszug aus dem Koalitionsvertrag „überzeugen": Dem Bahnverkehr – so lautet die Überschrift dieses Abschnitts – werden 27 Zeilen in dem 177 Seiten umfassenden Regierungsprogramm gewidmet. Der folgende Auszug steht für die Gesamtrichtung: „Wir werden den Masterplan Schienenverkehr weiterentwickeln und zügiger umsetzen, den Schienengüterverkehr bis 2030 auf 25 Prozent steigern und die Verkehrsleistung im Personenverkehr verdoppeln […]. Sofern haushalterisch machbar, soll die Nutzung der Schiene günstiger werden, um die Wettbewerbsfähigkeit der Bahnen zu stärken. Wir wollen Barrierefreiheit und Lärmschutz verbessern, Bahnhofsprogramme bündeln und stärken, das Streckennetz erweitern, Strecken reaktivieren und Stilllegungen vermeiden und eine Beschleunigungskommission Schiene einsetzen."[112]

Dazu ergänzen wir noch vier Zeilen aus dem Abschnitt Infrastruktur: „Wir werden 2023 eine CO_2-Differenzierung der Lkw-Maut vornehmen, den gewerblichen Güterkraftverkehr ab 3,5 Tonnen einbeziehen und einen CO_2-Zuschlag einführen, unter der Bedingung, eine Doppelbelastung durch den CO_2-Preis auszuschließen. Wir werden die Mehreinnahmen für Mobilität einsetzen."[113]

Wir haben ein wenig gerechnet. Die *einzige* konkrete Zahl zum Bahnverkehr betrifft die Steigerung des Güterverkehrs auf der Schiene bis 2030 um 25 Prozent. Laut Prognose des Bundesministeriums für Digitales und Verkehr wird der Güterverkehr insgesamt von 2010 bis 2030 um 17,6 Prozent wachsen. Der Anteil der Schiene wird in diesen zwanzig Jahren von 9,7 auf 10,2 Prozent zunehmen, das sind 0,5 Prozent. Die Straße „verliert" von 84,1 auf 83,5 Prozent, also um 0,6 Prozent. Diese Entwicklungen vollziehen sich aber bei einer starken Zunahme der absoluten Transportleistungen.[114] Das Ziel im Koalitionsvertrag ist also eine Lachnummer. Zudem erweckt das 25-Prozent-Ziel nur für den Schienengüterverkehr den Eindruck, dass damit der *Anteil* der Schiene am gesamten Güterverkehr gemeint ist. So haben es auch einige Journalisten verstanden, die das „ambitionierte Vorhaben" in höchsten Tönen lobten. Wahr ist, dass das Schienennetz von 1995 bis 2020 um 15 Prozent geschrumpft ist. Auch die „Ampel" will kaum neue Gleise verlegen. Die Mittel fließen in Modernisierung und Erhaltung. Nachhaltige Verkehrstransformation sieht anders aus. Dazu müsste man als Erstes den Güterstraßenverkehr teurer machen als den auf der Schiene. Darüber ist aber in den vier Zeilen, die wir zum Thema Infrastruktur zitiert haben, nichts zu lesen. Dafür der verräterische Satz, dass die Mehreinnahmen aus der Maut für Mobilität eingesetzt werden. Statt Mobilität müsste aber doch „für die Schiene" stehen. Fehlanzeige. Sie

---

[112] Koalitionsvertrag 2021 (bundesregierung.de), Internetrecherche am 31.01.2022.
[113] Ebenda.
[114] BMDV – Verkehrsprognose 2030 (bmvi.de), Internetrecherche am 31.01.2022.

7.5 Die neue Ampel in Berlin: Hat sie bei Machtantritt schon auf grün als Synonym für … 265

fließen in neue Straßen. Wetten? Wir setzen gern einen hohen Betrag und freuen uns darauf, unseren Gewinn im Jahr 2030 einzulösen.[115]

In den Endjahren der DDR – geprägt von tatenloser Agonie – kursierte vor allem bei den Machern in der Wirtschaft ein sarkastisch-bitterböser Spruch: „Es gibt viel zu tun, lassen wir's sein!"[116] Das, was wir seit vielen Jahren in unserem Land an Taten- und Mutlosigkeit erleben, erinnert uns an die letzten Jahre der DDR. Dieser Vergleich wird uns nicht nur Sympathie bescheren. Deshalb ernennen wir Guido Westerwelle (1961–2016) postum zu unserem Anwalt. Er war FDP-Vorsitzender und von 2009 bis 2013 Bundesaußenminister und sprach angesichts bundesrepublikanischer Verhältnisse von spätrömischer Dekadenz. Er bezog sich u. a. auf Sozialstaatssegnungen aus der Gießkanne ohne konkrete Gegenleistung und wurde prompt als Nestbeschmutzer diffamiert.

Nach all dem Negativen kommt jetzt der versöhnliche Schluss. Sie werden sich erinnern, dass das Bundesverfassungsgericht am 24. April 2021 in einem von vielen als historisch bezeichneten Urteil das deutsche Klimaschutzgesetz aus dem Jahr 2019 in zentralen Teilen für verfassungswidrig erklärte. Die Begründung: Der Staat tue nicht genug gegen die drohende Klimakatastrophe, denn er verschiebe „echte Eingriffe so weit in die Zukunft, dass uns und allen künftigen Generationen schon bald regelrecht die Luft ausgehen dürfte."[117]

Die damalige Bundesregierung hat überraschend schnell – wohl mit Blick auf die Bundestagswahlen im September – nachgebessert. Das geänderte Gesetz wurde am 24. Juni 2021 vom Bundestag beschlossen. Allerdings gingen der damaligen Opposition (außer der AfD) die Korrekturen nicht weit genug. Zwei Parteien, die interveniert hatten, FDP und Bündnis 90/Die Grünen, tragen seit Dezember 2021 Regierungsverantwortung. Sie dürfen sich jetzt mit einer neuerlichen Klage beim Bundesverfassungsgericht gegen die derzeit gültige Fassung des Klimaschutzgesetzes befassen. Maßgeblicher Kläger ist die Deutsche Umwelthilfe (DUH), die schon bei der ersten Intervention in Karlsruhe federführend war. Die DUH begründet ihr Votum damit, dass die Nachbesserung vom Juni 2021 die Vorgaben der Karlsruher Richter nicht ausreichend umgesetzt hat.

Die Deutsche Umwelthilfe bezieht sich auch in ihrer neuerlichen Klage auf den Artikel 20a unseres Grundgesetzes, den wir hier vollständig zitieren: Artikel 20a (Schutz der natürlichen Lebensgrundlagen und der Tiere): „Der Staat schützt auch in Verantwortung für die künftigen Generationen die natürlichen Lebensgrundlagen und die Tiere im

---

[115] Wer mehr über das deutsche Politikversagen beim Staatskonzern DB AG und bei der überfälligen Transformation in den ökologischen Verkehr lesen möchten, dem geben wir zwei Leseempfehlungen: Schäfer, Michael, Rethmann, Ludger: Öffentlich-Private Partnerschaften, Springer Fachmedien, Wiesbaden, 2020, S. 121–137, und Luik, Arno: Warum die Lage der Bahn hoffnungslos ist, Berliner Zeitung vom 01.12.2021.

[116] Menschen, die in den 80er-Jahren Fernsehwerbung geschaut haben, werden sich an den Esso-Slogan „Es gibt viel zu tun, packen wir's an" erinnern. Der hat natürlich Pate gestanden.

[117] Haak, Julia: Radikales Urteil, Berliner Zeitung vom 30.4./01.05./02.05.2021.

Rahmen der verfassungsmäßigen Ordnung durch die Gesetzgebung und nach Maßgabe von Gesetz und Recht durch die vollziehende Gewalt und die Rechtsprechung."[118]

Schon unsere kurze und nicht repräsentative Bestandsaufnahme böte weitere konkrete Klagegründe. Wir leiten daraus die Forderung an die „Ampel" ab, ihr Regierungsprogramm um den Punkt „Erarbeitung und Verabschiedung eines *komplett neuen* Kreislaufwirtschaftsgesetzes" zu ergänzen.

Dieses muss sich explizit auf den Artikel 20a unserer Verfassung und unsere darauf basierenden Definitionen von Daseinsvorsorge und Kreislaufwirtschaft beziehen. Das ist überfällig, weil das Gros der Gesetze – und dies gilt auch für die Rechtsprechung – sehr deutlich den Maßstab unterschreitet, den das zitierte Grundrecht setzt.

Einige praktische Vorschläge zur Ergänzung des Ampel-Regierungsprogramms
Wir haben nicht den Anspruch einer vollständigen „To-do-Liste". Wir sind Realisten und wären schon glücklich, wenn nur einige unserer Vorschläge konstruktiv zur Kenntnis genommen würden. Zu dieser Hoffnung wäre ein ellenlanger Forderungskatalog kontraproduktiv. Wir kennen den Politikbetrieb u. a. aus gutachterlicher Beteiligung an parlamentarischen Gesetzgebungsverfahren. Deshalb können wir beurteilen, dass sogenannte Formelkompromisse in 99,9 Prozent aller Fälle faule „Deals" sind. Jeder hat sich verewigt, in der Sache aber bleiben das Problem oder der Konflikt ungelöst. Wer Fortschritt wagen will, muss Teufelskreise durchbrechen und Systeme sprengen. Deshalb sollten auch mühevoll ausgehandelte Koalitionsverträge am Ende eines jeden Regierungsquartals auf den Prüfstand. Beim ersten Termin bitte die vielen Allgemeinplätze, Plattitüden und Absichtserklärungen streichen und durch genau definierte Ziele ersetzen. Wer macht was bis wann und übernimmt die Verantwortung? Wir hoffen, dass es mit diesem einfachen Prinzip einige unserer Vorschläge in die Aufgabenliste schaffen.

Unsere Ideen haben wir nach den drei Kategorien sortiert, die wir für die Umsetzung definiert haben. Zur Erinnerung unsere Prämisse 4: **Die Transformation zur Kreislaufwirtschaft muss auf einem ausgewogenen Mix aus Freiwilligkeit, dem Einsatz ökonomischer Hebel und politischer Regulierung basieren.**

Für jede Kategorie definieren wir drei Umsetzungsvorschläge:

- **Freiwilligkeit**
  - Wir müssen die Mehrheit der Menschen für eine aktive Mitwirkung bei der Etablierung der Kreislaufwirtschaft gewinnen. Diese Teilhabe schaffen wir durch die Revitalisierung der kommunalen Selbstverwaltung, die in Deutschland schon fast begraben ist.[119] Der Artikel 28, Absatz 2 muss durch ein Gesetz ergänzt werden, das die

---

[118] Grundgesetz, a. a. O., S. 29.
[119] Wir erinnern an die von uns identifizierten vier „Totengräber" der kommunalen Selbstverwaltung: strukturelle Unterfinanzierung/rechtliche Bevormundung/Überregulierung/weitgehende Außerkraftsetzung der Subsidiarität.

Kommunen endlich konkret in ihre legitimen Rechte einsetzt. Dazu gehört u. a. die Verpflichtung, jede übertragene Aufgabe vollständig zu finanzieren.
- Aus der Wirtschaft kommen schon jetzt viele wertvolle Initiativen, die weder ökonomisch stimuliert noch ordnungspolitisch initiiert sind. Diese Bewegung muss ideell umfassend gewürdigt und ins öffentliche Bewusstsein gebracht werden. Dabei sollten die öffentlich-rechtlichen Medien eine zentrale Rolle spielen. Zugleich muss ein flexibles unbürokratisches Förderinstrumentarium entwickelt und etabliert werden, mit dem in erster Linie technologisch anspruchsvolle Projekte z. B. von Startups unterstützt werden.
- Kreislaufwirtschaft von unten lebt von vielen freiwilligen Initiativen. Zu deren Förderung muss das Ehrenamt gestärkt werden. Wir brauchen ein Ehrenamtsgesetz, das alle bürokratischen Behinderungen beseitigt, die schnelle Schaffung von Strukturen und ebenso deren Abwicklung fördert. Es geht u. a. um ein einfaches Vereinsrecht, eine großzügige Interpretation der Gemeinnützigkeit, die Übernahme von Sachkosten und den Versicherungsschutz der Ehrenamtler. Formulare größer als A5 sind verboten. Leistungsempfänger nach SGB-II sollten vorrangig in Freiwilligenprojekten der Kreislaufwirtschaft eingesetzt werden.
- **Ökonomische Hebel**
  - Unter Bezugnahme auf unsere Definition von Kreislaufwirtschaft muss ein Gesetz zur Einführung des erweiterten Verursacherprinzips in dieser Legislatur, also bis spätestens 2025 verabschiedet werden. Mit Inkrafttreten des Gesetzes greifen zur Etablierung der Kreislaufwirtschaft nahezu ausschließlich ökonomische Hebel.
  - Der Bund muss mit Kreislaufwirtschaftsprojekten in der öffentlichen Grundlagenforschung der stofflichen Rückgewinnung den Weg bereiten. Grundlage ist eine zu erarbeitende Prioritätenliste besonders wichtiger (zu Ende gehende Ressourcen, wachsende Bedarfe usw.) Stoffe.[120]
  - Für die Umsetzung der Erkenntnisse aus der Grundlagenforschung müssen öffentliche Mittel zur Co-Finanzierung bereitgestellt werden. Diese Mittel müssen so ausgereicht werden, dass der Staat an erfolgreichen Lösungen partizipiert (Exporterlöse, Patenteinnahmen usw.). Sinnvolle Strukturen sind gemischtwirtschaftliche Unternehmen der Privatwirtschaft und der öffentlichen Hand.
- **Politische Regulierung**
  - Die Daseinsvorsorge, die Kreislaufwirtschaft und die Rückführung der Finanzwirtschaft auf die traditionellen Kerngeschäfte – sichere Geldanlagen und Kreditvergaben unter Verbot jedweder Spekulation – müssen im Grundgesetz normiert werden.

---

[120] „Wer seine ganze Hoffnung daraufsetzt, dass neue Technologien die Menschheit aus ihren Krisen befreien, muss auch bereit sein, für diese neuen Technologien zu zahlen […]. Die Forschungspolitik der Industriestaaten war der Zukunft abgewandt. Über Jahrzehnte haben Regierungen in Europa und Amerika es sogar abschreckend gemacht, eine Laufbahn in zukunftsweisenden Disziplinen einzuschlagen. Das hat dazu geführt, dass ausgerechnet die Menschen, deren Klugheit und Kreativität der ganzen Gesellschaft neue Wege ebnen könnten, unterbezahlt und schlecht ausgestattet sind." (Menschenzeit, a. a. O., S. 254 f.).

- Diese Gesetzgebung muss so erfolgen, dass in direkter Folge Normen und Standards zur Konstruktion und Produktion von Gütern gesetzlich gefasst werden. Die Recyclingfähigkeit muss als zentrale Prämisse definiert werden. Weitere Vorgaben betreffen die Materialökonomie, den Einsatz von nachwachsenden Rohstoffen, die Ablösung von Verbundstoffen, die Lebensdauer und damit auch die Reparaturfähigkeit.
- Da die meisten der geforderten Rechtsetzungen nur im Maßstab der EU möglich sind, muss die Bundesrepublik als stärkste Kraft in dieser Gemeinschaft solche Gesetzeswerke weitgehend ausformuliert in die Beratungen der Staats- und Regierungschefs als nationale Initiativen einbringen. Dazu gehört auch ein ausformulierter Vorschlag zur Einführung der Vermögenssteuer und zu ökologisch determinierten Bonus-Malus-Regeln zur Belohnung bzw. Sanktionierung wirtschaftlichen Handelns und ein Exportverbot für Abfall inklusive Secondhandbekleidung, da diese Exporte der Treiber für immer kürzere Produktzyklen sind.

7.6 Das Fazit zum Buch: Mit *Kapital* die Schöpfung retten? Ob wir aus dem Frage- ein Ausrufezeichen machen können

Wir haben dieses Buch mit Karl Marx, Friedrich Engels und Papst Franziskus begonnen. Mit diesem Dreigestirn großer Geister wollen wir es auch beenden. Das Wort hat als Erster Karl Marx. Im ersten Band des *Kapitals*, erschienen 1867 beim Hamburger Verleger Otto Meissner, schreibt er in Kapitel 13 unter der Überschrift „Maschinerie und große Industrie" u. a. Folgendes:[121]

> „Jeder Fortschritt der kapitalistischen Agrikultur ist nicht nur ein Fortschritt in der Kunst, den Arbeiter, sondern zugleich in der Kunst, den Boden zu berauben, jeder Fortschritt in Steigerung seiner Fruchtbarkeit für eine gegebne Zeitfrist ist zugleich ein Fortschritt im Ruin der dauernden Quellen dieser Fruchtbarkeit […]. Die kapitalistische Produktion entwickelt daher nur die Technik und Kombination des gesellschaftlichen Produktionsprozesses, indem sie zugleich die Springquellen allen Reichtums untergräbt: die Erde und den Arbeiter."[122]

Vor allem die letzten drei Zeilen geben Pessimisten wie Jonathan Franzen und Stephen Hawking recht. Innovations- und Zerstörungskraft des Kapitalismus gehören untrennbar zusammen! Ist das tatsächlich unumstößlich, dann kann die Trendwende von der Wegwerfgesellschaft zur nachhaltigen Kreislaufwirtschaft innerhalb des kapitalistischen Wirtschafts- und Gesellschaftssystems nicht gelingen.

---

[121] Ausführlicher haben wir aus diesem 13. Kapitel des *Kapital*, Band 1, im Interview mit Marx, Engels und Franziskus in der Antwort von Marx auf unsere zweite Frage zitiert (siehe Kap. 2).

[122] Marx, Karl: Das Kapital, Band 1, MEW, Berlin 1975, Band 23, Dietz Verlag, Berlin, 1975 S. 529 f.

7.6 Das Fazit zum Buch: Mit *Kapital* die Schöpfung retten? Ob wir aus dem Frage- …

Aber Karl Marx hat im Gleichklang mit Friedrich Engels auch Folgendes zu Papier gebracht: „Die Bourgeoisie [also die Klasse der Kapitalisten – Anm. der Autoren] hat in der Geschichte eine höchst revolutionäre Rolle gespielt […]. Die Bourgeoisie hat enthüllt, wie die brutale Kraftäußerung, die die Reaktion so sehr am Mittelalter bewunderte, in der trägsten Bärenhäuterei ihre passende Ergänzung fand. Erst sie hat bewiesen, was die Tätigkeit der Menschen zustande bringen kann. Sie hat ganz andere Wunderwerke vollbracht als ägyptische Pyramiden, römische Wasserleitungen und gotische Kathedralen; sie hat ganz andere Züge ausgeführt als Völkerwanderungen und Kreuzzüge. Die Bourgeoisie kann nicht existieren, ohne die Produktionsinstrumente, also sämtliche gesellschaftlichen Verhältnisse fortwährend zu revolutionieren."[123]

Die beiden Zitate sind kein Widerspruch, sondern eine dialektische Sicht auf den Kapitalismus. Dass selbiger mit der revolutionären Entwicklung der Produktivkräfte auch seine Ersetzung durch eine neue, gerechte und freie Gesellschaftsordnung einleitet, war für Marx und Engels die logische Folgerung aus der Menschheitsgeschichte. Pointiert mit dem legendären Satz aus dem 1848 erschienenen *Kommunistischen Manifest*: „Die Geschichte aller bisherigen Gesellschaft ist die Geschichte von Klassenkämpfen."[124] Wir bezweifeln weiter, dass die schöne Conclusio über die Errichtung des Paradieses auf Erden eine realistische ist.

Für uns belegen die beiden Zitate die Janusköpfigkeit des Wirtschafts- und Gesellschaftssystems, das vermutlich noch recht lange unsere Welt prägen wird, falls nicht der in Gang gesetzte Selbstzerstörungsmechanismus greift. Letzteres wäre der Sieg von Genen und Gier über die Ratio.

Wir aber hoffen, dass wir mit unserem „Diese Welt ist noch zu retten" recht behalten, denn das Mitte des 19. Jahrhunderts beschriebene Revolutionäre hat der Kapitalismus doch nicht verloren. Die menschliche Vernunft kombiniert mit dem Überlebenswillen unserer Spezies muss diese Kraft „nur" in die richtige Richtung lenken!

Papst Franziskus hat mit „Evangelii gaudium" und „Laudato si"[125] ein erschütterndes Bild unserer heutigen Welt gezeichnet. Mit beeindruckendem analytischem Tiefgang und großer sprachlicher Kraft. Die nahende Apokalypse kann selbst **ER**, der Herrgott, nicht mehr ändern. Er will es auch nicht. Die Welt hat ihre zweite Chance nach der Sintflut schon verspielt!

Aber auch das lesen wir bei Franziskus: „Wie nie zuvor in der Geschichte der Menschheit fordert uns unser gemeinsames Schicksal dazu auf, einen neuen Anfang zu wagen […]. Lasst uns unsere Zeit so gestalten, dass man sich an sie erinnern wird als eine Zeit, in der eine neue Ehrfurcht vor dem Leben erwachte, als eine Zeit, in der nachhaltige

---

[123] Marx, Karl, Engels, Friedrich: Manifest der Kommunistischen Partei, in MEW, Band Dietz Verlag, Berlin, 1974, S. 464 f.

[124] Ebenda, S. 462.

[125] Papst Franziskus: Evangelii gaudium. Die Freude des Evangeliums, Adlerstein Verlag, Wiesmoor, 1. Auflage, 2015; Papst Franziskus: Laudato si. Über die Sorge für das gemeinsame Haus, Verlag Katholisches Bibelwerk, Stuttgart, 3. Auflage, 2015.

Entwicklung entschlossen auf den Weg gebracht wurde, als eine Zeit, in der das Streben nach Gerechtigkeit und Frieden neuen Auftrieb bekam, und als eine Zeit der freudigen Feier des Lebens."[126]

Wenige, aber umso prägnantere Sätze. Von Gott ist keine Rede. Der Heilige Vater vertraut uns. Damit sind wir bei Friedrich Engels. In seiner *Dialektik der Natur* beschreibt er die Renaissance, also den Übergang vom Mittelalter in die Neuzeit des Frühkapitalismus, als die bis dato größte progressive Umwälzung in der Menschheitsgeschichte. Diese Dimension, da hat Franziskus recht, wird vom Heute noch einmal übertroffen.

Deshalb kann man guter Hoffnung sein, dass Engels Satz zum Wesen der Renaissance stimmt, wonach solche Zeiten die Riesen zeugen, derer sie bedürfen: „Es ist die Epoche, die mit der letzten Hälfte des 15. Jahrhunderts anhebt. Die Schranken des alten Orbis terrarum wurden durchbrochen, die Erde wurde eigentlich jetzt erst entdeckt und der Grund gelegt zum späteren Welthandel und zum Übergang des Handwerks in die Manufaktur, die wieder den Ausgangspunkt bildete für die moderne große Industrie [...]. Es war die größte progressive Umwälzung, die die Menschheit bis dahin erlebt hatte, **eine Zeit, die Riesen brauchte und Riesen zeugte, Riesen an Denkkraft, Leidenschaft und Charakter, an Vielseitigkeit und Gelehrsamkeit**.

Die Männer, die die moderne Herrschaft der Bourgeoisie begründeten, waren alles, nur nicht bürgerlich beschränkt. Im Gegenteil, der abenteuernde Charakter der Zeit hat sie mehr oder weniger angehaucht. Fast kein bedeutender Mann lebte damals, der nicht weite Reisen gemacht, der nicht vier bis fünf Sprachen sprach, der nicht in mehreren Fächern glänzte. Leonardo da Vinci war nicht nur ein großer Maler, sondern auch ein großer Mathematiker, Mechaniker und Ingenieur, dem die verschiedensten Zweige der Physik wichtige Entdeckungen verdanken [...]. Die Heroen jener Zeit waren eben noch nicht unter die Teilung der Arbeit geknechtet, deren beschränkende, einseitig machende Wirkung wir so oft an ihren Nachfolgern verspüren. Was ihnen aber besonders eigen, das ist, daß sie fast alle mitten in der Zeitbewegung, im praktischen Kampf leben und weben, Partei ergreifen und mitkämpfen, der mit Wort und Schrift, der mit dem Degen, manche mit beidem. Daher jene Fülle und Kraft des Charakters, die sie zu ganzen Männern macht, Stubengelehrte sind die Ausnahme: entweder Leute zweiten und dritten Rangs oder vorsichtige Philister, die sich die Finger nicht verbrennen wollen."[127]

Im Vergleich zum Aufbruch der Renaissance sind die Herausforderungen heute noch gewaltiger, noch nie gesehen. Riesen braucht es also erst recht. Wir sind uns sicher, sie sind zumindest schon gezeugt.

Mut macht uns Max Weber, der Klassiker und einer der Gründungsväter der deutschen Soziologie. Er lebte von 1864 bis 1920 und war der Jetztzeit also näher als Marx und Engels:

---

[126] Laudato si, a. a. O., S. 172.
[127] Engels, Friedrich: Dialektik der Natur, MEW, Band 20, Dietz Verlag, Berlin, 1975, S. 311 f.

„Es ist ja durchaus richtig, [...] daß man das Mögliche nicht erreichte, wenn nicht immer wieder in der Welt nach dem Unmöglichen gegriffen worden wäre. Aber der, der das tun kann, muß ein Führer und nicht nur das, sondern auch – in einem sehr schlichten Wortsinn – ein Held sein. So ein Held müsse auch Verletzungen riskieren für seine Überzeugungen: „Nur wer sicher ist, dass er daran nicht zerbricht, wenn die Welt von seinem Standpunkt aus gesehen, zu dumm oder zu gemein ist für das, was er ihr bieten will, dass er all dem gegenüber, dennoch! zu sagen vermag, nur der hat den Beruf zur Politik."[128]

Nur solche Menschen können sich gegen die Philister, die intellektuell Dürftigen und moralisch Fragwürdigen durchsetzen, die in unserer Welt (noch) im Übermaß das Sagen haben.
Systemsprenger! Das ist unser Synonym für diese *neuen* Riesen unserer Tage.

Literatur

Allgemeine Erklärung der Menschenrechte, Büchergilde Gutenberg, Frankfurt am Main, Wien, Zürich, 2020
Burmester, Hanno, Holtmann, Clemens: Liebeserklärung an eine Partei, die es nicht gibt, Bastei Lübbe, Köln. 2021
Der Olof-Palme-Bericht: Gemeinsame Sicherheit 2022, Berliner Zeitung vom 23./24. April 2022
Engels, Friedrich: Dialektik der Natur, MEW, Band 20, Dietz Verlag Berlin, 1975
Fredrich, Benjamin (Hrsg.): Die Säufer der Philosophie/Die Säuferinnen der Philosophie, Katapult-Verlag, Greifswald, 2020
Gates, Bill: Wie wir die Klimakatastrophe verhindern. Welche Lösungen es gibt und welche Fortschritte nötig sind, Piper Verlag, München, 2021
Grundgesetz für die Bundesrepublik Deutschland, Deutscher Bundestag, Berlin, 2021,
Heinrich Heine: Zur Teleologie (Fragment), in: Sämtliche Werke, Band 2 (Tragödien, Romanzero, Shakespeares Mädchen und Frauen), von Petersdorf, Bodo (Hrsg.), Weltbild Verlag, Augsburg, 1985
Herrmann, Ulrike: Kein Kapitalismus ist auch keine Lösung. Die Krise der heutigen Ökonomie oder Was wir von Smith, Marx und Keynes lernen können, Piper, 3. Auflage 2021
Hessel, Stephane: Empört Euch! Ullstein Buchverlage, Berlin, 2010, 8. Auflage 2011
Hüther, Gerald: Kommunale Intelligenz. Potenzialentfaltung in Städten und Gemeinden, Edition Körber-Stiftung, Hamburg, 2013
Lacy, Peter; Rutqvist, Jakob; Buddemeier Philipp: Wertschöpfung statt Verschwendung: die Zukunft gehört der Kreislaufwirtschaft, Redline, München, 2015
Marx, Karl: Das Kapital, Band 1, MEW, Berlin 1975, Band 23, Dietz Verlag, Berlin, 1975 S. 529 f.
Marx, Karl; Engels, Friedrich: Manifest der Kommunistischen Partei, in MEW, Band 4, Dietz Verlag, Berlin, 1975
Papst Franziskus: Evangelii gaudium. Die Freude des Evangeliums, Adlerstein Verlag, Wiesmoor, 1. Auflage 2015

---

[128] Zitat aus: Pletter, Roman: Schluss mit der Selbstbespiegelung, Die Zeit, 9. September 2021, Nr. 27, S. 14.

Papst Franziskus: Laudato si, Über die Sorge für das gemeinsame Haus, Verlag Katholisches Bibelwerk, Stuttgart, 3. Auflage 2015

Piketty, Thomas: Das Kapital im 21. Jahrhundert, C. H. Beck München, 8. Auflage 2016

Piketty, Thomas: Kapital und Ideologie, C. H. Beck München, 1. Auflage 2020

Schäfer, Michael: Kommunalwirtschaft. Eine gesellschaftspolitische und volkswirtschaftliche Analyse, Springer Gabler, Wiesbaden, 2014

Schäfer, Michael; Rethmann, Ludger: Öffentlich-Private Partnerschaften, Springer Fachmedien, Wiesbaden, 2020

Schirach, Ferdinand von: Jeder Mensch, Luchterhand, 2021

Sloterdijk, Peter: Die schrecklichen Kinder der Neuzeit, Suhrkamp, Berlin, 2014

Schwägerl, Christian: Menschenzeit. Zerstören oder gestalten? Die entscheidende Epoche unseres Planeten, Riemann Verlag, München, 2010

von Armin, Hans Herbert: Volksparteien ohne Volk, Bertelsmann, München, 2009

Wagenknecht, Sahra: Die Selbstgerechten, Campus, Frankfurt am Main, 2021

Weyh, Florian Felix: Die letzte Wahl, Eichborn, Frankfurt am Main, 2007

GPSR Compliance

The European Union's (EU) General Product Safety Regulation (GPSR) is a set of rules that requires consumer products to be safe and our obligations to ensure this.

If you have any concerns about our products, you can contact us on

ProductSafety@springernature.com

In case Publisher is established outside the EU, the EU authorized representative is:

Springer Nature Customer Service Center GmbH
Europaplatz 3
69115 Heidelberg, Germany